本书系湖北高校人文社会科学重点研究基地"湖北教师教育研

教师职业能力训练系列丛书

丛书主　编：张红梅

　副主编：刘永存、张和平

中小学学科史及学科思想方法

主　编：欧阳澜

副主编：袁　勇　丁红杰　赵会雨　邓　英

吉林大学出版社

·长春·

图书在版编目（CIP）数据

中小学学科史及学科思想方法 / 欧阳澜主编 . — 长
春：吉林大学出版社，2022.9
ISBN 978-7-5768-0423-2

Ⅰ．①中… Ⅱ．①欧… Ⅲ．①中小学－学科发展－教
育史－中国 Ⅳ．① G632.3

中国版本图书馆 CIP 数据核字（2022）第 168824 号

书　　名：中小学学科史及学科思想方法
　　　　　ZHONG-XIAOXUE XUEKE SHI JI XUEKE SIXIANG FANGFA

作　　者：欧阳澜　主编
策划编辑：邵宇彤
责任编辑：刘　佳
责任校对：张鸿鹤
装帧设计：优盛文化
出版发行：吉林大学出版社
社　　址：长春市人民大街4059号
邮政编码：130021
发行电话：0431-89580028/29/21
网　　址：http://www.jlup.com.cn
电子邮箱：jldxcbs@sina.com
印　　刷：三河市华晨印务有限公司
成品尺寸：185mm×260mm　　　16开
印　　张：18.75
字　　数：380千字
版　　次：2022年9月第1版
印　　次：2022年9月第1次
书　　号：ISBN 978-7-5768-0423-2
定　　价：98.00元

编 委

（排名不分先后）

虽然学术界对"学科史"能否成"史"有不同的意见，但这并不妨碍我们对中国当代中小学主要学科从"史"的角度来展开研究。本教材即是选取这一研究角度，以比较宏观的层次分门"概论"中国基础教育各主要学科的发生、发展、性质、特征、思潮、现象、重要教育家、典型教学案例及学科思想，在这个过程中，加强"史"的描述和分析，力求做到"史""论"结合，"思想"与"案例"结合。

本教材以适应课堂教学需要为主。为给教师备课和课堂教学留下充分发挥的余地，更好地发挥学生的独立思考和课外阅读的能动作用，同时因篇幅关系，为使内容更加精练，文字表述更加简明扼要，本教材没有罗列教育名家的生平经历和复述教学案例的具体环节，也尽可能地减少常见资料的引用和对单个教育家、教育案例的一般性阐释与评价，主要集中讨论一些综合性的和比较宏观的教育现象，提炼教育学科教育思想，以更好地体现"史论"的特色，发挥"史论"的优势和功能。

本教材覆盖的各学科教育相关知识比较全面，所论尽可能吸收各学科相关研究成果，在此对前人研究成果特致谢忱。

Contents
目 录

第一章　语文学科史及语文学科思想方法

第一节　语文学科史

　　相对于中国古代语文教育而言，近、现代语文教育无疑属于新的历史范畴，因此本教材把中国近、现代语文教育统称为中国新语文教育。我国古代教育的课程具有综合性、松散性和灵活性的特点，其中综合性就是内容上不分科，所以严格来说，中国古代学校教育中没有现代意义上的语文学科。然而，汉语是绝大多数中国人的母语，中国古代学校教育的大多数课程内容都不可避免地与今天的语文课程内容相似。先秦时期，《诗》《书》《礼》《乐》《易》《春秋》六门中，至少《诗》《书》就类似于今天的语文课程内容。秦汉以后，尤其是宋元明清，儒家经典成为学校教育的主要内容，这些内容都与今天的语文课程内容相似。这些课程及教学内容的主要任务是借助汉语语言、文字的学习来解读文章、传承思想文化，学会阅读和写作，这一课程任务与《义务教育语文课程标准（2011 年版）》中指出的"语文课程致力于培养学生的语言文字运用能力，提升学生的综合素养，为学好其他课程打下基础；为学生形成正确的世界观、人生观、价值观，形成良好个性和健全人格打下基础；为学生的全面发展和终身发展打下基础"的要求是一致的。重视古代语文教育与现代语文教育的这种整体的历史联系与区别，不仅仅是历史研究的观念和方法，也反映了现代中国语文教育发生和发展的历史实际。

一、我国语文学科的设立

　　随着与西方各国通商渐盛，至明万历年间，西方天主教徒来到中国，在东西方文化互动中，创造出了一个"西学东渐"的局面，许多西方著作都于公元十六、十七世纪之交的万历天启崇祯年间在我国次第刊行，如利玛窦（Matteo Ricci）的《万国图志》（1584 年）、《交友论》（1595 年）、《几何原本》（1605 年）等。中国语文虽然不是当时的主题，偶有著作不过是为了西方人学习中国语文的方便，但就是出于这个目的，便常用罗马字母来标注汉字的读音，并逐渐演进形成 200 多年后的汉语拼音。最早从事这种注音工作的有利玛窦和金尼阁（Nicolas Trigault），著有可供语文教育而用的工具书《西儒耳目资》。

到了19世纪中叶，具有悠久历史传统的中国古代语文教育，因为外部时势的变化和语文教育自身有新的要求，像中国语文教育史上已经发生过的历代革新一样，也在酝酿一场革新变化。鸦片战争（1840年）前后，龚自珍、魏源等人首开风气，主"变"敢"逆"，他们的思想和作品，对古代语文教育长期以来所依附的道统和文统形成了极大的冲击。基于这样的冲击，加上甲午战争（1894年）后日益加深的内忧外患的刺激，维新派提出的"诗界革命""文界革命"（1899年）等文化改良主张显得更加明确、更加激烈，也更进一步动摇了古代语文教育的传统根基，孕育了中国语文教育从古典向现代转变的契机。光绪二十八年（1902年），清政府颁布了由张白熙等人拟定的《钦定学堂章程》（壬寅学制）。该学制规定开设的课程中，出现了类似现代的语文科目，小学有"习字""读古文词""作文"等，中学有"词章"。1903年，清政府又制定了由张之洞等人拟定的《奏定学堂章程》（癸卯学制）。该学制规定开设的课程中，包含有类似现代的语文科目，初等小学叫"中国文字"，高等小学和中学叫"中国文学"。1912年1月，教育部颁布了《普通教育暂行课程标准》，把各类学校"中国文字"和"中国文学"合并，定名为"国文"。

20世纪在人类历史上是一个崭新的世纪。民族解放和民主运动的勃兴，马克思主义的传播，尤其是1917年俄国十月社会主义革命的胜利，从根本上改变了世界历史的格局。从此，在近四分之三个世纪的漫长的历史过程中，世界被划分为社会主义和资本主义两大阵营，各自走着不同的发展道路。在这两个阵营之间，从社会制度到意识形态，从经济体制到民情风习，都长期处于对立状态和斗争之中。这种新的世界历史格局的形成，对近、现代中国语文教育的发生和发展产生了重要的影响。1920年1月，北洋政府教育部通令全国，从小学一、二年级国文课开始，教材改用语体文（白话文）。1923年，北洋政府实行新学制，制定《新学制课程纲要》（以下简称《纲要》），该《纲要》将"国文"课程更名为"国语"课程。1929年8月，国民政府教育部颁布了《中小学课程暂行标准》，又将汉语文课程名称确定为小学"国语"、中学"国文"。这两个名称及其形成的中小学语文教育格局一直延续到中华人民共和国成立前夕。自1902年至1949年的语文课程变革，一方面使20世纪初发生的语文教育革新在很短的时间内便跳出了传统以古典诗文为主要课程内容的窠臼，挣脱了近代改良主义的束缚；另一方面，使20世纪以来的中国语文教育始终置身于这样一个新的世界历史格局之中，在新世界格局的影响和制约下参与改造中国和改变自身的历史活动。

中华人民共和国成立后，于1950年6月由中央人民政府出版总署编审局出版了全国统一"语文课本"：《初中语文》《高中语文》。至此，"语文"正式作为"语文课程"的名称被确立。在从语文独立设科到"语文课程"正式被命名为"语文"的过程中，其接受了马克思主义的影响和无产阶级的领导而形成了独特的教育艺术形态和精神品格。

二、中国语文教育的分期

对于中国语文教育，目前已有多种概括方法，在中国语文教育分期上也提出了多种方式，以"语文教育史"命名的著作，已经和即将问世的有多部。不过，本教材仍继续沿袭那种将中国语文教育划分为"古代语文教育""近代语文教育"和"现代语文教育"三大分期的处理方法。按照这一划分，"古代语文教育"在时间段落上，指的是1903年制定的《奏定学堂章程》（癸卯学制）文学单独设科以前，"近代语文教育"指1903年至1949年中华人民共和国成立，而"现代语文教育"则指1949年以后。各分期的语文教育分别构成了相对完整的段落，各自有相对完整的内涵和外延。

（一）古代语文教育

古代教育是文史哲不分的综合性教育，语文学科被包含在其中。教学内容主要是书面语和文言文，极少有口语和白话文教育。至1903年《奏定学堂章程》（癸卯学制）将文学独立设科为止，以前的中国语文教育都属于古代语文教育。历经言文教育期、古文教育期。

（二）近代语文教育

1903年文学独立设科至1949年中华人民共和国成立的语文教育属于近代语文教育。历经文学设科期、国语国文期。五四运动前后，受新文化运动和西方资产阶级教育思想的双重影响，语文学科教学由清末民初的改良型语文教育完成了向资产阶级民主化的语文教育的转型。这一时期的语文教育已经开始教授口语和白话文，是具有新民主主义性质的语文教育。

（三）现代语文教育

按照史学家习惯的划分，中国现代语文教育期的时间上限起于1949年中华人民共和国成立，它的下限则是一个开放的时间概念，迄今为止乃至以后一个相当长的时期内的中国语文教育，都属于现代语文教育的范畴。历经语文定名期、语文波折期，并于1978年改革开放后进入现代语文教育的革新期。中华人民共和国的成立，促使中国语文课程教学由资产阶级民主化的语文教育向无产阶级意识形态领导的社会主义语文教育转型。1978年的改革开放促成了现代语文教育由政治挂帅转向价值多元化。21世纪之初，我国进行第八次基础教育课程改革，促成了新一轮语文课程教育的全面改革。[①]1949年以来的语文教育，尽管在不同历史时期存在各种不同的派别和斗争，但就其贯穿始终的主导倾向和主要潮流而言，其仍是社会主义性质的语文教育。

---

① 武玉鹏、韩雪屏：《语文课程教学问题史论》，中国社会科学出版社，2013，第6-31页。

中华人民共和国成立后，伴随着中国社会所发生的历史性转变，现代中国语文教育也开始转换自己的题材。除了传统经典古文，社会主义时代新的生活内容、新的人物形象和新的思想感情，也开始成为语文教育集中反映的主要对象。从中华人民共和国成立后所进行的社会主义革命和社会主义建设，到新时期的改革开放、建设四个现代化，中国现代语文教育始终追随中国社会的历史进程，把当代中国在各个不同时期所发生的巨大而又深刻的历史变化，以及当代中国人民丰富多彩的精神风貌和艰难曲折的心路历程，都收入了语文教育题材之中，在中国新语文教育史上，为现代语文教育留下了一部形象的实录。"根据情况从小学低年级或者高年级起开设汉语文课程，推广全国通用的普通话和规范汉字"被作为法律规定大力推行。语文教学语言使用普通话及普通话推广，也对鼓舞当代中国人民建设新生活的热情，促进各民族各地区的交流，维护国家统一，增强中华民族凝聚力等起到了极为重要的现实作用。现代语文教育在中华民族文化传承和促进民族团结方面的历史功绩是不可磨灭的。

三、中国现代语文教育与中国新语文教育的整体性

按照毛泽东对现代中国社会和中国革命的性质做的阶段性划分，"中国革命的历史特点是分为民主主义和社会主义两个步骤"[1]。故此，无论是新民主主义性质的中国近代语文教育，还是社会主义性质的中国现代语文教育，都是整体的中国新语文教育主流的重要组成部分和不同发展阶段。正如中国革命的这"两个步骤"具有先后承接和转换递进的关系一样，现代中国语文教育无疑也是前此阶段的中国新语文教育主流的一种历史的发展和延续。

现代中国语文教育与中国新语文教育主流的这种整体性关系的形成，经历了一个漫长而复杂的发展过程。

（1）自20世纪初完成了从古代语文教育向近代语文教育的转变之后，从内容到形式的现代化一直是中国语文教育追求的目标。在追求现代化这个目标的过程中，新语文教育的创建者们一方面"采用外国的良规"，从外国教育尤其是苏联和欧美母语教育中广泛汲取滋养；另一方面，则努力运用已经获得的现代意识，"择取中国的遗产，融合新机"，促使中国语文教育传统发生创造性的转化。[2] 在这个过程中，虽然也出现过种种极端化的偏向，但就其整体而言，正是在克服这些极端化偏向的同时，推动了新语文教育的现代化进程朝着积极健康的方向发展。而且，由于现代中国特殊的社会历史原因，中国新语文教育的现代化进程，又总是与它的民族化和大众化的要求相伴相生。因此，中国新语文教育的现代化绝不是全盘西化或者全盘"苏化""欧化"，而是要使其具有民族特色，以适应现代大众的审美需要和文化传承功能，亦即要使中国新

---

① 毛泽东：《新民主主义·毛泽东选集（第二卷）》，人民出版社，1991，第666页。

② 鲁迅：《木刻纪成小引·鲁迅全集（第六卷）》，人民文学出版社，1981，第48页。

语文教育的现代化具有"为中国老百姓所喜闻乐见的中国作风和中国气派"①。现代语文教育是中国新语文教育这个统一的现代化进程中的一个重要发展阶段。虽然它在 20 世纪五六十年代步履维艰，在"文革"中甚至处于一种近乎极端的状态，但经过"文革"后的"拨乱反正"，20 世纪 80 年代以来，它又复归于正常发展轨道，而且表现出更加开放的态度，也进一步加快了前进的步伐。现在语文教育正以前所未有的速度走向世界，它必将实现中国新语文教育所确立的具有民族特色的现代化的历史目标。

（2）中国语文教育自古以来就存在着工具性与人文性并行的精神传统，中国新语文教育也是如此。虽然它的直接来源是西方近代教育学，但是因为注入了新的历史内容，经过丰富和发展，已逐渐成为中国新语文教育新的精神传统。这个传统在中国新语文教育史上虽然几经变化，工具性与人文性也互有消长，但是从总的趋势上说，中国新语文教育仍然是以工具性和人文性为精神主导的，工具性和人文性仍然是中国新语文教育的主要内涵。正是基于这样的精神传统，20 世纪以来，无论处于何种历史阶段，中国新语文教育始终都关注民族整体的生产与发展以及民族个体的命运与境况，并且从中寄予了民族振兴的理想和改善人性的期望。正因为如此，中国新语文教育又是充满时代气息和富于理想主义色彩的。中国现代语文教育直接承续了中国新语文教育的这一精神传统，并且以其独特的理解和追求，构成了这一传统的新的发展阶段和表现形态。虽然它在 20 世纪五六十年代向这个传统中灌注了过多的政治内容，但是 1978 年以后，中国现代语文教育却在一个开放的社会环境和文化环境中，再一次使这一传统得到丰富和发展，并且在不断融合异质因素的过程中，使这一传统更加发扬光大。需要特别指出的是，20 世纪 80 年代以来，各种语文教育方法和流派多元并存，工具性和人文性并行作为其内在精神和基本教育手法仍然贯穿于迭起的语文教育思潮之中，仍然在一个多元的语文教育时代维持着中国新语文教育的一贯精神传统。

（3）中国新语文教育的历史，是由一代又一代语文教育家的教育活动构成的一个连续性的语文教育链条。这些语文教育家无论属于何种流派，持有何种教育主张，他们之间都存在上下传承和相互影响的关系，经纬交织，构成了一部完整的语文教育族谱。中国现代语文教育就是在这个语文教育族谱中一脉相传。其中，不仅有从五四运动时期到 20 世纪 40 年代，不同时期的诸多"跨代"语文教育家，都通过他们的语文教育活动，把中国新语文教育的精神传统直接带入中国现代语文教育。同时，众多新的现当代语文教育家在这种传统的影响下开始新的教育创新，并在自己的创新中使之进一步发扬光大。直至 21 世纪初，我国第八次基础教育课程改革启动，促成了新一轮语文教学的全面改革，语文核心素养被提及，全球不同国家和地区虽有各自对核心素养的界定和框架，但对于这些素养如何落实都强调学科间互动以及跨学科学习。复杂问题往往具有综合性，复杂问题的解决要求跨学科知识的学习与应用，这也是综合课

---

① 　毛泽东：《中国共产党在民族战争中的地位·毛泽东选集（第二卷）》，人民出版社，1981，第 534 页。

程的核心使命。2010 年以来，我国基础教育课程改革进入深水区，义务教育阶段各科课程标准经重新修订后于 2011 年颁发，标志着综合课程在新阶段向纵深发展。在新课改背景下，我国现代语文学科将继续沿着工具性与人文性并行的精神传统走向多学科融合发展的道路。

四、中国新语文教育与中国古代语文教育的关系

中国新语文教育与中国古代语文教育工具性与人文性并行的精神传统一脉相承，但新语文教育在追求上由古代语文教育强调民族化转变为注重民族形式的现代化。新语文教育在追求民族形式现代化的过程中，表现出融合新机而不拘于传统的作风，一方面注意吸取传统文化养分，另一方面十分重视融合新机，特别是"五四"以来的新语文教育所积累的新经验，所创造的新形式，教育内容所涉及的新题材，教学及教材语言从文言文转向白话文，进而转为普通话。其中当然也包括苏联等外国母语教育中的某些新的经验和形式，正因为融合了这些新形式，中国现代语文教育的民族化才更显得丰富多样。但也正是由于某种历史的惯性和诸多现实因素的影响，现代语文教育在吸取传统文化精华的过程中，又曾经长期处于"偏食"苏联教育经验的状态，包括对"五四"新文化的"择取"，也存在很多极端的"偏好"。在 20 世纪中后期的开放的一体化趋势的世界文化环境中，中国现代语文教育的民族化追求却长期处于封闭的和与外界隔绝的状态，未能尽快完成民族语文教育的现代化进程，造就一种既是民族的又是世界的现代的民族语文教育。进入 21 世纪，随着新的国际环境的影响和改革开放的深入发展、建设社会主义市场经济的实践，现代语文教育在一个新的意义上又发生了新的转型。这一转型变化，对现代语文教育的内涵、课堂管理、课堂设计、语文教育家的思想观念与教学活动的方式都产生了深远的影响，这种影响见之于这一时期的语文教育思潮，就出现了仓促应对和逐步走向自觉回应的发展变化过程。在这个过程中，中国语文教育取得了前所未有的发展和进步。整个新语文教育不仅仅是古代语文教育精神的历史延续，也以它萌生的新质为现代语文教育在 21 世纪及未来的发展奠定了一个全新的基础。

第二节 语文学科思想方法

语言文字是人类最重要的交际工具和信息载体，是人类文化的重要组成部分。语言文字的运用，包括生活、工作和学习中的听说读写活动以及文学活动，存在于人类生活的各个领域。语文课程则是一门学习语言文字运用的综合性、实践性课程。《义务教育语文课程标准》（2011 年版）和《普通高中语文课程标准》均指出：语文课程作为

一门学习语言文字运用的综合性、实践性课程，"工具性和人文性的统一"是语文课程的基本特点。回顾语文学科观历史演变历程，我们就会发现语文学科工具性特点贯穿始终，即依托语言文字，依赖于一定的语境，发挥语文学科在实际中的运用功能；而伴随着时代和社会的不断发展，个体体验、情感意志、价值导向、文化传承等人文性内涵愈加丰富，在语文学科"工具性"特点的基础之上，语文教学被赋予"人文性"使命，工具性和人文性的"统一"成为语文学科不可或缺的重要特点。

语文学科的性质和特点决定了语文学科的思想方法。本章就将从语文学科思想的演变历程和学科思想方法的角度，重新认识语文教学实践，探究语文教学的策略和方法。

一、语文学科思想

学科思想是指由学科专家基于学科知识和学科内在规律和特点，经过高度概括提炼出的对以后学科学习和学科发展具有影响力的思想、观念和见解。语文学科思想方法对语文教师的教学行为有指导性作用，对学生的核心素养的培养有积极的意义。

（一）语文学科思想的演变历程

"语文课程是一门学习语言文字运用的综合性、实践性课程。义务教育阶段的语文课程，应使学生初步学会运用祖国语言文字进行交流沟通，吸收古今中外优秀文化，提高思想文化修养，促进自身精神成长。工具性与人文性的统一，是语文课程的基本特点。"[①]

普通高中语文课程，应使全体学生在义务教育的基础上，进一步提高语文素养，形成良好的思想道德修养和科学人文素养，为终身学习和全面而有个性的发展奠定基础，为传承和发展中华文化，增强民族凝聚力和创造力发挥应有的作用。

语文课程的基本理念是坚持立德树人，增强文化自信，充分发挥语文课程的育人功能；以核心素养为本，推进语文课程深层次的改革；加强实践性，促进学生语文学习方式的转变；注重时代性，构建开放、多样、有序的语文课程。[②]

一直以来，人们对语文的定义以及性质非常模糊，甚至可以说争议不断。2011 年《义务教育语文课程标准》和《普通高中语文课程标准》的出台，才确定了语文的定义和性质，并且确立了语文课程的基本理念。这两个标准以国家最高教育行政部门的名义，使用清晰而肯定的语言，给中小学语文课程的性质做出了一个明确的定义。自此以后，我们在语文学科思想方法的指导下，开始再次认识语文教学，重新研究如何有效地进行语文教学。语文学科的思想方法是由语文学科的性质和特点所决定的，截至

---

① 教育部：《全日制义务教育语文课程标准（2011 年版）》，北京师范大学出版社，2017.
② 教育部：《全日制普通高中语文课程标准（2017 年版）》，北京师范大学出版社，2017.

目前广泛认同的宏观层面的语文学科思想有工具性与人文性的统一、实践性与综合性的统一这两个方面。虽然有众多语文教育家和研究者根据语文教学实况提出了很多微观层面的学科思想方法，但都是各家之言，尚未被确立为整个语文学科普遍意义上的思想方法。因此，我们这里所论述的演变历程也是针对宏观层面的语文学科思想方法。

1. "工具性与人文性的统一"的演变历程

1903 年，清政府颁布了《奏定学堂章程》，从此以后语文开始成为一门独立的学科，真正意义上的语文学科诞生。大家对语文课程性质的思考也因此而开始，语文学科思想方法的演变也因此拉开序幕。

（1）20 世纪初期：语文课程"实用性"观点的盛行。从 1903 年语文学科真正诞生到 20 年代中期，关于语文课程性质最典型的观点有"实用性"说和"应用性"说。1909 年，沈颐在《论小学校之教授国文》中明确提出："其所授国文，亦宜以实用为归而不必循蹈词章之习"，强调了"授以布帛粟菽之文字而不必语以清庙明堂，则真国民教育之旨也"。① 辛亥革命后，部分学者认为语文课堂的教学应当围绕实用性展开。除此之外，有学者对于小学阶段作文的讲解方法也提出了类似的观点，认为应当教会学生做文章的技巧，而不是去简单地引用。这期间人们逐渐认识到语文课程是一门技能性的课程，应用性很强。五四运动以后，尤其是在 1923 年，《新学制课程标准纲要》的颁布，再次规定中小学的"国文科"名称更改为"国语科"，大力地提倡白话文，为学生自由地表达思想扫除语言上的障碍。这在语文教育界是一个里程碑的标志，这使语文课程的实用性功能更加广泛地被大众所认可。20 年代中期，朱自清先生再次丰富延伸了这一观点，认为语文学科还要重视学生阅读，通过阅读丰富自我的思想并且大胆地表达自己的思想，他认为这是国文学科特有的个性。

（2）20 世纪 30—40 年代："工具性"思想开始被认可。在这期间，大家一致认为语文课应该训练相关的技能，而不是一味地灌输知识。训练的主要重心落在语言文字的应用方面，随后有专家提出——"中学国文应该是语文训练的功课""不要把国文功课变成灌输的功课""国文与理化史地等课程性质完全不同"等这些观点。面对当时轻视语文训练这一弊端的现实问题，我国著名教育家叶圣陶先生提出语文在众多科目中虽然只是其中的一个科目，但是在我们日常生活中却承担着工具性的重要角色。然而，当时的教育并没有体现出这一特色，即在语文课堂后学生并未学会使用语文。即便是这样，语文工具性的特点至此开始引发人们的思考。

（3）20 世纪 50 年代初："工具性"与"思想性"并行。随着《小学语文课程暂行标准（草案）》的颁布，语文课程标准发生转变，其中最重要的有三个部分，分别为"目标""教学大纲""教学要点"。在此课程标准的指导下，课堂教学可以实现以下几点目标：学生通过文本的学习，认识掌握汉字，从而可以阅读其他文本，如与学生所学课

---

① 　顾黄初、李杏保：《二十世纪前期中国语文教育论集》，四川教育出版社，1991，第 36 页。

本难度相当的其他书籍和报纸；课堂训练学生简单的写作来表达自我内心的情感或者以口头表述的形式直述，使语文成为学生内心思想出口的媒介；老师在课堂上示范汉字的规整书写，学生通过一定的训练能够正确、工整地书写汉字，在生活中使用汉字写书信等。教学目标的前面三个集中体现了工具性的思想，最后一个体现了语文教育的思想性的特点。课程标准的内容清晰明确地规定了语文课要实现思想政治教育和语文教学的双重功能，由此我们可以看出国内语文教育界对语文课程具有工具性和思想性双重特性的认识。

（4）20世纪60年代初：语文课程的工具性的思想得以确立。20世纪50年代末的"教育大革命"转变了语文课的教学方向，呈现出重思想轻知识的局面，语文课成为思想宣传的附庸，学生在语文基础知识的掌握方面比较薄弱。不久，相关部门提出语文教育要进行改革，不能任由这种现状继续发展下去，并对语文教学目的应该如何权衡知识和思想展开了激烈的讨论。在讨论中，很多人采用"文"与"道"的用语说明了语文教学中思想教育与语文知识教育这两种任务的关系。因而思想教育和语文知识教育之间的争论，就是现在语文史上有名的"文道之争"。经过深入的探讨，语文教学目标的重心得以确立，语文教学回归到合理有序的轨道上，明确了语文课堂要讲授语文知识。教育部相继颁布《小学工作条例》《中学工作条例》，明确语文教学的原则为"以教为主"。语文课程的工具性思想在先前的基础上更进一步明确，同时提出希冀——让语文教育拥有自己的特色。语文课程的基础工具性也在这一时期得到了确立。

（5）1966—1976年：语文课程沦为政治斗争的工具。在这特殊的十年期间，中小学教学工作几乎处于停滞状态，语文教学也不例外，教学质量降到了中华人民共和国成立以来的最低点。后期"复课闹革命"，学校渐渐地恢复了一些教学活动。当时，局面一度混乱，学生的语文课堂没有统一的语文教材，老师也没有统一的大纲。地方区域编写了一些教材，但是内容偏"左"，与语文课程的"双基"训练相差较远。总而言之，这一时期的语文课程基本沦为了政治斗争的工具。

（6）1978年后：语文课程的工具性和思想性再一次得到确认。在"四人帮"被打倒以后，1978年2月颁发了《全日制十年制学校中小学语文教学大纲（试行草案）》，之后在1980年12月对此教学大纲又进行了修订。大纲重新确认了语文课程的工具性和思想性特质。大纲中论述到语文应该作为基础的工具性科目，语文教学相应地也要体现出工具性的思想，同时认为"它的重要特点是思想教育和语文教学的辩证统一"。在列举了入选课文的思想内容要求后，又在"教学目的和要求"中明确指出"必须重视从小培养学生无产阶级世界观"。"78大纲"对语文课程工具性和思想性的确认，是对语文教学正本清源的结果，对端正教学思想、明确教学目的、开展教学研究和教改试验有重要指导作用。

（7）20世纪80年代中期以来："工具性与人文性的统一"。20世纪80年代，在经济迅猛发展的同时，社会人文精神开始失落；语文教育也未能幸免，应试教育开始充斥语文课堂，对语文教学产生了强烈的负面影响，语文的工具性思想开始被人们质疑。中小学语文教育界再一次开始思考语文课程的性质。《北京文学》成为大家讨论发表意见的主要阵地，除了教育界之外，文化界人士也加入语文教育大讨论中来。工具性思想成为大家口诛笔伐的主要对象，人文性被广大仁人志士所呼吁。各种说法百花齐放，但是主要集中在以下三个方面：①批评语文课程单一的工具性思想，强调应该关注人文属性；②反对把语文课程的人文性与科学性对立起来，认为两者都要加强；③坚持语文课程的"工具说"。随着时代的发展，"思想性"已经不能满足语文课程丰富的内涵，"人文性"开始进入人们的视野，即便如此，他们也并未否定语文课程的科学性和工具性；同样坚持语文课程工具属性的大多数人，也并没有否定语文课程的人文属性。大家都认为工具性和人文性是语文课程的双重属性，应该予以融合；只有少数人主张语文课程的单一属性，或者坚持"工具性"，或者力主"人文性"。

经过大范围的讨论，最终在 2000 年 3 月颁布《九年义务教育全日制初级中学语文教学大纲（试用修订版）》和《全日制普通高级中学语文教学大纲（试用修订版）》，语文课程被定性为"语文是最重要的交际工具，是人类文化的重要组成部分"，表示"语文学科是一门基础学科，对于学好其他学科以及今后工作和继续学习，对于弘扬民族优秀文化和吸收人类的进步文化，提高国民素质，都具有重要意义"。紧接着，2001年颁布了《全日制义务教育语文课程标准（实验稿）》，2003 年颁布了《普通高中语文课程标准（实验稿）》。以上课程标准的制定，从理论层面确立了"语文是最重要的交际工具，是人类文化的重要组成部分"，认为"工具性与人文性的统一，是语文课程的基本特点"。语文课程的性质的争论基本停止。

2.实践性和综合性的统一

语文学科的实践性特点是其本身一直以来就具备的，但是我们当下的语文课程的核心目标是培养学生语文实践的应用能力。这种应用能力体现在阅读、写作、口语交际等方面。学生通过语文课程的学习，可以积累大量的课外知识，提升阅读的速度，培养属于自己的特有语感，面对不同的文本可以采取不同的阅读方法；与此同时，学生不仅可以用写作的方式表达内心的想法，实现沟通交流的目的，还可以在日常生活和社会交际场合中流畅地交流；当下是信息富集的时代，学生需要拥有搜集信息和整理信息的基本能力，而语文知识可以协助学生完成这些。这一切都是培养学生语文实践应用能力的集中体现。

语文实践是培养语文能力最有效的途径。语文学习并不是机械地学习语文基础知识，最重要的是学会运用语文，拥有语文能力。而语文能力必须在语文的实践应用活动中才能形成。因而，学生的识字、写字、写作、口语表达等能力都必须在识字写字和汉语拼音、阅读、写作、口语交际、综合性学习等语文的反复实践应用活动中形成。

总的来说，语文素养的全面提高，必须依赖于语文实践活动。

为了更好地落实语文实践，20世纪的语文课堂上也曾按照"精讲多练"和"以训练为主线"的方法落实教学工作。语文技能经过大量扎实的训练取得了较好的效果。但是紧随其后的语文教育改革对此提出了质疑，认为语文教学工作将语文课程推向了单一的工具性层面，使学生成了考试的机器。客观来讲，这种认识并非完全正确。结合当时的教育现状，所谓强调的多练，是将课堂的时间分给学生，练的实质是实践。通过训练，把学生从"唯老师主讲"的课堂中解放出来，让学生发挥在学习中的自主性，经过长期的实践形成语文能力。其实，我们应该看到多加练习是当时的语文教育工作者对语文学习规律的积极探讨，这具有进步意义。

语文学科的实践性不仅体现在校园内的语文教学，还体现在"大语文"教育观下的其他方面，如社会语文学习、家庭语文学习，促使学生在生活中学习语文，把语文的学习与生活中的语文运用结合起来；引导学生走出课堂，走向社会，在生活中实践的各种场合、各个环节中学习和运用语文。

语文学科同样也是综合性学科，这使它和中学的其他学科都鲜明地区别开来。它的综合性表现如下：

（1）教学目标的多元性。在语文教育总目标的统领下，又分德育、智育、美育等多领域，知识、能力、方法等多层级，各领域和层级之下又可细分为具体的目标，如能力一层又可分为听、说、读、写等各方面的能力。

（2）教学功能的多重性。语文教学的功能是多方面的。从客观角度来说，它既有为国家培养未来合格公民的功能，又有促进受教育者全面发展，使之适应社会需要的功能；从微观角度来说，它具有传播各种知识的功能。

（3）教学内容的广泛性。语文学科的教学内容十分广泛。从某种意义来说，它是一部微型的百科全书。书中有科学文化知识、做人的道理、生存的本领等。另外，在运用语言文字表达思想、观点、感情的形式上，又有记叙文、说明文、议论文、应用文、文学作品等多种形式。

（4）教学原则的复杂性。中学语文教学原则是一个多种矛盾既对立又统一的复杂结合体。每一项原则都是在辩证唯物主义指导下形成和运用的。在事物的矛盾对立之中寻求它的统一点，达到和谐的教学效果。

（5）教学方法的多样性。教学有法，教无定法。语文学科广泛的教学内容和多元的教学目标等决定了语文教学方法的多样性。它应是灵活的、多变的，是与学生基础条件和实验需求相统一的。

纵观语文学科的发展历史，语文学科思想从片面性日趋多样化，在不断争论中逐步走向意识统一，内涵十分丰富。工具性与人文性的统一、实践性与综合性的统一这两个方面是目前逐渐被广为接受并得到广泛认可的宏观的语文学科思想。另外，中观的语文学科思想还有辩证思想、审美思想等，微观的语文学科思想包括表达与交流、概括与分析等也形式多样地进入了人们的视野。下面我们将围绕以下几个方面谈谈语文学科思想方法在语文教学实践中的具体运用。

二、语文学科思想方法

学科思想是经过高度概括和提炼的对学科学习和发展具有一定影响力的思想、观念和看法。通过与教学目标、教学内容、教学策略的整合，语文学科思想方法对语文教学有着指导性的作用，可让教学活动变得更加有序、更加高效。

（一）古汉语文字时期的思想方法

1903 年《奏定学堂章程》颁布之前，虽然语文还没有成为一门学科，但是关于古汉语文字的教学和由古汉语文字组成的文章书籍的教学一直存在。在长达千年的教育中，其中也蕴含着相应的教育思想方法，这些都值得我们在当下的语文教学中借鉴。

1. "三位一体"思想方法

所谓的"三位一体"，即融合综合性、整体性、实践性为一体的教学思想。诚如前文中所提到的古代的教育不同于我们近现代的分科教育，在古代是识字教育与文史哲经教育于一体的综合性教育。在我国的传统文化当中，没有纯粹独立的哲学、经学、文学或者史学的著作，它们大部分情况下都是融合在一起的。

例如，《左传》作为一本史学著作，但是却陈列于文学和经学当中，史学巨著《史记》也被鲁迅赞誉为"史家之绝唱，无韵之离骚"。由此可见，古代的文学作品、史学作品等没有明显的界限，甚至在大部分情况下是相互融会贯通的。我们现在的教育教学过程当中有明确的不同科目的课本，课堂教学内容也有范本，当然老师亦可以自行丰富教学的一些内容，但是主要还是以课本的篇章为主体或者为主要方向。

除此之外，古代的教学过程与我们现在的教学过程也有着巨大的区别。不同于我们现在的分解式讲授和训练，古代的教学工作更多的是着眼于整体的训练和指导。我们可以从语文教学的读、写这些基本方面具体地感受到这一特点。在古代教育当中，经常让学生着重地读整篇文章，或者说整体的一些著作，并且从作品当中去反复地品味、咀嚼文章当中的思路的转变，或者体会细微的情感的变化。在私塾教育当中，这一点体现得尤为明显，先生会让学生拿着一本书从初读到熟读再到诵读，经过反复阅读体会文章的深意。即使学生在初读和熟读的过程中未必能领会文章的大意，但是学生在大量的阅读过程当中，会积累属于自己的独特的语感，这种语感的积累可使学生在后续的语文学习中获得更多、更全面的对文字的感知能力。读是如此，写作方面更是如此。古代的习作教学经常会让学生进行大篇幅的习作练习，而且在习作练习过程中非常强调文章结构布局的训练，由此流传至今的名篇佳作都有着精巧的结构。同样，古代的教育也十分重视学生的语文实践，如会让学生大量地读和写，这里的读和写不同于我们现在的以考试为目的的读和写，而是体现学生的个性化理解与自由解读的读与写。总而言之，"三位一体"思想方法侧重于学科知识的融合，强调整体的训练与解读，至今仍在教学实践中具有很强的指导意义。

✏ 案例一：

三位一体　融会贯通

　　《河中石兽》是人教版七年级下册的一篇文章，它是清代才子纪晓岚《阅微草堂笔记》卷十六《姑妄听之》中的一篇志怪小说，说的是一个庙门口的石兽倒塌到河里，但十几年后庙里的和尚要重修山门，由此不同的人寻找石兽的事。七年级的学生通过初期的文言学习，积累了一定数量的文言词汇，初步掌握了阅读浅显文言文的方法。但本文篇幅相对较长，个别长句生字词较多，所述道理又涉及物理、地理等学科知识及生活常识，对初一的学生来说还是有一定难度的。因此，要真正读懂文章，深入理解其所阐述的道理，还得先想办法消除学生的畏难心理，激发学生的探究欲望，使其掌握一定的学科基础知识，从而进行整体学习与理解，避免单一地通过识记字词来学习文言文。

【案例描述】

　　初读课文，果不其然，同学们纷纷表示有些看不懂文意，这也在我的预料之中。于是，我没有先急着讲解课文，而是先让学生读一读标题"河中石兽"，明确文章要写的对象是一只石头做的动物雕像，而且还落入了河中。让学生不妨就先画一画石像的样子，想象一下河水的样子，有多宽、大概多深、水流的速度等，尝试建立地理情景画面。

　　紧接着，我以大家熟知的"刻舟求剑"的故事导入课文。在请同学复述故事后，我故作不知，问道："那个楚国渡江的人，明明第一时间在掉下剑的地方刻下了记号，为什么就是找不到掉落的剑呢？"同学们顿时七嘴八舌地回答道："那是因为船在动，水也在不停地流啊，等到了岸边再找，剑早就不在刻记号的地方啦。""得马上从剑掉下去的地方跳下去找才行。"……我微笑着表示赞同，顺势说道："是啊，万物都是在不断地运动和变化中的，昨天的你和今天的你其实也一刻不停地在发生变化，剑掉落下船可以马上寻找，但是如果是一尊很大的石兽掉进水里，而且还过了十多年这么长的时间，我们应该去哪里寻找这尊石兽呢？"我顺势抛出问题："石兽掉下去的地方在哪？下游？上游？如果想知道正确的答案，同学们就认真学习《河中石兽》这篇文章，好好去寻找答案吧！"

　　当有了一探究竟的想法，形成了"变化"的概念后，同学们便开始跃跃欲试，纷纷讨论起来，我一边在教室里转悠观察和倾听他们的讨论，一边随时帮助他们扫清文字障碍，提问频率高的地方就让同学写到黑板上。为了帮助同学们更为直观地进行理解，我在梳理文意的同时还借助了多媒体手段，形象直观地演示石兽落入河中的三种动画情景，借助动态模拟场景帮助学生更好地理解文章中三类人物寻找石兽的方法的相关语句意思。通过动图展示，同学们对水流产生的力的冲击造成的运动轨迹变化也就不难理解了。

经过将近二十分钟的自读与讨论，最终我和同学们围绕"故事中的几位主要人物""他们各自寻找河中石兽的道理和方法"和"他们这样认识的原因"等方面做了总结，如表1-1所示。

表1-1 课堂总结

人 物	寻找地点	理 由	结 果	探究原因
寺僧	在石兽落水处	在掉落处寻找	不可得	没有考虑石兽、流水、泥沙的运动与变化关系
寺僧	到河的下游	以为顺流下矣	无迹	只考虑了流水，没有考虑石兽和泥沙的关系
讲学家	到河底沙中	石性坚重，沙性松浮，湮于沙上，渐沉渐深耳	众服为确论	考虑了石兽和泥沙的关系，却忽略了流水
老河兵	到河的上游	石性坚重，沙性松浮，水不能冲石，其反激之力，必于石下迎水处啮沙为坎穴。渐激渐深，至石之半，石必倒掷坎穴中。如是再啮，石又再转，转转不已，遂反溯流逆上矣	果得于数里之外	既有理论又有实践，准确把握了三者的性质及相互关系

通过讨论，我们明确了老河兵之所以成功地找到了河中的石兽，是因为他知道石头又硬又重，河沙又松又轻，水冲不走石头，而是冲在石头上，水流产生的力反激过来，一定会冲激石头下面的沙子，形成坑穴。水越冲越深，冲到石头底部一半的时候，石头因为重心一定会倒在坑穴里。像这样，水再冲激石头底部的沙子，石头再倒在坑穴里，不断地反复，石头就逆流而上了。我通过播放动画，直观地展现这一过程，并标注力与反作用力的方向和变化帮助学生加深理解。同学们在形象的演示中很快便理解了这个过程的来龙去脉，正在同学们都一致认可了老河兵的解释之后，我话锋一转："都说'实践是检验真理的唯一标准'，仅仅停留在理论上的推测就一定正确吗？听说有个学校的同学们在学习这篇文章后就产生了许多疑问，并付诸行动，组队进行户外实验去了，让我们一起来看看实验的结果吧。"

我给同学们播放了一组学生外出进行实验的视频，视频中，同学们找到了一条小溪并模拟文中情景，利用石块进行演示，按比例缩短至单位时间内观察其变化，但结果却并不如老河兵所言。这又是怎么回事呢？我又顺势提出："学校旁边的河道里经常有人钓鱼，假设很久之前有人的饲料铁盒子掉进水里了，你们觉得这个铁盒子会在上游吗？"同学们一下子被这个问题给吸引了，纷纷猜测，并有模有样进行分析。对此，我鼓励同学们大胆发表自己的看法。同学们有的赞同，有的反对，有的摇摆不定。有同学说要先估测一下铁盒子的重量和大小，还要观察水流的速度和河水的深浅，得根据时间长短来进行综合判断……一堂语文课在变化、力的改变、水流等诸多关键词中被拓宽了领域，同学们也没有了起初的畏难情绪，反倒纷纷加入对文中观点的争辩与分析中来，文章的中心主旨也水到渠成地总结出来了：许多自然现象的发生往往有着复杂的原因，我们不能只知其一，不知其二，仅根据自己的一知半解就做出主观判断，而要具体问题具体分析，实事求是。本案例通过寻找倒塌在河里的石兽的故事，告诫我们既不可像寺僧不深思熟虑而盲目行动，也不可似讲学家一样空谈事理，脱离实际，最后自以为是，贻笑大方；要学习老河兵从实际出发，综合考虑各种现实因素的实事求是的态度，但也不能如同众人一味盲从，而是要懂得在实践中出真知，不能主观臆断。

【案例反思】

在本课的教学中，我运用追问质疑的方式进行启发诱导，抓住学生的探究心理，让每个学生都参与到学习中来，充分调动了学生的学习积极性，提高了学生的学习兴趣。在解决文章重难点——探究不同做法导致的不同结果背后的原因时，我打破了单一的语文学科知识限制，融入物理力学、地理环境考量等多学科常识，鼓励同学们大胆质疑，充分讨论，让学生按照老河兵的分析深入文本自己去探讨、推理、质疑，并且在研读文本的同时，因势利导帮助其顺利掌握文言生字词，理解文意。通过多媒体动画演示，学生更直观地感知到了文中所涉及的科学原理，再结合实际生活经验，引导其大胆质疑与思考，从而加深了对文章中心主旨的理解，达成了知识与能力、过程与方法、情感态度与价值观的教学目标。（作者：武汉市东湖高新区光谷左岭第一初级中学·陈思庆）

✐ 案例二：

整体导读　巧于点拨

郦道元的《三峡》是八年级下册的一篇游记散文，北魏地理学家郦道元以四季特点为顺序把三峡的山水书写得雄奇而秀美，展现了祖国的大好河山。不过有些特殊的是，作者在提及三峡四季不同的景象时，并未按照春夏秋冬这样的自然顺序，而是先描述了夏季的景象。这是因为三峡的景象最主要的是水，在夏季的时候刚好是汛期，水的流量大，流速比较快，因而作者先着重写了三峡夏季的景象，以此来突出三峡在夏季时候更为壮阔的奇妙景致。八年级的学生已经具备了一定的文言阅读能力，因此我认为可以有意识地培养学生在整体感知基础上进行文言文自主阅读能力的实践训练，引导学生着重阅读整篇文章，在反复的阅读中以质疑问难的方式进行自我理解，并可以借由小组合作探究，主动发现文章写法之妙。

于是，课前我先要求学生结合课下注释通读全文，可自由发问，疏通字词障碍；在课堂讲授时，则着重引导学生通读全文，通过筛选并整合信息，抓住四季变化的时间性词语，做到从整体上快速把握文章思路，领略作者书写三峡自然风光的写景方法，品析其词句之妙，从而强化学生文言知识的学习与实际运用。

【案例描述】

导入：有一种"两岸猿声啼不住，轻舟已过万重山"的轻盈洒脱，有一种"飞流直下三千尺，疑是银河落九天"的壮阔神奇，有一种"明月松间照，清泉石上流"的秀美生动……祖国的大好河山总是能牵起我们心灵的每一次悸动。大家好！欢迎来到美丽的长江三峡，今天让我们跟随着北魏地理学家郦道元的脚步一同游历三峡，去领略一下那里的美妙风光吧！

配合三峡美妙风光的音视频文件，我以一段导入词为本节课拉开序幕。通过情境创设，学生们高声诵读，在琅琅读书声中感受三峡的无限风光。

待学生充分诵读后，我便抛出问题，进行思路点拨：

（1）作者游历三峡，着重写了三峡的什么景物？

（2）你能看出作者是按照什么顺序来写的吗？

（3）作者笔下三峡的山和水各有什么特点呢？你能从各段中选用文中的一到两个字加以概括吗？

为了更好地呈现同学们的整体思考，我设计了一个表格和文意概括小练习来逐步引导同学们更好地提纲挈领地把握文脉。

活动一：请同学们自主思考，可小组讨论后完成表1-2。

表1-2 《三峡》作品赏析

《三峡》	内 容	顺 序	写景语句	特 点
山	第一段			
水	第二段			
	第三段			
	第四段			凄

文意概括小练习：

本文按照（   ）的顺序，写了三峡的（   ）和（   ）的风光，抒发了对祖国山河的（   ）之情。文章着重写的是（   ），写山的（   ）是为了铺垫水的（   ）。

在设计问题时，我十分注意问题之间的环环紧扣，引导学生在内容探究上的层层推进，先从"山"和"水"两大方面整体把握，再通过每一段的中心逐步提炼出写作顺序、突出的景致和典型特点。在"质疑问难"这一教学环节的设计中，学生很快便通过筛选关键信息并经由集体讨论，迅速从整体上理清了文章的写作思路和写法特点。

经过大家的讨论，我们补充完整了表1-2的相关内容（表1-3），也填写了文意概括内容。

表1-3　《三峡》课程完善

《三峡》	内　容	顺　序	写景语句	特　点
山	第一段	开端	两岸连山、隐天蔽日	多、高
水	第二段	夏	沿溯阻绝、不以疾也	疾（快）
	第三段	春冬之时	素湍、怪柏、清荣峻茂	趣
	第四段	晴初霜旦	林寒涧肃	凄

本文按照（时间）的顺序，写了三峡的（山）和（水）的风光，抒发了对祖国山河的（热爱和赞美）之情。文章着重写的是（水），写山的（高峻、狭窄）是为了铺垫水的（迅猛与壮阔）。

为了让学生更好地体会三峡之美和作者的思想感情，我通过选例（第三段）品美来对学生进行思路点拨，用以点带面的方式引导学生品析文章写景之妙。

活动二：诵读品美。请参考以下角度，赏析作者笔下三峡的山水之美。

（1）形色相配（如：雪白的急流，碧绿的潭水，青山绿水碧潭，山峰高耸，柏树姿态各异，画面形态丰富，色彩明亮。）

（2）动静结合（比如：素湍绿潭，回清倒影。悬泉瀑布，飞漱其间。景物描写有动有静，动静结合。）

（3）俯仰相生（比如：视角的变换，远近高低的变化，体现了景物描写中多角度多层次的写法。）

（4）用词凝练（比如："漱"的动态感，形象地凸显了春冬时飞瀑冲刷而下的宏伟气势。）

在"选例品析"这一环节，学生从修辞、色彩、感官视角、动静等多个方面展开了个性化解读，在充分地自主阅读过程中，获得了独有的个体审美感受。

最后，在听、读、说的基础上，我也根据时间安排灵活加入了"写"的环节，以促进学生的能力提升，做到学以致用。

活动三：请同学们选取文中某个季节的写景段落，改写为一段写景文字。

思路点拨：

（1）立足文本，准确展现三峡山水的特点。

（2）巧用修辞及四种写景方法，体现写景语言的画面美。

例如，第三段的写景文段改写："春冬交替的时候，雪白的急流翻涌着浪花，碧绿的潭水鲜亮滴翠，回旋着清波，倒映着各种景物的影子。两岸的山峰极高地耸立，形态奇异的怪柏好像姿势各异的剪纸，有的张牙舞爪，有的茕茕孑立，姿态各异。远远望去，从高处落下的瀑布一道光似的飞速冲刷下来。清澈晶莹的水，茂盛勃发的树，高峻伟岸的山，竭力生长的草，处处是风景，实在是太有趣了！"

【案例反思】

《三峡》这篇课文写景生动，富有诗情画意，思路清晰，布局自然，动静相生，摇曳多姿，是一篇非常成功而且具有指导价值的游记散文。作者在凝练生动的笔墨中尽显山水的特色，因此我把品味写法之妙作为本文的难点。

文章要让学生用心体会，才能获得美的享受。上课前，我利用多媒体展示三峡的美丽风光，配上舒缓优美的音乐，辅以声情并茂的朗读，让学生看美图、听美乐、赏美文，以此帮助学生入境想象初步领略文章的美。

另外，这节课我设计了"质疑问难，诵读品美，能力提升"三个主要环节。"质疑问难"部分重点解决学生自己无法解决的文言字词的理解和谋篇布局的妙处；"诵读品美"部分重在引导学生领略写景之妙，我选取了文章的第三段，从形色、动静、视角和用词四个方面进行点拨，引导学生自主赏析；"能力提升"部分侧重学生的语言表达与运用，在翻译文句的基础上展开想象，升格语言。根据语文新课程标准的要求，教师在教学实际中要注重学生实际运用知识能力的培养。因此，在教学过程中，我十分注重知识的内引外延，在课堂上安排了读一读、品一品、练一练、背一背、写一写这些环节，引导学生自主、合作、探究学习。

纵观整堂课，我主要采用了点拨法进行教学，不断地引导学生在读中品，在品中说，在说中练，注重对文章的整体把握，侧重学生综合能力的培养。通过多媒体课件的展示、教师适当的点拨、练习的合理设计，学生不仅理解了课文的内容，学习了抓住景物的特点进行描写的方法，而且领略了祖国山川的壮美，激发了热爱祖国的热情，更主要的是真正实现了学习方式的转变，变被动接受为主动探究，明显地提高了课堂效率。整堂课教师讲得少，学生读得多，说得多，想得多，练得多。学生在听说读写的过程中既理解了文言字词，又融入了语言品美，锻炼了句段的理解能力和语言的表达能力，体现了语文学科思想方法中整体性、综合性和实践性的统一。（作者：武汉市东湖高新区光谷左岭第一初级中学·陈思庆）

2."本体性"思想方法

古代典籍通常都是以文言文为语言载体，因而我国古代在语言文字的教育方面基本上可以说是以文言文这一书面语为基本内容的。语言文字本身的特点决定了整体的教学思想和教学过程。由于古代语素大部分是单音节，声调的不同会形成不同的语素，语序和辅助词的不同位置构成不同的语法，每一个汉字与一个声调相结合组成一个最小的语义单位。基于这样的语言文字特点，古代在教学过程中充分有效地利用了这一点。古代教学过程中使用的教材几乎都是整齐押韵的，不仅仅是秦汉魏晋南北朝，甚至于清末民初都是如此，诵读起来朗朗上口。目前，现存的最早的识字的课本为《急救篇》，里面文字最大的特点就是整齐押韵，如其中的第七章："耿潘扈，焦灭胡。晏奇能，邢丽奢。邵守实，宰安期。侠却敌，代焉于。司马褒，尚自於。陶熊黑，解莫如。乐欣谐，童扶疏。痛无忌，向夷吴。闳并诉，竺谏朝。续增纪，遗失馀。姓名讫，请言物。"还有流行至今的《千字文》《三字经》《百家姓》等，都具有这一特点。相应的，在实际训练中会进行大量的属对的训练，现存的大量诗词就是最有力的说明。属对的训练，就是涉及词性、词类、词组、声调、逻辑等多个因素综合在一起的一种训练。经过长时间的完善，最终发展成了格律，这也是古代"本体性"教学思想的一大成果。

案例三：

浸透古诗文字，深入感悟诗情

古诗文教学一直以来都是语文学科的重点教学内容，同样也是难点内容。面对由古汉语组成的诗歌，相对于现代汉语的文章学生会产生一种陌生感，再加之诗人所处的生活实况和年代距离学生当下生活的时代过于久远，因此学生对于诗歌内容的把握和诗人情感的理解更加不易。因而，我们可以借鉴前辈们成功的经验，从诗歌本身的文字出发，理解文字的含义从而把握诗句的内容，再进一步理解整首诗歌的情感；甚至可以从古诗韵律等角度切入，帮助学生熟悉、了解古诗的特点，进而进行全面的学习。

【案例描述】

这是一节关于古诗的教学课，讲授的内容是《古诗二首》(《酬乐天扬州初逢席上见赠》)(《醉赠刘二十八使君》)。

课前导入过程如下所述。

师：同学们，今天我们要学习两首古诗，一首是课内的，请读题：《酬乐天扬州初逢席上见赠》。(学生齐读)

师："酬"是什么意思？

生：以诗相答。

师：你从哪儿知道的？

生：书下注释。

师：很好，我们一定要用足注释啊。那"乐天"是谁？

生：白居易。

师：还有一首是课外的，我们一起读题：《醉赠刘二十八使君》。(学生齐读)

师：我发现一些同学已经有想法了。老师为什么要将这两首诗放在一起学呢？"刘二十八"又是谁？

生：当时，两位诗人在扬州相逢，白居易在酒席上写了一首《醉赠刘二十八使君》

相赠，刘禹锡便也写了《酬乐天扬州初逢席上见赠》来酬答他，两首诗一赠一酬。

生：这两首诗有联系，也有许多不同的地方，如情感、手法等。

师：说得很好，这个问题我们待会儿再来深究。

执教老师让学生分几个不同的环节逐渐深入古诗，大致有以下几个部分：

（1）学生准确地朗读诗歌内容。（扫除文字读音障碍）。

（2）尝试按照自己的话对诗歌的大意进行描述，对诗歌的内容进行大致的掌握。

（3）探究诗句中的字词精妙之处。

此环节具体讲授过程如下所述。

师：通过前面对诗歌大意的品味，培养了我们的情味，也让我们感受到了诗人那颗驿动的心。那诗人又是用什么样的方法令千百年后的我们如此强烈地感受到他们真实的心跳呢？现在，就让我们开始静静地赏读，到两首诗的内容深处去寻找。

师：也许是一个词句，也许是一种手法，也许是一组意象，它们都从不同角度表现出了诗歌的美，这些正是映入我们眼帘闪亮的美点啊。(板书：美点)同学们，用你喜欢的方式去找寻这些美点吧！

生："沉舟侧畔千帆过，病树前头万木春"，这两句诗一扫前句的伤感低沉，变得乐观奋发起来，诗人深知自己已似"沉舟""病树"，却能够积极豁达地面对现实，其积极进取的人生态度，给了我们很多启示。

师：这是胸怀之美。这两句确实是全诗的精彩一笔，写出了诗人较为开朗的胸襟。诗人刘禹锡的一些酬和诗既不离原唱，往往又高于原唱。

生：这两句诗还反映了新陈代谢的自然规律，至今广为传诵。与西方巨著《天演论》中"世道必进，后胜于今"的观念相同，有异曲同工之妙，我想一千多年前的古人能意识到这点，确实是难能可贵的。

师：这是理性之美。诗人表现出高超的见识和豪迈的气度，对人生也显示出哲理的思考。

生：我在思考，"病树前头万木春"中的"春"字可以改成"绿"吗？绿字不也给人一种"新"的感觉吗？

生："春"字更贴切，我认为原因有两点：一是押韵的需要，古体诗要押韵的，改成"绿"后在音韵效果上就输了三分。二是"春"之较"绿"更给人一种生机之感，我们想想春天多么富有生机。"绿"更多地表示颜色等性状，与"春"相比，在意蕴的表达上也要逊色不少。所以，这个地方"春"字不能改成"绿"。

师：比较中可见诗人炼词之深。

生：我想说说两首诗在情感上各有侧重，有各自不同的美：白诗多抒写了对刘禹锡遭遇的同情，以及对刘禹锡才华的赞美、叹息与无奈，全诗格调低沉，显得那样悲怆凄凉与无可奈何。而刘禹锡在回诗中，先抒发自己恍如隔世后的沉郁之情，之后笔调一转，"沉舟侧畔千帆过，病树前头万木春"，又顿生豪情。我觉得其思想境界要比白诗高，意义也深刻得多。

师：看来这得算是境界之美了。现在同学们再想想：老师为什么要将这两首诗放在一起学啊？

生：这两首诗一赠一和，互相连贯。

生：这两首诗放在一起，更能感受到刘禹锡的心境，作者被贬谪在外二十三年，受尽苦难失落自不必多说。瞧！连好友白居易也不忍提起，为之感到愤慨，而梦得虽身在其中，却能泰然自若，表现出一种大将风度，结合他在游长安玄都观时写下的两首诗，更能体会到他那种乐观积极的人生态度。我们只有把两首诗结合起来看，才能更清晰地看出这种思想。

师：赠诗与和诗珠联璧合，互相映照，只有对照阅读，才能更好地解读其中任一首诗，更好地解读诗人的不屈精神，如果单独地读其中的一首，可能很难得其精妙啊。你们看，根据这些思路去寻踪美点，我们赏析这两首诗不是很容易了吗？

【案例反思】

古诗教学存在难度，所以更加需要采取合理的教学方式帮助学生更好地理解古诗。诗词的大意容易把握，但是诗人的情感以及诗歌中表意独特的部分学生却很难感悟到位。基于此，我们要思考古诗词本身的特点是什么。作为古汉语构成的诗句，其写作遵循特定时代语言的规范和习惯，因而我们在教学中可以将这部分内容作为重点去突破。

在本节课《古诗二首》的讲解中，学生对"病树前头万木春"中的"春"字是否可以改成"绿"字这一问题做出了押韵相关的回答。这是非常重要的一点，古诗词很多地方都有押韵的要求，这也是有些诗句中的字不可随意替换或者说为什么使用某个字的原因之一。如果学生能掌握古诗押韵的规律，在深入理解、精确赏析古诗的时候，就能够多一个途径辅助学习古诗。课堂中我们可以适当地讲解这部分内容，初讲时可以稍微详细具体一点，后期遇到古诗时简要提示即可。

除了押韵之外，还要更多地关注诗句中的某个字本身的含义。诗句是由单独的汉字构成，那么我们赏析诗句的过程中自然不能脱离古汉语字的含义，即使在诗歌中有时会被赋予语境义，但也是在其本意的基础之上的。比如，本节课中学生已经有意识地尝试这种思路——"春"较之"绿"更给人一种生机之感。"绿"更多地表示颜色等性状，与"春"相比，在意蕴的表达上也要逊色不少。所以，这个地方"春"字不能改成"绿"。这在古诗教学中其实就是炼字法，通过对古诗中个别重要的字进行细致的探究，究其含义，从而深入了解诗人想要表达的核心语义，自然就会对古诗的理解延伸至深处。（作者：江苏省东台市实验中学教育集团（中校区）·卢崇斌）

3.现当代语文学科思想方法

纵观语文学科的发展历史，语文学科思想从片面性日趋多样化，在不断的争论中逐步走向意识统一，内涵十分丰富，工具性与人文性的统一、实践性与综合性的统一这两个方面是目前逐渐被广为接受并得到广泛认可的宏观的语文学科思想。另外，中观的语文学科思想还有辩证思想、审美思想等，微观的语文学科思想包括表达与交流、概括与分析等。下面我们就围绕以上几个方面谈谈语文学科思想方法在语文教学实践中的具体运用。

（1）"工具性和人文性的统一"学科思想在语文教学实际中的应用。语文不仅是重要的交际工具，也是文化传承的载体，是一门具有人文性的基础工具学科。应试压力之下，作为教师，也不能放弃对语文学科思想的不断更新和考量，以达到适应学生学习状态和需求之间的平衡。在语文教育教学实践中，要处理好"工具性"和"人文性"的关系，一方面要做好语言文字知识的传授，引导学生对语法、修辞等知识进行熟练掌握与运用；另一方面要积极挖掘语文课程资源所蕴含的丰富的人文内涵，引领学生自己去感受人文气息，品味人文意蕴，从而引导学生形成正确的价值观，增强社会责任感，培养学生的情怀。在教学过程中，教师在突出"工具性"时，要自然渗透人文因素，在弘扬"人文性"时，结合语文学科特点，将工具性与人文性二者合一，水乳交融，方能绽放异彩。

案例四：

挖掘内涵　启悟人生

培养学生良好的人文素养、语文素养以及"自主、合作、探究"的精神，是新课标的重要理念。杨绛的《老王》，写自己与车夫"老王"的交往，写车夫艰难困苦的生活和善良厚道的品格，含蓄地提出了关怀不幸者的社会问题。新课标中重点提出，要让学生"关注人类，关注身边的人"，在"提高学生阅读能力的同时，提升学生的情感态度价值观"。在教学中，教师的教学重难点要放在帮助学生感受、深入分析领悟作者对老王的"愧怍"之情，通过品味作者对自己行为的反思，体会老王的善良，领悟"我"的平等观念和人道主义精神；感受杨绛夫妇对普通人，尤其是对弱者的关爱，提高学生对生活和社会的思考能力，培养学生的爱心、同情心，使其学会以善良体察善良、回报善良。

【案例描述】

《老王》教学实录：深层引领学生，探究人性的复杂美。

东营市实验中学：于保东

授课时间：2008年10月

授课地点：东营市实验中学

授课过程：

师：上课前我们先做个小调查。假如你看见了一个沿街乞讨的乞丐，这时你会怎么想、怎么做？老师给出四个选项，根据你自己的情况做出自己的选择。

A：这时你觉得他很可怜。（学生大约 15 人左右举起了手）

B：你觉得这样的人不值得可怜，他可能是在骗取别人的钱财。（13 人左右举起了手）

C：你把自己身上的钱扔给了这个乞丐。（10 个左右的同学举起了手）

D：你把钱和物递到这个乞丐的手中。（10 个同学举起了手）

师：选择 A 的同学富有同情心。（学生笑。）选择 B 的同学社会成熟度比较高。（有的学生大笑。）选择 C 的同学不但富有同情心，还很有爱心。（有的学生笑，有的学生点头表示得意。）选择 D 的同学不但有爱心，还对这个乞丐表示了应有的尊重。（有的学生开始自鸣得意。）

师：在现实生活中，我们究竟应该怎样对待弱者和不幸者呢？下面我们就来学习杨绛先生写的《老王》这篇课文，进一步了解杨绛先生和老王的人文情怀。

请同学们认真读课文，思考回答下面的问题：

第一，你认为老王是个什么样的人？杨绛是个什么样的人？

第二，作者用哪些方式方法刻画老王这个人物？用自己熟悉的方式批注。

第三，你认为本文的文眼是什么？标注在课本上，怎样深入解读这句话？

学生阅读 8 分钟后，小组内交流讨论。

全班交流：

生七嘴八舌交流问题 1：老王是一个善良、苦命、善于理解别人、很穷、很平凡、社会地位低下、很丑、命运悲惨的人；杨绛是一个善良、富有同情心、有爱心、善于尊重别人的人。

生七嘴八舌交流问题 2：本文刻画人物的方式主要是人物的语言、动作、神态描写。学生在发言的同时举出了各自的例子。

学生交流问题 3：本文的文眼是"那是一个幸运的人对一个不幸者的愧怍"。

师：同学们刚才的发言已经初步把握了人物形象的性格特征，也初步体会了作者的感情。但本文的学习价值点（或者说美学意义）我认为不仅在对人物形象的分析和概括上，因为老王的"善良、苦命、善于理解别人、很穷、很平凡、社会地位低下、很丑、命运悲惨"是有目共睹的，可以说都写在了老王的脸上。我们要真正走进老王的内心世界，用我们的善良体察老王的善良，用善良沟通善良才是最值得我们深入挖掘的。因此，我们必须抓住本文的文眼"那是一个幸运的人对一个不幸者的愧怍"，用自己的切身体会来感悟文章的人性美。而本文的人性美体现在老王和作者之间的交往中，老王和作者在交往中都表现出了感情的复杂性、矛盾性和微妙性。

请同学们再次研读课文，思考本文是怎样表现人物感情的复杂性、矛盾性和微妙性的？生再次研读课文。小组讨论交流。学生对有些问题的看法不一致，讨论激烈。教师深入到小组中与学生共同研讨。

全班交流：

生 1：我认为"我和老王闲聊时问起那里是不是他的家，老王说他住那里多年了"

这个地方表现出了老王性格的复杂性。

师：复杂在哪里呢？

生1：明明是他的家，他却说住在那里多年了。

师：老王为什么这么说呢？

生1挠挠头：不知道。

众生笑。

师：若你是老王你会说那是我的家吗？

生1：会。

生2：不会。

师：为什吗？

生2：即使我的家再穷、再破，我也不会不好意思说的。

师：你的心态很阳光。

众生笑。

生3：不会。我不好意思说，因为如果我说了，担心作者去看，看到家境时会给我更多的帮助，所以不好意思说。

师：你真是个善良的人。

生4：我认为在老王送默存去医院，却坚决不肯拿钱，作者一定要给他钱，他哑着嗓子悄悄问作者"你还有钱吗？"，但拿了钱却还不大放心这部分也表现了老王和作者性格的微妙性和复杂性。你看，老王以拉车为生，送先生去医院不拿钱是知恩图报。我认为作者知道老王以拉车为生，所以给钱是保证了老王最基本的生活来源。老王的生活需要钱，但老王哑着嗓子悄悄问"你还有钱吗？"是担心作者没钱给先生看病了。所以说老王善于关心别人。

师：你的发言很精彩。

生5：还有当老王给作者送香油和鸡蛋时，作者强笑说："老王，这么新鲜的大鸡蛋，都给我们吃？"这里的"强笑"说明作者对老王的最后形象已经感到很惊讶了。他感到老王的时日不多了，但仍强笑是为了给老王和自己一个安慰。

生6：当作者要给老王拿钱时，他赶忙说"我不是要钱"，这里也表现了老王和作者心情的矛盾。老王送了作者香油和鸡蛋，说明老王对作者这个好人一直是知恩图报，老王说这句话是发自内心的。

师追问：那为什么又拿了钱呢？老王已经到了这种地步了，难道不需要用钱治病吗？

生6：老王知道自己已经时日不多了，钱对于他来讲已经不重要了，但他还拿了作者的钱，说明他怕作者为难，老王是站在作者的角度来考虑问题的，所以他站着等作者。

师：同意这位同学见解的请举手。

20多个同学举手。

师：还有不同意见吗？

生7：我觉得刚才同学的发言只是考虑到了老王，而没有分析作者的感情。我认为作者之所以给老王拿钱是因为作者知道如果给老王钱，老王也不会要，但要不给老王钱，作者就会从心理上过意不去，觉得自己是对老王的不尊重。

师：这两位同学已经把送鸡蛋和香油这个故事分析得很到位了。

师：还有哪个情节你们觉得需要分析？

生8：作者送老王走了以后，才感到抱歉，因为没有请他坐坐喝口水。作者感到抱歉的原因是发自内心的歉疚，也可以说是很愧怍。因为作者可能觉得如果让老王到家里坐坐老王也不会去，老王觉得去了可能给作者添麻烦。作者觉得让老王去坐坐是情理之中的，不去坐坐可能是站在老王的角度考虑问题。

师：刚才这位同学的发言同学们能理解吗？

生：不理解。

生：理解。

（对这个问题的认识不统一，教师需要进一步引导。）

师：假如你是作者，你会请老王到家里坐坐喝口茶吗？

生：会。（30多个同学举手。）

生：不会。（15个同学举手。）

师：那么你会怎么处理这个问题呢？

生9：我当然会请老王到家里坐坐。因为我请老王到家里坐坐是对老王的尊重，也是对老王送鸡蛋和香油的一种礼节上的回应。说不定我还可以给老王更多的帮助。

师：谢谢！我想，如果老王知道你的心思也会非常感念你的好意的。

生10：如果我是作者我不会请老王到家里坐坐。这并不是说我没有同情心，而是我觉得即使我请老王到家里坐坐，老王也不会去的。因为老王不愿意给我添麻烦。所以，为了避免尴尬，我不会请老王到家里坐坐。

师：这样的发言使我感到与人为善时要站在别人的角度考虑问题，否则也会出现不必要的尴尬的。

师：如果你是老王呢？你会怎么样？

生11：如果我是老王，我会到作者家里坐坐的。我不会不给主人面子。

有的学生在窃窃议论。

生12：可是老王已经病入膏肓了，去了不是给作者添麻烦吗？这不符合老王的性格。

师：作者在文章的最后说"每当想起老王，总觉得心上不安。因为吃了他的香油和鸡蛋？因为他来表示感谢，我却拿钱去侮辱他？都不是。几年过去了，我渐渐明白：那是一个幸运的人对一个不幸者的愧怍"。我认为同学们已经理解得很透彻了。哪位同学再来总结一下？

生13：作者在这里是与老王相比。作者认为自己的命运是幸运的，而老王的命运是不幸的。在作者与老王的交往中，作者以自己的善良体会到了老王的善良、命运的悲苦和不幸。但是作为作者来讲，作者觉得自己为老王能够做的事情太少了，甚至是老王临死的时候都没有给老王以最大的帮助，所以作者感到愧怍。

师：通过这篇课文的学习，老师不仅从作者和老王身上看到了善良，更从同学们身上看到了善良。愿善良的力量能改变世界上所有悲苦人的命运，哪怕是给他们一点希望的曙光，也能够温暖他们的世界。

【案例反思】

在《老王》这篇课文中，作者的感情渗透在平静、简洁的叙述中，没有过多的渲染。教学时很多老师是从老王和作者的性格特点和刻画人物的方式来处理这篇文章的。这样处理是因为没有对这篇文章进行深入的解读，并没有深入理解这篇文章用朴实、平淡的语言所表现出来的作者和老王身上洋溢着的复杂、微妙、细腻的人性美，也可以说是对教学价值点的深入把握不到位。而这人性美又是通过作者和老王的交往体现出来的。

因此，于保东老师在设计这篇课文的教学思路时，把教学的重点放在了通过品味语言体会作者和老王身上洋溢着的复杂、微妙、细腻的人性美上。通过品味语言、创设情境、角色置换、教师引导追问、学生讨论交流等方式把学生的思维和情感引向作者和老王的内心深处，也深深地把价值问题指向了学生的内心深处，引发了学生思维和情感的共鸣。

学生的思维指向和情感的共鸣不是唯一的，而是从不同的侧面、不同的角度、不同的角色意识发出的，这样才能很好地达成本课教学的三维目标。

——点评：孟宪军（山东省东营市教学研究院中学语文教研员）

杨绛先生的《老王》描绘的是在"文化大革命"那动荡的年代中作者与车夫老王交往的故事。作者笔下的老王一辈子很苦，靠一辆破旧的三轮车活命，他的眼睛又不好，生活更是凄凉艰难，虽然穷苦卑微，但是他心好，极其淳朴。在那个年代里，学术权威被认作"反动学术权威"，被造反派打翻在地，踩在脚下。但是，老王照样尊重钱钟书和杨绛夫妇俩，他认准他们是好人，知恩必报，临死也要去谢谢好心人。学生都能感受到老王的"苦"，但教师在讲授时还要引导学生关注老王在如此之"苦"的基础上的如此之"善"！就是这样一个又苦又善的老王，使作者怀有"愧怍"之情，认为自己是幸运的，而对老王这个不幸者深感愧怍。

在这堂课中，因学生缺乏对"文化大革命"的了解，不了解当时杨绛一家的苦处，教师应及时给学生补充杨绛的资料和相关时代背景介绍，帮助学生客观地理解作为文化精英的杨绛夫妇的不易，让学生了解在毁灭性的肉体与精神的折磨、摧残下，一代中国知识分子始终如一地对祖国的痴情和高尚的节操。老王这样好的人却这样苦，作者在苦难中依然认为自己比老王幸运，应该感到"愧怍"，这是何等的高尚。

老王在苦难中保存的善折射出来的是中国底层劳动人民永不褪色的本心，而杨绛一家人在苦难中依然保持着对不幸者没有任何歧视的平等关爱折射出来的是中国知识

分子永不褪色的高尚。从这节课上，学生认识到了作为知识分子的杨绛夫妇高尚的灵魂。（作者：东营市实验中学·于保东）

（2）"实践性与综合性的统一"学科思想在语文教学中的应用。语文作为交际工具，在综合实践与反复运用中不断建构、传承和改变着我们的文化，是一门具有综合性的实践课程。

① 诵读与品美。带着审美的眼光进行阅读教学，让语文阅读成为一个愉悦的过程，成为一个发现文本语言美、情感美的过程，是语文学科中"审美教学"思想的具体表现。语文特级教师于漪曾说："哪一门学科能有语文那样的灵动蕴藉？哪一片天地能有语文世界的斑斓多彩？"语文的课堂应该是欢乐的，应该是能让学生获得美的享受的课堂。在此思想指导下，诵读法、想象法、分析法等被大量运用，学生在教师审美视角的引导下通过反复的诵读、自由的想象、深入的品析从而获得美的体验。

✐ 案例五：

诗歌诵读，联想与想象

《天上的街市》是人教版七年级的一篇课文，作者郭沫若用神奇而浪漫的想象为我们描绘了一幅天上街市的美好图景。在教授过程中，我着重引导学生通过多种形式的诵读体会诗歌之美，并且引导学生理解诗中联想和想象的运用，培养学生联想和想象的能力，以领会作者所表达的特有的情思。

【案例描述】

《天上的街市》教学实录：诗歌诵读，联想与想象

武汉市东湖高新区光谷左岭第一初级中学：陈思庆

授课地点：武汉市东湖高新区光谷左岭第一初级中学

首先，导入新课：

"琴棋书画诗酒花""腹有诗书气自华"……美学家朱光潜先生说："诗歌是语言艺术的精髓，是美的化身。"诗人艾青也说："没有想象就没有诗，诗人最重要的才能就是运用想象。"诗歌总能轻易拨动人们的心弦，引发情感的共鸣。一张图片，一段文字，甚至一种声音，都可能引起我们的联想与想象。听！声音出（钟声敲响），教师播放音频，请同学们描述脑海里出现的画面吧！

如果夜幕降临，华灯初上，那我们仰望星空时又会想到什么呢？诗人郭沫若又想到了什么呢？今天，就让我们随着郭沫若先生一起进入天上的街市去看看吧！

其次，新课讲解：

第一，对文中重点字形、字音、字义进行齐读理解。

第二，学生试读，教师范读，学生齐读。

（教师引导学生读出柔和的语调、舒缓的节奏，富有表情。）

第三，整体感知，梳理文脉。

熟读后，顺势梳理诗歌的思路。

师问：作者由远远的街灯依次想到了什吗？

明确：由远远的街灯联想到天上的明星，又由天上的明星联想到天上街市的街灯，从而展开想象，由天上的街市想到街市里的物品，想到街市上的人（牛郎织女）及他们的生活。

下面设置研读赏析（读出画面美）环节。

活动一：情景设置。

小组讨论：如果你是导演，你希望四个小节呈现在镜头下的画面是怎样的？

教师给出示例：

镜头一：天色渐渐暗了，路旁的街灯也慢慢亮了，远远望去，仿若天空中闪烁着的星星。天上的星星眨啊眨的，浩瀚的星空就像是点亮了无数的街灯，朦胧而神秘……

（思路启发——镜头对准哪里，出现了什么，有什么特点……）

提示注意：立足文本，大胆想象。

镜头二：推进慢扫。

镜头三：镜头聚焦。

镜头四：人物特写（衣着、神情、动作、语言……）。

然后是细读探究（读出情思美）环节。

活动二：合作探究。

第一，天上的人们（牛郎织女）生活是怎样的呢？

第二，文中想象的牛郎织女的生活跟神话故事中的牛郎织女的生活有什么不一样吗？作者做了哪些改变？为什吗？

第三，诗中反复出现的"定""定然"有什么作用？

教师展示写作背景。

背景：北洋军阀混战期

社会："冷酷如铁！黑暗如漆！腥秽如血！"

教师展示 20 世纪 20 年代的街市图片。

师生共同探讨，归纳情感主旨：诗人正因为看到的是令人失望的黑暗的社会现实，才将对光明、自由、幸福、美好生活的向往寄托在天上的街市，寄托在牛郎织女的生活图景的再创造中。

其中，"定然""定能够"都表示断定的语气。所描绘的事物明明都是出于想象的，作者却用斩钉截铁的语气加以肯定，表明作者坚信这样的理想世界是存在的，对美好的未来充满信心。面对黑暗现实，作者依然保有希望与信念，实属难能可贵。

最后，小结与练习：

本诗通过由远远的街灯产生_____和_____，描绘了天上的街市美好的生活图景，通过对牛郎织女的神话传说进行再创造，表现了作者对黑暗现实的_____，对_____生活的_____，从而激发人们为实现这一理想而奋斗。

请同学们放飞想象的翅膀，充分发挥你的想象和联想，神游一番天街，将这首诗改写成一段描述性的文字吧。

【案例反思】

《天上的街市》是选入人教版七年级语文教材的郭沫若先生的名篇，是一首充满丰富想象与联想的诗歌。那么，如何能让学生读好一首诗，在充分地表达与交流、概括与分析中理解诗歌的情感，喜欢并能享受到诗的美就是我课前对这节课的总的教学设想。

在整节课的教学设计上，我以"诵读品美""研读赏析"与"细读探究"为主线贯穿前后，环节设计及思路主干线比较清晰，重视学生诵读，在"读"上面力求多样化。老师尽量范读，给予学生正面直观的诵读美的感受，并且充分结合学生齐读、男女生赛读、师生合作诵读等方式，凸显诗歌诵读之美，让学生在诵读实践中丰富语言积累，加深体验与领悟。通过联想、想象的训练以及小活动的开展，激发学生的想象力，尽力引导学生"用自己的心去感受作者的心"，从而获得诗歌学习美的享受。课后回顾课堂教学，总结本节亮点。

第一，导入新颖。

大多数老师会以图片导入，引发学生的想象，能不能有点"不一样"呢？是否能够通过更多感官的感受来调动学生的联想与想象？导入部分我别出心裁地选取了一小段音频，让学生闭着眼睛去感受和想象画面，这样每个人脑海里出现的画面都是不相同的，感受就会更加直观。在这种情况下，有的学生想到了采莲的少女，有的想到了茂密的森林……学生的想象各不相同，但在脑海中形成画面进行想象的美好感觉却是一致的，这就激发了学生学习诗歌的兴趣，定下了整节课的主基调。

第二，主线明晰，详略得当。

出示目标后，我利用多媒体立即进行重点字词展示，让学生快速识记。关于联想与想象的区分我认为不需要做过多讲解，而应把侧重点放在学生对想象中画面的描述、人物形象的刻画特点和背后用意的解读上。在教学过程中，我始终把握"在诵读中品析，在探究中体悟"这一主旋律，通过诵读品美、研读赏析、细读探究三个大板块，围绕联想与想象的主线轴，快速引导学生进行整体感知，逐层引导学生展开想象并自由表达，使其带着自己的经验、情感去钻研诗歌，进而领悟诗人的思想感情。

第三，补充知识卡片，开展学习活动，注重学生个人体验。

这节课我开展了"假如你是导演，你将如何拍摄这首诗歌想要表现的画面？"的情景设置活动，围绕三个主要问题进行小组讨论探究活动，通过学生的自主、合作、探究，一步步明确诗歌的情感主旨。补充相关资料、图片，让学生联系社会背景，对作品的思想感情倾向进行分析，最终做出自己的评价。

不足之处：

第一，时间分配上，学生在"读"上下的功夫还不够，仍应敢于多花时间诵读。在诵读的指导过程中应该更细致些，哪怕一句话也可单独挑选出来多读，在比较中反复诵读，读出韵味、读出感觉。

第二，在情景设置环节中，引导学生展开想象，对于学生的阐述应该有可操作性的指导。比如：可以先想象镜头对准的地方，如远远的街灯、天上的街市、浅浅的天河等，然后想象画面中出现了什么，都有什么特点，引导学生有步骤有思路地依据诗句内容展开想象。这样学生的参与度更广，而且不至于脱离文本，扭曲整体意境。

第三，对学生的表达应持更开放的态度，学生个性化的解读还应得到更为充分的体现。

第四，"写"的环节缺失。因为担心一堂课时间有限，没有落归到笔头上去。对于画面的想象以及句子的仿写缺乏细致的可操作性的"写"的指导。可以根据结尾提着灯笼在走的画面继续扩展或者续写。（作者：武汉市东湖高新区光谷左岭第一初级中学·陈思庆）

② 合作与探究。著名教育家叶圣陶先生曾提出这样的问题：到底为何教育？教育的真谛与意义又是什吗？在其教育理论中，叶圣陶先生强调了习惯的养成与教育之间的紧密关系。新课程理念大力倡导"自主、合作、探究"的学习方式，重视发挥学生的主体作用，以培养学生在学习活动中的自觉性、主动性、独立性、创造性，使学生从被动、封闭、沉闷的课堂中解放出来，养成乐学、会学、善用的良好的学习习惯，促进学生的健康发展。语文学科思想中"表达与交流""概括与分析"等思想方法便要求教师把更多的时间留给学生，或让学生进行生生互动，如小组辩论、合作探究，在小组交流中锻炼学生敢于表达的勇气，增强其概括与分析的能力。

"三步读书"策略是叶圣陶先生为了培养学生良好的阅读习惯而制定的教学策略。顾名思义，"三步读书"就是将读书的步骤分为三步，分别是"初读""复读"以及"最后一遍读"，其中"初读"又包括"求疑、答疑、复核"等。通过一遍又一遍诵读，逐层深化对文本的认知。例如，学习莫泊桑的《项链》时，就可采用"诵读三遍法"，即第一遍，快速浏览——目标：熟悉小说人物和情节，能进行简明扼要的复述；疏通字词并整理在笔记本上；第二遍，细读——拿起笔逐字逐句细细品读，适当批注并初步列出要解决的问题的提纲：第一，概括情节发展的脉络。第二，为何说故事结尾出乎意料又在情理之中？第三，为了偿还债务，十年艰辛究竟改变了玛蒂尔德什吗？第三遍，精读——对于重难点问题进行深入思考和讨论：第一，你如何评价玛蒂尔德的虚荣心理？第二，你认为"丢项链"这件事到底是败坏了她，还是成全了她？第三，回想你所知道的其他经典女性形象，试试加以比较鉴赏。第四，读完这篇小说你有哪些启示或感悟？最后再由教师给予明确的总结。经过课堂有效时间内三遍赏读，保证学生在明确阅读任务的情况下逐步释疑，并在教学讲解中穿插《简·爱》《包法利夫人》《安娜·卡列尼娜》和《珠宝》中女性形象的对比，联系作文立意的思索，力求拓深教学宽度，打开教学视野。学生在"自主、合作、探究"的学习过程中回归文本，自主思考，经过了三遍阅读，那些起初脱口而出《项链》的主旨就是在"讽刺"的同学最后改变了看法，对玛蒂尔德有了更全面客观的认识。

"提高语文教学质量的决定因素，不仅仅在于教师的'讲深讲透'，也不只在于教师对学生的练习做过细的指导，而在于'组织教学过程必须以学生为认知的主体'。"这应是教师在执教中考虑问题的出发点，也是提高教学质量的决定因素。

🖋 案例六：

《再塑生命的人》一文节选自美国女作家海伦·凯勒的自传《假如给我三天光明》，选文透过"我"的"眼睛"，通过细致入微的心理描写，叙述了一个盲聋哑儿童海伦在家庭教师安妮·莎莉文老师的帮助下认识事物、走进自然、重获生活的美好与光明的故事，赞扬了莎莉文老师高超的教育艺术，同时表达了作者求知的热情及艰辛而愉快的生活经历，表达了作者对莎莉文老师的感激之情。

【案例描述】

《再塑生命的人》教学实录：

武汉市东湖高新区光谷左岭第一初级中学：陈思庆

授课地点：武汉市东湖高新区光谷左岭第一初级中学

首先，导入导课。

德国哲学家雅斯贝尔斯说："教育就是一棵树摇动另一棵树，一朵云推动另一朵云，一个灵魂唤醒另一个灵魂。"生命一旦绽放出花朵，便将芳香馥郁。今天，我们要学习的便是这样一位绽放生命之花的美好而伟大的女性。你能根据图片和文字介绍猜出她是谁吗？

（出示PPT，初识海伦·凯勒）

教师明确本单元重点的阅读方法及策略。本单元重点学习默读，要求不出声一气读完全文；教师引导学生学会在阅读中关注标题、开头、结尾及文段中的关键语句（议论、抒情、描写的语句），从而把握基本内容，了解文章大意。

学生分享交流，复述文章的主要内容，然后聚焦文题——"再塑生命"。

其次，进入合作探究、研读体验阶段。

第一，浏览全篇，话"再塑"大意。

初步感知"再塑"，理清思路，产生下列思考：

在莎莉文老师到来之前，海伦的生命原貌是怎样的？

在莎莉文老师到来之后，发生了哪些事情？海伦的感受发生了怎样的变化？

第二，赏析研读，探"塑前"心灵。

体验活动一：教室保持安静，让学生闭上眼睛，体会盲聋人士的生活状态，学生交流彼此感受。

细读文本 1～4 段，找出描述海伦内心感受的句子并加以品析，明确海伦"再塑"前的生命状态（黑暗、痛苦、迷惘、渴望光明）。

第三，合作探究，析"再塑"历程。

体验活动二：手指游戏。

小组合作完成表格，教师引导学生通过概括主要事件，筛选关键信息，分析海伦·凯勒"再塑生命"的历程。

第四，再读全篇，悟"再塑"永恒。

归纳总结，明确"再塑"的本质内涵以及蕴含的深切情感。

明确：正是在莎莉文老师的帮助下，海伦才得以从痛苦、黑暗的寂静而无声的世界，走入"希望、光明、快乐和自由"的幸福而美好的世界，最终理解并懂得了爱。海伦的灵魂被唤醒，生命得以重塑。

接下来是探究反思、拓展延伸阶段。

海伦是个高度残疾的儿童，在莎莉文老师的引领下却创造出了生命的奇迹，从她们身上，你有没有受到一些人生的启示呢？

平凡生活中并非只有一位"海伦·凯勒"，你能说出他们的名字和他们所谱写的动人故事吗？你知道他们成功的秘诀吗？

（教师展示几位身残志坚的名人照片，学生畅所欲言。）

师生选读欣赏《假如给我三天光明》文段。

最后是总结全文、感悟人生。

莎莉文老师以无私的爱重塑了海伦的生命。在今后的生活中，希望同学们也能关爱他人，让生命之花怒放并散发馥郁芬芳！

【案例反思】

苏霍姆林斯基说过："在人的心灵深处都有一种根深蒂固的需要，这就是希望自己是一个发现者、研究者、探究者，而在儿童的精神世界里，这种需要更强烈。"教师的良好情感能引发学生积极的情感反应，而要使学生主动学习，教师就要善于营造情感交融的良好氛围，把爱注入教育教学活动中来，这样学生才能带着信心和勇气主动投入自主性的学习活动。

《再塑生命的人》这篇课文展示了一个盲聋哑女孩生命得以"重塑"的艰难历程，全文情感真挚，作者在诉说自己独特的生命体验中传递出积极的生活态度和充满爱的向上的力量。文章内容的理解不难，也贴近学生生活，完全可以调动学生的学习自主性开展合作与探究。整堂课聚焦于"再塑"这一点上，设计了"浏览全篇，话'再塑'大意；赏析研读，探'塑前'心灵；合作探究，析'再塑'历程；再读全篇，悟'再塑'永恒；探究反思，拓展延伸；总结全文，感悟人生"的教学思路，并穿插手指游戏等游戏环节，让学生在活动体验中获得深切感受，在合作与探究中层层深入，体会海伦心理变化过程前后的对比，从而领悟再塑的本质内涵，感受师生间浓浓的爱。整节课营造了情感交融的氛围，同学们能在引导下自主思考并明确中心主旨，不足之处在于在《给我三天光明》的课外延伸环节，留给学生的思考时间不足，只得留待课后进行。（作者：武汉市东湖高新区光谷左岭第一初级中学·陈思庆）

　　③质疑与思辨。在学生的脑力劳动中，摆在第一位的应是让学生本人进行思考，即进行生动的创造。学生是学习的主体，教师的教是为了学生的学，教师的主要任务是促进学生主体的发展，教师所展开的一切教学活动都是围绕着学生这一中心而展开的。传统的"传授式"教学已不能适应时代的发展。一言堂式的"满堂灌"不仅达不到教学效果，反而会适得其反，削弱学生的自主思考能力。新时代教育发展理念下，教师要改变"灌输式"课堂教学模式，以问题为载体，以培养学生的思考力和深层理解力为目标，在建立明确的学习目标和任务的环境下引导学生自主思考，大胆质疑，勇于自辩，发挥学生的主体地位，打造思考性课堂，真正"把课堂还给学生"。

　　教师要善于培养学生的问题意识，激发学习的自主性，指导学生提出优质问题，增强问题的深刻性。优质问题的设计为"思考性课堂"的顺利开展奠定基础，问题的有效解决成为"思考性课堂"的最终目的。课堂上教师对学生思考活动的组织和调控十分重要。教师要根据问题的难易程度，把握好学生思考的时间跨度、必要的提示语、问题由哪些学生回答、如何评价学生的回答等多方面的问题，使学生能够进行深入学习，理解知识的本质，做到举一反三，同时缩短学生反复训练的时间，减轻学生的课业负担，从而提高课堂效率。例如，《风雪山神庙》中，为什么要将林冲被逼上梁山的故事背景设置在一场大风雪中？林冲熄灭火盆的细节描写与突如其来的草场大火有无冲突？这些都是值得探究与思考的问题。又比如，在学习《愚溪诗序》时，可从一"愚"字着手设置思考题：第一，溪水何故冠以一"愚"字？（培养学生分析概括语段能力）第二，找出文中写"愚溪"风景秀美的句子以及"莫利于世"的句子。（分析写景特点，结合"情"与"景"的特点，打开教学视野）第三，"愚溪"既然风景秀美，为何被称为愚溪呢？（引导学生在质疑中深入思考）第四，"愚溪"与"我"的相似点是什么？（巧设疑问，揣摩主旨）通过四个思考题保证教学重点的落实，并在分析中融入高考考点内容，提升学生阅读能力。

✎ 案例七：

　　在教学过程中，我们会遇到教材的某些选篇内容具有思辨性的情况，这就要求我们的课堂采取与之相应的教学方式。那么什么样的教学模式能够有效地实现培养学生思辨性的目标呢？钱梦龙先生讲授的《愚公移山》给我们提供了一个很好的示范，即在课堂教学中进行有效的提问，抛出有针对性的问题，帮助学生找到思考的方向，逐渐清晰选文的线索，从而找到明确的答案。

【案例描述】

《愚公移山》这篇文章内容比较丰富，钱老师将这节课分为两个课时，在第二课时的开始，便抛出"愚公究竟笨不笨"这个问题，让学生带着问题去思考，深入挖掘文本的细节。学生的观点主要分为两派：笨；不笨。他们给出的思考如下：

生：不笨。愚公说："虽我之死，有子存焉；子又生孙，孙又生子；子又有子，子又有孙；子子孙孙无穷匮也，而山不加增，何苦而不平？"从这些话里看出愚公不笨。

生：有点笨。愚公有不怕困难的精神，但不能运用科学道理。

生：不能说他不能运用科学道理，因为那时还没有大吊车。

师：刚才我说过，无论说愚公笨还是不笨，都要根据文章探讨。现在我们对前前后后有关愚公的一些句子进行分析，先看看引起愚公移山的动机是什么？

生：惩北山之塞，出入之迂也。

生：苦于北山交通阻塞，进出要绕远道。

师：说得对。就是说，愚公之所以要移山，是因为他"痛感迂、塞之苦"。那么山移掉了有什么好处呢？愚公想过没有？

生：移了山，那就可以"指通豫南，达于汉阴"。

师：对！从这里我们可以看到愚公清楚地知道移山的好处，用一句话来概括，叫作"确知移山之利"。

师：好。再来看看老愚公，他做的事看起来好像是很傻的。他要移山，可他已经多大年纪了？

生：就要到九十岁了。

师：这么大年纪了，他自己能看到山移走吗？

生：看不到。

师：这一点愚公自己也知道，你们看，他是怎么说的？

生："虽我之死"。

师：你解释一下好吗？

生：即使我死了。

生："虽然"，说明他已经死了。

师：对，这里要用个假设的意思。可见愚公早就想到在自己手里是移不了山的。他自己能享受到移山之利吗？

生：（齐声）享受不到！

师：这看起来似乎有点傻了，对不对？但我们用另一种观点来看，用什么观点呢？我们继续看下去，为子孙什吗？

生：为子孙后代造福。

师：讲得真好！同学们都讲得这样好，真叫老师高兴！我们如果用"为子孙后代造福"的观点去看愚公，他不仅不笨，而且不是一种小聪明，而是……

生：（接话）大聪明！

生：大聪明的人看起来很像愚蠢的。

师：为什吗？知道吗？

生：因为他有远见，深谋远虑。

师：对了，他看得比别人远，想得比别人多，别人说他笨，是因为——

生：不了解他。

师：是啊，有些看得比较近的人，不了解他，就说他笨。其实愚公笨不笨？不笨。

除了思辨"愚公"是否愚笨，这节课钱老师还带领学生认真地思考"智叟"是否真的是智者。老师以"智叟"为什么会被如此称呼作为切入点，学生开始从文中搜索信息，初步得出结论是因为他具有"小聪明"。紧承学生的回答，老师对于"小聪明"给出了自己的见解，并再次提示学生关注文章的最后一段。这一段内容中叙述了大山最终是被神仙所移走，并非为愚公所挖平。讲到这里，学生再次产生疑惑——既然前面已经分析出愚公并不笨，但是最终大山问题的解决并非他直接所为，那他的所作所为有何意义呢？面对这个问题，钱老师再次引导学生思考，最终得出结论——虽然愚公并没有直接移走这座大山，但是因为他的坚持和执着感动了上天，使问题得以间接解决。由此可见，愚公的精神是难能可贵的，值得我们学习。

【案例反思】

通过钱老师《愚公移山》部分课堂实录，我们可以感受到学生在学习这篇文章的过程中在不断地思考，但也不是畅想，而是带着老师指引的方向思索，甚至可以说在搜寻线索，这是一种有效的解决问题的方式。究其本质，这节课是将带有争议性的文本内容通过质疑与思辨的方式进行探讨。

那么，我们该如何将这种教学方式很好地应用到日常教学中呢？要先认清文本内容的特点。如果文章中的内容涉及具有两面性或者多种视角的时候，我们不能直接告诉学生较为合理的一面是什么，而是循循善诱，让学生自己思考。作为老师，我们可以通过提出问题的方式来引导学生。本节课中，面对愚公到底是聪明还是愚笨这一问题，钱老师没有直接向学生解释说明，而是任由学生表达自己的观点。当学生的观点出现相悖的时候，如有的同学认为愚公并不愚笨，而有的同学认为愚公的行为显得有些傻时，让持不同观点的学生踊跃证明自己的判断，课堂开始由质疑走向思辨。学生的思辨也不是天马行空的想象，老师会根据学生思考的结果适时地提出自己的见解，引导学生有理有据地进行思辨。比如，课堂中钱老师让学生仔细体会愚公的话语——"虽我之死"中的"虽"，学生在老师的启发下开始思考究竟是什么原因使愚公如此执着，并将目光聚焦在移山的好处，发现了愚公的高瞻远瞩，从而使愚公的形象脱离"愚"转为"智"。

通过质疑与思辨，原本较难的问题被层层剥开，学生也在思辨过程中锻炼了自己的思考能力，不得不说这在教学中是一种成功的尝试，值得我们学习引入。（作者：钱梦龙）

④ 共情与体验。语文是一门充满感受和体验的学科。新版《义务教育语文课程标准》确立了知识和能力、过程和方法、情感态度和价值观三位一体的教学目标，不仅对学生的认知发展提出了要求，同时对学生的情感态度与价值观的发展也提出了要求。"共情"，又被称为移情、感情移入等。在语文教学中，教师在解读教材的基础上利用共情和体验的学科思想方法，能够引导学生亲身投入作品的情感和意义世界，体会文章中的喜怒哀乐、悲欢离合，获得真切的个体感受，从而了解作者的精神世界，感悟作品的深刻主题和意义。

一般情况下，教师可以借助一则有趣的新闻、短小的故事，或者一张照片、一幅画，把学生引入现实生活中的某一情境，诱导学生进入阅读"胜景"，给学生以直观感受，让学生发挥想象和联想以激发共情体验；或是通过情感换位、角色扮演等方法，让学生深入体验形象；教师也可以换位思考，以学生的视角看待问题，关注学生的情绪感受与情感需求，引导学生寓情于理，将深入体验作品情感的感受、体验与理性的判断、教学评价结合起来，"入乎其内，又能出乎其外"，获得哲理美的享受。

🖉 案例八：

苏叔阳的《我的老师》是鄂教版语文教材中的一篇回忆性的文章，文章从孩子的视角，以一个学生的语气，描述了读书生涯中一位残疾教师的形象。这位老师用他的乐观开朗和对生命深沉强烈的爱深深地影响了作者和其他同学。《我的老师》是一篇十分动人的文章，饱含着作者对刘老师的无比尊敬和深深思念之情。

当我向班上的同学介绍到这是一位身患残疾的老师，不幸左腿截去了一半，只有一条强壮的右腿，上课得靠一根圆木拐杖支撑时，我惊讶地发现学生并没有表现出叹惋和动容，反倒从底下传来了几声窃窃低笑的声音。我不禁有些恼怒，这是一种极大的不尊重，可是看着他们单纯的脸庞，我转念一想，我作为老师，所以会特别被刘老师的精神品质打动，心生敬佩之情，而学生们之所以会发笑，却是因为他们并不能和我以及文章中的"我"一样感同身受。既然如此，那为什么不让他们亲身感受一下刘老师的不易与可贵呢？

【案例描述】

首先，情景导入：

请同学们欣赏电影《海伦·凯勒》的经典片段，猜一猜影片中的人物。

师：影片中这个激动落泪的女孩就是写了著名的《假如给我三天光明》的海伦·凯勒，旁边握着她的手比画手语的就是她的老师安妮·莎莉文。沙莉文老师就像是一把钥匙，开启了海伦的智慧之门，将海伦从无声的黑暗世界中牵引了出来，影响了海伦的一生。翻开记忆的相册，总有一些闪烁光芒的点滴浮现眼前。在我们的学习生活中也曾有过许许多多的老师，他们也用各自的方式一路伴随我们成长，在懵懂的岁月里引领着我们前行。不知道在你的生命中，有没有你特别想要感谢的老师呢？

（学生们畅所欲言）

师：今天，我们要一起认识的这位老师是作者苏叔阳的一位非常重要的老师，他很特别。

为什么说他很特别呢？请大家自由朗读课文，熟悉课文内容，感受刘老师的特别之处。

其次，研学：

步骤一：自由诵读，整体感知。

圈点勾画，概述作者讲述了记忆中哪些印象深刻的情景？

第一，讲女娲补天的传说，笑谈残疾。

第二，课堂提问，注意脸上的神情。

第三，板书时要能引起学生们的兴趣。

步骤二：演读体验。

第一。有感情地朗读课文。

第二，师生角色互换，由学生扮演拄拐上课的刘老师。

（活动设计意图：激发学生参与热情，调动学习积极性；通过实实在在的"身体力行"切身体验刘老师的乐观与敬业的可贵品质。）

起初同学们看着扮演的同学单腿站立，拿着临时充当拐杖的笤帚只觉得好笑，可是时间越来越长，扮演的同学明显觉得支撑不住了，好几次转身板书的时候都差点摔倒，几次过后，只听到班上同学的笑声渐渐少了，不知道从什么时候开始，同学们开始沉默了，脸上的表情也认真起来，一下子体会到了心里的那种酸涩与担忧。

师：就是这样一位年过半百的老师，用自己残缺的身躯演绎了生命的激情，让我们看到了他对生活有着淳朴、强烈的爱与追求。

再次，拓展：

师：学了刘老师的故事，你想起了哪些和刘老师有着类似遭遇却也能笑对生活的人？

环卫工街头鼻吻孙女流露祖孙真情（图）

（设计这个环节是为了让学生从刘老师身上受到启发，将视野放置于生活之中，形成正确的生命观、人生观。）

最后，运用。

让学生到生活中去，观察"笑对生活"的形形色色的人，抓住人物的主要特征，抒发内心真实的感受。

【案例反思】

对于这样一篇充满真情又贴近学生生活的文章，如果只是单纯地对文本进行解析，那么所获得的情感体验就只能停留在概念化的浅层理解之上，难以深入领会其内在神韵。教学之初，当我发现学生并不能马上形成和作者情感上的链接时，便暂时停下了对文本的解析，转而带领学生先从课本中抽离，调动自身生活的经验，导入师生的话题。同时在教学过程中，借助情感换位的方法，让学生转换到刘老师的位置，即借助情境设置，分析探讨和角色扮演，引导学生将自我代入作品的形象和角色中，体验刘老师的内心世界，跟随作者的情感起伏，同呼吸、共悲欢，一同体验老师笑谈残疾时内心的酸涩，一同感受老师循循善诱时的温暖宽和，一同体会老师拄着拐杖每一次旋转时的心跳。置身于文本独特的环境中，达成了与文本的思绪共鸣，学生自然便获得了真切而深刻的体验，真正领悟了作者的情感表达。（作者：武汉市东湖高新区光谷左岭第一初级中学·陈思庆）

⑤ 写作与实践。《义务教育语文课程标准》对"目标与内容"是做了界定的，即"具有适应实际需要的识字写字能力、阅读能力、写作能力、口语交际能力"。在前面提及的学科思想中，便强调了语文学科工具性思想与人文性思想的统一。教师要完成语文教学基本的目的任务，单靠"讲析"是不行的，必须通过适当的"训练"。例如，叶圣陶先生，便一直坚持语文学科的工具性思想，认为语文教学有自己的任务，即培养学生运用语言的能力，使学生养成使用语言的良好习惯，能将所思所想用嘴用笔表达出来。2020中考语文作文试题《管鲍之交》出炉后，部分敏锐的老师便迅速让学生以"我眼中的____"为题进行思维发散写作训练，鼓励学生用自己的眼光去挖掘人物故事背后的精神内涵，将思维训练落地于笔头训练。

案例九：

巧写眼睛

——打开"心灵窗户"，深入内心世界

小学至初中阶段的作文训练都离不开人物形象的刻画，刻画手法多样，无论是外貌、神态、动作、心理还是细节等描写都是日常讲述与训练的重点。大部分学生对于作文往往存在畏难情绪，但"巧妇难为无米之炊"，倘若缺乏观察与思考、体验与总结，再频繁的训练也难有成效。作文训练中，我格外关注学生接触最多的语文教材，多方位发掘教材中的精彩人物描写语段，引导学生加以模仿借鉴。比如，"画眼睛"便是鲁迅先生刻画人物的一大突出特点，他说："要极俭省地画出一个人的特点，最好是画他的眼睛。"观其笔下的祥林嫂、闰土等形象，无不以眼神传神。画好了眼睛，人物形象刻画便成功了一大半。

【案例描述】

《祝福》中有三次对祥林嫂眼睛的描写，通过前后的对比体现了人物的遭遇和内心世界的变化。

祥林嫂初到鲁镇做工时"顺着眼"，表现了她安分耐劳的特点，从眼神中也透视出祥林嫂的青春活力与神采。

再到鲁镇虽然仍是"顺着眼",但"她仍然头上扎着白头绳,乌裙,蓝夹袄,月白背心,脸色青黄,只是两颊上已经消失了血色,顺着眼,眼角上带些泪痕,眼光也没有先前那样精神了"。从眼神中展示出祥林嫂在遭受了再次丧夫、痛失爱子的惨重打击后那种欲哭无泪的痛苦与忧伤。

最后"我"在河边遇见祥林嫂时,只见她"脸上瘦削不堪,黄中带黑,而且消尽了先前悲哀的神色,仿佛是木刻似的;只有那眼珠间或一轮,还可表示她是一个活物……"连悲哀都没了,精神该是何等的麻木呀!长期的严重打击、折磨下的祥林嫂精神到了崩溃的边缘,等待她的只有死路一条……透过"眼神"这一小小的窗口,我们看到了封建礼教这双罪恶的黑手,将一位弱女子一步步推向了恐怖的深渊。

师小结:鲁迅先生以眼传神,通过三次眼神的变化,浓缩了祥林嫂悲惨的一生。当不幸增加一分时,我们就从外貌和眼睛上感觉到她深沉的痛苦和悲哀,三次眼神抓住最典型的特征,运用修辞手法,融合最富有艺术表现力的情节、场面和细节、动作、语言,由表及里、以形传神地刻画出了祥林嫂这一悲剧形象。

鲁迅先生"画眼睛"的方法从本质上说,就是抓住人物最典型的特征。鲁迅先生正是善于捕捉到人物的特征,才刻画出了一个个"熟悉的陌生人",为中国文学画廊乃至世界文学画廊增添了众多的栩栩如生的人物形象和人物典型。

下面来展示同学们的课外小练笔——"画眼睛"选录

深邃,而不失明亮,明亮中又透着沧桑。厚重的眼皮颤抖地打开了一条缝,阳光射进眼里,像在黑暗里开了一盏灯似的明亮起来。那爬满皱纹的眼角,显现岁月的洗礼。(王诗丽)

那是一双多么与众不同的眼睛啊!没有别人眼睛的炯炯有神,也没有别人眼睛的深邃,不添加任何复杂色彩,简简单单,纯洁无瑕。这又是一双多么令人喜爱的眼睛啊!害羞似的掩藏在长长的睫毛下,总是睁得大大地望着周围,望着世界,黑溜溜的眼珠不停地转,无言地诉说着眼底无尽的好奇。这就是我两岁弟弟的大眼睛。(佘娟)

面对他的生气与恼怒,她只有用她那双泪水汪汪的大眼睛望着他。她的眼里写尽了悲伤,仿佛在跟他诉说着她满腹的委屈。但他却没有看见,他的胸中只有怒火在燃烧。她忽明忽暗的眸子直直地盯着他,许久,才默默地低下头。(黎诗)

她执拗着不肯挪动半步,小手紧紧地攀在玻璃地窗上,眼睛一动也不动地盯着货架上摆放着的布偶,一团团热气从他的嘴唇呼出,映在玻璃上。她毫不理睬母亲焦灼的呼喊,又黑又亮的眼瞳里散发出渴望的光芒。伴随着眼波的流转,她又长又翘的睫毛上下呼扇着,宛如翻飞的蝶翼,透露出十分的欢喜与俏皮。粉嫩的小脸冻得通红却越发显出目光的澄澈与热切。她看了许久,然后回过头用期待的目光看向身后的人,那人却摇了摇头,随之便拉住她的手离开,她的目光立刻就暗淡了下来,长长的睫毛垂下,眼皮耷拉着,一串串眼泪慢慢滑落。(陈豆)

他慢慢地走了过来。啊,这是一双怎样的眼睛!瞳孔占了眼眶的大半部分,黑黑的眼珠没有一丝灵气，这是经历过多少忧伤、多少痛苦的眼睛啊！他就这样带着空洞洞的、死寂的眼睛走了过来，动作木然、呆滞。忽然，他的瞳孔收缩，眼神变得跟锥子一样锐利，就像饿狼盯上了绵羊，散发出幽幽冷光；又像长鹰盯上疾走的野兔，射出锐利的目光，使人不敢直视。（刘鑫）

那是老母亲在村口张望的眼睛，似两口干涸的井，枯槁、深邃。那眼角的皱纹极像老母亲身上皱巴巴的衣服，层层叠叠，弹不走，也抚不去。老母亲的眼皮低垂着，眼眉处微微隆起，没有眉毛，很像老屋身后那座矮矮的小山丘，光秃秃的，没有一点植被。这双老母亲的眼睛就这样静静望着通向远方的公路……（顾柯）

说谎之人，往往垂首低眉，目光游离不定，闪烁回避；心怀叵测之人，额头紧蹙，眼神飘忽，目光阴冷；宽厚善良之人，则眉舒目展，目光平和，眼神如月光般皎洁，似泉水般明澈。（陈德）

你那两颗黑琥珀般灵动的双眼，泛着点点泪光，在阳光下，晶莹闪烁，透出几丝忧悒，让人莫名生出怜惜，这或许是我见过最清澈纯美的眼睛了。（张婷）

他不由得怒火中烧，黑色的双眸仿佛被点燃了起来，猛然向四周散发出它的无尽光芒，似乎要将一切黑暗席卷而去。然而，这火焰终归于渐渐熄灭，不过，只要一点儿风吹草动，就又能使它熊熊燃烧起来……（郑慧敏）

邹秀同学的眼睛水润润的，仿佛稍微动一下脑袋就会有亮晶晶的水珠溢出一般。用嘴巴轻轻吹口气说不定还能荡起涟漪呢！（高若兰）

这是一双深邃而又饱含沧桑的眼睛，眼中时刻跳动着一簇簇的焰光，那是一种旺盛的灵魂之火，是强者坚定的意志闪现。那眼中的冷静与沉着，不时释放出一种令人无法自拔的魅力与彻骨的寒意，就像一头饥不择食的猛兽正张开血盆大口蓄势待发。那鹰隼般的锐利眼神，好像谁只要被盯住，便会被千万道利刃刺透，让人不由得惊出一身冷汗。（方毅）

那是一双杏仁眼。她笑时，眼睛就像那夜空里的弯月，甜美可爱；伤心时，眼里便有了一层雾气，好似一层薄纱，那我见犹怜的样子真让人于心不忍；当她调皮时，两颗黑珍珠不停地转动，露出狡黠的眼神，好像又有什么鬼点子了……（徐爽）

【案例反思】

中国古代画家非常重视"画眼睛"，顾恺之说"传神在目"；苏东坡说"传神之难在于目"。鲁迅先生把绘画中的这一艺术手法用于小说中人物的刻画，获得了巨大的成功。那么，怎样才能向鲁迅先生学习画好"眼睛"呢？

通过切片导读，我们发现鲁迅小说中对人物眼睛的描写不是只求形似，而是由表及里、以形传神，画出了人物的灵魂。世界上没有两个人的眼睛完全一样，要想画好人物的眼睛，就要学会观察。我们向鲁迅先生学习"画眼睛"就是学习他怎样捕捉人物的特征，以形传神，恰如其分地展示出人物的性格特征和内心世界，从而揭示出作品深刻主题的。鲁迅先生在《答北平杂志社问》一文中说："留心各样的事情，多看看，不要看到一点就写。"因此，我们要学习鲁迅先生"画眼睛"的方法，应深入到生活中去，留心各种各样的眼睛，不断培养观察能力，提高认识水平，从"眼睛"这一"窗口"中，看到人物的心灵世界。

从同学们课后的观察与练笔中，我欣喜地看到，当有了更细致的观察、更用情的感受后，同学们笔下的眼睛"亮"了许多！语文学习的成功，来自平日的点滴训练与积累，在此为同学们善于观察并精巧地加以表达，写出如此之多的优秀片段而喝彩！希望同学们今后也能继续通过阅读模仿，去粗取精，不断雕琢、打磨自己的语言，写好"眼睛"，从而让笔下的人物更鲜活、更生动，为文章增添动人亮色。（作者：武汉市东湖高新区光谷左岭第一初级中学·陈思庆）

⑥"拓展与延伸"。语文学科思想统帅语文学科教学，而"大语文"思想则可谓学科思想的起点。"大语文"跳脱了狭隘的每周上几节课，每节课讲什么内容，每课内容单纯任由课本、教参决定的现象，而是对语文有更长远的认识，有更灵动的生成——语文即生活，生活即语文。语文的外延就是生活的外延，生活的诸多方面都可以作为语文教学的素材以及契机。教师要树立"大语文"的学科思想意识，善于抓住生活中的契机，完善语文教学。

🖋 案例十：

生命的启示　"我的小绿植"

随着突如其来的新冠肺炎疫情肆虐全球，生命在这场看不见硝烟的战斗中展现了它的渺小与脆弱，同时也展示出了别样的伟大与顽强。

居家隔离，举国抗疫，武汉首当其冲，这座英雄的城市承受了无数的危难与非议，同时也接受着无数的审视与期待。武汉的中小学生们身处漩涡的中心，居家隔离时间最久，感受也尤为深切。漫长的线上教学终于在 5 月 20 日迎来了转折，初三返校复学，全力冲刺中考。8 月 10 日，学校终于又接到了初二初三年级正式复课的通知。作为一名初一语文老师，欣喜之余也在思考班上孩子们看待生命有怎样新的认知。那么，作为老师该如何上好复学第一课呢？

【案例描述】

八月三伏天，我再次重返校园，推开久违的办公室木门，空气都是滚烫的。从我上次返校到现在，桌上的小绿植已经将近一个月没有浇水了，三十几度的高温，蒸笼一样的空间，热浪袭人，小小的绿植一半的叶片已经枯黄。我叹了口气，开始用小剪刀进行修剪，突然发现竟然有两三个小小的新芽藏在几个大根茎旁。我的花盆是一个两层的套盆，有土的小盆是隔在一个盛了水的大盆之上的，我走前预留的水早已所剩无几，这么长时间没有人打理，也没有水和阳光，这些新生的小嫩芽是怎么做到破土而出的呢？我好奇地翻开花盆底，一下子被眼前的一幕惊呆了。黑色的塑胶盆底已是根须密布，浅白色的细细的根须从不同的方向沿着盆边细缝蜿蜒生长。原来这些新生的小嫩芽就是这样拼命伸长茎须，最终探到水源才得以存活的。眼前这盆小小的绿植凭着顽强的生命力创造了生命的奇迹。这种艰难之时拼命抗争的精神深深感染了我，我突然意识到，为何不把这份震撼与感动也分享给我的学生们呢？

于是，我拿起手机拍下了眼前的一幕：

在复学第一课上，我设计了一个"分享一张图片，讲述一个故事"的环节。首先，我分享了三月援鄂医生陪八旬患病老人看落日温暖了很多人的一张新闻图片。借由这张图片，我引导同学们回顾了疫情期间的医护人员和志愿者们的勇敢、奉献给人们带来的希望与温暖，同学们也一下子打开了话匣子，共同讲述了疫情期间他们从电视上手机里看到听到的许许多多的抗疫英雄和他们的故事。然后，我让大家整理思绪，并为图片配上文字。

于是就有了以下同学们的精彩语段：

"落叶归根必有芽苞初放，盘根错节的底部，就是最强有力的生命进行曲。小小的绿植原本已经快枯死了，但是它不放弃希望，它在不断寻找光芒。终于，它成功冲破阻碍，找寻到了生的希望。"

"生命的顽强，不止于你的想象。近一个月没有浇水，大片的叶子已经完全枯萎。剪去枯叶，竟然惊喜地发现了还有刚冒出来的新芽。正如疫情中的人们一样，不放弃任何有可能的希望，这就是对生命最大的敬仰啊！"

"生命看似脆弱，却有着无穷的潜力。小小弱弱的嫩芽勇敢地找寻生机破土而出，让我想到正如我们不能一直待在舒适圈中，父母终有一日会离开我们，要懂得靠自己的力量更好地生存。"

……

【案例反思】

同学们精彩的文段与富有见地的思考很是让我吃惊，也令我颇感欣慰，原来当内心真正有所触动时，充满真情实感的表达才最有力量。"问渠那得清如许，为有源头活水来"，引导学生向生活学习语文，捕捉生活中的教育契机，加以启发促进思考是一名合格教师应该具备的素养。我们不能把学生学习的内容狭隘化为方寸课本、月考周测，把学习方式狭隘化为被动接受，一味地占据孩子们的时间，不能一味地盯着眼前的课本和分数，让孩子们在不自知的情况下沾染急功近利的习气。我们教育出来的学生不能只关注课本操心作业，而要去思考疫情、思考社会。这段特殊的疫情时期便是最好的生活教材！他们也有责任去感受和思考这个时代，他们也需要和这个伟大而特殊的时代同频共振，成为具有思考力、感恩心和精神气的人！（作者：武汉市东湖高新区光谷左岭第一初级中学·陈思庆）

第二章 数学学科史及数学学科思想方法

第一节 数学学科史

中华文明源远流长，是世界上最古老的文明之一，五千多年的文化历史为我们留下了很多可借鉴和思考的资源。中国也是一个数学大国，中国古代数学曾经取得了辉煌的成就，如元宋时期出现的数学家和数学著作中的很多发明创造在当时的世界上处于遥遥领先的地位。中国的数学教育已有三千多年的历史，不仅满足了自身的生产生活的需要，培养教育了很多卓越的数学家，还积极促进了日本和朝鲜等周边国家的数学教育的发展，如隋唐时期的《算书十经》就曾经作为日本、朝鲜等国家的教科书。

实际上，中国数学与数学教育同中华民族一样经历了一系列曲折的发展过程。中国古代数学是建立在筹算基础上的，以计算见长，寓理于算，以解决实际问题为主。中国古代数学的启蒙可追溯到原始社会以及后来的奴隶社会时期，到商朝（公元前1600年至公元前1200年）已经有了完整的十进制记数法，同时有了两级学校的设置。秦朝至东汉时期（公元前221年至公元220年）的封建制度日臻成熟，国家相对稳定，社会生产力逐步提高。为了满足农业的生产需要，天文观测和计算变得重要起来，而天文学又离不开数学，因而在这一时期，中国古代数学逐渐形成自己特有的体系，这一时期出现的天文学著作《周髀算经》和数学专著《九章算术》，对后世影响甚大。同时，这一时期的数学教育以私下传授为主。魏晋南北朝至隋唐时期（公元221年至公元960年），以《九章算术》为核心的中国古代数学得到进一步发展，体系更加完备。隋唐时期的国家教育制定了招生、学习、考试等算学教育制度，标志着我国古代的国家数学教育初步形成。宋元时期的中国古代数学的发展达到了高峰，宋代政府重视数学教育，兴办官学来培养、选拔和使用数学人才，同时私学的队伍逐渐壮大，宋代还形成了一种独特的教育机构——书院。

然而到了明代，一方面，数学工具正经历从筹算到珠算的过渡，传统数学逐渐失传；另一方面，国家对数学教育的要求明显降低，宋元时期的数学几乎无人知晓。令人遗憾的是，中国古代数学的光环就此褪去。明末清初至民国初期，西方数学陆续传入中国，中国古代数学进一步受到冲击，在我国有志学者的努力下，中西方数学逐渐融合并得到发展，中国数学及数学教育以崭新的面貌再一次出现在人们面前。

一、我国数学学科的设立

中国近代数学教育的诞生是历史发展的必然结果，明末到清代中期中国古代传统数学的发展几乎停滞，而西方资本主义开始对外寻找市场和原材料，同时带来的是他们先进的科学技术和文化知识。

西方数学传入中国的第一次高潮在 17 世纪初至 18 世纪初。1582 年，意大利传教士利玛窦来到中国宣传教义，带来了很多西方的科学文化知识和书籍，逐渐开创了"东学西渐"的场面。1607 年，徐光启和利玛窦合译了《几何原本》前六卷，其创造的很多译名不仅沿用至今，还影响了日本、朝鲜等国，如角、三角形、四边形、点、直线、曲线等。清康熙皇帝不仅支持科学研究，还召见传教士学习西方数学和科学知识，对西方数学的吸收与融合起到了积极的促进作用。西方数学传入中国的第二次高潮始于 19 世纪中期，这一次不仅传入了初等数学，还传入了近代数学，如解析几何、概率论、微积分等，此时合译出版的书籍有《代微积拾级》（1859 年）、《微积溯源》（1874 年）、《决疑数学》（1880 年）。

鸦片战争（1840 年）以后，民族危机日益严重，以康有为、梁启超、谭嗣同和严复为代表的资产阶级改良派发动了一场救亡图存的维新运动。维新派主张改革中国旧有的教育制度：废八股、改科举，建立资本主义教育制度，设立新式学堂，学习西方先进的科学文化知识，中西兼学。虽然维新运动以失败告终，但是它起到了解放思想的重要作用。在这些兴办的学堂中，数学是必修课之一。1897 年，黄庆澄在浙江温州创办了《算学报》，这是中国第一本数学杂志，在普及数学知识方面起到了积极作用。

随着传教活动的传播，教会学校数量逐渐增多，为了制定统一规范的教科书，传教士组织了一个专门委员会 School and Textbook Series Committee，中文翻译为"学校教科书委员会"。"学校教科书委员会"是基督教传教士在中国组织的编译出版教科书的机构。它的成立标志着中国近代教科书的产生，沿用至今的"教科书"一词也由此相传开来。"学校教科书委员会"成立以后，我国的数学教材逐渐规范化，开始注意数学术语和数学符号的规范性使用，注重数学知识的逻辑教学，也开始使用阿拉伯数字。

1912 年辛亥革命胜利，结束了两千多年的封建制度。民国成立初期颁布了一系列教育改革措施，到 1949 年中华人民共和国成立之前，我国数学教育由向日本学习转为向欧美学习。1912 年 1 月 19 日，教育部颁布了《普通教育暂行办法》和《普通教育暂行课程标准》，所有"学堂"一律改为"学校"，文件中只见数学不见算学。受美国学制和教育思想的影响，1922 年教育部颁布了《学校系统改革令》，采用六三三制，即小学六年、初中和高中各三年，初中数学科目采用混合教学法，然而这一教学方法因教授有困难在1941年被废除。我们目前所使用的"数学"这一名词术语，于1939年才在全国统一使用。1949年中华人民共和国成立以后，我国进行了多次数学教育改革，至今共经历了六个时期。

二、中国数学教育的分期

中国数学教育史是中国数学发展史和中国教育史的一部分，三者之间有着千丝万缕的关系。我国对数学教育史的整理和研究比较晚，1933年李俨开创了数学教育史的研究。李俨（1892—1963年）是著名数学史学家，他不仅是中国数学史研究的奠基人之一，也是中国数学教育史研究的开拓者之一。相对于中国古代数学和数学教育而言，近现代数学和数学教育无疑属于新的历史范畴。本书采用严敦杰在《中国数学教育史》中的划分方法，将中国数学教育史划分为三个发展时期，古代数学教育时期指春秋战国至1840年鸦片战争之间；近代数学教育时期指1840年至1949年中华人民共和国成立这段时期；1949年至今属于现代数学教育史。

（一）古代数学教育

中国数学的萌芽可以追溯到秦统一（公元前221年）以前的时期。广大的劳动人民在实际生产生活中有很多智慧的结晶，创造了我国的古代文明，为历史悠久、绵延不绝的中华文明创造了一个光辉的开始。

人们在捕猎采摘以及后来的货物交换的过程中，对数与量有了一定的认识。在对自然界中各色各样的事物的认识中，逐渐建立起了几何图形的概念，并且能够根据自己的需要打造居住的场所和日常使用的工具，如陶罐和弓箭等。公元前11世纪末，周灭殷后建立周王朝，奴隶经济得到进一步发展，此时在政治基础上有实力的氏族贵族组成了强大的政治集团。西周王朝中的贵族子弟从小便接受"礼、乐、射、御、书、数"六艺训练，"数"作为六艺之一，开始形成一个学科。春秋战国时期百家争鸣的场面也积极推动了数学的发展，如墨家、庄子等的《墨经》《庄子·天下篇》中就有关于数学的概念、定义和命题的讨论。实际上，秦统一以前已经出现了文字记数法、算筹记数、整数四则运算和勾股测量，战国时期出现了实用数学，如《考工记》里就有关于分数、角度和标准量器的资料。

公元前221年，秦始皇嬴政完成华夏大一统，结束了春秋以来诸侯混战的局面，奠定了中国两千多年封建政治制度基本格局。在专制皇权的独裁统治下，全国的经济文化加强了联系，得到了进一步的发展。在秦统一到东汉时期，数学专著《九章算术》的出现标志着中国传统数学体系的形成，同一时期出现的天文学著作《周髀算经》是我国流传至今的一部最早的数学著作。在中央集权的专制统治下，与农业生产相关的河道、灌溉等土木工程和天文观测与预测工作得到了空前的发展，人们在实际生产生活中丰富了数学概念和理论，推动了数学的发展。《新唐书》记载的数学著作已经增至35种，其中唐代太史令李淳风注释的十部算经标志着中国古代数学的高峰，即《周髀算经》《九章算术》《海岛算经》《张丘建算经》《夏侯阳算经》《五经算术》《缉古算经》《缀术》《五曹算经》和《孙子算经》。从隋代开始，数学作为专门教学科目，设有学习、考试、毕业的流程。唐朝国子监里设立"算学"，并规定十部算经为教科书，科举制度中还有"明算"科的数学考试，像唐朝统治者这样高度重视数学教育的现象在历史上是很少见的。

　　北宋初一百多年时间里，中国的农业生产力、手工业、工商业蓬勃发展，科学的发明、创造也发展迅猛，中国古代的"四大发明"中的三大发明（火药、指南针、活字印刷术）就是在这种经济繁荣情况下出现的。事实上，在短短三百多年时间里，中国涌现了一大批优秀的数学学者和数学著作，对后世影响甚大，如贾宪的《黄帝九章算法细草》（11世纪，已失传）、刘益的《益古演段》（12世纪，已失传）、杨辉的《详解九章算法》（1261年）。其中，秦九韶的《数书九章》远远超过了古代的经典著作，可以说是中国古代数学的巅峰。李冶在1248年的著作《测圆海镜》和1259年的著作《益古演段》里率先对天元术进行了系统的叙述，而直到16、17世纪欧洲的数学学者们才做到了这点。中国古代数学家们的另外一项杰出的创造是多元高次方程的列法，这是朱世杰在公元1303年的作品《四元玉鉴》里叙述的。宋初的大科学家沈括给出了我国数学史上第一个由弦和矢的长度求弧长的近似公式，并在《梦溪笔谈》（公元1088年）一书中首创隙积术，开启了其后两三百年间关于垛积问题的研究。这一时期出现的数学家和数学著作中的很多发明创造，在当时的世界上都处于遥遥领先的水平，毫不夸张地说，元宋时期的数学达到了中国古代数学的鼎盛状态。

　　随着商业的繁荣，计算工具逐渐被改进，到了明代中叶，珠算流行起来，筹算几乎失传，而建立在筹算基础上的中国传统数学也逐渐失传。同时，明代初年占统治地位的思想是唯心主义，学者名儒鄙视包括数学在内的一切自然学科。中国古代传统数学到明代几乎失传，徐光启在"刻同文章指序"中指出了真实原因："算数之学特废于近世数百年尔。废之缘有二，其一为名理之儒士，苴天下之实事；其一为妖妄之术，谬言数有神理，能知来藏往，靡所不效。卒于神者无一效，而实者无一存。"基于以上两点原因，中国传统数学的发展就此停滞了，这对中国数学乃至世界数学来说无疑是很大的遗憾。

　　而在同一时期的西方各国里，资本主义萌芽并逐渐发展起来，资产阶级为了寻找原材料和市场开始对外扩张。16世纪末，意大利天主教的传教士利玛窦来到中国，为了宣传西方的科学文化与天主教教义，他学习中国语言文字并翻译了西方书籍。1606年，其与徐光启合译并出版了欧几里得的《几何原本》前六卷，1613年与李之藻合译《同文算指》，被看作是西方数学传入中国的开始。由明万历至清顺治年间，共有150

余种的西方书籍翻译成中文，其中的天文学和数学知识符合当时生产生活的需要，同时对清代数学的发展产生了很大的影响，甚至康熙皇帝还传召传教士进宫为其讲解数学和西方科学知识。

到了清雍正年间（公元1723年），清朝统治者闭关锁国，自此西方数学传入中国停顿了一百余年。清乾隆三十八年（公元1773年），清高宗乾隆帝开设《四库全书》，征集私家所藏的善本书籍，陆续发现了很多古典数学著作，引起了研究古典数学的高潮。这期间，爱好数学的学者一部分转向古代数学的整理和研究，如梅文鼎、王锡阐、方中通等，一部分继续梳理和融合前段时间传入中国的西方数学，如徐光启、孙化元、戴煦、李善兰等。

（二）近代数学教育

第二次鸦片战争（公元1860年）以后，受到中日甲午战争失败的冲击，清朝部分官员在内忧外患的压力下发起了维新运动，主要指导思想就是"中学为体，西学为用"，开始学习西方文化及先进技术。新式学校在全国各地陆续建立起来，数学则作为一门重要的必修功课，同时旧式书院大多数都添加了算学课程。虽然持续百日的维新运动最终被镇压失败，但是维新期间由统治者发动的自上而下的教育改革举措，对传统封建教育造成了巨大的冲击，是中国重要的思想启蒙运动。在中国沿用了一千三百多年的科举制度，在1901年的改革和1903年逐年减少名额，终于在1905年被彻底废除，自此新的教育制度才能够顺利实施。

在废除科举、兴办学堂和教会学校的改革中，中国古代数学及数学教育逐渐淡化，被西方数学和数学教育所取代。19世纪末，中国开始创办数学杂志，这不仅促进了中国近代数学的普及，还促进了中国数学教育理论的发展。1897年，黄庆澄在浙江创办了第一本数学杂志《算学报》；1899年，朱宪章等人在桂林出版了三期《算学报》；1902年，赵连璧在上海创办了《中外算报》。1902年，在多次实地考察了日本教育制度以后，国家颁布了《钦定学堂章程》（亦称"壬寅学制"），这是中国第一个法定学校系统，为建立中国现代学校制度奠定了基础。这一时期，中国照搬日本的数学教育制度，直到1912年辛亥革命胜利才结束这种状况，开始转向学习欧美的教育制度。1949年中华人民共和国成立以前，我国在学习和引进日本、欧美的数学教学方法的同时，也在研究和编写教学方法。值得注意的是，对小学数学教学的研究较为活跃，研究成果论著较多，而中学数学教育的研究则十分滞后。

（三）现代数学教育

自1949年10月1日中华人民共和国成立，现代数学教育经历了最开始的学习苏联时期到教育大革命时期，"调整、充实和提高"时期，"文化大革命"时期，稳固发展时期，以及现在的全面改革时期共六个时期。第一阶段为1950—1958年，我国在学习苏联先进经验的基础上，规范了教材，统一了全国的数学教学大纲，这一时期重视思想教育，注重学生的全面发展。第二阶段为 1958—1961 年，在前一阶段的模仿学习苏联教育的准备下，我国数学教育工作者开始研究具有我国民族特色的数学教育，但是这时的教材出现了急躁冒进的毛病，受到了不少批评。第三阶段是 1961—1966 年，为了纠正第二阶段的冒进错误，国家对中小学数学教材做了很大的调整。1961 年，教育部公布《全日制中小学数学教学大纲（草案）》，提出了"双基"的观点，并增加了在近代科学技术上广泛应用的数学知识，同时注意与高等教育的衔接问题，开始重视我国古代数学的成就。这一时期，中小学也恢复了六三三学制，我国数学教学质量开始稳步提高。第四阶段是 1966—1976 年"文化大革命"时期，我国数学教育遭到了破坏，教学质量严重下降。第五阶段是 1976—2001 年稳固发展时期，1978 年颁布《全日制十年制学校数学教学大纲（试行草案）》，明确提出了三个要求：学好基础知识；培养能力；思想品德教育。1986 年，第六届全国人民代表大会通过了《中华人民共和国义务教育法》，规定了"国家实行九年义务教育制度"。第六阶段是 2001 年至今，被称为全面改革开放时期，2001 年 7 月，教育部颁布了《全日制义务教育数学课程标准（实验稿）》。新课程提出数学教育应该面向全体学生，加强了学生与现实生活以及其他学科的联系，以此加大了学生自主探索和交流的空间，这为培养学生终身学习的习惯和能力奠定了基础。

第二节 数学学科思想方法

一门学科得以延续和发展的重要根基就在于学科思想，学科思想在教学和研究中具有很高的价值和地位。数学思想对数学教学具有很强的导向性，是学生实现从知识跨越到能力的纽带。对数学学科思想方法的重视不光是课程标准的要求，更是学生数学核心素养和关键能力养成的重要途径。现在的教学都强调学生不光要学知识，还要感受并且参与知识的形成过程，更重要的是要体会知识形成过程中蕴含的思想方法。

初中的数学思想方法主要有类比思想、转化思想、数形结合思想、分类思想、模型思想等。数学是一门逻辑思维很强的学科，思想方法更是具有强烈的抽象性和逻辑性，我们作为教师，不能一味地向学生传达数学的高深，而应该多多展现数学的美好和实用。从数学史的角度出发，结合典型的历史故事揭示各种思想方法的本质与内涵，能很好地激发学生的学习兴趣，从而起到事半功倍的效果。

一、类比思想

类比思想方法简单来说就是将同一类事物进行比较，大胆地猜想推测出它们还会具有哪些别的相同或相似属性。教师可以向学生讲述"鲁班造锯"的历史故事，引出类比思想的内涵。相传鲁班接受了一项建筑一座巨大宫殿的任务。这座宫殿需要很多木料，鲁班就让徒弟们上山砍伐树木。徒弟们累得筋疲力尽，也不能满足工程的需要，眼看着工程期限越来越近，这可急坏了鲁班。为此，他决定亲自上山察看砍伐树木的情况。上山的时候，他不小心被一种野草划破了手。鲁班很奇怪，一根小草为什么这样锋利？于是他摘下了一片叶子细心观察，发现这片叶子两边长着许多锋利的小细齿。他明白他的手就是被这些小细齿划破的。后来，鲁班又看到一条大蝗虫在一株草上啃吃叶子，两颗大板牙非常锋利，一开一合，很快就吃下一大片。这两件事给鲁班留下了极其深刻的印象，也使他受到很大启发。他想，如果把砍伐木头的工具做成锥齿状，不是同样会很锋利吗？于是他就用大毛竹做成一条带有许多小锯齿的竹片，然后到小树上去做试验，结果几下子就把树皮拉破了，再用力拉几下，小树干就划出一道深沟，鲁班非常高兴。但是由于竹片比较软，强度比较差，不能长久使用，应该需要寻找一种强度、硬度都比较高的材料来代替它，这时鲁班想到了铁片。于是他们立即下山继续实践。鲁班和徒弟各拉一端，在一棵树上拉了起来，只见他俩一来一往，不一会儿就把树锯断了，又快又省力。锯就这样发明出来了。

鲁班这里运用的恰恰就是"类比"的思想。具体来说就是假设 A 具有性质 a、b、c 和关系 d、e，而 B 具有性质 a、b 和关系 d，那么 A、B 就具有一些相同属性，运用类比的思想方法，我们就能大胆地猜想 B 也具有性质 c 和关系 e。类比思想绝对不仅仅是两个事物之间的对比，而是包含了推理、猜想和归纳的各种关系。这一思想方法在我们的几何解题教学中有着非常大的引导意义。

📎 **案例十一：**

在七年级下册第五章"平行线与拐点问题"中，我们在三线八角的模型中保证两条被截线平行，把截线改成折线，构造出拐点问题的基本形式。

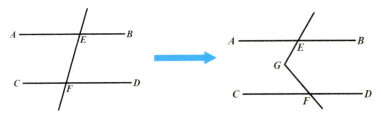

从而进一步抽离出"M"型和"铅笔"型的基础模型。

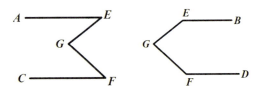

在"M"型模型中，探究∠AEG、∠EGF和∠CFG之间的数量关系：

$$\angle AEG + \angle CFG = \angle EGF$$

在"铅笔"型模型中，探究∠BEG、∠EGF和∠DFG之间的数量关系：

$$\angle BEG + \angle EGF + \angle DFG = 360°$$

即当两平行线遇到拐点时，拐点与平行线上的点相连的线段与平行线构成的夹角之间存在一定的数量关系。我们在探究这类问题时是通过拐点做平行线，还原三线八角图，从而构造两组同位角相等（左下图）和两组同旁内角互补（右下图）。

我们需要学生明确这类题型的基本属性是有一组平行线、有一个拐点，探究的是拐点与平行线上的点相连的两线段构成的角以及相连的线段与平行线构成的夹角之间的数量关系。掌握了这些，再遇到具有相似特征的图形，学生就可以通过类比做出大胆的推测和猜想，从而得到结论，如把"M"型和"铅笔"型中的拐点放到两平行线的上方或下方。

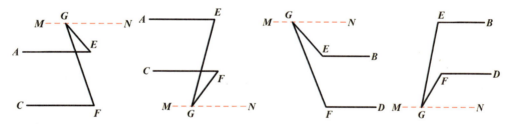

也有教材认为前两种图形属于"内钩"型，后两种图形属于"外钩"型，但是利用类比的思想可以将它们与上面的两种基本型归为一类。掌握了这种题型的本质属性以后，无论怎么变换，学生都能用类比来获得解题思路。

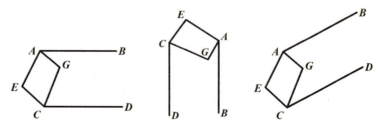

以上这三个图都是"M"型BAGCD与"铅笔"型BAECD的组合，不管AB和CD这组平行线是水平方向还是竖直方向或是倾斜方向，教会学生类比，这些题目统统可以一网打尽！（作者：武汉市东湖高新区光谷左岭第一初级中学·孟秋廷）

✏ **案例十二：**

在七年级下册"9.2 一元一次不等式"这一节，我们可以类比一元一次方程的定义和解法得出一元一次不等式的定义和解法。

第一步，复习旧知。

师：同学们还记得我们在七年级上册学习了哪些一元一次方程的有关知识吗？

生：概念、解法和实际应用。

第二步，类比引新知。

师：你能将下面的式子进行分类吗？（分为两类）。

①$5x-4=0$；②$2x<3x+7$；③$\frac{2}{3}x>50$；④$3-\frac{1}{4}x=2$；⑤$-4x-1\geq 6x$；⑥$2-9x=8$。

生：①、④、⑥为第一类，②、③、⑤为第二类。

师：你能说出你的分类依据吗？

生：一组是等式，一组是不等式。

师：你是依据它们之间的不同点进行分类的，那你能说说这两组分类之间有什么共同之处吗？（这时可引导学生观察未知数的个数和次数）

生：未知数的次数和个数都是1。

师：第一组属于我们学过的一元一次方程，那么你们能给第二组中的式子起个名字吗？

生：一元一次不等式。

师：只含有一个未知数，且未知数的次数是1的等式，称为一元一次方程。有没有同学可以类比得出一元一次不等式的定义呢？

生：只含有一个未知数，且未知数的次数是1的不等式，称为一元一次不等式。

师：非常棒！既然一元一次不等式的定义可以通过类比得到，那么它的解法是不是也和一元一次方程是一样的呢？我们一起来探究一下一元一次不等式的解法。

例1：解不等式$2(x+5)>3(x-5)$

师：我们先来回顾一下解方程的步骤$2(x+5)=3(x-5)$，找学生来写或者学生说由老师板书。

解：去括号得 2x+10=3x-15

移项，得 2x-3x=-15-10

合并同类项，得 -x=-25

系数化为1，得 x=25

通过类比，我们可以得到一元一次不等式的解法：

解：去括号得 2x+10>3x-15

移项，得 2x-3x>-15-10

合并同类项，得 -x>-25

系数化为 1，得 $x<25$

我们还需要反思两种解法不同的地方，大家观察一下两次移向和系数化为 1 的依据是否相同？

生：不相同，解方程中移项依据的是等式的性质 1，而解不等式依据的是不等式的性质 1；在系数化为 1 时，解方程根据的是等式的性质 2，而后者根据的是不等式的性质 3。

……

此处要总结两种解法虽然步骤相同，但是依据不同，尤其是在"去分母"和"系数化为 1"时设计负数的乘除运算，不等式的方向要改变，这点一定要给学生强调到位。

在后面的一元一次不等式的实际应用中，仍然可以继续类比一元一次方程的实际问题。教师利用学生熟悉的一元一次方程知识，类比迁移出一元一次不等式的概念、解法和应用，新旧知识通过类比获得联系和转化，这样不仅能使学生更加自然更加顺利地学习本章知识，还会提高学生的逻辑思维能力。（作者：武汉市东湖高新区光谷左岭第一初级中学·孟秋廷）

二、转化（化归）思想

转化（化归）的思想方法是数学学习中极其常用的一种方法，简言之就是把复杂的、未知的问题转化为简单的、已知的问题，从而解决原有问题。"曹冲称象"在中国是人尽皆知的故事。年仅六岁的曹冲，利用漂浮在水面上的物体的重力等于水对物体的浮力这一物理原理，将大象的体重转化为石头的重量来称量。这就是转化这一思想独有的魅力，把我们有待解决的问题，通过适当的方法进行转化，转变成我们目前已经能够解决的问题。

转化（化归）思想的关键在于变化，但这个转化过程中的变或不变是需要辩证看待的，这要求学生对相关的数学问题进行正确的识别和合理的分类，能够准确迅速地构建起目前面临的未知的数学问题与自己已有的知识经验之间的联系，这对学生的思维活跃性要求较高。作为教师，在教学中要努力创建学生熟悉的问题情境，引导学生将复杂的问题转化为已经解决过的问题，这一系列归纳、综合、分析的过程都是在培养学生的数学思维。但这一思想绝不是在一次两次的教学中就能轻易培养成功的，在实际操作进行未知问题的转化过程中也不是一次尝试就能完成的，我们还要根据具体的问题及时调整解决方案。对于高中，乃至大学后续的学习，几乎每一个复杂的数学问题都要进行转化与化归，甚至需要将问题进行拆解，把整体的复杂问题拆解为几个部分或者环节来逐步击破，这就需要我们从初中就培养学生对数学问题的阐述、分析和解决能力。

📝 **案例十三：**

在学习七年级下册第八章二元一次方程组"8.2 消元"这一节中，我们恰恰运用的就是转化的思想方法。在求解二元一次方程组的解时，把含有两个未知数的二元一次方程组消去其中的一个未知数，从而将其转化成学生已经熟悉并掌握的只含有一个未知数的一元一次方程，这样就可以先求出一个未知数的值，再去求另外一个未知数。

导课：

（1）"曹冲称象"的故事：把大象的体重转化为石块的重量。

（2）法国数学家笛卡尔名言："一切问题都可以转化为数学问题，一切数学问题都可以转化为代数问题，而一切代数问题又都可以转化为方程问题，因此，一旦解决了方程问题，一切问题将迎刃而解！"

本章引言：篮球联赛中，每场都要分出胜负，每队胜 1 场得 2 分，负 1 场得 1 分。某队 10 场比赛中得到 16 分，那么这个队胜负场数分别是多少？

问题 1：只设一个未知数列一元一次方程。

生：设胜 x 场，则负（10-x）场。

得：$2x+（10-x）=16$

问题 2：直接设两个未知数列出二元一次方程组。

生：设胜 x 场，负 y 场。

得：
$$\begin{cases} x+y=10 \\ 2x+y=16 \end{cases}$$

问题 3：如何求出这个二元一次方程组的解？

$$\begin{cases} x+y=10 \\ 2x+y=16 \end{cases}$$

$2x+（10-x）=16$

思考：你列出的二元一次方程组和一元一次方程有什么关系？

小组讨论后代表发言：二元一次方程组中方程 $x+y=10$ 可以写成 $y=10-x$，由于两个方程中的 y 都表示负的场数，所以把方程 $2x+y=16$ 中的 y 换为 $10-x$，就化为一元一次方程 $2x+(10-x)=16$。

追问：为什么可以把方程 $2x+y=16$ 中的 y 替换为 $10-x$？

生：代表了同一个量——负的场数。

探究：

给出一元一次方程的解题过程，让学生逐步将二元一次方程组转化为一元一次方程。

解：设胜 x 场，则负（10-x）场，根据题意得方程：

$2x+（10-x）=16$

解得：$x=6$

$10-6=4$

答：这个队胜 6 场，负 4 场。

解：设篮球队胜了 x 场，负了 y 场.

根据题意得方程组

$$\begin{cases} x+y=10 & ① \\ 2x+y=16 & ② \end{cases}$$

由①得：

$y = 10-x$　③

（提示学生记住这样的形式叫作"用 x 表示 y"。）

把③代入②，得：

$2x+(10-x) = 16$

实时追问：把③代入①行吗？

解这个方程，得：$x = 6$

把 $x=6$ 代入③，得：$y =4$

代入①或②可以吗？哪种更简便？

所以这个方程组的解是：

$$\begin{cases} x = 6 \\ y = 4 \end{cases}$$

教师强调：方程组的解要用大括号括起来，大括号具有整体作用。

答：这个队胜 6 场，负 4 场。

提炼出消元思想：

二元一次方程组中有两个未知数，消去其中一个未知数，就能把二元一次方程组转化为我们熟悉的一元一次方程。我们可以先求出一个未知数，然后再求另一个未知数。将未知数的个数由多化少、逐一解决的思想，叫作消元思想。

代入消元法：

把二元一次方程组中一个方程的一个未知数用含另一个未知数的式子表示出来，再代入另一个方程，实现消元，进而求得这个二元一次方程组的解。这种方法叫作代入消元法，简称代入法。

例 1　把下列方程改写成用含有一个未知数的式子表示另一个未知数的形式：

（1）$2x-y=3$

（2）$3x+y-1=0$

例 2　解方程组

$$\begin{cases} x-y=3 & ① \\ 3x-8y=14 & ② \end{cases}$$

观察：①中 x 的系数为 1，很容易用 y 的式子表示 x。

引导学生整理解题思路，并示范板书解题过程。

总结解二元一次方程组的一般步骤：

变形→代入→求解→回代→求解→写解

注意：实际问题要检验方程组的解。

思考：由①能用 x 的式子来表示 y 吗？又怎样去解这个方程组？

用代入法解二元一次方程组的一般步骤如下：

（1）变形（选择其中一个方程，把它变形为用含有一个未知数的式子表示另一个未知数的形式）。

（2）代入求解（把变形后的方程代入到另一个方程中，消元后求出未知数的值）。

（3）回代求解（把求得的未知数的值代入变形的方程中，求出另一个未知数的值）。

（4）写解（用 $\begin{cases} x=a \\ y=b \end{cases}$ 的形式写出方程组的解）。

注意：实际问题要检验方程组的解。

巩固与练习

练习1　用代入法解下列二元一次方程组：（学生出题）

（1）$\begin{cases} 3s+t=5 \\ s+2t=15 \end{cases}$ （2）$\begin{cases} 3x+4y=16 \\ 5x-6y=33 \end{cases}$

例3　解下列二元一次方程组

（1）$\begin{cases} x+1=2(y-1) \\ 3(x+1)=5(y-1)+4 \end{cases}$

分析：可将（x+1）、（y-1）看作一个整体求解。

此题由老师板书解题过程，让学生体会整体思想，整体代入法。

（2）$\begin{cases} 3x+2y=13 \\ 3x-2y=5 \end{cases}$

分析：可将 2y 看作一个数来求解。

【作业布置与拓展】

（1）教科书第97页习题8.2第1、2题。

（2）（补充作业）用代入法解方程组。

本节课旨在要求学生掌握解二元一次方程组的方法就是转化为一元一次方程，这一思想方法十分重要，尤其在学完加减消元以后，可在习题课上让学生灵活利用消元方法解二元一次方程组。这有助于学生们体会数学思想方法对解题的指导作用，提高认知能力。在学生系统掌握代入法、加减法消元以后，我们还可以在题目上倡导创新解法。

例1：$\begin{cases} 2x+5y=3 & ① \\ 4x+11y=5 & ② \end{cases}$

解：将方程②变形：

$4x+10y+y=5$

即：$2(2x+5y)+y=5$ ③

把方程①代入③得：

$2 \times 3+y=5$

解得：$y=-1$

把 $y=-1$ 代入①得：

$x=4$

$\therefore$ 方程组的解为 $\begin{cases} x=4 \\ y=-1 \end{cases}$

本题借助"整体代换"的思想方法，把方程①中的 $2x+5y$ 当成一个整体，对方程②进行变形，进而整体代入 $2x+5y$ 的值，从而达到消"x"的目的，转化为只含 y 的一元一次方程来求解。

这种"整体代换"的思想还可以有更加广泛的应用，如整体代入、整体加减。

例 2：（1）$\begin{cases} x-2=2(y-1) & ① \\ 2(x-2)+y-1=5 & ② \end{cases}$　　（2）$\begin{cases} 5x+4(x-y)=7 & ① \\ 5y+8(x-y)=5 & ② \end{cases}$

本例中的（1）可将方程①中 $x-2$ 的值整体代入方程②，消去 x，先求出 y，再回代方程①求出 x 的值；

本例中的（2）单独的 x 和 y 项的系数都是 5，可用方程①减去方程②得到 $x-y=2$，再将其回代方程①②，分别求出 x、y 的值。

整体思想的运用有助于学生更好地理解消元实现转化这一目标，只要学生能明白转化的意义和核心方法，便能在今后的解题中选择更加快捷、更加合适、更加灵活的消元方法。（作者：武汉市东湖高新区光谷左岭第一初级中学·孟秋廷）

✍ 案例十四：

在七年级下册"5.4 平移"这一节中，我们求不规则图形的面积，也是利用平移将其转化为规则图形进行求解。

例 1：如图所示，在长方形 $ABCD$ 中，$AD=2AB$，E、F 分别为 AD 及 BC 的中点，扇形 FBE、CFD 的半径 FB 与 CF 的长度均为 1 cm，求阴影部分的面积。

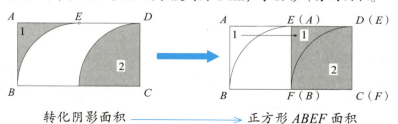

转化阴影面积 ─────────────→ 正方形 $ABEF$ 面积

例 2：如图，一块矩形草地，长为 12 m，宽为 8 m，其中有一条宽为 2 米的小路，你能猜出绿色部分表示的草地的面积吗？说说你的理由。

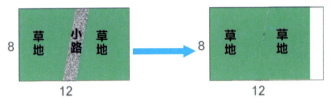

转化草地面积 ————————→ 小长方形面积

有了"转化"这一思想方法的指导，无论中间的小路是直的、折的还是弯的，我们都可以通过平移将其转化为规则形状的草地。

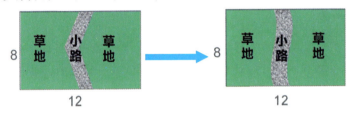

教师在创建情境时，应该尽量选取学生生活中常见的熟悉场景，因为具有实践意义的情境更有益于调动学生的学习热情，也可以为学生增加数学活动经验。利用平移化不规则图形为规则图形求面积，也是转化化归思想在几何图形中的一大重要应用，这有助于学生对解题内涵和本质的理解。当然，在教学中还要多多强调转化的数学思想，使学生真切地感受到数学思想的含义以及其具有的巨大价值。（作者：武汉市东湖高新区光谷左岭第一初级中学·孟秋廷）

三、数形结合思想

恩格斯说过这样一句话："纯数学的对象是现实世界的空间形式和数量关系，'数'和'形'是数学中两个最基本的概念。"也就是说，数形结合的思想方法是在众多数学思想方法中最重要也最基本的一种。数形结合思想是将复杂或者抽象的数量关系与直观形象的图形在方法上相互渗透，并在一定条件下互相补充和转化的过程。数形结合思想其实也就是将代数问题几何化，将几何问题代数化。正所谓"数缺形时少直观，形少数时难入微；数形结合百般好，隔离分家万事休"。

数形结合是指从几何学的视角研究数量关系，寻求代数问题的解，或者通过数量关系研究几何图形的性质，从而解决几何问题。在教学中加入数形结合这一思想方法的渗透，可以更加形象、更加直观地向学生揭示问题的本质，极大地激发学生的学习兴趣，减轻学生学习的负担，从而更有效地完成课堂教学。

其实，有很多的几何图形中都蕴含着与它们的形状、大小、位置等密切相关的数量关系，在结合教学中要注意学生对"知识"和"思想"的和谐统一，既要关注与形相关的"数"的性质，也要让学生勇于尝试用"数"描述和刻画"形"的特点。

✎ 案例十五：

在七年级上册"1.2.3 相反数"这一节中，教材仅仅给出了代数定义："像 2 和 −2，5 和 −5 这样，只有符号不同的两个数叫作互为相反数"，这种"形如"的定义对学生来讲是很难理解掌握的，所以在开篇可以由"南辕北辙"的故事引入，让学生明白相反数所具备的相反意义。为了加强参与课堂的积极性和主动性，可以找同学上台来玩游戏。

两位同学背靠背，规定向前为正，则

一人向前走 3 步，记作_____，一人向后走 3 步，记作_____。

一人向前走 −5 步，记作_____，一人向后走 −5 步，记作_____。

这个游戏让同学们从视觉上更加深切地感受到相反意义的具体含义。

下面可以通过数轴的形式展示给学生。如下图，可以把数轴比作跷跷板，原点 O 就是中间的支点，所以两个数 a 和 $−a$ 必须在原点的一左一右，到原点的距离也要相等，只有这样跷跷板才能保持平衡；若数 a 在原点处，那为了不让跷跷板倾斜，它的相反数 $−a$ 也只能在原点处。即 0 的相反数仍是 0。

（作者：武汉市东湖高新区光谷左岭第一初级中学·孟秋廷）

✎ 案例十六：

在七年级下册第七章平面直角坐标系"7.1.1 有序实数"这一节，学生通过用有序数对表示物体的位置的过程，可体会数形结合的思想。如何将有序数对和点的位置对应起来，在教室里根据排数和列数来找相应的学生这一活动是可以有效解决学生对此的困惑的。

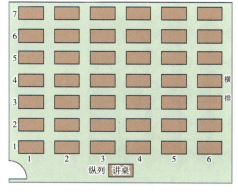
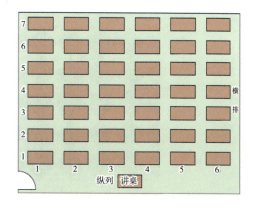

左上图是一个教室平面图。

问题1：老师想在班里找一个学生，你知道是谁吗？

提示 1：这名同学在"第 4 列"，你能确定是谁吗？

提示 2：这名同学在"第 4 列，第 2 排"，你能确定是谁了吗？

问题 2：平面内确定一个位置需要几个数据？

问题 3：你能根据以下座位找到对应的同学参加数学问题讨论吗？

（3，5），（2，4），（1，2），（3，3），（5，6）。

生讨论后得出：在教室里排数与列数的先后顺序没有约定的情况下，不能确定参加数学问题讨论的同学。

问题 4：假设我们约定"列数在前，排数在后"，你能在图中标出参加数学问题讨论同学的座位吗？

追问：当约定"列数在前，排数在后"时，（2，4）和（4，2）在同一个位置吗？

生：（2，4）表示第 2 列第 4 排，（4，2）表示第 4 列第 2 排，它们不在同一个位置。

问题 5：假设我们约定"排数在前，列数在后"，你能在图中标出参加数学问题讨论同学的座位吗？

（3，5），（2，4），（1，2），（3，3），（5，6）。

上面的问题都是通过像"第 3 排第 2 列""第 1 列第 5 排"这样含有两个数的表达方式来表示一个确定的位置，其中两个数各自表示不同的含义。通过这一在班里找同学位置的活动，学生可以更形象更直观地体会到"有序数对"的含义以及其与位置的对应关系，感悟数形结合的思想方法。（作者：武汉市东湖高新区光谷左岭第一初级中学·孟秋廷）

✏ 案例十七：

在八年级下册第十七章"17.1 勾股定理"这一节中，也用到了数形结合的思想方法。

我们一起穿越回到 2 500 年前，跟随毕达哥拉斯再去朋友家做客，看到他朋友家用等腰三角形砖铺成的地面（如图）：

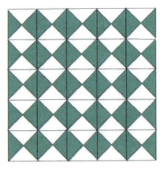 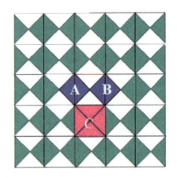

问题 1：试问正方形 A、B、C 面积之间有怎样的数量关系？

问题 2：图中正方形 A、B、C 所围成的等腰直角三角形三边之间有什么特殊关系？

新课讲解

第一步，探究新知。

教师为学生呈现教材中类似的"网格图"，让学生分别计算网格图中三个正方形的面积。

问题3：在网格中一般的直角三角形，是否也有类似的关系？观察下面两幅图（每个小正方形的面积为单位1）。

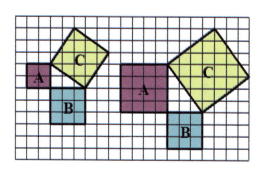

追问：这两幅图中A、B的面积都好求，该怎样求C的面积呢？

思考：正方形A、B、C所围成的直角三角形三条边之间有怎样的特殊关系？

由上面的几个例子，我们猜想：

如果直角三角形的两条直角边长分别为 _____，斜边长为 _____，那么 _____。即直角三角形两直角边的平方和等于斜边的平方。

第二步，证明定理。

证法1 毕达哥拉斯证法

证明：

$\because S_{大正方形} = (a+b)^2 = a^2 + b^2 + 2ab$，

$S_{小正方形} = c^2$

$S_{大正方形} = 4S_{直角三角形} + S_{小正方形}$

$= 4 \times \frac{1}{2}ab + c^2 = c^2 + 2ab$，

$\therefore a^2 + b^2 + 2ab = c^2 + 2ab$，

$\therefore a^2 + b^2 = c^2$

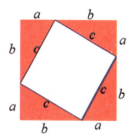

证法2 赵爽证法

先利用PPT展示动态拼接图形的过程：

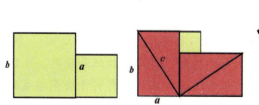
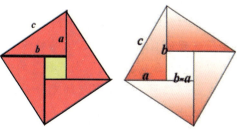

先利用 PPT 展示动态拼接图形的过程：

证明：

∵ $S_{大正方形} = c^2$

$S_{小正方形} = (b-a)^2$

$S_{三角形} = \dfrac{1}{2}ab$

$S_{大正方形} = 4 \cdot S_{三角形} + S_{小正方形}$

∴ $c^2 = 4 \times \dfrac{1}{2}ab + (b-a)^2 = a^2 + b^2$

第三步，总结归纳。

如果直角三角形的两条直角边长分别为 _____，斜边长为 _____，那么 _____，称为勾股定理或毕达哥拉斯定理。

第四步，简单运用。

例　如图，在 Rt△ABC 中，∠C=90°。

（1）若 m=n=5，求 p；

（2）若 m=1，p=2，求 n。

【巩固与练习】

（1）下列说法中，正确的是（　　）

A. 已知 a，b，c 是三角形的三边，则 $a^2 + b^2 = c^2$

B. 在直角三角形中两边和的平方等于第三边的平方

C. 在 Rt△ABC 中，∠C=90°，所以 $a^2 + b^2 = c^2$

D. 在 Rt△ABC 中，∠B=90°，所以 $a^2 + b^2 = c^2$

（2）在△ABC 中，∠C=90°，两直角边分别为 a，b，斜边为 c。

①若 a=15，b=8，则 c=_____。

②若 c=13，b=12，则 a=_____。

（3）若直角三角形中，有两边长是 5 和 7，则第三边长的平方为 _____。

【作业布置与拓展】

（1）阅读课本第 30 页"阅读与思考"。

（2）课本第 24 页第 1、2 题。

在学习本节课之前，学生对正方形的面积和三角形的三边都只是直观的印象，学生的思维仅仅停留在"图"的阶段。本节课开篇就讲述毕达哥拉斯在朋友家观察地砖图案所发现的直角三角形三边的特殊数量关系的故事，在这个故事启发下，学生在自己的头脑中开始建立"图"与"数"的关系，在证明定理的过程中，又从"割"和"补"多角度加以证明。这节课老师充分引导学生自己观察、思考、验证和反思，体现了学生的主体地位，尽可能地实现了数形结合思想的渗透和应用，有利于培养学生的数学

逻辑思维能力。（作者：武汉市东湖高新区光谷左岭第一初级中学·孟秋廷）

四、模型思想

《义务教育数学课程标准（2011 版）》指出："模型思想的建立是学生体会和理解数学与外部世界联系的基本途径。建立和求解模型的过程包括：从现实生活或具体情境中抽象出数学问题，用数学符号建立方程、不等式、函数等表示数学问题中的数量关系和变化规律，求出结果并讨论结果的意义。这些内容的学习有助于学生初步形成模型思想，提高学习数学的兴趣和应用意识。"[1]

数学建模顾名思义就是建立数学模型，是一个观察问题特征、提炼和整理信息的过程，包括思考、归纳、抽象和总结的过程。数学建模是利用数学方法解决实际问题的一种实践，简单来说就是将实际问题中的特征或者数量关系用数学语言抽象概括或近似表述出来，得出关于实际问题的数学描述。其形式具有多样性，数学概念、公式、法则、方程（组）、函数、几何图形和数学理论体系等都可以称为数学模型。

数学建模是应用数学解决实际问题的基本手段，是推动数学发展的外部驱动力。建模能力与反思突出学生系统地运用数学知识解决实际问题的过程，帮助学生逐步积累数学活动经验，培养学生应用能力和创新意识。数学模型是连接数学理论知识与外部世界的桥梁，将实际应用问题抽象成数学模型以及应用数学理论知识处理模型的过程就是数学理论知识的应用过程。数学建模活动不仅可以培养学生的数学应用意识，还可以激发学生学习数学的兴趣。

《义务教育数学课程标准（2011 版）》指出："教材应当根据课程内容，设计运用数学知识解决问题的活动。这样的活动应体现'问题情境—建立模型—求解验证'的过程。"[2]具体建模过程可以分为三步。

（一）建模准备阶段：创设问题情境，发现和提出问题

数学来源于生活，反过来又为生活服务，教师在实际教学中要善于利用数学与实际生活之间的关系。实际教学中可以选取贴近学生现实生活的素材，创建具有现实背景的数学问题情境。例如，人教版七年级下册第五章第一节相交线的引入中，教材创设的情景就是观察剪刀剪开布片过程中有关角的变化。可以发现，握紧剪刀的把手时，随着两个把手之间的角逐渐变小，剪刀刃之间的角也相应变小，直到剪两条相交的直线，这就关系到两条相交线所形成的角的问题。

---

① 教育部：《全日制义务教育数学课程标准（2011 年版）》，北京师范大学出版社，2011，第 8 页。
② 教育部：《全日制义务教育数学课程标准（2011 年版）》，北京师范大学出版社，2011，第 8 页。

这样的引入贴近学生的实际生活，可以唤醒学生已有的生活经验，引导学生将实际问题抽象化。

（二）模型构建阶段：发挥学生的主体地位，引导学生自主构建数学模型

传统课堂往往以教师为主体地位，学生则在教师的安排下按部就班地解决问题，自主探究的意愿不强。显然这种教学模式已经不适合新时代对人才的要求，新课程标准的目标之一就是培养学生解决问题的能力，不断强调课堂教学中学生的主体地位。

例如，人教版七年级下册数学书第 79 页有这样一道练习题：如图，这是一所学校的平面示意图，建立适当的平面直角坐标系，并用坐标表示教学楼、图书馆、校门、实验楼、国旗杆的位置。类似地，你能用坐标表示你自己学校各主要建筑物的位置吗？

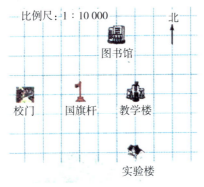
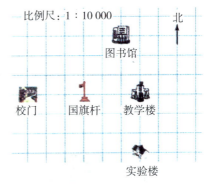

这个活动有较强的实践性，笔者在实际课堂教学中采取了小组合作的方式。学生分组进行讨论，整合意见以后选派代表发言，较优秀的小组分析如下：解决这一道题的时候，我们发现整个校园被抽象成一个二维平面，各个建筑物被抽象成一个个点，很容易联想到的知识点是用坐标来表示地理位置。那么首先要在学校的平面示意图中建立恰当的平面直角坐标系，原点的选取很关键，我们尝试了好几个位置，最后发现原点选在靠中间位置的时候其他点的坐标比较简单，再取向右和向上为正方向建立平面直角坐标系，最后得出各个点的坐标即可。

（三）应用数学模型阶段：解释模型的结果，回归实际生活

数学建模过程是将"现实情境"简化处理，再抽象成系统的数学结构的过程。建立数学模型不是最终目的，更重要的是解释和应用模型，使学生回归到实际生活。

例如，人教版七年级下册第八章实际问题与二元一次方程组中有一道比例分配的探究题：据统计资料，甲、乙两种作物的单位面积产量的比是 1 ：2。现要把一块长200 m、宽 100 m 的长方形土地分为两块小长方形土地，分别种植这两种作物。怎样划分这块土地，使甲、乙两种作物的总产量的比是 3 ：4？

分析：甲、乙两种作物的种植区域分别为长方形 $AEFD$ 和长方形 $BCFE$。此时设 $AE=x$m，$BE=y$m，根据问题中涉及长度、产量的数量关系，列方程组

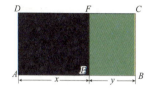

$$\begin{cases} x+y=200 \\ 100x \vdots (2\times100y)=3 \vdots 4 \end{cases}，解这个方程组，得 \begin{cases} x=120 \\ y=80 \end{cases}$$

最后将方程组的结果还原，得 $AE=120$ m，$BE=80$ m，即将长方形土地竖着划分为两个小长方形：一个长为 120 m，一个长为 80 m，较大一块地种植甲种作物，较小一块地种植乙种作物。与此同时，该题是一道开放型题目，解决方法不止一种，类比以上方法还可以横着划分长方形土地，在最后一步要根据数学问题的解还原为实际问题的答案。

✎ 案例十七：

一元一次不等式实际问题的教学案例

【教学特点】

列一元一次不等式解决实际应用问题与学生在前一章节学习的列一元一次方程解决实际应用问题类似。用不等式解决问题往往需要列不等式，列不等式时，要先审清题意，分清已知、未知及它们之间的数量关系，把未知数设为字母表示，然后看作已知数，依据不等式关系列出不等式，即综合未知数的不等式。本节课的教学重点是会用一元一次不等式解决简单的实际问题；教学难点是寻找实际问题中的不等关系，建立数学模型。

【教学目标】

知识目标：会从实际问题中抽象出数学模型；会用一元一次不等式解决实际问题。

能力目标：经历"实际问题抽象成不等式"的过程，体会不等式是刻画现实世界中不等关系的一种有效的数学模型；通过观察、实践、讨论等活动，经历从实际中抽象出数学模型的过程，积累利用一元一次不等式解决问题的经验；渗透分类讨论的思想，

感知方程与不等式的内在联系。

情感目标：通过展示"现实的，有意义的"学习材料，体现一元一次不等式的应用价值，激发学生对数学学习的兴趣，强化用数学的意识；通过探索，增进学生之间的合作与交流，使学生产生克服困难和运用知识解决问题的成功体验，树立学好数学的自信心。

【学情分析】

在本节课中，学生已经能够熟练地解一元一次不等式，但是不能从实际问题中抽象出数学模型。从学生心理特点分析，七年级的学生正处于转折期，乐于探索，富于幻想。老师平淡的讲解不能满足他们积极探求的心理，真正能够吸引学生的学习方式是自己探索交流。

【教学过程】

笔者在 2017 年全国一师一优课的教学比赛中，选取了人教版七年级下册"9.2 一元一次不等式"的实际应用进行授课，最终获得区优课的荣誉并被推荐参加市优课的评比。

第一步，自主学习。

（1）解一元一次不等式的步骤是什吗？

（2）解下列不等式，并把解集在数轴上表示出来。

① $2x-1<3$ ；   ② $4x-5<2x+1$

（3）列一元一次方程解应用题的步骤是什吗？

自主导学的过程需要学生在课前利用 3 分钟左右的时间分小组完成，目的是让学生回忆起前面学过的解一元一次不等式的内容。

第二步，创设情境，明确目标。

采石场爆破时点燃导火线后，工人要在爆破前转移到 400 m 外的安全区域，导火线燃烧的速度为 1 cm/s，工人转移的速度为 5 m/s，爆破人员准备 75 cm 的导火线，请你判断爆破人员的做法是否合理？

在引出例题前，笔者先问了一个问题：有没有谁听自己的长辈说过左岭地区曾经最高的山峰叫什吗？

学生一脸疑惑，同时也七嘴八舌开始谈论了起来：我们这里还有最高的山峰吗？

笔者解释道：左岭地区现阶段在进行经济开发，我们看到的都是平地了，但是大约十年前，这一带都是小山峰，而左岭地区曾经最高的山峰叫谷米山，有一百多米高。但是经过不断地爆破挖掘以后，谷米山已经夷为平地了，你们可以回家问一问自己的爸爸妈妈。今天我们就来研究一下在炸山爆破过程中爆破人员遇到的问题。

结合左岭地区的特色，从学生的家乡开始导入课题，引起学生的兴趣。

第三步，利用一元一次不等式解决实际问题

例 1. 去年某城市空气质量良好（二级以上）的天数与全年天数（365）之比达到

60%，如果明年（365 天）这样的比值要超过 70%，那么明年空气质量良好的天数要比去年至少增加多少？

讲课的当天空气质量较好，先询问学生今天的空气质量，然后引出本题：有人统计出了一年的空气质量，我们来看一下这一题。（展示题目，引导学生解决）

例 2. 甲、乙两商场以同样价格出售同样的商品，并且又各自推出不同的优惠方案：在甲商场累计购物超过 100 元后，超出 100 元的部分按 90% 收费；在乙商场累计购物超过 50 元后，超出 50 元的部分按 95% 收费。请你说说顾客到哪家商场购物的花费较少。

笔者在授课时，将例题稍加改编如下：

这个周末是父亲节，张宇和李哲相邀去商场买礼物，他们发现有甲、乙两商场以同样价格出售同样的商品，并且又各自推出不同的优惠方案：在甲商场累计购物超过 100 元后，超出 100 元的部分按 90% 收费；在乙商场累计购物超过 50 元后，超出 50 元的部分按 95% 收费。大家帮张宇和李哲计算一下到哪个商场购物的花费较少。

分析：你能看出在哪个商场花费少吗？

如果不能直接回答出上述问题，我们将上述问题分成三个小问题再来解决。

问题 1：如果购物款为 x 元，你能分别表示出在两个商场花费的钱数吗？我们来完成表 2-1。

表 2-1　两个商场花费对比

购物款	在甲商场花费	在乙商场花费
$0 < x \leqslant 50$		
$50 < x \leqslant 100$		
$x > 100$		

问题 2：你能看出在哪个商场花费少吗？

问题 3：如果累计购物超过 100 元，在哪个商场花费少呢？

分析：分三种情况进行讨论

① 什么情况下，到甲商场购物花费少？

② 什么情况下，到乙商场购物花费少？

③ 什么情况下，两商场花费一样？

第四步，小结与梳理。

利用不等式来解决实际问题的步骤是什么?

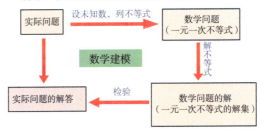

【反思与小结】

选择这一课题内容作为比赛课题,很大一部分原因是这种实际生活问题中学生的参与度较高,甚至有一个成绩基础很差的学生能够分析出第二种和第三种情况,令笔者感受颇深。让学生意识到平时生活中的点点滴滴都会用到数学,就会使学生的兴趣更加浓厚,参与度更高。

《义务教育数学课程标准(2011版)》的基本理念第四条提出:"数学教学活动必须建立在学生的认知发展水平和已有的知识经验基础之上。"本节课建立在解一元一次不等式的计算基础,以及前一章学习的列一元一次方程解决实际应用问题的经验上,对学生来说前两个例题的难度可以接受。本节课的重难点是对改编后例题的讨论与分析,最大的亮点是在此过程中的分类讨论,将例题的一个问题化解成3个小问题,循序渐进,层层推进,在第三个小问题中又渗透了分类讨论的思想方法。(作者:武汉市东湖高新区光谷左岭第一初级中学·孟秋廷)

第三章　英语学科史及英语学科思想方法

　　随着我国经济水平的不断提高，中小学英语学科教育理念和教育方法也呈现阶段性变革。为不断适应我国对具有综合素质和国际视野的复合型人才的需要，广大英语教育者应当在基础教育阶段重视对学生文化认识和文化心理认同的培养，帮助学生在学习英语语言技能、语言知识的同时了解外国文化，加强文化认同感，提高文化鉴别能力，从而更好地树立民族自尊心、自信心和自豪感。

　　教师在加强英语语言训练时应更加注重语言的情感态度和文化意识，积极渗透爱国主义教育和社会主义核心价值观教育。只有用世界语言讲述中国故事，才能为国家未来的现代化建设培养具有人文素养和实际语言应用能力的人才。

　　本章首先阐述英语学科史的发展，随后结合教学经验中的真实案例阐述英语学科思想方法在具体教学实践当中的应用，以及如何通过对英语学科史的反思改进学科方法。

第一节　英语学科史

一、英语语言的发展

　　英语语言发展史就是一个各语言不断融合、重组的过程。其历史大致可分为三个阶段：古英语 Old English（公元 449—1100 年），中世纪英语 Middle English（1100—1500 年），现代英语 Modern English（1500 年—至今）。其中现代英语又可以细分为早期现代英语（1500—1800 年）和后期现代英语（1800—至今）。

　　公元 449 年，日耳曼三部落——盎格鲁人、撒克逊人、朱特人入侵大不列颠。大不列颠原居民凯尔特人（Kelt）在亚瑟王（King Arthur）的带领下同侵略者斗争，同时各部族的语言在战争中互相融合。古英语的源头则是这三支部族的语言，这一期间许多日耳曼方言进入古英语，古英语词汇体现出浓厚的日耳曼语的特点。

之后两件重要的历史事件也对古英语产生了深远影响。公元 597 年，罗马牧师奥古斯丁（Augustine）来英传教，罗马文化便随着基督教传入英国，同时也带来了大量的拉丁词汇；公元 789 年，北欧斯堪的纳维亚半岛的维京人（the Vikings）进入大不列颠，维京海盗的入侵也使古英语在语言结构上更加丰富，斯堪的纳维亚语也就此进入古英语。

1066 年，法国诺曼人入侵英国，开始了对英国的长期统治，法语更是取代英语成为统治阶层的官方语言，被宫廷贵族、政府官员、学校使用，拉丁语则成为学术语言，而古英语则仅用于社会底层人民。这一期间，英语在词汇、语法方面产生剧烈动荡，着重体现在吸收了大量的法语和拉丁语词汇，实现了英语的诺曼语化。

1377 年，英法百年战争爆发，英语重新夺回其在社会中的主流地位。在中世纪英语末期，英语逐渐恢复国语地位，但是法语对英语的深刻影响仍然存在。

16 世纪后，文艺复兴运动对英语语言发展的影响深远。英国文学之父杰弗雷·乔叟（Geoffrey Chaucer）的《坎特伯雷故事集》（The Canterbury Tales）证明了此时的英语已经自成体系，虽然其中不可避免地夹杂着法语和拉丁语词汇，但英语已经是一种成熟的语言。

一般情况下，学者以 1700 年为界将现代英语分为早期现代英语和后期现代英语。莎士比亚的作品是早期现代英语的经典代表。早期现代英语与当代英语的差别较大，读起来仍有些吃力。1700 年之后，英语的发展更多体现在词汇上的扩充，其语法规则已经完全成熟，也更接近当代英语。第一次工业革命时期，英语被带到了世界各地，同时全球各殖民地的语言词汇也进入了英语当中。

20 世纪后，欧美国家不断发展壮大，而英语把代表欧洲主流文化的词语都收入囊中不断简化，最后发展成为世界性的通用语言，为国际上的沟通往来起到了重要作用。目前，以英语为官方语言的国家已超过七十个，全球超三分之一的人口使用英语交流，英语也成为国际上使用较为广泛的语言之一。

英语语言历史的源头是公元五世纪的盎格鲁、撒克逊和朱特部落使用的语言，随着这些部落语言的融合，古英语逐渐形成并被使用了 1100 年左右。中世纪时期，一部分法语词汇融入。16 世纪大航海时代到来，英帝国逐渐成为海上霸主，英语文化的输出也推动了该语种与世界语言的融合。17 世纪文艺复兴和印刷术的出现使英语的拼写和语法相对固定，形成了早期的现代英语。工业革命后，英帝国进入鼎盛时期，其殖民地覆盖了地球大约四分之一的面积，这一过程中英语也吸收了很多其他国家的新词汇。这样看来，英语语言的历史其实是以欧洲古代民族语言为底色同世界各民族语言融合的历史。

二、英语学科教育的发展

不同历史时期的时代特点和语言需求导致了英语学科基础教育发展的不同形态，也决定了英语学科教育思想的主流趋势。这里参考牛道生《英语对中国的历史性影响》中的内容，将中国的英语学科发展分为五个时期：鸦片战争前期；清代后期；近代中国；当代中国；21世纪中国。

在上述英语语言发展史的简介中提到，17—18世纪庞大的殖民地和资本积累为英语语言的文化输出奠定了物质基础，中国早期英语教育的滥觞为19世纪初期来华传教士开办的教会学校。教会学校的教学内容只是在私塾等学校内容的基础上增加了《圣经》及简单算学，一般不被视为中国正规英语教育的开端。尽管教会学校的目的是寻找列强主义的代言人，带有殖民主义色彩，但是其对中国外语教育的发展仍然具有重要的意义。中国的外语教育尤其是英语教育自此有了可借鉴的最基本的英语教育模板。

鸦片战争前期，中国由于长期的闭关锁国和清朝政府腐败无能的封建专制制度，对西方世界的极速发展一无所知。此时，林则徐成为清朝政府中首位"学会利用英语搜集西方国家情报，与英国殖民者展开法理斗争的大臣"（牛道生，2013），被誉为"开眼看世界的第一人"。随着基督教传教士来华日益频繁，西方世界的图书报刊资料越来越多，林则徐在广州主持轰轰烈烈的禁烟活动后，开始创建首家英语翻译的机构，并创办了一系列的译文汇编类报纸。不同于英语语言的发展，中文作为汉藏语系很难与属于日耳曼语系的英语产生语法和词汇的交融。由此可见，翻译法作为一种最为直观的学习方法，在英语传入中国的一开始就注定是最为广泛的使用方法，虽然其初始目的是在闭关锁国这一国际信息传递极为闭塞的情况下了解西方的文化和获取有效信息，但这一历史的必然性也使后期无论是英语学科的基础教育还是高等教育都绕不开翻译法和直接法的生搬硬套，因为语系的不兼容性，中文语言环境下极难产生英语语言应用环境，这一英语语言资源匮乏的情况即使在信息物质相对发达的今天也不可避免，具体体现在各个学校基础设施和师资力量分布不均匀的问题上。

鸦片战争后，英美教会遍地开花，他们所创办的教会小学第一次开始了具有一定规模、标准的英语教学活动，为中国培养了一批具有良好英语基础教育背景的孩童，这些教会小学毕业的学生后来成为中英文化交流最早的一批交流者，同时这些教会学校自身也为中国的中小学英语基础教育奠定了最早的基础。

晚清时期，鸦片战争结束后，洋务派兴起并主张"师夷长技以制夷"。从政府层面上，一系列船厂、钢铁厂的开办使洋务派对英语语言人才的需求量与日俱增。清政府开始主动开设外语教育，以培养技术人才。最为典型的是京师同文馆。京师同文馆是满清政府于1862年创办的第一所外语学校，其办学目的主要是为清政府内部洋务派培养自己的翻译人才以学习洋人的科学技术，在近代外语史上有着非常重要的位置。在京师同文馆办学阶段以后，中国的英语教育随着现代学制的建立与改革也开始普及。

随着中国人和外国人的交往日益频繁，基督教会中学也如雨后春笋般出现。在西学最初传入中国之时，各门学科不但教材缺乏，还缺乏汉语的科学用语，当时有了些翻译的术语，但也不统一。若用英语教学，对师生都会方便得多。显然，在英语资源相对匮乏的年代，大部分学生学习英语的方式都是通过大量的书籍原著阅读和直接暴露在英语语言环境中学习，即"学习母语一样学习英语"的所谓的"直接法"。因此，当时的语言学习并不限制词汇、语法的学习，相反，对利用外语学习文学、科学、史地的能力有很高要求，英语更多是作为工具和载体而非单独的一门语言学习。

从民国时期到五四运动以后，教会学校在中国已经形成一个较为完整的体系。在新民主主义革命时期，为了反帝、反法西斯斗争的需要，中国共产党和中国先进知识分子于1920年创办了第一批培养干部的外国语专门学校。

清朝灭亡后，中国迈入近代，在陈独秀等一批新文化运动倡导者的推动下，中国教育界受此影响学习西方教育的思潮高涨，英语教育也因此得到各方重视。在国民党统治期间，就算是小学的基础教育课程中都包括了英语课程。同时，美国的教学理念在这一特殊背景下对中国的外语教学产生了深刻影响。1920年左右，陶行知、杜威（Dewey）、孟禄（Monroe）等一批教育者带来了美国的"六三三制"，使"中学教育从4年改为6年，中学学生学习程度增高，高等师范学校升格改大学"（牛道生，2013）。1922年，中国新学制施行。后1923年的《新学制课程纲要初级中学外国语课程纲要（暂以英文为例）》中有此章程："新学制小学校将以不教外国语为原则，故初级中学第一年级学生学英语，应自字母教起。"由此可见，此时中国的初级英语课程教育已经跳出了清末时期最原始的"翻译法"和"直接法"，开始根据不同学龄学生的特点进行有针对性的系统教学。开设英语课程的目的为"学生能阅读浅显的英文书报""使学生能用英语做浅近的书札和短文""使学生能操日用的英语"。1922年至1949年中华人民共和国成立之前，英语一直在中学以上的学校开设。新学制作为西方教育思想与中国国情相结合的产物，"是一次中国教育界力图与国际教育和现代化教育趋势接轨的尝试"，是一次"比较成功的学制改革"。[1]

中华人民共和国成立之初至20世纪60年代中期，英语教育进入初步探索和发展阶段。1949—1950年亲苏阶段，俄语教学发展迅速，英语教学遭到忽视。1956年初，中央提出"必须扩大外国语的教学，并且扩大外国重要书籍的翻译工作"的要求，决定自1956年起从高中一年级考试增设英语课，并决定从1957年起恢复初中英语课程。直至1964年，全国开办了11所外国语学校，并在中央领导下首次拟定了《外语教育七年规划纲要》，面对未来国际国内新形势的要求，第一次系统地提出了我国英语发展的主要方针和原则。

改革开放以后，中国对外开放的大门开得更大，经济更加多元，对外经贸的发展、

---

[1]　牛道生，《英语对中国的历史性影响》，北京大学出版社，2013，第145页。

知识经济的发展，要求中国培养大量的外语人才。为了尽快恢复和发展中小学外语教育，全国外语教学座谈会在师资培训方面做了大量调整。1979年3月29日，教育部颁布了《加强外语教育的几点意见》。其中指出："今后一个时期外语教育的总要求应该是：千方百计地提高外语教育质量，切实抓好中、小学外语教育这个基础。在办好高等学校专业外语教育和公共外语教育的同时，大力开展各种形式的业余外语教育……为了解决英语师资缺乏和水平不高的问题，拟从1979年起三年内，每年聘请100名左右外籍英语教师和海外侨胞培训高等学校理工科公共英语教师和中学教师。建议中央和地方的广播、电视台为中小学英语教师开设专门的英语教学辅导讲座。从1979年开始，师范院校外语系、面向地方的外语院校和综合大学外语系都应扩大招生规模，积极开办两年制的英语专修科，加速培养合格的中学外语教师，中师应附设英语师资班，培训小学外语教师。"国家对于中小学英语基础教育的重视程度可见一斑。由此，全国广大师生的积极性被充分激发，全社会各层面都形成了学习英语的热潮，但同时英语师资严重紧缺的问题也暴露出来。

1984年，我国的中小学英语教学和其他外语语种教学恢复到一定水平，建成了规模巨大的多形式、多层次的外语教育网，对于中小学英语教学有积极的影响，中国教育领域出现了历史以来的大好局面。从1983年开始，中考开始考英语。全国的中小学外语教育尽管发展还不平衡，教学条件仍然不尽相同，但英语教学质量通过几年的恢复已达到相当水平。

1986—2000年，针对我国不同阶段教育需求的变化，教育部分别于1986年、1988年、1990年、1993年、1996年、2000年制定了7部关于英语教育的教学大纲，其中2000年制定了《九年制义务教育全日制初级中学英语教学大纲（试用修订版）》和《全日制普通高级中学英语教学大纲（试验修订版）》，充分肯定了外语的重要性，提出"教育要面向现代化，面向世界，面向未来"。由此可看出，步入21世纪千禧年的现代中国相比清末民初的中国，对于英语教育的需求和格局视野都发生了翻天覆地的变化；与此相对应地，中小学英语教育思想与方法也与时俱进，随时服务于国家和时代的需求。下面将阐述不同时段产生的学科思想方法和具体实践案例。

第二节　英语学科思想方法

英语学科思想方法在历史的不断发展中逐渐形成了一个自己的体系，也反映出了不同时代的需求和生活条件。这里依据陈自鹏《中国小学英语课程教材教法百年变革研究》中的学科分类法进行阐述，包括翻译法、直接法、听说法、认知法、交际法（功能法），以及最近才提出的基于网课经验的翻转课堂法。这一节笔者将结合自身的实际教学案例讨论这些学科思想方法的应用和利弊，并对不同的学科思想方法进行反思。

一、翻译法及相关案例

翻译法不论是在东方还是西方都有着悠久的历史，其中中国的翻译历史可以上溯至 2 000 多年前的"象胥"这一职位，可见翻译法对于中外来说都是语言学习中非常重要且无可替代的一环。尽管翻译法因其生硬、单一、效率较低的特点在中小学英语教学中经常受到批评，但是不可否认的是，翻译法在我国中小学英语教育历史上长期存在，并和其他英语教学方法不断融合、进化。在英语教学资源匮乏、英语教师队伍良莠不齐的情况下，翻译法较为容易形成确定的教学测评目标和固定的教学模式，因此对于学校软硬件设施不足、教师听说能力欠缺的地区，翻译法仍然占据主导地位。

如今，不同于以往单一的翻译法教学形式，英语教学有了现代化教学手段和科技发展的支持，教学环境相比 1922 年中小学英语教育建立初期有了极大的改善。我们可以灵活运用翻译法引导学生自主学习。

翻译法在中国英语学科教育史上影响最大、时间最长。依据陈自鹏《中国中小学英语课程教材教法百年变革研究》（2012 年版，光明日报出版社）第四章：由不同时期的英语教法变革可知，翻译法可分为词汇翻译法、语法翻译法和翻译比较法三种形式。其中，词汇翻译法代表人物英国的詹姆斯·哈米尔顿（James Hamilton）主张在字母发音和书写教学之后，进行阅读课文教学；语法翻译法代表人物德国的奥朗多弗（H.Ollendorff）认为学外语要先背熟语法规律和例句；翻译比较法代表人物德国的著名外语教学法家马盖尔（Mager）则重视观察、分析、综合、归纳、演绎等活动。

总之，翻译法聚焦于语法本身，即通过大量生涩的阅读和背诵原著培养阅读能力。语法教学就是提供词与词结合的规律，集中介绍词的形态和变化，忽略语音训练，忽视听说能力的培养，即重形式语法教学，轻技能训练和运用能力的培养。这在中国早期不具备一定语言办学条件和经验时被广泛应用，时至今日，不平衡的教学资源分配也导致这种方法在中小学英语教育中仍占有重要地位。如何在教学实践中灵活运用翻译法而不是僵硬地生搬硬套，是令所有英语老师都较为头疼的事情。笔者认为，翻译法虽然忽视听说能力，但是在学生写作训练中，灵活化用翻译法则可以达到事半功倍的效果。

📝 案例十八：

<h2 style="text-align:center">初中英语翻译法课堂实践</h2>

作为英语语言听说读写四种基本技能之一，写作是语言输出的重要途径，它能客观地反映学生语言的综合运用能力。然而，写作也是一直让学生头疼、让教师烦恼的话题，它对学生的信息表达能力、观点表达能力、句子连贯性以及思维能力有较高的要求。学生英语写作存在的问题主要有主谓表达不一致、句子不连贯、信息翻译生硬、语言形式单一等。

之前我想过很多办法让学生避免这些错误，比如改作文的时候把学生的典型错误在课堂上展现出来，一起纠错，但效果甚微；后来我又开始面批，但是47个学生耗费了我的大量精力，而且大部分同学犯的都是同一个错误，似乎没有必要面批47个学生。那到底什么样的办法可以引导学生正确表达呢？作为英语教研组长，我组织英语老师们对学生作文中的错误进行了归纳总结，最终得出2F2P（Find the verb, Find the subject, Put them together, Polish）写作方法，这种模式为学生提供了直接翻译关键信息的参考模板，具有较高的准确性，这样学生就可以高效地将自己的观点和篇章结构组织起来，尽量避免"Chinglish"。

【案例描述】

课堂以一段抢劫视频开场，引起学生兴趣，并引导他们主动学习视频中的动词用法。视频的台词很简单，而且都是动词或动词短语。然后我向学生提问："抢劫案中紧张的语气是通过动词表现出来的吗？这些动词重要吗？请同学们看完视频之后告诉我台词。"

视频刚一放完，同学们就七嘴八舌地告诉我台词：

Student1：Get up! Get up!

Student2：Right now! Get up! Put your hands behind your back!

Student1，Student2：Move! Move! Move!

Student3：Hands in the air! This is a robbery!

一时间学生们都被紧张有趣的台词吸引住，气氛非常热烈。我接着问："这些台词中最重要的词是什么词性？"同学们异口同声地回答说是动词。于是我继续引导他们："既然动词在表达中占有如此重要的位置，那我们来情景再现，大家分组表演一下视频中的场景吧！"看同学们兴致比较高涨，我拿出事先准备好的道具——四顶黑色的蒙面头套和三把玩具手枪。看到道具，班里顿时沸腾起来。我安排3分钟时间给他们分小组、选角色、练台词，并让各小组上演抢劫的镜头片段，切身感受情景中动词的效果。

待学生们从精彩的表演活动中回过神来，我对他们说："现在，你们已经掌握了动词的用法，这时候只要再加个主语，就可以写出一个完整的句子了。句子会写了，一篇英语作文不就水到渠成了吗？你们看，写作并不是什么难事。"于是，我将一道中考写作题呈现在 PPT 上，借着 Find the verb 的活动成功激发起学生的好奇心，并引导他们主动学习 2F2P 写作模式。

这里给出 2013 年武汉市初中毕业生学业考试中书面表达题，以此为例：

假设你是李明，本周班会上，你将代表老师用英语通知学生参加敬老院的公益活动，要点如下：

（1）星期天早上 8：30 在校门口集合，乘公共汽车前往。

（2）给老人们赠送班级礼物。

（3）打扫卫生，整理房间。

（4）唱歌、跳舞、讲故事、聊天，给老人们带去快乐。

（5）活动很有意义，希望积极参与。

字数 60～80，书面表达的开头已给出，不计入总词数。

参考词汇：

（1）chat v. 聊天

（2）meaningful adj. 有意义的

（3）cheer up 使……高兴

我把第一条信息"星期天早上 8：30 在校门口集合，乘公共汽车前往"拿出来作为范例。

Find the verb:

meet, go there by bus

Find the subject:

we will ... we will ...

Put them together:

We will have to meet at the school gate at 8：30 on Sunday morning.

We will go there by bus.

这里借用了翻译法中的词汇翻译法，将一句话的构成拆分成对主语和动词的翻译，为学生进行下一步语法构建打下了基础，也解决了学生面对长难句造句时无从下手的困难处境。虽然翻译法中照搬母语会使语言略显生硬孤立，但在最初的写作教学中，翻译法可以成为学生学习语句用法的支点，因为这种方法最简单也最直接。

为了最大限度地避免翻译法中字词用法生硬的缺陷，Polish（润色）这一步必不可少。由于两句话的主语都是 We，为避免重复，我们把第二个 we will 去掉，并用 and then 连接起来。

Polish：

We will have to meet at the school gate at 8：30 on Sunday morning, and then go there by bus.

这就是 2F2P 写作模式（Find the verb, Find the subject, Put them together, Polish ）在课堂写作中的具体实践。在学习了 2F2P 模式后，同学们兴致高涨，都想一展身手，于是我请水平层次不一的学生来黑板前进行尝试，结果每个学生给出的表述都是正确的，这让同学们更有自信了，对英语作文的恐惧感也减轻了。2F2P 只用四个步骤就能教学生写出完整的句子，帮助学生摆脱难以下笔的困境，只要确定了动词、人称和时态，就能写出一个完整的简单句。

学生能够轻松完成文中的五条信息翻译，然后通过对文章整体的修饰和调整——也就是 Polish，为文章增色不少，这一点因人而异，可以就势发挥。在黑板上分享句子的同学结束他们的分享后，大家纷纷拿出笔开始了他们的英语写作。我在班里四处踱步浏览，查看他们的写作情况，随时准备着为他们解决问题。此时可以明显感觉到每个同学脸上都充满了自信，落笔更加有底气，在 2F2P 模式的帮助下，同学们的表达更加顺畅。写作展示的环节终于不再是你看看我、我看看你的为难眼神，而是急于分享自己 masterpiece 的期待和成就感。

【案例反思】

从我的英语写作教学经验中不难看出，2F2P 模式运用了翻译教学法中的词汇翻译部分。在中国早期英语教学时期，如晚晴、民国时期，英语教材资料和来源都不甚丰富，学生往往是在大量艰深晦涩的英语原著中寻找语言规律。这里我将英语写作学习从晦涩难懂的句型模板和语法中解放出来，只翻译最简单的词汇，先拆解后组合，转被动学习为主动学习。在任何英语学科思想方法的运用中，都要注意将其转化为学生最能接受、最容易上手的方式，由简入繁。

根据克力福德·普雷特尔（Clifford Prator）归纳的语法翻译法的特点，翻译法"唯一的操练通常是把一些孤立的句子从目的语译成母语"，这一特点有其优势也有其弊端。如果我们仅仅将翻译法粗略地运用到课文的语法分析练习或者词汇的记忆练习的话，是相当枯燥和冗长的，甚至是不利于学生锻炼英语思维表达能力的。但是在英语写作中，尤其是对于刚接触英语写作的中小学生来说，利用翻译法对写作母语进行目的语的操练则是非常容易上手且容易调动起学生的积极性的。写作中翻译法的运用（即我所陈述的 2F2P 模式）大大降低了学生写作的难度，使学生在翻译的过程当中思考语法与词汇的联系，同时对英语学习产生兴趣，拥有自信（因为每位学生只要按照模板都能写出完整的英语句子）。教师要随时思考如何将学习难题简单化，让英语学习有窍门，以便于任意层次的学生都能赶上学习进度。在这种需求下，翻译法作为"徒手"学习英语时期的主要工具，是一个非常好的选择。

翻译法在写作中的意义像是打好了一个最基础的骨架，初学者只须依靠骨架不断填充和完善自己的内容，就能得到自己想要的结果。而等到他们足够熟悉这个骨架之后，相应地就可以不用再依靠翻译法，而可以进入更深层次的语言学习了。（作者：武汉市左岭第一初级中学·朱良枝）

二、直接法及相关案例

直接法是指不借助母语而直接用外语进行教学的方法。直接法是为了克服翻译法的一些弊端而产生的——在某种程度上弥补了翻译法在听说方面的不足，它通常为学习者们创造了一个或真实或搭建的语言环境（包括外语小故事、外语动画、外语对话场景等），方便学习者们进行模仿和归纳。由此可见，直接法是以口语为媒介和基础的，主张"听熟、说熟、看熟、写熟"（张士一，1922：《英语教学法》），但直接法因其词义语法解释的模糊性，最忌讳在学习新知识时"煮夹生饭"。

这种通过故事和对话直接开展教学、以模仿和归纳为主的方法，便于学生们直接学习、直接理解、直接应用。直接法能让学生完全沉浸在陌生语言环境中，用模拟母语学习的方法学习英语。学生在这一过程中往往对语法的具体内容并不熟悉，而是通过大量的陌生信息来寻找规律从而形成本能记忆。这就对教师的能力提出了一定的要求。这里以一堂初中英语教学课为例，呈现直接法在正课中的应用。

🖉 案例十九：

初中英语直接法课堂实践

我们都知道，初中英语每个单元都分为 Section A 和 Section B 两个部分。Section A 是每个单元基本的教学内容，其中包括词汇、语法、功能，主要教学形式为听力输入、口语输出、阅读输入。作为体验和感知语言的阶段，Section A 比较适合用直接法进行教学。

以七年级下册 Unit 6：I'm watching TV 为例，第六单元 Section A 的 1a～1e 部分是通过构建九个场景图中正在发生的不同情境引导学生学习现在进行时态的。这里就非常适合用直接法将学生代入课堂——我们可以利用课本中的主题图来引出第六单元的目标，即通过问答的方式让学生描述课本中呈现的九个场景：watching TV, cleaning, reading a newspaper, talking on the phone, listening to a CD, using the computer, making soup, washing the dishes, exercising。

【案例描述】

面对第六单元中出现的现在进行时态，学生们都很陌生，因此在课堂的开始，我用学生已知的词汇做好铺垫，然后根据 PPT 上四张学生熟悉的图片场景向学生提问，由此引出目标语言"What are you doing？ I'm v.-ing"形式。

列举如下：

Look at Picture 1.（七年级三班英语老师正在上课的图片）

What are they doing？　They are having an English class .

But what are we doing？　We are having an English class, too.

Look at Picture 2 .（音乐社团李老师正在弹钢琴唱歌）

What are they doing？　They are singing.

Look at Picture 3.（我班学生的生日聚会）

What are they doing？　They are having a party.

Look at Picture 4.（舞蹈社团正在跳拉丁舞，其中有我班的学生）

What are they doing？　They are dancing.

这四张图片都是在学生未知的情况下拍摄的，每张照片中都有本班的学生和他们所喜爱的老师。图片刚一呈现出来，学生就表现出极大的兴趣，急于找到自己和认识的老师。当我问"What are they doing？"时，学生们便脱口而出"They are having an English class/singing/having a party/dancing."从而轻松引出本单元的目标语言"What are they doing？　They are v.-ing."此时学生们的积极性和求知欲都被完全调动起来，这时 PPT 上放映出课本第六单元中 Section A 中的主题图，我在学生们欢腾的讨论声中介绍："这栋房子里面住满了人，他们都在自己的房间里干什么呢？看起来他们都好快乐呀！真是一个 happy apartment! 咱们去看看吧！"图片中的房子是三层楼，每层有三家，一共九家，这九家做的事情都是不一样的，九家就有九个短语（washing the dishes, exercising, watching TV, making soup, using the computer, listening to a CD, talking on the phone,cleaning, reading a newspaper）：

第一层楼：

Teacher：What is he doing？

Students：He is washing the dishes.

Teacher：What about him？

Students：He is exercising.

Teacher：What are they doing？

Students：They are watching TV.

第二层楼：

Teacher：What is he doing？

Students：He is making soup.

Teacher：What about him？

Students：He is using the computer.

Teacher：What are they doing？

Students：They are listening to a CD.

第三层楼：

Teacher：What is he doing？

Students：He is talking on the phone.

Teacher：What about him？

Students：He is cleaning.

Teacher：What is he doing？

Students：He is reading a newspaper.

学生对这九个短语并不熟悉。但是当主题图片呈现出来的时候，短语也呈现出来了，这样学生就可以直接套用目标语的句式，因此在对短语陌生的情况下，学生们的表述也能很顺利。有学生不懂这九个短语的意思，我就用动作和英语做解——如 talking on the phone，我模仿打电话时的动作，学生很快便能明白这个短语的意思。为了让学生进一步熟悉这九个目标语言，我设计了一个"我演你猜"活动。

Student A：（学生做洗衣服的动作，并提问，其他同学猜测）What am I doing？

Students B：Are you washing the dishes？

Student A：No,I'm not.（这个学生继续做洗衣服的动作并且用英文解释）My clothes are dirty, so what must I wash？

Student B：Oh, I see . You are washing the clothes. You aren't washing the dishes. Right？

Student A：Yes, you are right. Great！

两个同学为一组，在一分钟内猜得最多的那一组定为 Winner。所有的同学都参与进来了，开始在下面比画，动作花样百出，有时候猜词的同学急得满脸通红，惹得其他同学哈哈大笑。欢声笑语中，每组的氛围又很紧张，都希望自己这一组表现更好。很多同学容易把 using the computer 和 watching TV 弄混淆，因为两个短语的表现动作都差不多；还有的同学为了抢时间，语音语调也不注意，嘴巴咕哝一下就过去了。我不得不补充一个规则：发音语音语调要准确。强调了之后再也没有人敷衍语音语调了。

九个短语练习完后，学生仍然沉浸在游戏中，还没有尽兴。学生们的表达欲和求知欲被充分调动了起来，我知道这正是激发他们进一步学习的好机会，于是我布置了一个 presentation 任务，主题为 "What are your family doing when you are at home？" 要求是每个人先写出有关自己家庭生活的短语，在规定时间内自我口语练习后逐一上台演讲。其间每位同学都在为上台的 presentation 认真做准备。

同学们呈现的 presentation 发言都非常精彩："When I am at home, my father is reading a newspaper. My mother is making supper. My sister is watching TV. I am doing my homework. I think my family are very happy." 每位同学对自己家庭的看法都不一样，有的认为自己的家庭是欢乐的，有的认为自己的家人是繁忙的……大家用英语互诉衷肠，有欢笑，有悲伤，也有需要让人深思的地方……

【案例反思】

直接法在英语学科思想方法中同样很常见。可见，直接法克服了部分翻译法中不重视语音和口语的缺点，翻译法单纯训练语法的单一性也是导致许多学生即使进入高等英语学习阶段依然在"说英语"这一方面存在很大问题的原因。

但直接法最大的问题在于如何消除学生的畏惧心理，因为它并不像翻译法那样容易上手。在中小学语言学习阶段，教师面对的往往是没有任何语言基础的学生，语言入门则是一项基础工作。如果直接生硬地将学生放置在大量陌生的语言环境中，就容易导致学生学习的挫败感。因此，教师要平衡好学生的求知欲和成就感。我们不仅要给学生提供足够有吸引力的语言环境（如他们熟悉的日常生活对话），还要不断鼓励他们，这样才能使直接法的效果最大化。

同时，我们也要清醒地认识到直接法在中小学教育中实行的困难程度。在以英语笔试分数为标准的应试教育中，直接法并不注重对于语义语法的深究和训练，更多的是对学生语感和英语思维的训练，这种训练对于未来学生进入高等英语学习无疑是有很大好处的，但在考分上则不一定较翻译法优秀，甚至很可能出现学生可以用英语流利地表达自己，但英语考试分数并不理想的状况。因此，教师应结合具体的考核标准应用此方法，不要顾此失彼。

在中小学教学当中，无论是直接法还是翻译法，其应用都有一个共同的特点，那就是引起学生的兴趣——尽力将学生的注意力引导到课堂内容中来。因此，课前的预热活动非常重要，只有学生真正对教师所讲述的内容和活动感兴趣并完全参与进来，教师才能开展下一步的深入学习，而这是一切教学方法实施的基础。这一点我在后面的案例中会有更多的叙述。（作者：武汉市左岭第一初级中学·朱良枝）

三、听说法及相关案例

听说法又称口语法（Oral Approach 或 Army Method），依据陈自鹏《中国中小学英语课程教材教法百年变革研究》（2012 年版，光明日报出版社）第四章：由不同时期的英语教法变革可知，听说法的理论基础是美国结构主义语言学和行为主义心理学，源于二战期间军事项目对语言的急迫需求——听说法（当时亦称模仿识记法）使得美国在仅仅九个月内就突击训练出了 15000 名分别懂得 27 种外语的军人。当然，现在我们并没有战时紧迫的语言需求，但这种高效的语言学习方法非常值得借鉴，尤其是在学校各项电子设备和硬件设施逐步完善的情况下。

中国的语言研究工作者针对中国人的语言学习习惯，化用了美国普林斯顿大学教授慕勒顿（W.Moulton）的听说法五项原则，将其简化成五项基本原则（王武军，1982）：第一，听说领先；第二，大量实践，形成习惯；第三，操练句型，打好基础；第四，限制本族语和翻译的运用；第五，对比语言结构，确定教学重点。这五项原则体现在英语组织教学的具体实践为动作演示、情境创设和游戏竞猜，其中问答及言语训练促进听说是英语课普遍使用的方法，其基本模式是基于行为心理学的"刺激—反应"模式。但是在语言设备落后和教师素质有限的情况下，成对活动、电子教学、课外活动的开展不足和开口问题都是听说法存在的现实困难，尤其中小学阶段，英语开口更是难上加难。

如今，智慧课堂走进校园，英语教学有了现代化设备做基础，在硬件方面有了很大进步，听说法也有了极大的发展，其使用的范围日益广泛。教师应该充分利用现代化设备，让学生多听、多开口，提高英语学习能力等综合素质。

🖉 案例二十：

初中英语听说法课堂实践

以七年级下册 Unit 7 It's raining 复习课为例。课前我想了很多不同的方式引导学生展开复习本单元句型和短语的任务，诸如利用造句、翻译等，但这些方式对学生们来说难度较大，再加上复习效率低、复习内容死板，学生们的参与度并不高。那么，到底怎样才能在短时间高效完成复习内容，同时调动学生的积极性呢？我认为在复习课上化用听说法就是一个不错的方式，即通过大量的听力和视频不断给予学生视觉和听觉上的信息冲击，刺激他们主动捕获知识。听说法具有强大的学习氛围张力，这常常能给课堂内容较枯燥的教学带来意想不到的效果。

【案例描述】

进入课堂，我和学生用英语进行常规互动问好后，在 PPT 上呈现出本单元要复习的内容：

How's ...going ?

I'm having a great time doing ... /have fun doing sth.

I'm going to ...

I'm doing ...

I'm also doing ...

I'm so happy to do ...

I'm sitting by ...

It's adj.

on a vacation

just right for...

先让学生们自主朗读这十条句型短语，以对我们要复习的内容形成初步认知。然后，我播放了一段短小的音频，并要求学生们写出含有上面几个句型结构的句子。这段音频的内容是：

Dear Jane,

How's it going？　I'm having a great time visiting my aunt in Canada. She's working here and I'm going to summer school. I'm studying English and I'm learning a lot. I'm also visiting some of my old friends. I'm so happy to see them again. It's afternoon right now, and I'm sitting by the pool and drinking orange juice. It's warm and sunny, and it's very relaxing here. See you soon.

Su Lin

我们班总共有44位学生，我将他们分成七个组，每组六人并确定一个小组长，为每一组都准备一块小黑板。听力音频播放三遍之后，各小组在组长的组织下把自己写的句型进行核对和更正，最后在班级前展示。展示期间学生们要发现各小组最终答案的错误并予以纠正，错误最少的小组胜出。分组讨论和展示的竞争方式让同学们热情高涨，大家都激烈地讨论着，每位学生都希望写下最准确的句子，有时甚至为了完善细节而争执起来。最后小组长们为了统一意见自己想出了一个办法：遵从少数服从多数原则。这样一来，最终的答案总算是确定下来了。

不久后，各小组长有序安排组员把最终答案写在小黑板上，再把写满答案的小黑板逐一拿到黑板前向全班展示。毫无疑问，每位学生都希望自己的小组更出彩，于是即使在其他小组展示时，他们也睁大眼睛盯着每一个句型和词组，极力找出对方的错误；而只要一发现有错误，便迅速举手发言。看着一张张热切期待着发言的脸，我都不知道点谁来纠错了。为了不打击他们的积极性，我只好点小组举手最多的那一组发言。后来同学们的热情愈发高涨，为公平起见我决定抽签选择发言小组。有的小组给出的答案十分完美，和原音频内容完全吻合，于是所有同学都不禁发出赞叹声："太厉害了！"有的小组出错较多，展示的小组在大家七嘴八舌的讨论下把小黑板上的错句进行订正，并且带领大家朗读正确的句型以加深印象。每位同学都读得很大声，因为这些句子都是他们亲自书写出来、订正出来的，每个人都出了一分力，每个句子都是他们"自己的句子"，在人人都有参与感和成就感的情况下，即使学习能力和基础水平参差不齐，他们也依然能在活动中找到自己的兴奋点，从而积极主动地投入学习当中。

小组展示完成之后，我在PPT上对这篇文章的10个句型和短语逐一进行分解，并让学生们再次进行口头上的合并练习。这一次我带领学生们通过"开火车"的形式操练10个句型短语。出乎意料的是，当第一、第二个学生操练句型时，全班同学都脱口而出了，可见大家对句型短语的掌握程度。每位同学都沉浸在收获新知的喜悦中。"开火车"活动结束后，我又再以同样的方式听第二段不一样的内容，音频内容如下：

Dear Jane,

How's your summer vacation going？　Are you studying hard, or are you having fun？ I'm having a great time in Europe! My family and I are on a vacation in the mountains. I want to call you but my phone isn't working, so I'm writing to you. It's hot in your country now, isn't it ? The weather here is cool and cloudy, just right for walking.

See you next month.

Dave

音频同样播放三遍，之后再以同样的方式进行操练。有了第一次的听写经验，听第二段话的时候，各小组很快就完成了。我问同学们需不需要讨论，他们齐声回答不需要，于是我笑着对学生们说："看来大家都已经掌握技巧了呀！"

再以同样的方式在黑板进行展示，我发现这次的语法和字词错误明显减少，学生们也干劲十足，甚至不断爆发出阵阵掌声，鼓励自己和他人。经过又一轮紧张的听、写、说，这些句型已经深深地印在学生脑海里了。这时候我向学生们说道："我们需要放松一下自己的大脑！"接着我打开了关于这两段话的视频，视频中配有字幕、图片和音乐。放视频的时候，有的同学在跟读，有的同学在认真听……伴随着音乐声，每位学生脸上都是满足的微笑。

【案例反思】

和直接法相似，听说法同样需要调动学生们的积极性，使其克服对语言的畏惧。这里我运用了小组学习的办法，这个办法不仅适用于英语教学，也适用于其他学科教学。在小组活动中，学生会有强烈的集体荣誉感和自我满足感，即使是性格内向的学会也会在小组组员的鼓励下迈开英语学习的第一步。在语言教学过程中，同学的鼓励和老师的鼓励同等重要，甚至更加关键。老师在提供良好的语言环境后，更要注重如何调动学生学习的主动性，给学生营造一种热情洋溢的学习氛围，这对以后的英语学习都是大有裨益的。

如今，现代化设备和丰富的语言学习资料足以让教师为学生创设出一个完整的语言学习情景，正如我在上述案例中所做的，以学生小组学习的方式创设良好的英语学习环境，达到句型训练的目的。高强度的听觉刺激和视觉刺激能够让学生对这些句型产生深刻的印象，再经过反复操练和不断记忆，就能在短时间内掌握较多句型运用方法。但值得注意的是，在听说法教学的过程中，由于过于侧重口头表达，在对句型的深入理解上可能依然存在问题，即学生因为对句型的认知过于拘泥于创造的情景，会大大降低句型语用的灵活性。这一点是需要教师格外注意的，此时如果将听说法和直接法、翻译法结合起来，就能互相弥补彼此的不足。（作者：武汉市左岭第一初级中学·朱良枝）

四、功能法（交际法）及相关案例

功能法是以体现语言功能项目为纲培养交际能力的一种教学法体系，源于20世纪六七十年代西欧国家为提升教学质量而共同制定的西欧共同体统一的外语教学大纲。功能法侧重于将语言知识建立联系。如陈自鹏在《中国中小学英语课程教材教法百年变革研究》（2012年版，光明日报出版社）第四章中所提出的，功能指语言所能做的事情，即传达信息和表达思想的语言行动，如介绍、询问、道歉、告别等。功能法教学是"以社会语言学为理论基础，以交际功能为纲的一种教学方法体系"。这对学生语言实际运用能力的培养具有重要意义。

功能法也称交际法，在进入中小学教育后，逐步演化为现在任务驱动型的五步教学法——复习、介绍、操练、实练习、巩固（即 5P：preparation,presentation,practice, production,progress）。重视培养学生在现实交际中听懂、回答、提问和口述的能力。虽然 20 世纪 90 年代后和 21 世纪的中小学教材日益注重语言的实际交际功能，但这种学习方式的缺陷也很明显，诸如因为僵硬模拟交际、孤立记忆而导致交际教学评估性较差等。在实际教学中，我们应当尽量规避这种风险。

🖊 案例二十一：

我相信大家对这样一个场景一定很熟悉：老师在课堂开头问"How are you？"时，所有的学生都会不约而同地回答"Fine, thank you , and you？"即使许多学生进入高中甚至大学后，仍然会对这一问题给予条件反射式的回答。甚至自己处于生病状态时也理所应当地回答"Fine, thank you , and you？"。当外教要求学生换一种回答方式时，学生竟然想不出别的回答。这就是功能法（交际法）所设置的情景过于僵硬所导致的后果——没有任何交际性，而这与设置这一教学法的初衷背道而驰。

显然，对于"How are you？"这个问题而言，"Fine, thank you , and you？"的答案非常正确，但它并没有真正符合现实当中的语境。下一堂课的目标语"Could you please...？"是一个表示请求的交际用语，让学生掌握正确的答语并且明白在真实语境中的正确使用方式，就需要教师下一番功夫。

【案例描述】

课前准备时，我在班上播放迪士尼的动画学习视频"Could you please...？"进行课前预热。铃声一响，我走进教室后问学生："What are you doing？"学生们齐声回答："We are watching a video about 'Could you please...？'"这是我们的第一次互动，虽然简短但非常重要，能让学生对即将学习的内容形成第一印象。

在上课之前，我带着学生们先复习了上一节课的短语：do the dishes , take out the rubbish , fold your clothes , sweep the floor , make your bed , clean the living room , 在熟悉了这些短语后，我开始利用这些学过的短语创设新的语境。

我指向教室里的垃圾桶，问一位学生："Could you please take out the rubbish？"学生回答"OK"并帮我把垃圾倒了；我指着黑板又问另一位学生："Could you please clean the blackboard？"学生的回答仍然是"OK"并帮我把黑板擦干净了；我略微顿了一下，又问下一位学生："Could you please steal a book from the office？"这位学生犹豫了一会儿没有回答，零星的有几个学生回答"No"，也有几个故意捣蛋的同学回答"Yes"。在这种情景下，学生想回答却回答不出来。很显然学生对新学的"Could you please ...？"的回答比较陌生，只知道用"Yes"和"No"回答，但此时他们对这一问句的情景已经有所了解了。

于是我在PPT上呈现出"Could you please...？"的常用答语：Yes，sure．/Yes，of course．/Yes, certainly．/Yes, no problem．/OK．/Sure．/ No problem．/No，I can't．/Sorry, but....接下来，我引导学生通过游戏"the sharpest eyes"来操练这些答语。PPT上播放的"Could you please…？"的答语一闪而过，但同学们都能准确地说出答案。为了看得更清楚，同学们的注意力越来越集中，甚至后面的同学都跑到前面来练习了。我顺势问道："Could you please do the dishes？"有的同学回答："Yes，sure．"有的同学则回答："No，I can't. I have a lot of homework to do．"不一样的回答引起了一些同学的笑声。我又接着问："Could you please take out the rubbish/take out the rubbish/fold your clothes/sweep the floor/make your bed /clean the living room？"有了前面的练习做基础，同学们这一次都能很准确地说出答案。

看着学生们渐入佳境，我继续为他们搭建语言交际情境。此时PPT上出现了衣服图片，图片上有一个落水的人，正在大声呼救。我指着图片问："What should he say when he falls into the river？ Could you please help me？ or help？"立马有同学回答应该用"Could you please help me？"。这时，另一个同学说应该是"Help！"因为落水是紧急事件，落难的人情急之下说不了那么长的句子。我静静听完学生们的议论，总结说："看来大家都已经认识到了这一点——不同情景里的表达方式是不一样的。接下来我们再来看一段视频。"

视频展示了一段情景：有位女士在机场遭到抢劫，女士和歹徒之间发生了一段对话。我把这段对话的台词："Don't move！（别动！）Hands up！（举起手来！）Pass me your money！（把钱给我！）"展现出来并继续讲到："请同学们用'Could you please ...？'的句型来还原一下这段机场的对话吧！"这段对话内容并不复杂，在各个小组准备好后，我请其中一组同学上台进行表演。我把事先准备好的玩具手枪递给他们，其中有一位同学扮演女士，另一位扮演抢劫犯。只见这位"抢劫犯"像模像样地拿起手枪说："Could you please not move？（求求你不要动，好吗）"，"女士"见状停住了脚步。此时"抢劫犯"说："Could you please put up your hands？（请你把手举起来好吗？）"这位"女士"又故作惊恐状举起了手。"抢劫犯"又说："Could you please pass me money？（请您把钱递给我好吗？）"，"女士"突然翻脸："老师他不像抢劫犯，像乞丐。"全班同学顿时哄堂大笑。

第二组的同学们完全不按套路出牌，听到"抢劫犯"请求的时候，扮演女士的同学却把"抢劫犯"的枪给夺走了，并顺势把他的手扭到背后，全班同学跟着叫好。不同小组表演的片段都十分精彩，版本各不相同。表演完毕后，同学们都说："老师，这个片段不适合用礼貌用语'Could you please...'？"我点了点头说："既然这样，我们再来一段医生正在给一个重症病人做手术的场景。"

接下来的医院场景中，我提前在PPT上提供了许多做手术用的专业术语，并给学生 10 分钟的准备时间。听完表演的具体要求后，教室里沸腾起来了，各小组成员围在一起练习台词。学生们对手术的专业术语并不熟悉，纷纷开始主动查字典、练读音，并努力熟练台词。

首先出场的是第五小组。第五小组的成员们还没上台，扮演助手的几位同学便抬着"病人"走上讲台，惟妙惟肖的表演让同学们忍俊不禁。"主治医生"下令准备手术，大家都忙碌起来把"病人"放在手术台（课桌）上，甚至"助手"还给"病人"一本正经地打麻醉药。"手术"开始后，主治医生说："Could you please pass me a knife？""助手"回答："Yes,of course."接着主治医生依然很客气地说："Could you please pass me …？"话音未落，只见躺在手术台上的"病人"头一歪"死"了，原来是由于医生抢救不及时，因失血过多而"死亡"。台下的同学笑得前仰后合。看来学生们在具体的场景中已经认识到礼貌用语用得不恰当。同学们此时又产生了疑惑：在什么时候使用礼貌交际用语比较恰当呢？难道只适合学生与老师、孩子与家长吗？于是我又展示了很多商店购物的对话情景，让同学们翻译，这时同学们才感觉"Could you please …？"用在商店、会晤等地方和场合比较适合。

【案例反思】

交际法（功能法）是 20 世纪语言学研究的突破性成果。交际教学法在外语教学领域中的重要贡献在于它正确处理了"语言能力"与"交际力"之间的辩证关系。在教学实际中，我创设了多个有趣而又真实的场景，完成了"Could you please…？"的交际功能，采用的是任务型学习的方式，即通过感知、体验、实践、参与和合作实现任务目标，感受成功。这样学生在学习过程中就能形成积极的学习态度，从而提高语言实际运用能力。

交际教学法有优点也有缺点。我们谈到交际教学法的成就时，也应保持清醒的头脑，注意它的不足之处。交际法是为了克服翻译法等教学法的缺陷而产生的现代教法。它重体验，重功能，重能力，重主动学习。然而，正像其他教法一样，交际法及任务教学法也有一些值得注意的弱点：忽视语法、忽视认知、忽视书面语、忽视知识系统传授，这些也需要在实际运用中借鉴其他教法的长处予以弥补。

我们在教授学生语言知识时，不仅仅要教会他们语言的运用和规律，更多的是要引导他们主动学习语言知识。比起告诉他们什么是正确答案，我们更应该教会他们怎么去反思这个"正确答案"，而不是一听到"How are you？"这个问题就脱口而出"Fine, thank you , and you？"，不懂得对语言学习的反思是极其危险的。正如新课标所提出的那样，广大英语教育者应当在基础教育阶段重视对学生文化认识和文化心理认同的培养，帮助学生在学习英语语言技能、语言知识的同时了解外国文化，加强文化认同感，提高文化鉴别能力。而没有批判精神、不懂得反思所学的学生是极其容易受到外来文化的冲击和负面影响的，所以我一直努力引导学生加强他们对语言本身和语言环境的判断能力，而不是一味地进行机械操练，我相信我的学生在碰到"Could you please pass me...？"的真实社会语言对话时，是能够做出符合交流实际而非符合所谓"正确标准"的答案的。（作者：武汉市左岭第一初级中学·朱良枝）

五、21 世纪翻转课堂及具体应用

疫情期间线上教学成为刚需，教师必须尽快适应新的教学方式，而让教师头疼的是怎样将大量的课堂内容在有限的课堂时间内有序地组织起来。这里翻转课堂作为一种新的教学方式便展现出了其独特的优势。

案例二十二：

这里以一节互动性很强的英语辩论课为例。这一课的内容是人教版九年级课本中"Unit 7 Teenagers should be allowed to choose their own clothes"的 Section B（1a～1e），总共有两个目标任务：第一个任务是听力及听力中的短语；第二个任务是关于"Should Fly be allowed to take the test？"话题的辩论赛，该辩论赛的主题情景是学生 Fly 在一次考试中迟到是否可以被允许参加补考的问题。

可想而知，用一节课的时间同时完成老师的信息输出和学生自己的知识输入，对双方来说都是一个很大的挑战。因为无论是听力还是辩论赛，都需要充分的准备时间。怎样才能既让学生在有限的课堂时间内掌握知识与技能，又顺利地完成输出呢？如果我能让学生课前就准备好辩论赛，情况会不会不一样呢？

这里就需要翻转课堂的教学设计。"教学设计是将教学过程系统化、程序化的过程，同时也是将一节课的教学设计得完整、流畅、有条理、有层次的过程，从而减少教学的盲目性和随意性。"对于辩论赛这样一个程序繁多、内容复杂的活动，教师需要根据课堂节奏和进度适时增加或删减教学程序，提高对教学设计的完成度，这需要教师自身丰富的教学经验和学生高度的配合。在信息和软硬件都很发达的现代社会，语言学习更加高效简单、教学设计更加精巧优化是必然趋势，也是每位教师应该努力研究的方向。

【案例描述】

在辩论赛课前，我准备了一个微视频供学生们课前预习和完成练习，并布置了一项作业：将学生分成 A 方（正方）和 B 方（反方），并要求学生事先写出辩论赛"Should Fly be allowed to take the test？"的基本观点。听力练习和观点写作则需要在前一天晚上提交，便于之后正式课堂的辩论赛互动。除此之外，我提前为学生们提供了许多表达观点的参考词汇，诸如 I think/in my opinion/as we all know/in addition 等，以保证学生能顺利表达自己的观点。

辩论赛正式开始前，我以老师的行为准则标准为语言背景，根据观点表达类词汇组织了一段开场白示例，比如：我不能课上饮酒，不能课上吸烟，不能课上接听电话，不能穿奇装异服……还没等我做完示例表述，学生就七嘴八舌地议论起他们作为学生

088

不能做的事情，如不能迟到，不能早退，回家不允许看电视、玩手机等。

看着课堂氛围逐渐进入良好的互动状态，我顺势问学生们："What are you allowed to do？"学生们想了想，举出许多例子，诸如可以完成作业之后打篮球，星期天可以看一个小时的电视等。有了这些铺垫，同学们不仅熟悉了观点表达类词汇，发言的积极性也被调动了起来。于是我接着说："Fly 和你们有同样的遭遇，让我们听听 Fly 和 Mum 的对话吧，请同学们一边听对话一边完成以下题目。"

Why did Fly cry？ What happened to her？

（1）get to class late

（2）study with friends

（3）finish a test early

（4）worry about failing a test

我问："Fly 为什么哭？（Why did Fly cry？ ）"学生说："因为她迟到了，迟到了不能参加数学考试，数学是她最擅长的一科，担心考试不能及格。"这一题几乎所有同学都能做出有效回答。为了进一步了解细节，我又呈现了以下听力题目。

Listen again. Match these sentence parts.

_____ Fly is going to ...   a . take the test

_____ She isn't allowed to ...   b. pass the test

_____ She wasn't allowed to ...   c. fail a math test

_____ She could ...   d. take the test later

_____ She should be allowed to ...   e. get to class late

首先我让学生在听听力前预测答案，学生们预测答案是 c、a、e、b、d，听完之后答案仍然是 c、a、e、b、d，实际上答案是 c、e、a、b、d。这里可以明显看出学生们共同的问题：第二道、第三道题的意思差不多，但是第二道题中的是"isn't"，第三道题中的是"wasn't"，时态是不一致的，绝大部分同学没有关注到这一点。有了课前大量的预习，学生们对这一类错误一点即通，课堂效率在这样的设计下也提高了不少。

在进行了听力语句的解读之后，学生们对 5 个短语（take the test, pass the test, fail a math test, take the test later, get to class later）已经烂熟于心，在对话复述环节中，学生们表现积极，表达也很清晰。

这时，准备工作已完成，我开始引导大家进入辩论赛的正题："那么大家认为应不应该允许 Fly 参加补考呢？"早已准备好观点的同学，积极举手发言，大家各持己见，争论不休。

在辩论赛开篇立论环节，正方 A 组主辩手立论："Good morning, everyone! We think Fly should be allowed to take the test later." B 组主辩手："But we think Fly shouldn't be allowed to take the test later." 在攻辩环节，正反方依次陈述被允许或不被允许参加补考的理由，学生们都还比较克制。但到了自由辩论环节，大家都激动起来，甚至站起来直接反驳对方的观点，反驳期间还有同组队友不断大声说着"I agree with you. You are wonderful."来打气加油。

眼见战局逐渐焦灼，有一位同学急了眼，站起来打断了对方同学："Why don't you let Fly take the test later？You aren't kind at all. You are a bad person."引来了阵阵笑声，课堂氛围也活跃起来。有的同学表述清晰，逻辑缜密，理由充分，对方哑口无言，赢来了同学们的阵阵掌声——这时即使是最内向的同学也在团体荣誉感的感染和热火朝天的氛围推动下踊跃发言了。

辩论赛中大家的观点逐渐趋近一致后，我宣布进入下一环节——总结陈词。随着时间的流逝，小辩手们思路越辩越清晰，语感越辩越流畅，主辩手不需要多长时间做准备，就能流利总结观点。我们一起对今天的知识进行了总结和归纳，对同学们的表现和观点进行了评价和梳理，然后布置了课外作业。

I. Translate Chinese into English.

参加考试 ＿＿＿＿＿＿＿＿＿＿ 通过考试 ＿＿＿＿＿＿＿＿＿＿

考试不及格 ＿＿＿＿＿＿＿＿＿＿ 上课迟到 ＿＿＿＿＿＿＿＿＿＿

对某人严格要求 ＿＿＿＿＿＿＿＿＿＿

II. Fill in the blanks with the phrases above.

（1）I'm not allowed to ＿＿＿＿＿＿＿＿＿ , and there was a big test today.

（2）You weren't allowed to＿＿＿＿＿＿＿＿＿＿＿ .

（3）But I know I could ＿＿＿＿＿＿＿＿＿＿＿＿ .

（4）But they should let me ＿＿＿＿＿＿＿＿＿＿＿ .

（5）Parents should not ＿＿＿＿＿＿＿＿＿＿＿＿ teenagers .

【案例反思】

翻转课堂的好处在于学生可以反复观看课前的预习视频，自由调整时间，进行个性化的学习，从而解决传统课堂上有的同学刚刚"果腹"，有的同学已经"奔小康"的问题。同时，课前练习可以检验自己对学习内容的掌握情况，从而起到强化训练的作用。课前学生做好充分的准备，可以激发学生学习的成就感，也更利于控制课堂时间，展开课程设计，不至于使课堂失控。

写辩论观点是有难度的，但这更能让学生明白只靠课前努力是不够的，要更加专注于课堂的互动学习，引发学生的思考和探索，将课堂时间更多地用于直接交流。与此同时，翻转课堂还能鼓励学生进行协作学习，对学习中遇到的疑难问题进行沟通，培养学生解决问题的能力。本节课设计辩论赛，可有效提高学生学习新知识的能力，从而加深学生对该问题所涉及内容的理解与掌握。这些都需要对课堂设计的不断推敲和反思。

当然，翻转课堂也存在一些弊端。第一，课前短语句型的掌握、辩论中观点的编写，都需要学生在课外自主完成，但初中生的自主学习能力有限，对部分英语基础并不好的学生不见得公平。第二，课前练习和预习主要通过网络进行，网络上的诱惑因素太多，需要家长强制监督，否则很难进行；尤其在新冠疫情期间，家长反映网络对学生干扰大，学生容易迷失自己，几分钟就能完成的事情却因为网络的干扰而延至深夜，影响了学生的睡眠。第三，班级学生人数过多，教师难以关注到每一个学生；在课中辩论环节，成绩优异、表达能力较强的学生成为互动的主角，性格内向或能力较差的学生则往往被遗忘。第四，优质教学资源贫乏且分布不均匀，许多学校和学生并不具备相对先进的现代化设备。最重要的一点是，教师个人精力有限，很难每堂课都提前录制微课视频，更难保证把优质的视频提供给学生课前学习。

翻转课堂包括课前的线上学习和课堂的线下面对面学习两部分，本质上是一种将面对面的传统课堂教学与在线教学结合起来的学习模式。尽管有许多弊端，但翻转课堂是提高学生素质的有效途径，它能从学生的实际出发，深入浅出，寓教于乐，引导学生提高文化鉴别能力，树立自信心，增加自豪感，促进学生形成正确的人生观和价值观。所以，每个教师都有责任提高自己运用信息的能力，借助慕课平台，实施翻转课堂，实现学校教学模式的变革，为创新人才的培养创造良好的环境。（作者：武汉市左岭第一初级中学·朱良枝）

第四章　物理学科史及物理学科思想方法

第一节　物理学科史

人类为了自身生存的需要，就必须从事物质资料的生产方式和生活活动，而物理知识广泛存在于生产和生活之中，人们在长期的生产实践和科学实验中不断积累物理知识，又不断把它们传授给下一代，这就是物理教育的起源。

一、我国物理学科的设立

我国的物理教育源远流长。早在 2 400 多年前的春秋时期，就已有文字可考究的含有物理知识的著作——《墨经》，它是墨家进行私学教育的教材，包含力学、光学、声学等物理知识的传授。但是这种私学时聚时散，时办时停，只能断断续续地传授一些与物理学有关的知识。中国在夏代建立学校，经商、周、秦、汉、隋的发展，至唐代就形成了从中央到地方的一整套的学校体制，但是在中国古代，物理未能从哲学和自然科学中分化成为一门独立的学科。从夏代建立学校至 18 世纪 60 年代近代学校创设之前，物理知识的传授主要蕴藏在科学技术的教育中。比如，汉代处于独尊地位的儒学经学教育中研究的农业科学知识，天文、历法知识，音律学知识，象数之学；宦官科技教育中包含的地理与水利、工业生产知识；以家业世传和学徒制形式的手工业科技教育等。

由于中国封建社会政治制度、教育制度和经济制度的制约，中国科学技术和科技教育的滑坡始于明清之际。清以后，随着统治者的腐朽，科技也越来越落后。而西方随着 14 世纪文艺复兴 1543 年文学家哥白尼《天体运行论》一书的出版，自然科学理论开始从神学中解放出来，大步向前。1687 年，牛顿发表的《自然哲学的数学原理》标志着经典力学体系的诞生，也标志着以科学理论和实践相结合的近代物理学体系的诞生。1582 年（明万历十年），意大利人利玛窦揭开了"西学东渐"的序幕，从 16 世纪明万历到 18 世纪初，中国对西方科学知识和技术的传入采取了较宽松、开明的政策。所以在此期间，西方科学的某些成就，如解剖学、透视学、地图学、望远镜、钟表及数学、天文历法等，都传到了中国。不过，当时这种传播主要是在中国的一部分有较高文化水平的士大夫阶层和宫廷中进行的，尚未普及到全部知识分子当中，学校也不注重这些知识的学习。在此期间，传教士和中国学者共同编译了一些自然科学的书籍，除天文历法外，主要是力学和光学方面的知识，但是整个经典力学体系最本质的东西——自由落体定律、牛顿三大定律和万有引力定律却没有传进来。清朝雍正时期进一步"用儒术束缚"中国人民的思想，采取与世隔绝的闭关自守政策，拒绝西方的科学技术，处处防范中国人民受西方先进思想和科学技术的影响，使中西方科学技术交流中了断长达100多年。这期间中国对西方科学技术的发展、科学思想、科学方法、教育改革等都知之甚少。

鸦片战争后（1840年），中国禁闭的封建大门被迫打开。面对西方列强的坚船利炮，有志之士深感国内军事力量和生产技术的落后。以"洋务派"为代表，如恭亲王奕䜣、曾国藩、李鸿章等对传统教育提出质疑，要求改革旧教育，增添新内容，主张学习西方技术，兴办学习"西文"和"西艺"的学校。第一所学习"西文"的学校创建于同治元年（1862）的京师同文馆，它的诞生标志着中国近代学校教育的肇端。第一所学习"西艺"的学校，是左宗棠同治五年（1866）奏设的马尾造船厂附设的福建船政学堂，目的是培养科学技术人才。1867年，京师同文馆添设算学馆，把格致（后改称理科）作为学习科目之一，标志着中国近代物理教育正式列入学校教育的开始。1888年，设格物馆、观星台和物理实验室。此后，在洋务运动期间开办的新式学校中，一般都开设了物理学科或物理学科中的某一分支科目。1894年甲午战争后，"维新派"主张学习西方的政治体制、教育制度和系统的自然科学知识，确定了"中体西用"的教育宗旨，并把物理学作为科学考试的内容之一。此后，物理教育加速扩大到各级各类学校，人们对物理教育的重要性有了进一步认识。从鸦片战争到维新变法，近代物理学在中国的传播是从翻译各分支学科开始的，所以学校中并没有系统的物理教本，更谈不上系统的物理教育。虽然当时建立了较多的新式学校，但是这些没有统一的学制，也没有从小学、中学到大学的完整的学校系统。在"西艺"的教学中，其实质是使学生能依靠物理知识进行计算、推理，以理解"洋机器"各部分的功能。所以这一时期的中国物理教育只能说是中国近代物理教育的萌芽。

我国近代教育史上第一个法定的学校系统始于1902年，即《钦定学堂章程》，亦称"壬寅学制"，但公布后未施行，次年清政府又制定了重新修订的《奏定学堂章程》，史称"癸卯学制"，这是第一个全国施行的学制。该学制以"中学为体，西学为用"为办学宗旨，注重实用。这个学制的中学堂是五年，物理是在第四年开设一年，每周4个钟点。《奏定学堂章程》颁布以后，物理学法定形式系统地列入了大、中学校的教学科目中，并按照不同的教学要求编译了各级学校和不同专业的物理教材，同时对物理教学中的物理实验教学，包括仪器设备和教学要求等做出了明确的规定。所以，随着"癸卯学制"的实施，中国的近代物理教育正式诞生，物理学科正式设立。

二、中国物理教育的分期

物理学理论是人类对自然界最基本、最普遍规律的认识和概括。物理教育的发展不仅取决于物理学知识体系的建立和不断完善，还取决于社会的经济、政治、科技、文化和教育制度。任何一个国家的物理教育，都是本国经济、政治、文化与外来文化相结合的产物，是历史与现实相结合的产物。按中国物理教育自身发展的历史阶段，可以将中国物理教育史分为四个时期：古代的物理教育；晚清时朝的物理教育；民国时期的物理教育；新中国的物理教育。

（一）古代的物理教育

古代的物理教育，时间段上指从有关于物理知识的记载开始到 1840 鸦片战争时期。我国早在 2000 多年前就已有关于物理现象、物理知识的记录，有对物理原理的初步思考和物理技术的发明及应用。春秋时期的著作《墨经》是当时自然科学和手工业生产技术知识的光辉记录，包含了丰富的力学和光学知识。《墨经》对力的概念提出了初步的论述，并且以秤和枯槔的工作原理为例，总结了杠杆的工作原理。

《墨经》中第一次记载了小孔成像的实验，描述了平面镜成像的原理，其中对凹面镜成像与凸面镜成像规律的记载，是《墨经》光学中最精彩的篇章。先秦古籍《考工记》是我国现存最古老的一部科学技术典籍，也是一部手工技术规范的汇集，其中对手工技术的论述包含了丰富的力学和热学方面的物理知识。《考工记》最早做出了关于物体惯性的论述。此外，蕴含丰富物理知识的著作还有西汉时期的《淮南万毕术》、东汉王充所著的《论衡》、北宋科学家沈括所著的《梦溪笔谈》、宋末元初科学家赵友钦所著的《革象新书》、明代乐律理论家朱载堉所著《律学新说》等，内容范围遍及声、光、力、热、电磁及物理理论各方面。这些著作不仅记载了物理知识，也体现了科学素养和科学态度。

受政治制度、教育制度和经济基础的制约，物理并未单独成为一门学科，物理知识主要蕴含在科技教育中，通过"六艺"教育中的科学知识、世袭制制度下的官职性科技教育、家业世传和学徒制的手工业科技教育、宦官中的科技教育、中国古代科技专科学校中的科技教育、经学中的科技教育、著书立说和聚徒讲学的方式进行传授。中国古代物理教育对古代科技教育的发展，起到了不可忽略的作用。这类物理学基础知识被应用在人们的生产生活中，促进了古代科技和文化艺术的发展。

（二）晚清时期的物理教育

晚清时期的物理教育，自鸦片战争后至辛亥革命（1840—1911 年），即西方近代物理教育开始传入和中国近代物理教育诞生时期。当时的西方经过文艺复兴，自然科学摆脱了神学的束缚，物理学开始了蓬勃发展。16 世纪末到 18 世纪初，中国对西方科学知识和技术的传入，采取了较宽松、开明的政策。入华的传教士和一部分有较高文化水平的士大夫及宫廷阶层的学者共同译注了一些自然科学书籍，如《远境说》《远西奇器图说》和《灵台仪象志》，但是这些著作并没有引起统治者对科学技术的关注；相反，清朝雍正皇帝采取与世隔绝的闭关锁国的政策，使中西方科学技术的交流顿陷中断。清世宗雍正年间，牛顿已完成了经典力学的创造，同时西方物理学在静电学、热学及磁学等方面都有着程度较大的发展，而此时的中国物理学领域却始终停滞不前，错失了与世界物理学的发展相融合并参与其中的机遇。近代物理学并不产生于中国，而出现于西方，我国近代物理学和物理教育不得不向西方学习，从西方引入。

1840 年第一次鸦片战争，西方侵略者用大炮打开了中国闭关自守的大门，在一定程度上对中国的封建教育产生了冲击，以洋务派为代表的知识分子主张学习西方科学技术和开办新式学校，大量的西方近代物理学知识全面迅速地传入中国，《电磁学》《电学》等，无线电知识和有关 X 射线知识都是在这个时期传入的。1867 年，京师同文馆添设算学馆，把格致（后改称理科）作为学习科目之一，这是中国近代物理教育第一次正式列入学校教育，从而揭开了近代物理教育的序幕。此后，晚清政府与西方列强的交流日益频繁，中西方文化的交流也在不断加强。甲午中日战争后，以康有为、梁启超为代表的维新人士倡导改革政治和教育制度，废科举、兴学堂成为不可抗拒的趋势。

"癸卯学制"颁布以前，新式学堂开设的格致学科所用的教材来自传教士的编写或者日本教习口述编译，不适合用作教科书。"癸卯学制"颁布以后，教学内容完整，形成了包括经典物理中的力学、热学、电磁学和光学的基本体系。已注意到学生的接受能力和不同层次的不同要求。在教学过程中已开始重视物理实验的作用地位，并有一定的要求。在教学方法上规定了物理教授的次序方法。物理学科已成为学校教育的内容之一，已有了教育宗旨和目的要求，并初步奠定了基础课的地位。1904—1911 年共有 13 种物理教科书出版，其中自己编纂的有 6 本，已不像刚开设物理课时所用全是外国著作了。

（三）民国时期的物理教育

民国时期的物理教育（1912—1949 年），自辛亥革命到中华人民共和国成立，即中国近代教育渐趋成熟的时期。1912 年，南京临时政府成立，蔡元培出任教育总长，废止了清末的学制系统。同年 9 月 2 日，教育部公布了新的教育宗旨："注重道德教育，以实利教育、军国民教育辅之，更以美感教育完成其道德。"9 月 3 日正式颁行了以日本的学制为蓝本的《壬子·癸丑学制》，后又陆续充实修改，于 1913 年 8 月综合后重新公布。在 1912 年 12 月公布的《中学校令施行规则》和 1913 年 3 月 19 日公布的《中学校课程标准》中，曾粗略地规定了中学物理的教学目的："物理化学要旨在习得自然现象之知识，领悟其中法则及对于人生之关系。物理化学宜授以重要现象及规律，并器械之构造作用……兼课实验。"物理课程的教学内容分为力学、物性、热学、音学、光学、电学、磁学。物理在第三学年开设，每周四学时。

后由于《壬子·癸丑学制》学年配置不当，小学 7 年时间太长，中学仅 4 年，以及各学校课程多有重复，前后衔接不当，课程内容不适应各地的实际教学情况，导致学生在毕业后面临升学、就业两难的处境。五四运动时期，以杜威教育思想为代表的实用主义教育思想促进了我国教育的改革。1922 年 11 月，《壬戌学制》公布，将中学改成高、初中各 3 年，废止大学的预科，高中毕业可直接进入大学，教材和课程内容偏重实用。与此同时，全国教育联合会还组织草拟中小学课程纲要，于 1923 年 6 月公布了《中小学课程标准纲要》。其中，普通中学的初、高中三三分段使物理课程有了两次循环，且因效果较好而得以长期采用。

1929 年，国民政府教育部对 1923 年的《中小学课程标准纲要》稍做修改，于 1932 年颁布为正式标准。高中的物理课程是在第三学年，讲解及表演每周三小时，实验每周一次，每次两小时，问题解答及讨论每周一小时。物理课程的内容有所增加，但更加紧密联系生活，知识点达 80 个，多为生产生活中的常识，实用性较强。其中，力学和电磁学占有较大的比重。实验教材中列出了 41 个实验，规定学生最少做 30 个实验，实验的选择顾及多方面的因素，对实验的训练也逐步走向规范。这是中国教育史上第一套比较完整的物理课程标准，对保证 20 世纪二三十年代的中学物理教学起到了良好的作用，为此后一段时间的发展奠定了基础。它具有以下几个特点：第一，初高中任务不同，初中重视物理知识的普及，高中重视提高中等教育水平，保证大学理科的质量和要求，忽视了初中也有就业的任务；第二，物理教材的编写和日常教学的要求都很明确，但是不强调系统的物理知识；第三，教学内容全面，全面地介绍了经典物理知识，教材体例较合理，之后的数十年都没有改动；第四，教学集中，高中学习一年，初中学习一年，课时较少与内容多相矛盾；第五，体现了理论联系实际的原则与实事求是的科学精神；第六，重视直观教学原则，需结合实验来讲解理论；第七，重视能力的培养，如观察能力、质疑精神、物理思维方式的培养。其不足之处在于内容多，课时少，教学要求脱离实际，特别是实验要求难以达到，且不重视计算和推导。1936 年的《中学物理课程标准》与 1932 年的《中学物理课程标准》的教学目标基本没变。每周增加了 1 小时，教学内容略有增加，知识点增加了 3 个，实验内容减少了 6 个知识点。1941 年的《修正中学物理课程标准》受抗日战争的影响，根据国际国内形势需要，增加了军事技术方面的内容，并在实施方法概要中指出："宜特别注重物理学之应用，与国防生产有关者尤宜注意。"课时减为每周 3 小时，教学内容亦做出了调整，知识点减少了 10 个。考虑到升学的需要，将高中物理分为甲、乙两组，主要在实验上分别做不同要求。1941 年 9 月，为在一些指定国立中学及部分省市的好的公、私立学校中试验六年制中学，不分初高中而制定了《六年制中学物理课程标准草案》。改革的目的在于专为升学准备，不分文理以保证各学科均衡发展，六年一贯制，比较重视基础学科，草案的教学目的是养成学生观察最自然事物之习惯，并于 1948 年颁布了《修订高级中学物理课程标准》，在物理教学的目的中突出了基础知识、基本规律以及其应用，还首次对科学精神的培养做出了要求，如"发挥存疑，致思，忍耐，致密及追寻结果之研究精神"。课时又增加为 5 课时，但教学内容减为 60 个，实验内容减为 32 个。实验教材不再分为两种要求。在实施方法中注重循序渐进，重视国情，强调实用。

物理学发展到 20 世纪，科技先进、教育发达的国家已经跨出了经典物理学的范围，我们在师资、设备和教材上都远远落后于欧美，甚至落后于新兴的日本一大截。在这种严峻的形势下，涌现出了一大批优秀的爱国青年，他们积极投身于物理科学研究领域，不仅从事物理科研工作，也为物理教育培养人才。胡复刚先生是把实验引入教学课堂的第一人，他创建了最早的物理实验室，使我国的物理教学走上正轨。饶毓泰先生回国后创办了南开大学物理系，采用边教边演示的方法进行授课。此外，还有吴有训、丁燮林、严济慈等老一辈物理学家。他们不仅在开创我国近代物理教学中做出了巨大贡献，也在教育上起到了为人师表的作用。

（四）新中国的物理教育

新中国的物理教育，自中华人民共和国成立至今，即中国物理教育向科学化、现代化发展的新时期。中华人民共和国成立后，针对民国时期学制存在的弊端，教育部决定建立新的学校系统。1951 年，政务院颁布了《关于改革学制的决定》，新学制改革了旧中国学制资产阶级实质，奠定了我国学校教育的基础。1952 年，教育部发布了我国第一份中学物理教学大纲——《中学物理教学大纲（草案）》，指出物理学是一门以实验为基础的科学，且教师的讲解必须配合必要的演示。大纲中所规定的学生应做的实验必须完成，次数不应减少。1956 年，教育部发布《中学物理教学大纲（修订草案）》，明确提出各年级在课堂教学、学生实验和课外作业中必须培养学生的实际技能。由于学习苏联，中学物理由原来的初、高中各 1 学年，变成初二到高中连续学习 5 年。教学内容的科学性明显提高，现代物理明显加强。编写的课本注意贯彻可接受性原则，重视概念和规律的教学，努力贯彻理论联系实际的原则，重视物理实验，努力奠定学生辩证唯物主义世界观的基础。学习苏联阶段的主要问题是重视知识的传授和教师的作用，轻视学生在学习中的主体地位和学习能力的培养。1963 年，《全日制中学物理教学大纲（草案）》中，学生的实验进一步加强，并且提出要培养学生的实验能力和物理计算能力，以及应用物理知识解决实际问题的能力。但是因为政治原因，未能贯彻执行。历次大纲都十分强调实验教学，这为以后的物理实验改革和发展奠定了良好的基础。

1949—1956 年进行的课程改革和学制改革，从根本上废除了原来为封建地主阶段、官僚资产阶级和帝国主义服务的旧学校，开始建设为社会主义革命和建设服务的新学校。1956—1966 年是我国全面开始建设社会主义的 10 年，也是物理教育大胆探索、曲折前进的 10 年，物理教育开始走上稳步发展的轨道。之后 10 年受"文化大革命"的影响，物理师资队伍和物理教学遭到严重破坏，以至于与发达国家的物理教育的距离又拉大了。

"四人帮"粉碎后，物理教育的正常秩序亟待恢复。1978 年 2 月，教育部颁发了《全日制十年制学校中学物理教学大纲（试行草案）》，对恢复正常教学秩序、提高物理教学质量起了重要作用。教育部于 1983 年 11 月颁布了《关于颁发高中数学、物理、化学三科两种要求的教学纲要的通知》，并草拟了这三门课程的教学纲要，人民教育出版社也编写了较高要求的甲种本和基本要求的乙种本。各地各校采用哪种层次的物理课程要从实际出发，根据学生的基础和学校的条件而定。这是我国物理课程改革的一次重要尝试。1983 年，邓小平提出教育要面向现代化、面向世界、面向未来，进一步推动了物理教育更好地、自觉地服从和服务于社会主义经济建设。1985 年 5 月 27 日，《中共中央关于教育体制改革的决定》颁布，提出教育体制改革的根本目的是提高民族素质、多出人才、出好人才。在素质教育的倡导下，物理教育学家对 1978 年的大纲做了大量的修改。1986 年 12 月，《全日制中学物理教学大纲》颁布。与 1978 大纲相比较，新的大纲明确提出了思想品德教育方面的要求；在教学目的中删去了"运用数学解决物理问题的能力"，代之以"分析和解决实际问题的能力"，体现了物理学科联系实际、学以致用的原则。在面对"正确处理教与学的关系"时强调学生是学习的主体，教师的主导作用应该体现在培养学生学习物理的兴趣和愿望，启发他们自觉能动地学习知识，为学生创造有利的条件和进行必要的讲解、指导、帮助。此后，1987 年至 1999 年的素质教育阶段又颁布了两次新大纲，主要在教学内容和课程设置上做出了重大改变。从素质教育的提出到 1996 年的"九五"规划再到培养 21 世纪新世纪人才的远景目标，物理教育以纲要和课程标准为载体不断进行改革，由原来的应试教育向全面素质教育转变，从而为进一步转变物理教育教学思想、改革物理教学内容和教学方法迈出了极为重要的一步。现代物理教育侧重培养学生的物理学习意愿和综合能力素养，更加强调学生在课堂中的主体地位，培养学生能提出问题、解决问题以及分析问题的能力。2011 年《义务教育物理课程标准》和 2017 年《普通高中物理课程标准》都强调了科学探究能力的培养，体现了社会发展对物理教育的要求。相信在物理教育科学研究的大力支持下，我国的物理教育在建设中国特色社会主义事业中将发挥更加积极的作用。

第二节　物理学科思想方法

　　物理学是人类科学与文化的重要组成部分，是研究物质相互作用与运动规律的自然科学，具有严密的逻辑体系和数学表述等特点。一方面，物理学理论是人类对自然界最基本、最普遍规律的认识和概括。另一方面，物理学整体上属于一门实验科学，物理学实验是人类认识世界的一种重要活动，是进行科学研究的基础。它以物理概念为基石，以物理学规律为主干，建立了经典物理学与现代物理学及其各分支的严密的逻辑体系。物理学中基本概念和规律的定性描述与精确的定量表达相结合是物理学区别于其他学科的显著特点，这使物理知识具有定量化的特征，也使数学方法成为物理学研究的重要推理论证的工具和手段。物理学是一门带有方法论性质的科学，在长期的发展过程中形成了丰富的科学方法和思想，这些方法对物理学的发展以及其他学科的发展、生产和技术领域具有重要的指导作用，它是辩证唯物主义哲学的重要基础，深刻影响着人们的思想、观点和思维方式。作为一门自然科学的基础学科，物理学整体上是由物理学科的知识和物理学的思想方法组成的。物理学思想方法是人类探索物理世界奥秘的科学思想和科学方法的宝贵结晶，简单来说就是物理学家发现问题、提出问题和解决问题的方法，以及所使用的实验手段和思维方法。例如，注重思辨的逻辑方法、注重实验的实验—归纳—演绎的方法、实验哲学的分析—综合方法、以概念为工具的科学概念方法等。因此，物理学不仅含有人类探索大自然的知识成果，而且含有探索者的科学思想、科学方法、科学态度和科学精神等。

　　我们可以从物理教育和物理课程的设立去体会物理学思想方法的发展和内涵。物理教育和物理课程的设立不单是传授物理知识，还要体现物理学内容体系和本质的特征，将物理学思想和方法渗透到教学中，发挥其教育教学价值。由于学生认知程度不同，各年级的课程设置不同，所以随时代发展的物理教育的理念也不是一成不变的。我国在20世纪初建立了物理学科，各级物理教育开始逐渐形成。1902年"癸卯学制"实施之后，先后颁布了几十个课程标准（教学大纲），记载了中学物理教学改革之路。课程标准作为物理教育的指挥棒，它的不断演变反映了教育改革的推进、教育观念的转变和课程观念的更新，每一次的物理课程改革都是为了培养与当代社会相适应的人才。根据现代物理教育观点，物理课程是一门让学生学习初步的物理知识与技能，经历基本的科学探究过程，通过接受科学态度和科学精神的熏陶，以提高全体学生的科学素养、促进学生的全面发展为目标的自然科学基础课程。物理教学可以提高学生的科学素养，帮助学生掌握以概念和规律为核心的物理基础知识，经历物理概念和规律形成的过程，让学生养成科学情感态度和价值观；帮助学生了解人类对自然界的认识发生和发展的基本规律，了解物理学家认识和发现物理定律、定理的基本方法，培养学生的科学思维。随着物理学的迅速发展及其相关技术的广泛引用，为了适应时代发展的需要，物理教育的改革始终在路上。

一、物理新课程标准

《义务教育物理课程标准》（2011版）课标中重新定义了物理课程基本理念：面向全体学生，提高学生科学素养；从生活走向物理，从物理走向社会；注意学科渗透，关心科技发展；提倡教学方式多样化，注重科学探究。课程理念是课程设置的指导思想，它渗透在课程的每个方面，对于教学具有重要的指导意义。此版课程标准也明确提出义务教育物理课程旨在提高学生的科学素养，让学生学习终身发展必需的物理基础知识和方法，养成良好的思维习惯，在分析问题和解决问题时尝试运用科学知识和科学研究方法；经历科学探究过程，具有初步的科学探究能力，乐于参加与科学技术有关的活动，有运用研究方法的意识；保持探索科学的兴趣与热情，在认识自然的过程中获得成就感，能独立思考、敢于质疑、尊重事实、勇于创新；关心科学技术的发展，具有环境保护和可持续发展的意识，树立正确的世界观，有振兴中华、将科学服务于人类的使命感与责任感。物理教师在教学实践中要以此为指导，完善物理教学的教学内容、教学过程和教学目标，培养学生全面的科学素养。

《普通高中物理课程标准》（2017版）首次明确提出了物理核心素养。2014年3月30日，教育部印发《关于全面深化课程改革　落实立德树人根本任务的意见》，文中指出教育部将组织研究提出各学段学生发展核心素养体系，明确学生应具备的适应个人终身发展和社会发展需要的必备品格和关键能力。2016年9月，教育部组织的相关课题研究组提出了我国核心素养指标体系。该体系分为三大部分、六个方面、十八个要素，并将学生发展核心素养界定为学生在接受相应学段教育的过程中，逐渐发展起来的适应个人终身发展和社会发展需要的必备品格和关键能力。物理核心素养分为四个方面，物理观念主要包括物质观念、运动观念、相互作用观念、能量观念及应用等诸多要素。物理观念的形成要依托物理概念、规律的教学，在教学中通过物理概念、规律的准确学习，促使学生对概念、规律的深度理解，最终形成正确的物理观念。科学思维主要包括模型建构、科学推理、科学论证、质疑创新等要素。科学思维中常用的方法有分析、综合、抽象、概括、推理（演绎、归纳、类比）、论证等。同时，物理学科中常用到的等效、外推、控制变量、比值定义等学科方法，也可以从广义上理解为科学思维方法。科学探究主要包括问题、论据、解释、交流等要素。正如彭前程教授所指出的，科学探究的本质是探究者自身主动参与、发现问题、解决问题，重要的是带着问题去思考、活动、学习。由此看来，科学探究就不仅仅指实验探究，也包括理论探究。科学探究倡导探究式学习，逐步培养学生收集和处理科学信息的能力、获取新知识的能力、分析问题和解决问题的能力以及交流与合作的能力等，使学生形成尊重事实、善于质疑的科学态度，突出学习能力、创新精神、实践能力以及批判性思维和创造性思维能力的培养。科学态度与责任主要包括科学本质、科学态度、社会责任等要素。科学态度与责任的教学应该通过探究的形式融入物理观念和科学思维的教学之中。核心素养的建构，尽管落脚点是学生"身心发生积极健康的变化"，但最终是建立在物理学科基础上或以物理学科为载体来实现的。核心素养虽然是从四个方面提炼的，但在实际教学中，这四个方面往往是相互关联综合体现的。

二、新课程标准理念渗透下的物理教学法

基础科学和高新技术迅猛发展，国际竞争日趋激烈，国力的强弱越来越取决于科技水平。因此，提高全民的科学素养，已成为世界各国的重要战略，提升全民科学素养的重任历史性地落到了科学教育的肩上。作为一名物理教育者，应该抓住物理学科的特点，培养学生科学素养，将物理学的思想方法渗透到平时的教学中。在长期的物理教学中，各位前辈积累了许多物理教学经验和总结，形成了具有物理课程特点的教学方法。下面介绍几种物理课程教学常见的教学方法。

（一）探究式教学法

探究式教学就是为了解决某个具体问题，把学生置于动态、开放、生动、多元的学习环境中，在教师的帮助和支持下，学生进行自主探索从而获取知识并解决问题的一种教学方式。这种教学方式强调以学生为中心，强调学生在探究活动中的经历、体验和感悟，强调学生的自主、合作、探究学习。探究式教学的一般过程主要包括七个环节，即发现并提出问题、猜想与假设、制订计划与设计实验、进行实验与收集证据、分析与论证、评估、交流与合作。在探究式教学过程中，根据问题的难易程度、学生探究能力的强弱，探究教学可以有不同的活动方式。比如，以演示实验为主的导向性探究式教学、师生配合共同完成的合作性探究式教学、以学生为主的自主性探究式教学。无论哪种探究形式教学，目的都是引导学生在探究中学习体会物理的研究方法，掌握一定的实验技巧和用数学处理物理问题的能力，同时养成正确的科学观和价值观。学生通过与科学家类似的探究过程，理解科学概念和科学探究的本质，培养科学探究能力，从而将学习的重心从过分强调知识的传承和积累向知识的探索过程转化，从被动接受知识向自主学习转化。

义务教育阶段物理课程标准的总目标是提高学生的科学素养，其中明确指出"保持探索科学的兴趣与热情，在了解和认识自然的过程中能产生兴奋和成功感，能独立思考、敢于质疑，养成尊重事实、敢于创新的科学态度和科学精神"。将科学探究列入"内容标准"，旨在让学生经历与科学工作者进行相似的探究过程，主动获取物理知识与技能、

领悟科学探究方法、发展探究能力、体验科学探究的乐趣，培养实事求是的科学态度和勇于创新的探索精神。由此看来，科学探究能够达到培养学生科学态度的教学目的。

《义务教育物理课程标准》（2011版）指出物理学习的主要目的不仅是学习物理知识，更重要的是让学生通过学习物理知识，学会学习，学会探究，形成正确的价值观。该标准明确标注了探究过程中达到的科学探究能力的要求，并且从探究的七个要素出发，详细描述了对各个要素的要求。从课程标准中可以发现，初高中的区别在于每个要素的水平不一样，由于初高中学生的认识水平和思维水平不同，所以要求达到的科学探究的表现行为水平也不相同。这点与学生的心理发展规律和教学规律紧密结合。相同的地方在于针对探究的七个要素提出了应该达到的探究行为，每一个探究要素要求学生要表现出对应的探究行为。根据心理学态度与行为之间的关系可知，学生需要先对此具有行为倾向，而驱动对应行为倾向的因素就是态度。

科学态度不是与生俱来的，初中是首次接触物理学科的阶段，这一阶段相对于高中阶段来说，学生的科学态度还没有定型，因此此阶段是培养科学态度的最佳时机，会影响学生的未来发展。教师在教学中采取的所有的教学方式和方法，都是为了激发学生学习的兴趣和热情，指导学生投入学习中，达到教学目的，让学生掌握知识、发展技能、培养情感态度与价值观。

目前，我国初中物理针对探究式教学模式的研究比较多，具有代表性的如李兆清老师所研究的初中物理"四环节"探究教学模式，从问题出发，主要以实验为主要途径，以学生分组、分工合作为主要探索方式。

（二）情境式教学法

情境教学是指在教学中利用具体的场景来引起学生的情感体验，也就是说一个合理的教学情境应该是"情"和"境"的融合，其中"境"是与具体教学内容相适应的客观环境；"情"是在"境"中的师生之间的情感交流和思维互动。情因境生，境为情设，二者和谐统一，真正让学生在情境中获得感受，并激发其相应的情感，使其在活跃的情境思维中获得知识，同时又在认知过程中使情感得到升华。因此，创设恰当的物理情境在物理教学中具有十分重要的意义。创设诱发性的问题情境，使学生预答，但不能迫切要求解答，建立起课堂教学的"情绪场"，强烈刺激学生的学习欲望，能够帮助学生积极主动地参与到课堂活动中。在课堂上讲授新知识时引入物理情境，能激发学生的学习兴趣与思维兴趣，从而激发学生探究的欲望，主动参与物理知识的学习，完成知识建构，培养物理思维，提高探究能力。另外，在学习物理知识之前，我们头脑中会有一些已有的认识，通过直观可见的物理情境能让学生体验认知的冲突，逐步加强对新概念的理解，放弃原有的概念，最终实现概念的转变。

创设物理教学情境最常用的方法是联系学生生活中最熟悉的物理现象，也可借助演示实验，让学生亲手做实验，置身于真实的物理情境中，还可以利用现代教学媒体创设物理情境，让学生先获得感性认识，为发现问题、研究问题提供客观基础。关于如何设置合理的物理情境，江苏省南通师范二附小特级教师李吉林老师的情景教学理论具有一定的参考意义。李吉林老师的情景教学理论概括起来主要包括四大特点和五大原则，下面做简单说明。四大特点，即形真、情切、意远、理寓其中。"形真"就是指在教学中所创设的情境是生活中可以见到的，这样学生对情境有真实感，就可以更好地学习理解情境中的学习内容。"情切"即所创设的情境要能激发学生的想象力，发散学生的思维，而不是仅仅停留在所创设的情境中。这样，学生就能以所创设的情境为基础进行合理的想象，达到从情境中感悟知识的目标。"理寓其中"就是说教师要根据教学内容创设情境，不能为了创设情境而创设与内容不相符的情境。

综上所述，情境式教学是以教学目标为指导，根据教学内容创设符合学生认知水平的物理情境，使学生在参与情境中学习物理知识。物理情境教学的侧重点并不是为了应试提高成绩，而是更注重学生应用能力的提升，即希望学生通过情境学习将所学知识运用到实际之中。物理情境教学的特点高度符合近几年提出的以培养全面发展的人为核心的核心素养理念，对学生创新实践能力的提升有重要作用。

（三）物理实验教学法

物理学是一门实验科学，物理实验是实验科学的重要组成部分。在物理学的产生、建立和发展的过程中，物理实验是归纳物理规律、产生物理假说的实践基础，是验证理论预言和物理假说的主要依据，物理实验提供了确立物理科学理论体系的根本手段。实验在中学物理教学中有非常重要的地位，它是物理课程与教学的基本内容之一，是培养学生操作技能和探究能力的重要手段，也是学生科学情感态度和价值观养成的主要途径。在中学物理教学中，常用的实验方法有观察法、控制变量法、放大法、转换法、模拟法、理想化方法、累积法、等效替代法、外推法等。按照实验知识、技能、能力等训练的目的和功能的标准分类，中学物理实验可以分为技能训练实验、测量性实验、验证性实验、探究性实验等几大类。例如，刻度尺、天平、滑动变阻器的使用等属于技能训练实验；测定物质的密度属于测量性实验；力的合成属于验证性实验；探究平面镜成像属于探究性实验。

演示实验在中学物理教学中的作用如下：一是利用具体、形象的演示激发学生学习物理的兴趣和学习欲望；二是利用演示所展示的现象和过程向学生提供必要的生动的感性认识；三是利用演示揭示研究对象的本质，帮助学生透过表面现象认识事物的本质。演示实验的操作者是教师，学生的主要任务是观察和思考，因此，教师应注意引导学生观察实验现象，启发学生对实验现象所说明的问题进行积极思考和交流。扩展性实验受实验器材的限制，因此一般利用多媒体等手段，通过视频观看的形式让学生进行体验。想想做做的实验可以用于创设教学情境，达到设疑引探的作用，起到激发学习兴趣的效果，或者安排在课堂教学过程中，用来帮助学生形成物理概念或得出物理规律，起到启发、帮助学生理解概念并解决疑难问题的作用。进行学生实验时，应让学生在理解实验方案的前提下选择实验器材、组合实验装置，然后自主进行实验。发给学生的文字资料应有利于学生积极思考，避免把实验步骤一条条地罗列给学生，并代替学生绘制表格，让学生"按方抓药"、不求甚解地在表格中填入数据，这种菜单式的实验操作模式固然容易得出预期的实验结果，但不利于学生实验探究能力的培养。应通过各种途径开发实验课程资源。教师可用已有的实验器材进行实验教学，也可用效果更明显、实验误差更小的新实验器材进行实验教学，还可让学生了解一些新的实验技术。同时，应大力提倡用身边的物品做实验，如使用饮料瓶等日常用品进行物理实验，这样既可以拉近物理学与生活的距离，让学生深切地感受到科学的真实性，又可以补充实验课程资源，有利于增强学生的创新意识。

（四）物理概念与规律教学法

物理概念与规律是中学物理知识体系中最基础也最重要的主干知识，是中学物理教学的重要内容。物理概念与规律教学过程是培养学生各种能力的主要途径，也是培养学生情感态度与价值观的载体。物理概念和物理规律是中学物理教学的重要组成部分。初中物理主要以"物质""运动和力""能量"等为主题；高中物理主要有力学、热学、光学、磁学以及原子物理学等内容。虽然二者对概念与规律的表述和教学有不同的要求，但是物理概念与规律都是它们教学最基本的也是最重要的内容。

例如，学习力学就要学习一些基本概念，如力、质量、功、能等，也要学习一些基本规律，如反射定律、牛顿第一定律、能量守恒定律等。这些基本的概念与规律正是力学知识的主干。物理概念与规律教学是培养学生思维能力的重要途径，在物理概念与规律教学过程中，需要引导学生通过分析、综合、比较、抽象、分类、归纳、演绎等基本思维活动，形成正确的物理概念并发现物理规律。学生只有通过自己的思维活动，才能真正理解和掌握物理概念与规律。因此，不能让学生死记硬背物理概念与规律，而要将学习物理概念和物理规律与培养思维能力相结合。例如，在力的概念教学中，要以学生日常生活经验为基础，让学生通过对物体的推、拉、提、压等物理现象进行观察和实验，经过分析、综合、比较、抽象，概括出"力是物体与物体之间的相互作用"。学生分析物理事物或解决物理问题的思维过程也是物理概念形成与物理规律发现的过程。通过思维能力的培养，学生不仅能加深对概念与规律内涵的理解，还能掌握概念和规律的外延和应用。不将物理概念作为分析、综合、判断、推理等逻辑思维的基础，就不可能形成物理规律，也无法清晰地理解物理规律所反映的物理概念之间的相互关系。

中学物理概念和规律经过前任科学探究并被实践证实是正确的，只有以科学探究的方式进行物理概念和物理规律的教学，才能形成正确的物理概念，并在掌握物理规律的过程中学习并培养探究的能力。科学探究方式虽然是多种多样的，但是它的一般过程是提出问题、猜想和假设、制订计划、设计实验、进行实验、获取事实与证据、运用数学工具推理得出结论。学生对物理概念和规律的学习，也同样要进行科学探究活动。教师要将物理概念与规律的教学，与培养学生物理学探究方法相结合，使教学过程更符合学生科学探究的认识规律。总之，在物理概念与规律教学中，教师要将学习物理知识与培养科学探究能力相结合，做到既授予"鱼"，也授予"渔"。物理概念与规律教学是培养学生情感态度与价值观的重要载体。物理知识的发现是与人类的好奇心、求知欲、探究的毅力、实事求是的态度、求真的追求、民主的精神等分不开的。物理学在长期的发展过程中形成积累了丰富的科学情感态度与价值观因素，这些因素与物理知识和探究的过程是密不可分的。物理概念和规律教学中的探究问题，会激发学生对物理事物和问题的好奇心，领略物理现象和事物的美妙；也会激发学生的求知欲，产生乐于探索自然和生活中的物理问题的情感。

物理概念的教学过程一般分为"创设情境，引入概念""思维加工，形成概念""理解应用，深化概念"三个阶段。情境的引入有多种方式，利用生活现象与自然现象构建一个教学情境，如摩擦力、惯性等概念时，都可以列举一些比较典型的物理现象。教师也可以利用演示实验或学生实验构建一个问题情境，唤起学生的注意，并通过相关的实验归纳出物理的概念；还可以通过建构知识网络情境进行逻辑演绎，从而推导出新的概念。

物理规律的教学过程一般分为"创设情境、提出问题""经历过程、探索规律""确切表述，理解规律"和"应用规律、巩固深化"四个阶段。物理规律教学的重点在于理解和应用，即在理解的基础上灵活应用，在应用的过程中加深理解，从而将课本上学到的知识内化为自身认知的知识体系。

（五）物理翻转课堂教学法

翻转课堂就是对传统的教学模式进行改革翻转。在传统教学模式下，教师主要是在课堂讲解知识点，然后布置课后作业让学生自由复习。在翻转课堂上，教师在课前录好课堂中所要讲述的内容，然后以录音或课件的形式分发给学生，由学生回到家里或利用课后时间进行自主学习。学习完毕后，再将学习成果和学习中遇到的问题在课堂上向教师进行反馈，教师在课上为学生进行充分的讲解，与学生进行课堂内容的交流，或者帮助学生共同解决学习中所遇到的难题。

教师要根据学生当前的物理学习状态和学习水平科学地制定学习目标，还要根据每一个学生的特点和学习成绩制定对应的教学内容。教师可以在物理课前根据课堂所讲述的内容准备相应的视频；学生在观看视频的过程中，也可以对该堂课物理知识有一个初步的了解和具体的印象。比如，在对"力"的相关知识进行讲解时，为促进学生对力形成一个正确的认知，明确力所产生的作用效果，教师可将生活中的元素引入物理教学，通过推土机推土、投篮及抬桌子等力的作用效果相关视频的播放，带给学生一种感官刺激，吸引学生注意力，激发学生对力相关知识的学习兴趣，令学生对力形成一个正确的认知。这样，学生在学习的过程中也会感受到物理知识在生活中运用的价值和意义。学生在观看视频之后，也可以寻找生活中存在的力。这也是对物理知识点的一种延伸，可推动物理教学的发展。教师要根据翻转课堂特征和教学目标制作科学合理的教学视频。第一，视频时间一般控制在十分钟之内，并且不可出现多个知识点；第二，教学视频不可掺杂过多的课外内容。在翻转课堂教学模式中，教师要随着视频的播放进度板书相关的物理知识点，从而加强学生的课堂注意力。

上海师范大学的陈培隽在《"翻转课堂"在高中电磁学教学中的应用研究》一文中提出了翻转课堂教学模式的构建原则："关注学生发展，设计清晰教学目标指导学生系统学习；以自主学习为中心；进行互动交流有效性的课堂合作；关注个体差异，开展学生个性化教育。"[1]

重庆的聚奎中学将翻转课堂教学模式分为"课前四步"和"课堂五个环节"。其中，"课前四步"包括设计辅导计划、录制教学视频、学生自主学习和制订个别辅导计划；"课堂五个环节"包括合作探究、提问拓展、实践巩固、自我纠正和反思总结。

（六）物理多元评价教学法

掌握学习理论由布鲁姆提出。他还提出了三种教学评价：诊断性评价、形成性评价、总结性评价。在教学过程中，教师不能只用单一性评价来评价学生，而要用多种评价方式了解学生需求，用发展性眼光评价学生。

（七）物理多学科整合教学法

随着科技的日新月异，多学科整合教学将会成为一种趋势。目前中学教育提出核心素养，提倡学科综合，可以看出以后的学科综合性会越来越强，知识的综合性考察也会更加科学规范。所以，物理的多学科整合教学显得尤为重要，其中物理课程与信息技术的整合教学是目前运用比较普遍的。

信息技术与物理课程的整合不是被动地纳入，而是主动地适应和变革课程的过程，将对物理课程的各个组成部分产生变革影响和作用，从而改变人们对信息技术的观念，从教的视角向学的视角转变。现代信息技术与物理教学整合突出以下两点：整合的主

---

[1] 陈培隽：《"翻转课堂"在高中电磁学教学中的应用研究》，硕士学位论文，上海师范大学学科教学（物理）专业，2015，第23页。

体是物理课程，信息技术与物理课程的整合以实现物理课程目标为最根本的出发点，以改善学习者的学习为目的。整合要让信息技术服务于物理教学，既应用于教师的教，又适用于学生的学，让学生充分接触、使用信息技术，以信息技术促进学生学习的改善。整合是有机的融合，信息技术既是物理教学内容的有机组成部分，又发挥着教学环境的作用。以数字化的学习环境让学生主动地参与学习，最大限度地接触信息技术，并使信息技术逐步成为学习者强大的认知工具。信息技术与物理课程的整合不仅拓展了信息技术研究的对象，也使物理课程的教学有了更有效的手段。

信息技术与物理课程的整合促进了教师教学方式的变革，能够激发学生的学习热情，提高课堂的教学效率。同时，它为实现师生互动提供了新的交流方式，学生能够通过教师的引导进行自主学习，达到更深层次的学习目标。通过信息技术与物理课程的整合，物理课程资源变得更加丰富，除了教学资料、参考资料等纸质印刷品，学习者也可以从信息化环境和数字资源中获取知识。

总之，现代信息技术与物理课程的整合无疑将是信息时代中占主导地位的教学方式，倡导和探索现代信息技术和课程的整合，对于培养学生的创新精神和实践能力有着十分重要的现实意义和深远的历史意义。

📝 案例二十三：

探究式教学法在《平面镜》教学中的应用

【案例描述】

教师出示平面镜，并发给各学习小组一两块，同时要学生把所有能够替代平面镜的东西都拿出来，包括收集屏幕、金属文具盒内表面等。

师：同学们知道镜中的自己和本人相比有些什么特点吗？

（教室里一时热闹起来，学生们纷纷开始照镜子）

生1：我看到镜中的像是正立的，大小和我本人相等。

生2：左右相反，我举左手，镜子里的像举的是右手。

师：你们观察得很仔细。那么，大家知道水果店的整面墙壁为什么装镜子吗？

生3：可以使水果显得多些。

师：有的家庭装修时，也会在客厅里的整面墙上装镜子，除了可以让人照镜子外，还有什么其他作用呢？

生1：可以用来照镜子。

生2：可以使人觉得空间大些。

（教师在大屏幕上出示一个思考题，要求学生猜一猜）

湖水深10 m，一只大雁在湖面上方15 m高的空中飞翔，请问大雁的像成在（　　）

A.湖面上　B.湖底离湖面10 m处　C.湖底离湖面15 m处　D.湖里面任何某处

（学生的答案中，以上四个选项都有，大家各持己见。教师不给予评价，继续提问）

师：如果大雁越飞越高，湖中大雁的像会怎样变化？

生1：越来越小。

生2：不变。

（大多数学生支持越来越小的答案）

师：平面镜中的像到底成在什么位置？像的大小如何？会不会因为物体到平面镜的距离的变化而变化？今天，我们就要通过实验探究这个问题。

（这时，教师出示实验器材：平面镜、玻璃板、两只完全相同的蜡烛、一张白纸、直尺等）

师：请同学们讨论一下，描述每一件器材的作用，在平面镜和玻璃杯之间，我们应该选哪一种做实验呢？为什么？

生1：选玻璃板做实验，它既可以做平面镜使用，又是透明的，能够找到像的位置。

生2：白纸是用来做记号和记录的，可以记录玻璃板的位置，也可以记录物体和像的位置。

生3：直尺是用来测量长度的。

接下来，教师用演示器材做示范：将白纸铺好，放置好玻璃板，点燃蜡烛，并引导学生观察像的大小、倒正；然后示范另一支蜡烛寻找像的位置的过程。在教师的引导下，学生了解了应该怎样装置实验器材，怎样观察现象，怎样找到像的位置等操作要领。做完一系列演示后，教师将白纸拿起来，并将双手举起向教室四周展示了一圈，原来上面什么记录也没有，是一张白纸。教师问："刚才物体的位置、玻璃板的位置、像的位置在哪里？如何才能比较像与物的位置关系呢？"学生恍然大悟，这时大家明白做实验时应该做好相应的记录。接下来是学生分组实验，教师要求从组长开始，每人在白纸上各取一组不同于其他人的数据。组长开始操作，其他同学有的协助，有的则在旁边用心记下组长的操作要领。

学生实验时，教师巡视观察以提供帮助，找到学生实验小组中有代表性的操作，收集实验过程中的问题，为交流和评估环节做准备。收集各小组学生的实验记录和数据，将有代表性的实验数据投影在屏幕上（表4-1）。

表4-1 实验数据

实验次数	蜡烛到平面镜的距离 /cm	蜡烛的像到平面镜的距离 /cm	像与物大小比较
1	5	5	一样
2	7	7	一样
3	10	10	一样
4	11	11	一样
5	13	13	一样

师：从数据中可以发现哪些规律？

生：像到平面镜的距离等于蜡烛到平面镜的距离，像的大小与物体大小相等。

师：检查视力时，需要被检查者距离视力表 5 m，但被检查者通常通过镜子看视力表，大家知道原因吗？

（同时出示了大屏幕的示意图，此时学生纷纷举手并给出了正确答案）

师：若物体离平面镜越来越远，像怎么变化？

生 1：物体越远，像越小。

生 2：像的大小不变。

师：像的大小不变的依据是什吗？为什么我们照镜子时能感受到自己离镜子越远像就越小？

生：因为不管蜡烛离镜子有多远，我都是用同样的另一支蜡烛和它的像重合的，说明像的大小始终和蜡烛大小相等。

师：很棒！同样的道理，我们在照镜子时，自己的大小始终没变，所以像的大小始终和物体大小保持相等，之所以感觉像变小，只是视觉效果的原因。

师：我们再来看看，像和物体与平面镜的几何位置关系，除了到平面镜的距离相等，还有什么特点？你们能否用尺子测量一下？我们应该尝试用数学工具来处理实验数据。

（学生们饶有兴趣地进行测量、比对，终于发现了其中隐含的规律）

【案例反思】

本课引导和组织学生对平面镜成像规律进行探究实验，全员参与和体验，通过自主、合作学习获得新知。本节课包含了完整的物理规律探究过程，是一节典型的探究式教学在物理规律教学中的应用。本课有以下几个方面的特点：

（1）问题设计贴近生活，也贴近学生"最近发展区"，能够揭示已有的生活经验与新知的物理规律的矛盾和冲突，最大限度地激"疑"激"趣"。

（2）注重教师的引导和示范。在实验课堂上，常见教师简单地布置任务，学生盲目地行动或被教师"牵着鼻子"做实验；也常见课堂上热热闹闹，但真正知道要干什么和怎样干的学生并不多，大多数学生习惯于旁观和等待（数据）。本课中，教师适时进行引导和示范，避免学生通过"试错"来发现问题，有效节省了课堂时间，也激发了更多学生动手实验的兴趣。

（3）教师了解学生在利用数学工具进行数据处理和分析方面缺乏经验，并能够抓住时机适当进行启发，使学生体会数学工具的重要作用。（作者：武汉市东湖高新区光谷左岭第一初级中学·陆安）

📝 案例二十四：

探究式教学法在"流体压强与流速的关系"教学中的应用

【案例分析】

第一步，新课引入：用纸做实验。

（1）吹纸张：用手指捏住两张纸，平行下垂，对着纸间吹气，猜一猜纸是彼此分开还是互相靠拢。这个实验现象与学生的猜想相反，激发了学生的兴趣。

（2）吹纸条：剪一条细长的纸条，用手拿着纸条的一端，紧贴在嘴下处，然后用力吹气，看怎样吹才能让纸条飘起来。这个实验用于引入飞机的升力。

第二步，探究规律。

将学生分为六个实验小组，每个实验小组根据兴趣做不同的探究实验，教师提供以下参考实验，要求学生观察现象，并尝试描述原理。

（1）硬币跳高：将一枚一角硬币放在桌面上，对着硬币吹气，比一比谁的硬币跳得更高。

（2）用漏斗吹乒乓球：将一个乒乓球对着漏斗的吸管处，对准漏斗细管口用力向下吹气，乒乓球紧贴在漏斗上而不掉下去。

（3）盘中盛一些水，置于水平桌面，让两个乒乓球漂浮水面，靠近但不接触，对着缝隙吹气，观察乒乓球的运动情况。

（4）点燃生日蜡烛，用吸管对着蜡烛的一侧吹气，观察蜡烛烛焰的运动情况。

第三步，理解和应用规律。

（1）用电吹风和泡沫颗粒制作雪花飞舞的情境。将泡沫颗粒盛在装卫生纸的塑料桶里，让电吹风平行于卫生纸筒口吹风，此时，可看到白色的泡沫颗粒从塑料筒口飞舞而出，像雪花一样，蔚为壮观。

（2）用纸做成飞机机翼模型，对着机翼模型吹气，演示升力的作用使机翼飘起来的情景。

【案例反思】

本案例最大的特点是就地取材，将生活中常见的、低成本的物品用于物理实验，实验现象显著，效果突出。学生利用平时生活中熟悉的各种物品，通过简易的操作方式，获得了与日常生活经验完全不同的体验，极大地激发了探究的兴趣，发挥了低成本物理实验"四两拨千斤"的功效。（作者：武汉市东湖高新区光谷左岭第一初级中学·陆安）

✎ **案例二十五：**

探究式教学法在"电功率"教学中的应用

【案例描述】

第一步，观察实验，认识电功率。

师：把一只灯泡接入电能表下，通电后电能表转动，说明了什么？

生：用电器在消耗电能。

师：把电烤炉接入到相同的电能表后，请比较电能表转动的快慢。

生：接电烤炉的电能表转动很快。

师：我们用电功率表示用电器消耗电能的快慢。那么我们怎么表示用电器消耗电能的快慢呢？

（学生思考）

师：有两把电热水壶分别通电 10 s，甲电热水壶消耗电能 1 000 J，乙电热水壶消耗电能 10 000 J，哪种电热水壶功率大？为什么？

生：乙壶的电功率大，因为它消耗的电能快。

师：一度电可供台扇工作 25 个小时，但是一度电只能供空调工作 1 小时，空调和台扇谁的电功率大？

生：空调的电功率大。

师：豆浆机在 100 s 的时间内消耗的电能为 8×10^4 J，电饭煲在 20 s 内消耗的电能为 2×10^4 J，谁的电功率大？

生：因为豆浆机在 1 s 内消耗的电能为 800 J，电饭煲在 1 s 内消耗的电能为 1 000 J，所以电饭煲的电功率大。

师：为了表示用电器消耗电能的快慢，我们把单位时间内用电器消耗的电能叫电功率。它的定义式是 $P=W/t$，电功率的国际单位是瓦特。

（教师读瓦特的故事，激励学生发奋图强）

第二步，用 $W=Pt$ 计算用电器所消耗的电能。

师：由 $P=W/t$ 导出计算电能的公式 $W=Pt$。

师：算一算"220 V 40 W"的白炽灯正常工作 10 h 消耗多少电能？

生：$W=Pt=40 \text{ W} \times 36\,000 \text{ s}=1\,440\,000$ J。

师：在日常生活中我们通常用电功率的常用单位 kW、时间常用单位 h 进行电能计算，1 千瓦时表示 1 000 W 的用电器工作 1 h 所消耗的电能，请用常用单位计算上题中白炽灯消耗的电能。

生：$W=Pt=0.04 \text{ kW} \times 10 \text{ h}=0.4 \text{ kW} \cdot \text{h}$。

师：在生活中，马路交叉口的地方有一组交通指示灯，规范来往车辆和行人的交通行为，每盏灯上都标有"220 V 100 W"字样。当这组灯正常工作了 10 h，总共耗的电能是 _____。

生：$W=Pt$=0.1 kW×10 h=1 kW·h。

师：请同学们归纳小结。

师：请完成各物理量国际单位和常用单位的换算：

1 kW=_____W，1 h=_____s，1 kW·h=_____J

第三步，观察实验，认识实际功率与额定功率。

师：理论分析证明：电功率的计算方法是 $P=UI$。

演示实验：取一个"2.5 V 0.75 W"的灯泡。把它接可调电压下，逐步加大灯泡两端的电压，观察它的亮度变化，并记录通过灯的电流，计算在各电压下灯泡的电功率，完成表4-2。

表4-2 演示实验数据

实验次数	电 压 /V	电 流 /A	电功率 /W	亮 度
1	1			
2	2			
3	2.5			

进一步调大灯两端电压，观察灯泡的亮度，直到把灯泡烧毁。

师：这个灯泡在多大的电压下工作最好？为什吗？

生：灯泡在2.5 V电压下工作最好，因为电压小于2.5 V，灯的亮度小，而超过2.5V有烧毁的危险。

师：我们把用电器正常工作时的电压叫作额定电压，用电器在额定电压下消耗的功率叫作额定功率，用电器实际消耗的功率叫作实际功率。

师：请同学们观察灯泡的铭牌，并阅读课本，了解各种用电器的功率。

第四步，讨论实际功率的测量方法。

师：有哪些方法可以测量通电小灯泡的实际功率呢？需要什么器材？

生：先用电能表测出用电器消耗的电能，再用计时器测量通电时间，用 $P=W/t$ 计算电功率。

生：用电压表测出电压，用电流表测出电流，用 $P=UI$ 计算电功率。

师：请同学们观察电功率的电子仪表，亮度相当于 40 W 的 LED 灯的电功率只有 15 W，LED 灯有什么优点呢？

生：高效节能。

师：请同学们调查节能灯和 LED 灯的优点，完成调查报告。

【案例反思】

本节课是一节典型的探究式教学法在物理概念学习中的应用，具备完整的探究过程，可在探究中得到新的物理概念，并将物理概念应用于生活。

本节课的特点如下：

（1）直观实验引入概念。一上课，老师就把一只灯泡和一只电烤炉分别接入电路，通过对比电能表转动的快慢激发学生探求新概念的求知欲。

（2）实验探究理解概念。为正确理解电功率的概念，老师设计了几个层层递进的问题，通过讨论，学生对电功率有了粗浅的认识，电功率概念的建立也就水到渠成。

（3）同中求异，巩固概念。不少学生容易混淆电功与电功率的概念。怎样突破这个难点呢？老师用找联系、抓类比的方法，引导学生自己找出它们的区别。接着，老师趁热打铁设计了一个计算电能的习题，这道题妙在把通电时间设置得较长，为后面推出电能的常用单位埋下伏笔。

（4）联系实际深化概念。概念建立后，老师又设置了一个测灯泡电功率的实验，学生通过计算，不仅分辨了额定功率和实际功率，还反复深化了电功率的概念。

本节课教师还通过一些平常的小实验营造情境、巧设问题，不仅符合学生的认知规律，又把课堂交给了学生，是一节很好的概念教学课。（作者：长沙市雅礼天心中学教师·肖益玲）

✏ 案例二十六：

情景式教学法在"探究牛顿第一定律"教学中的应用

【案例分析】

师：同学们，请仔细观察屏幕上的图片，结合我们的生活经验认真思考，说一说你们想到了什么吗？（在PPT上出示照片）

生：人用力推箱子，箱子就运动起来；不推，箱子就停下来。

师：那是不是物体只有受到了力才会运动呢？请同学们再做进一步的思考。

生1：我们骑自行车时，即使停止蹬车，车也能继续向前运动，并不会马上停下来。

生2：滑冰运动员用力蹬一下冰面，就可以在冰面上滑行很远。

师：那么在滑行过程中，运动员还用力吗？

生：不用力了。

师：通过上面这些例子，我们是不是可以得出力和运动的关系呢？谁能概括一下物体的运动和受力到底有什么样的关系呢？

生：物体受力就运动，不受力就不运动。

师：也就是说，力是维持物体运动的原因，对吗？

生：（多数学生回答）是。

师：根据刚才同学们的回答，大多数同学同意这个观点，这说明同学们平时善于观察生活，能从生活经验出发，得出这样的结论。其实，早在两千多年前，著名古希腊哲学家亚里士多德就提出了这个观点：要维持物体做匀速运动，就必须给物体施加一个恒定的力。也就是说，力是维持物体以一定速度运动的原因。但是，请同学们再认真思考，他说的就真的对吗？我们是否敢于挑战权威？

生：我感觉不对。就拿骑自行车为例，除了用力蹬车就走以外，停止蹬车它也不会马上停下来，如果我们想让车停下来，还得刹车，这时车轮受到力，车反倒停下来了。所以，力不是维持物体运动的原因。

师：谁同意他的意见？（有少数几个学生举手）

师：没有发表意见的同学，你们的意见是什么？

生：他们说得似乎都有道理，我们需要再进一步求证。

师：非常好！物理学是自然科学，一个科学的规律或定律，是需要进行认真求证的。现在我们先理清一下思路，准备下一步的求证。要研究物体运动和受力的关系，经过思维的碰撞，已经出现了两种矛盾假设：力是维持物体运动的原因和力不是维持物体运动的原因。无论是哪种假设正确，或者都不正确，都必须找到充分的理由说服对方。我们用什么方法从哪里找根据呢？

生：实验。（齐答）

师：非常好，我已经为同学们准备了一些实验器材，你们可以用这些器材设计实验证明自己的假设。分组的原则，最好是意见一致的同学自愿组成小组，这样你们才能设计出更有说服力的实验。

【案例反思】

本节课是一节典型的情景式教学法在物理实验教学中的应用，本节课的最大优点是教师采用层层递进的方法，把学生的思维步步引入积极思维的轨道上，老师从生活中的实际实例入手，引导学生分析运动与力的关系，通过学生的思考得出"力是维持物体运动的原因"和"力不是维持物体运动的原因"两个相矛盾的结论，为后面的探究学习奠定了很好的基础。（作者：长沙市马王堆中学教师·程霞）

🖉 案例二十七：

情景式教学法在"压强"教学中的应用

【案例描述】

下面请看片段一。

【实验1】

老师拿出一个气球，放在桌面上，用手压扁。

师：同学们观察到了什么现象？能用学过的物理知识解释这种现象吗？

生1：观察到气球被压扁了，气球受到了手对它的压力，在压力的作用下，发生了形变，所以被压扁了。

师：观察到了主要现象，而且善于用我们刚学过的物理知识"力的作用效果"来解释现象，很好。请大家继续观察。

【实验2】

老师把气球放在地板上，请一位学生用脚踩，逐渐加力，直至踩爆气球。

师：哪位同学再来解释一下你观察到的现象？

生2：脚对气球的压力产生了作用效果，把气球给踩爆了。

师：同样用"力的作用效果"解释了气球被踩爆的现象，而且指出了压扁气球的不同之处，还有别的补充吗？

生3：用脚踩的时候，气球受到的压力更大一些，所以作用效果就更明显，气球就被踩爆了。

生4：是的，我观察到用脚踩的力越大，气球发生的形变也就越明显。

师：大家都同意他的观点吗？我们再来做一个实验。

【实验3】

老师拿出了十几个同样的气球，聚拢在一起放在地板上，用一块木板平压在气球上，然后请一位同学扶着讲台站了上去，气球没有被踩爆，老师自己也跟着站了上去，气球仍没有被踩爆。

师：这是怎么回事？两个人站上去了，为什么都没有把气球给踩爆呢？

生5：虽然有两个人站在上面，压力更大了，但因为下面的气球有十多个，每个气球上分到的压力可能更小了，所以效果反而弱一些了，就不会被踩爆了。

生6：我觉得，因为人是站在板子上的，板子与气球的接触面积很大，压力产生的效果就小了。

师：请各小组的同学互相讨论一下，你们对这三个实验的解释是怎样的呢？大家都同意前面同学的想法吗？

学生讨论后，老师请不同的小组说明自己小组的讨论结论。

小组1：从实验1、实验2可以看出，对气球的压力产生的效果应当与压力的大小有关，压力越大，效果越强；从实验2、实验3可以看出，压力的效果还与接触面积有关，接触面积越大，效果越弱。

小组2：我们觉得不一定，因为实验2、实验3的接触面积不同了，可是压力也是不相同的，就说明压力的效果不一定是与接触面积有关的。

小组3：我们觉得气球是否被踩爆还跟气球本身有关，比如说球皮薄一些的就容易被踩爆，或许还跟充气的多少有关。

……

下面请看片段二。

师：通过我们的讨论，可以看出压力的作用效果不是简单地只与压力的大小有关，可能还与其他很多因素有关。每个同学的手中都有一个气球，大家可以利用它，也可以利用你身边的一些器材，设计一些小实验，验证一下自己的猜想。然后把你的小实验演示给小组同学，大家互相评价后，每组推荐一位同学再来给全班展示一下。

小组1：（边演示边讲解）我们组把一个文具盒压在气球上，然后在文具盒上面再加放几本书，气球被压得更扁了，说明压力越大效果越强。

小组2：（边演示边讲解）我先用手掌压气球，气球形变较小，再用一根手指头去压，手指陷得很深，说明受力面积越小，压力的作用效果越强。

小组3：（边演示边讲解）我用两根食指从左右侧一起向中间压铅笔两端，压笔尖的手指陷进去越深，越觉得疼，说明在压力相同时，受力面积越小，作用效果越明显。

小组4：（边演示边讲解）我们把一张纸水平拉伸着，再让一支笔从同一高度下落，笔尖朝下时就把纸戳穿了，然后让笔尾朝下时却没有把纸戳穿。

师：在身边找一找，你知道有哪些增大或减小压强的实例吗？完成表4-3。

表4-3　生活实例

具体实例	物理方法或原理
例：啄木鸟的嘴很尖利，所以能啄到树干里的虫子	通过减小受力面积来增大压强

各学习小组分别从以下几个作业任务中选择一个合作完成，下周以小组为单位上交作业，进行展示、交流。

（1）根据下面的要求，选择一个标题（可换用自己的标题）写一篇科普小文章或调查报告。

①动物世界中的压强知识

②厨房中的压强知识

③军事科技中的压强知识

④农用器具中的压强知识

⑤家具中的压强知识

（2）我们身边的很多物品都应用到了压强知识，但有些仍有改进的空间，试写出你的改进方案；或动手制作，把你的想法变成一个小制作、小发明。

【案例反思】

本节课的三个片段就是利用情景式教学完成物理概念学习，紧紧围绕生活情景，从引入到作业，都充满了生活气息。

片段一在引入压强概念时，并设有采用诱导式提问来局限学生的思维，突破了指向唯一正确答案的线性讨论模式。学生的回答不再是为了靠拢老师心中的那个标准答案，老师对学生的回答也并不急于给出对与错的评价，只是通过恰当的引导和组织，让学生互相讨论，自由地表达自己的所见、所思，使学生的思维更加深入开放。

片段二让学生利用身边的物体，创造性地设计实验来验证自己的猜想，更加接近真实的科学探究的本质过程，有利于培养学生的科学思维能力，以及质疑、创新的科学精神。

片段三中的作业布置既有科学知识方面的归纳比较，又有专题观察报告，还有创造性的实践活动，可帮助学生把课堂中学到的科学知识、方法、能力更好地融入日常生活，激发学生的科学探究热情，培养学生的实践能力和创新能力，从而使其真正获得富有持续生命力的科学素养。（作者：长沙市长郡双语实验中学教师·汤映玉）

✐ 案例二十八：

滑动摩擦大小与哪些因素有关的引入

【案例描述】

（播放马在冰面上行走时打滑、拖拉机的车轮在泥里打滑、用很大的力才能抓住鱼、传送带传送物体等视频）

师：根据刚才观察到的现象，你能提出什么问题？

生1：为什么车轮下垫了物体或者装上防滑链后就不再打滑了？

生2：为什么在冰面上摩擦力会那么小？

生3：为什么要使传送带正常运转只要增大摩擦力就可以了？

生4：为什么要用很大的力才能把鱼抓住？

师：这些问题提得都很好，这都是根据观察到的现象加了一个"为什么"而形成的问题，这是我们提出问题的一种方法。请同学们进一步思考，我们提出的这些问题，还有看到的这些现象，都是跟什么有关呢？

生5：都是跟摩擦力的大小有关。

师：对，都是跟摩擦力的大小有关。那么，对于摩擦力的大小，你们还想知道什么呢？还能提出什么问题呢？

生6：怎样增大和减小摩擦力？

生7：摩擦力的大小跟什么有关？

师：这两个同学提出的问题都很好。大家想一想，如果我们知道第二个问题的答案，那么我们前面提出的那些问题是不是都能解决了？

生：（齐答）是。

师：这个问题反映了我们前面提出的那么多问题的实质，更具有研究价值。这节课我们就来共同探究滑动摩擦力的大小与哪些因素有关。

【案例反思】

教学中，教师应启发学生根据不同的条件，从不同的角度、用不同的方法提出问题。本案例利用视频创设了有关摩擦力的生活情境，引导学生根据个人对现象的分析感悟提出了一系列问题，为进一步探究摩擦力的本质提供了思维基础。这种根据实际情境引发质疑的教学行为，符合学生的认知规律。本案例有两个明显的特点：一是案例展示了如何从物理情境中引导学生发现问题—提出问题—提炼课堂研究问题的全程，不难看出，整个教学过程脉络清楚，层层深入；二是注重提出问题方法的引导，教师在启发学生问题的同时，明确指出"这是我们提出问题的一种方法"，这种凸显方法的教学行为对提高中学生从情境中发现问题、提出问题的能力是十分有利的。（作者：阴瑞华、张德启）

案例二十九：

控制变量法在"电热器 电流热效应"物理教学中的应用

【案例描述】

师：通过同学们刚才的猜想，我们知道电流、电阻、时间都对电热有所影响。下面我们来设计实验对刚才的猜想进行验证，我们要通过什么科学方法来验证呢？

生：（齐声）控制变量法。

师：对，如果我们要研究电热和电阻的关系，就需要控制什么量相同？又要改变什么变量？

生：我们要控制电流、时间相同，改变电阻。

师：很好。我们设计电路需要几个电阻？

学生：两个阻值不同的电阻。

师：两个电阻应该怎么连接呢？

生：串联。

师：为什吗？

生：因为串联时电流相等。

（教师在黑板上画出电路图。）

师：如果我们要研究电热与电流的关系，就需要控制什么量相同？又要改变什么变量？

学生：我们要控制电阻和时间相同，改变电流的大小。

师：我们现在需要几个电阻？

生：一个。

师：为什吗？

生：因为电阻不变。

师：能不能用原来电路继续研究电热和电流的关系？

生：不能。

师：为什吗？

生：因为要改变电流。

师：那如何改变电流？

学生：加一个滑动变阻器。

师：对，加了滑动变阻器，就可以改变电路中的电流。还需要在电路中加一个电流表，以看出电路中电流的改变。

师：下面请同学们画出电路图，然后连接电路进行实验探究。

【案例反思】

新课程标准强调学生主动学习的意识，倡导学生主动参与、乐于探究，教师的主导作用体现在创设有效的情境，重演知识的发生过程，让学生成为课堂的主体。本案例中，师生在共同经历了发现问题、提出问题、科学猜想之后，还需要设计实验验证猜想。在本节课中，学生已经猜想出影响电热的自变量是电流、电阻、时间，在验证自变量和因变量的关系时，教师引导学生提出了该实验的科学方法——控制变量法，这是物理研究中最常用的一种方法。本案例中需要逐个判断影响电热的可能因素。在设计实验探究电热和电阻的关系时，要先让学生明确本实验的自变量、因变量和无关变量，实验中的自变量是电阻，教师引导学生选择实验器材，学生选择两个阻值不同的定值电阻，然后控制无关变量电流、时间，使这两个物理量在实验时保持不变，避免它们对实验结果产生影响。学生很顺利地给出实验方案，让两个电阻串联，控制电流相等，并且闭合开关使它们同时工作，从而控制通电时间。有了这样的设计方案，学生在理解电热与电流的关系时，就水到渠成了。由于教师的有效引导、学生的积极参与，本案例将控制变量法这一科学方法运用得理性、有效，培养了学生的科学思维能力。（作者：江苏省南京师大附中新城学校·滕文）

✐ 案例三十：

转换法在"比热容"物理教学中的应用

【案例描述】

师：初夏，小明和小华去海边游玩，中午他们赤脚走在海边的沙滩上觉得沙子很烫；当他们跳进海水里时，觉得海水很凉。傍晚时，他们又去海边散步，发现沙子变凉了而海水却很暖和。生活中还有哪些类似的现象？

生：夏天中午游泳池边的瓷砖被太阳晒得很热，而水却温度适宜。

师：根据以上事例，你想提出什么问题进行探究？

（学生讨论）

学生1：为什么水和沙子在同一时刻的温度不一样？

学生2：为什么海水升温快？

（教师提炼学生提出的问题。）

师：那我们本节课就来探究一下为什么在同一时刻海水和沙子的温度不一样，请同学们猜想一下。

（学生分组讨论、猜想）

生：可能是沙子吸热升温或放热降温都比水快。

师：很好。我们要设计实验来验证你们的猜想，请同学们进行思考。

（学生分组讨论）

师：请同学们说出你们的想法。

生：我认为根据控制变量法，要取质量相同的水和沙子作为我们的研究对象。

师：怎么研究呢？

生：给它们加热，用温度计测量它们的温度。

师：还需要控制什么量相同？

生1：它们的初温。

生2：它们的初温可以不同。

师：为什吗？

生：我们分别测它们的初温和末温就可以了。

师：很好，还有什么建议？在本节课开始时的问题中，我们强调比较的是同一时刻的海水和沙子，"同一时刻"是什么意思？

生：我们还要给海水和沙子提供相同的热量。

师：怎么使它们吸收的热量相同呢？

生：用相同的加热器加热。

师：这样就行了？

生：还需要加热相同的时间。

师：很好，海水和沙子吸收的热量我们没有办法测量出来，只能通过相同加热器给它们加热相同的时间来表示，在物理学中把这种研究方法叫作转化法，也就是把比较热量转化成比较加热时间。

【案例反思】

在实验设计中，确定实验对象、选择实验源相对来讲比较容易，最困难的是如何明显地显示实验的效果，常用的方法之一就是转化法。比如：探究物质的比热容实验中，将测量沙子和水所吸收的热量，转化成用计时器测量加热器对它们加热的时间，加热时间越长吸收的热量越多，因为在忽略热量损失的前提下，沙子和水所吸收的热量等于加热器放出的热量。物理实验中常把一些不能直接测量的、不便直接测量的、不能直接观察的现象转化成可直接测量的、便于观察的现象，使实验效果能够明显地

显示出来，便于得出结论。（作者：江苏省南京树人国际学校·梅亚林）

✎ 案例三十一：

对比法在"大气压强"物理教学中的应用

【案例描述】

师：前面我们已经学过，液体由于具有重力对浸在它里面的物体产生压强，同样大气对物体也会产生压强，相信吗？我们来做一个实验。

师：在杯子里加满水，如果将杯子倒过来，将会发生什么现象？

生：水会洒掉。

（教师演示：将杯子倒过来，水洒掉了）

师：如果我把杯子里再加满水，用一个塑料片盖住，再倒过来，会发生什么现象？

字生：塑料片会掉下来，水会洒掉。

（教师演示：将杯子倒过来，水没有洒；换个方向，塑料片也没掉）

师：液体对塑料片产生向下的压强，塑料片没掉下来，谁托住了塑料片？

生：大气。

师：说明大气也有压强，而且在各个方向都有压强。

师：请两位同学到前面来，老师想奖赏一下他们。我这儿有两瓶果汁，请你们喝下去。

（两位同学喝饮料）

师：怎么样？什么味道？

（一位同学笑着说橙汁味，另一位有些无奈地说喝不到）

师：你使劲喝呀！

（学生用劲喝，还是喝不到。全班学生笑）

师：同样的两瓶饮料出现了两种不同的效果，你们俩比比，瓶子有什么区别？

生：他那个瓶子有个小洞。

师：那个小洞有什么用？

生：可以进空气。

师：看来液面上方有空气才能喝到，没有空气就喝不到。那你想想办法，能不能喝到？

（学生将瓶塞拔下，喝到了饮料）

师：大气压强在刚才的实验中起到了至关重要的作用。

【案例反思】

教师通过演示这样一组对比实验：将杯子反过来，杯子中的水倒出来，而在杯口上盖一个塑料片，将杯子反过来，水倒不下来，将学生的注意力迅速吸引到课堂上来，激发了学生极大的好奇心和探究其原因的强烈欲望，老师借机讲出大气压强的作用，浅显易懂。接下来，教师设计了有趣的验证大气压强的对比实验，请两位学生喝饮料，一位学生顺利喝到，另一位学生用尽力气也喝不到。这一组对比实验直观形象，使学生认识到大气压的存在和大气压的实例，激发了学生的学习兴趣和学习积极性。（作者：湖南省湘乡市第一中学·龙亦兵）

✎ 案例三十二：

概念规律教学法在"液体压强"物理教学中的应用

【案例描述】

（教师依次展示带鱼、潜水艇、河坝的图片）

师：你们见过新鲜活着的带鱼吗？潜水艇为什么要用抗压的材料？河堤为什么总是上窄下宽？烧杯中的水对容器的底部和侧壁有没有压强呢？

（演示实验1：在底部蒙有橡皮膜的容器中倒入水）

师：橡皮膜有什么变化？

生：（齐答）向外凸。

师：这说明液体对容器底部有压强。

（演示实验2：在侧面开口蒙有橡皮膜的容器中倒入水，橡皮膜突出）

师：这说明液体对容器侧壁有压强，液体对容器侧壁的压强是不是处处相等呢？

（演示实验3：在三个深度不同的容器中装满水，水从容器底部喷出的远近不同）

教师介绍压强计，在探头的橡皮膜上分别放上100 g、200 g的钩码，发现U型管两侧液面的高度差不同，说明固定卡的作用及调节方法、旋钮的作用及操作方法。请学生猜想液体内部的压强可能与什么因素有关。

生1：液体密度。

生2：液体深度。

生3：方向。

【案例反思】

本节课是一节典型的物理概念规律教学课，包括液体压强的概念学习和液体压强特点的规律学习，从概念到规律，再从规律加深概念。本节课有以下几个特点：

（1）从感知液体压强到探究液体内部压强规律，以及液体压强规律在实际生活中的应用，选材上精心准备。

（2）在实验器材选择方面，采用简单、操作方便、现象明显的实验器材，激发学生的求知欲，所选实验与教学内容联系紧密，能让学生在已有知识的基础上生成新的知识。

（3）重视物理思想和物理方法的渗透，并将其贯穿教学过程始终。

值得注意的是，由于直觉思维具有突然闪现的特点，所以课堂上经常会出现教师一提出问题学生就马上作答的情况。因为没有经过"深思熟虑"，答案会出现一些偏差，甚至有错误的答案。即便如此，教师也不能批评学生的即兴回答，相反还要给予鼓励，否则，一个好的直觉猜想可能就会因此而消失。（作者：湖南省长沙市第一中学·曾艺）

🖊 案例三十三：

翻转课堂教学法在"汽化和液化"物理教学中的应用

【案例描述】

【课前准备】

本节课是偏实验和规律课的混合课型，根据教学设计的教学目标和教学重难点，在网上下载有关"汽化和液化"的微视频，通过"EV录频"软件录制PPT的讲解过程。在讲解过程中，教师要把声音和视频打开，在教学视频中既要能看到教师的头像，也要能听到声音，让学生感觉到是在与教师面对面交流。学生下载教师上传的教学微视频、学前导学案和相关资料，自主完成视频观看，记录下疑难问题，根据视频完成导学案。

第一步，教学视频录制。

录制视频中的PPT内容包含的主要知识点有七大点，教师上传该PPT内容讲解视频后，要求学生自觉在家进行视频学习，在完成导学案任务的同时，记录下重要知识点的知识结构图。

（1）汽化和液化。

我们在桌子上抹上酒精，过了一会儿酒精消失了，请同学们思考酒精的去向。向透明的塑料袋里滴上酒精，袋口扎紧，放入热水中，再拿出置入冷水中，观察现象。

教师讲解：我们发现黑板上的酒精不见了是因为酒精由液体变成了气体，这就是汽化。塑料袋放入热水中，涨了起来，是因为酒精受热由液体变为气体，体积变大。取出放入冷水中，塑料袋又瘪了。打开塑料袋里面有水珠，只是因为塑料袋中的气体遇冷液化变为液体。因此，汽化和液化的定义是什吗？

（2）蒸发。

我们平时洗完衣服就把湿衣服拿出去晒，一会儿衣服就干了，那么那些水到底跑到哪里去了呢？

教师讲解：水在太阳的高温下变为了气体，蒸发了，蒸发是汽化形式的一种，是"在任何温度下都能发生，并且只在液体表面发生的缓慢汽化现象"。

（3）影响蒸发快慢的因素。

猜想一下：影响蒸发快慢的因素有哪些？将桶中的湿毛巾拧成一股绳一样，如何能使这毛巾干得快些?

教师讲解:用"控制变量法"来分析,同一块毛巾,使其在阳光下晾晒和在阴凉处晾着,在阳光下的毛巾干得快,说明温度越高蒸发越快;还是同一块毛巾铺平,用电吹风吹表面和不吹,使用电吹风的干得快,说明液体表面空气流速越快,蒸发越快;用很小的衣架和用大的衣架晾毛巾,大衣架的毛巾明显干得快,说明表面积越大,蒸发越快。综上,影响因素有温度、表面积和表面的空气流速。

(4)蒸发吸热。

酒精抹在皮肤上感觉如何?为什么会感觉这样?

教师讲解:酒精抹在皮肤上能明显感觉一股凉意,这是因为酒精易挥发,皮肤温度较高使其蒸发汽化。

(5)拓展。

问题1:(展示图片一)在相同的环境气温下,为何一人感到炎热,而另一人感到冷呢?

问题2:(展示图片二)天热时,狗伸出舌头散热是什么原理?

教师讲解:在图一中,刚从水里上岸的人身上有水,烈日加速蒸发,蒸发吸热带走了他身上的热量,因此他觉得冷;另一个人则在太阳下,因此觉得热。

(6)沸腾。

汽化有蒸发和沸腾两种方式。蒸发是液体在任何温度下都能发生,并且只在液体表面发生的汽化现象。大家应该都烧过开水,回忆一下:在生活中烧水至水沸腾时的现象是怎样的?水沸腾时有什么特征?沸腾是在液体内部和表面同时发生的剧烈汽化现象。

(7)沸点。

各种液体沸腾时都有一个确定的温度,这个沸腾时的温度叫作沸点。

学生结合教材自学教学视频、学案,对知识要点进行整理归纳,汇总学习的基本知识点,用知识结构图的形式记录在笔记本上。

第二步,课前导学案设计。

通过教学视频的录制,归纳出基本要点,且设计导学案的自学检测难度要适中。学生按照教师设计导学案中的目标进行自主学习,并自学检测,对基本的知识点产生初步印象。学生完成导学案中的自我检测后,发现自己的问题,对存在的疑问和难题进行标注或记录,在QQ群讨论无果的反映给小组长,由小组长在课上的答疑环节提出。导学案设计如下。

A. 基本要点:

(1)汽化和液化各自的定义是什么?

(2)汽化有哪两种方式?

(3)蒸发的定义是什吗?现象是什吗?蒸发的快慢影响因素是什么?

（4）沸腾的定义是什么？现象是什么？沸点的定义是什么？

B. 自学检测：

（1）汽化的两种方式：_____ 和 _____。

（2）蒸发：在 _____ 都能发生的汽化现象，蒸发只发生在液体的 _____。

（3）沸腾：在液体的 ____ 和 _____ 同时发生的汽化现象。

（4）沸点：各种液体 _____ 时的温度，查看沸点表，各种不同的液体在一个标准大气压下，水的沸点是 _____℃，水银的沸点是 _____℃，酒精的沸点是 _____℃。

（5）液体蒸发快慢与哪些因素有关？

①与液体 _____ 有关。

②与液体 _____ 有关。

③与周围空气流动 _____ 有关。

（6）蒸发是在任何温度下都能发生，且不需要加 _____，还能够吸 ____，故蒸发有制冷效果。

（7）液化：物质从 _____ 变为 _____ 叫液化。

（8）液化的两种方法：_____、_____。

（9）水蒸气冲入浴池水中，浴池水变热了，热量是由水蒸气 ____ 提供的，说明液化 _____ 热。

（10）物质由 _____ 态变成 _____ 态叫汽化，汽化要 _____ 热；物质由 _____ 态变成 _____ 态叫液化，液化要 _____ 热。可见汽化和液化是两个 _____ 过程。

C. 学生疑难问题收集。

【课中流程】

第一步，新知巩固（7分钟）。

对课前学生自学的主要知识点进行回顾梳理，主要是本节课汽化和液化的相关概念。比如：蒸发的定义和影响蒸发快慢的主要因素；汽化的两种方式蒸发和沸腾的各自现象及特点；知道蒸发的过程是吸收热量的；液化的两种方法。在梳理知识的过程中，让学生踊跃发言列举一些生活中具体的例子，如汽化生活中常见的现象：水的沸腾；太阳下晒衣服变干；酒瓶不盖过段时间会越来越少；游泳上岸变冷；大雾散去等。液化的两种方式：露珠的形成是空气温度降低水蒸气液化；夏天吃雪糕，发现雪糕附近的"白气"也是水蒸气遇冷液化。教师要引导学生联系生活情境发散思维，尊重学生主体性。

第二步，疑问解答（10分钟）。

学生提出的问题先进行小组讨论，再让代表发言对剩下的问题进行阐述，教师答疑。如下：

（1）液化的两种方法：压缩体积和降低温度。

（2）蒸发是在任何温度下都可以发生的，并且是只在液体表面发生的缓慢汽化现象；沸腾是在物体表面和内部同时发生的剧烈汽化现象。

（3）水达到沸点后水温不再升高。

（4）同种液体的沸点只与气压有关，气压越大，沸点越高。

（5）水开时的白气是因为水的沸腾汽化，变成水蒸气又遇较低温的空气液化小水滴变成"白气"，"白气"再次汽化消失看不见。

（6）100℃的水继续吸热汽化才能形成100℃的水蒸气，水蒸气遇到温度低的皮肤会放出热量，在皮肤上液化成水，皮肤因此被灼伤。

第三步，小组讨论探究（20分钟）。

学生分组进行以下三组探究活动，小组成员分工合作，按照示意图设计实验动手操作并记录数据，最后绘制图像得出结论，再每组派出代表进行实验过程及现象汇报。

探究一："气体液化的两种方式——降低温度、压缩体积"。

实验仪器：（温度）烧瓶、石棉网、玻璃板、直角玻璃管、软木塞、铁架台、酒精灯、（体积）注射器、乙醚。

探究二："影响蒸发快慢的因素"。

实验仪器：玻璃板、酒精、酒精灯、纸片。

探究三："水的沸腾现象"。

实验仪器：铁架台、烧杯、酒精灯、秒表、温度计、石棉网、火柴、水、带小孔硬纸板、坐标纸。

第四步，课堂总结和作业布置。

【案例反思】

本节课是运用翻转课堂教学法的典型教学案例，教师在课前录制好新课视频，安排学生提前预习并总结有问题的地方，课上让学生交流分享预习所得，并积极解决问题，探究实验。这种教学模式对师生素质要求都很高，并不一定都能适用，但这种教学方法最能体现学生本位观，学生参与度较高。当然，在这种模式下，学生需要有较高的学习自主性和思考能力，这样才能达到较好的效果。

本节课有课前预习视频和导学案，并根据新课设定了问题，给了学生目标和方向。在新课环节，能够通过问题引发学生的思考，让学生从问题中走出来，在探究中建构知识体系，从而将课本内容内化为自己的认知，这也是本节课的精彩所在，更是翻转课堂的意义所在。（作者：湖南科技大学·卢小芳）

✎ 案例三十四：

多元评价教学法在"物质的比热容"物理教学中的应用

【案例描述】

师：经过刚才的讨论，我们已经理出来一个探究思路，用相同的加热器给海水和沙子加热相同的时间，则它们吸收的热量相等；用温度计测量它们的温度，比较加热前后温度的变化。那我们接下来怎么操作？

学生 1：我认为可以在它们升高相同的温度时比较它们加热的时间。

学生 2：也可以加热相同的时间，比较它们升高的温度。

师：两种方法都很好。下面请同学们根据你们自己的方法设计实验表格，然后展示给其他同学看看。请其他同学进行评价。

（学生设计表格，教师巡视指导。教师投影部分学生的设计表格，引导学生评价、改进）

方案一：用相同质量的两种物质，让它们升高相同的温度，比较加热时间。实验表格如表 4-4 和表 4-5 所示。

表 4-4　实验数据记录 1

物质种类	水	煤油
升高的温度 $T/℃$		
加热的时间 t/min		

表 4-5　实验数据记录 2

物质种类	质量 m/kg	升高 200℃所需时间 t_1/s	升高 400℃所需时间 t_2/s
沙子			
水			

方案二：用相同质量的两种物质，给它们加热相同的时间，比较温度升高的多少。实验表格如表 4-6 和表 4-7 所示。

表 4-6　实验数据记录 3

物质种类	水	煤油
加热的时间 t/min		
升高的温度 $T/℃$		

表 4-7　实验数据记录 3

物质种类	质量 m/kg	4 min 升高的温度 $t_1/℃$	8 min 升高的温度 $t_2/℃$
沙子			
水			

师：很好，同学们都设计出了自己的实验数据记录表格，那到底哪种实验设计合理呢？下面我们就分组来动手做一做吧！

（学生实验，教师巡视，并及时发现问题）

师：看大家都做得差不多了。我在巡视的过程中发现有些小组还存有一些疑问，下面我们请每个小组分享一下自己在实验中的体会。

【案例反思】

本节课是多元评价教学法在物理实验教学中的应用，教师在教学评价环节一定要注意多元化，评价体系不能是单一的，尤其对于成绩中下等的学生，更应该采用积极的评价手段。本节课通过组内评价、组间评价、师生评价等，构建了一个生动、民主、参与度高的课堂，这也是多元评价教学法的意义所在，即体现生本思想，使教学效果最大化。

在这个探究实验中，选用水和煤油这两种比热容相差大的液体物质效果明显。实验表格的设计也体现了教师对学情的有效把握。每一个方案都设计两种表格：第一种表格简单、明了，很好地体现了控制变量的思想，对学生的要求较低；第二种表格要求做两次同类的实验，得出两组数据。这样的结论更具科学性，更有说服力，但学生设计这样的表格有一定的难度。教师要引导学生改进，然后展示自己的设计，对学生的要求要符合他们的年龄特点，重在引导和影响，为以后的探究学习做铺垫。（作者：江苏省南京树人国际学校·梅亚林）

🖊 案例三十五：

多学科整合教学法在"浮力"物理教学中的应用

【案例描述】

第一步，情境引入。

情境：（放映动画）在水中游动的白天鹅；悬浮在空中的飞艇；上升到空中的气象探测气球。

师：白天鹅在水面上漂浮，飞艇悬浮在空中，气象探测气球带着气象探测器升空，这些现象说明它们的受力情况有什么共同的特点？

生：这些物体都受到了一个向上的托力。

第二步，实验体验浮力。

师：每张桌子上都有一个水槽，用手向下压水面上漂浮的塑料泡沫，有什么感觉？

生：感觉手受到一个向上的托力。

师：这个向上的托力的施力物体是——

生：是水。

师：在游泳时是不是也能感受到水对人的托力？实际上，在其他液体或者气体中都存在类似的情况。

定义：物体在液体或者气体中受到的向上的托力叫作浮力。

第三步，演示实验并提出问题。

演示实验：玻璃圆筒两端的橡皮膜在水的压力作用下发生形变。

师生共同分析凹陷程度不同的原因，得出浮力产生的原因是液体对物体上下表面压力的合力，之后播放浮力产生原因的介绍视频。

师：通过刚才的实验，我们知道了浮力产生的原因是物体上、下表面所受的压力差。那么，如果一个物体浸入液体中，它应该受到几个力的作用呢？同学们可以先思考一下，画出它的受力分析图。

学生1：我想应该受到四个力的作用，重力（方向竖直向下）、浮力（方向竖直向上）、竖直向下的压力以及竖直向上的压力。

学生2：我不太同意他的观点，我想物体应该是受到两个力的作用，重力（方向竖直向下）和浮力（方向竖直向上）。

第四步，组内讨论。

师：现在有两种观点，一个是说物体受到两个力，另一个是说物体受到四个力。现在我们以小组为单位进行合作学习，讨论一下浸入液体中的物体究竟受到几个力的作用，并阐明理由。5分钟以后，每个小组推选一名代表发言。

（学生讨论）

师：下面请各组的代表把本组的认识与想法向全班汇报。组内同学可以补充，其他同学要认真倾听小组代表的发言，特别要注意听别人分析的理由。然后做出正确的评价。

第五步，组间交流。

小组6：我们组一致认为，浸入液体中的物体受到两个力的作用，一个是重力，方向竖直向下，另一个是浮力，方向竖直向上。理由是浮力产生的原因是物体上下表面所受的压力差。

师：为什么没有压力的存在呀？

小组6：浮力就是两个压力的差了，有浮力的存在，就不会有压力的存在了，它们是等同的。

师：好，其他组呢？

小组2：（刚才认为物体受到四个力的同学）我在和同学讨论之前，认为应该受到四个力的作用，通过合作学习，我发现是我的观点错了。

师：你认识到错误很可贵，能够说出来自己错了，我觉得你很勇敢，更可贵。可以说一说你错误的原因吗？这样其他的同学就不会犯同样的错误了。

小组2：我原来没有考虑到浮力产生的原因，只是从物体受力的角度上分析。

师：我们为他的勇敢鼓掌。同学们的回答都很好。通过大家的发言，我想我们以后思考问题时一定要全面，不要想当然。

第六步，归纳总结。

教师：通过本节课的学习，你对浮力是否有了进一步的认识？在学习过程中你有何感受？对于浮力这一概念你还想知道什么吗？课下以小组为单位进行交流讨论。

【案例分析】

本节课是一节信息技术与物理教学整合的典型案例。这节课的课程内容并不复杂，但也存在容易混淆的内容。教师没有采用讲授法，而用了合作学习的方式进行授课，是本节课的一个亮点。授课过程体现了合作学习的基本步骤和特点，在信息技术的支持下，学生通过完成教师布置的合作任务，不仅完成了本节课程的知识学习，还学到了许多其他的知识和方法，例如，如何发现问题、解决问题的方法。学生还能在合作过程中互相激发想法，以达到相互学习、共同进步的目的。当然，在合作过程中习得的其他知识或者得到的锻炼是其他教学方法或者学习方法很难获得的。（作者：首都师范大学·宋亚平）

🖊 案例三十六：

"牛顿第一定律"的提出过程

【案例分析】

第一步，通过观察提出问题。

由老师在课堂用手推动讲桌上的黑板擦给其一速度，看它的运动情况。通过该演示，自然地引出问题：要想使一个静止的物体运动起来，有哪些方法？让学生对其身边已有现象进行分析，体会到物理知识就在身边。

第二步，猜想与假设。

学生会根据生活经验和已有知识对运动与力的关系做出自己的判断，教师对学生做出的各种假设不做任何评价。当学生分别表达各自的观点后，让学生相互讨论，对自己的想法进行反思。

亚里士多德提出了自己的观点"力是维持物体运动的原因"，他的根据是马车在马拉的情况下才一直运动下去。让学生思考亚里士多德这里采用的研究方法是什么，了解观察法是一种普遍的研究方法。

第三步，设计实验。

亚里士多德的观察法是有缺陷的，观察法看到的是事物表面现象，难以正确得知隐藏在现象背后的规律。因为自然界的因果关系是复杂的，既有一因多果，又有多因一果，而理想的一因一果对应少之又少。

学生思考如何才能解决观察法遗漏的摩擦力的问题，然后明白仅仅依靠观察法研究自然规律是有局限的。

伽利略提出将"实验"这一方法引入物理学，为物理学的发展开辟了道路。

学生思考：研究力与运动关系时关键因素是什吗？如何排除其他因素对研究的影响？

伽利略在已知摩擦力存在的条件下进行了实验，他采取了控制或消除其他影响因素凸显主要影响因素的方法。他在斜面实验中让摩擦力成为唯一的影响因素，这样就出现了简单的因果对应关系。

第四步，收集数据、分析论证。

伽利略斜面实验的重点在于调节摩擦力的大小并观测其对下滑距离的影响，发现摩擦力越小，小球滚动得越远或能够达到的高度越接近原高度。

科学猜想：假如平面没有摩擦力，滑块的运动情况又会如何？

要得到正确的结论还要研究没有摩擦力时小球从斜面滚下来的情况，但摩擦力是没办法消除的，伽利略想到了理想实验。理想实验又称思想实验或抽象实验，以科学实验为基础，以逻辑法则为依据，由思维来开展实验，是带有浓厚的物理学色彩的逻辑推理。理想实验与普通实验的目的相同，区别在于将条件理想化，这并不影响研究对象的本质特征，所以伽利略斜面实验中将摩擦力理想化为零是合理的。摩擦力越小，小球滚动得越远，能够达到的高度也就越接近原高度（等高原理：是由单摆实验得出）。按此趋势，摩擦力完全消除，小球就可以达到原高度。

依据思维推论，如果平面绝对光滑，物体将以不变的速度永远运动下去。但是，伽利略又同时认为，等速圆周运动也是惯性运动，并进而论证行星正是由于按圆周轨道做等速运动才能永恒运转，而他的直线运动实际上只限于沿着水平面的运动，所以并没有正确表达惯性定律。

第五步，交流合作。

笛卡尔在继承伽利略的研究成果的同时又指出了他的不足，笛卡尔认为除非物体受到外力的作用，否则将永远保持其静止或运动状态，并且还特地声明，惯性运动的物体永远不会使自己趋向曲线运动，而只保持在直线上运动。

牛顿在伽利略与笛卡尔惯性原理的基础上提出了运动第一定律："每个物体继续保持其静止或沿一直线做等速运动的状态，除非有力加于其上，迫使它改变这种运动状态。"他把伽利略惯性原理中"……沿水平平面运动……无限的继续进行……"的模糊提法，明确表述为"沿一直线做等速运动"，充分强调了运动物体在没有受到其他物体作用条件下保持速度大小、方向都不变的特性。

第六步，课堂小结。

请同学们说说这节课的收获。

第七步，作业。

阅读课文或其他材料填写表4-8，并思考各位科学家的贡献。

表 4-8　不同科学家对力与运动关系的看法

代表人物	对力与运动关系的看法
亚里士多德	
伽利略	
笛卡尔	

【案例反思】

本节课是历史与物理教学的整合教学，通过历史发展加深对物理概念的理解，课后设置作业总结提炼，提升学生的核心素养。

在本节课的教学设计中，通过对学生生活经验的质疑引发矛盾冲突，紧接着介绍伽利略的思想，再让学生科学探究，最后在老师的帮助下共同驳斥亚里士多德的错误观点，得出牛顿第一运动定律，这既让学生了解了科学发展的历史，体会到知识的形成过程，同时又以伽利略的推理思想对学生进行了科学态度和科学方法的教育。（作者：武汉市左岭第一初级中学·姚亚雄）

✎ 案例三十七：

探究影响压力作用效果的因素

【案例描述】

（教师出示钉满钉子的板，放在板凳上。）

师：这叫"老虎凳"，谁愿意来坐坐？

（多数学生举起了手。）

师：还是我先来试试看。

（教师演示坐在"老虎凳"上，并且把腿抬起来。）

（学生鼓掌）

师：谁来试试？

（一位男生和一位女生分别上前坐"老虎凳"。）

师：下面我再用气球和钉板来演示一下刚才的实验。

（教师出示实验器材，将气球放在钉板上）

师：看看会爆掉吗？如果我再在气球上放上一个重物，它又会爆掉吗？

生：（齐声）爆！爆！

（教师轻轻地将一重物放在气球上面的木板上，气球完好无损。）

（学生鼓掌）

生：再放一遍。

（教师再演示一次。）

师：如果我将板上的钉子拔掉，只剩下一个会怎样呢？

（教师出示只有一根钉子的木板，把气球放在上面。）

师：根据你的经验，会爆吗？

生：（齐声）爆！

（教师演示，气球爆了，学生发出尖叫。）

师：还没放重物就爆了。从这两个实验中，你觉得同样的压力产生的效果为什么不同？你认为压力的效果可能和什么因素有关呢？

师：请你先体验一下，然后提出自己的观点。

（学生实验：手压铅笔；手压气球。）

学生1：压力的作用效果与压力的大小有关。

学生2：与受力面积有关。

师：请你用手压木板和橡皮泥，然后提出自己的观点。

生：压力的作用效果与物体的硬度有关。

师：好的，就是与被压物的软硬程度有关。请进行实验探究。

（教师介绍器材，如小桌、砝码、沙、橡皮泥、海绵、木板等。）

师：请你们选择器材进行实验探究，然后展示给其他同学看。

（学生实验，教师巡视。）

师：请同学们将实验情况做一个简单的交流。从这几个方面来汇报：研究的问题—设计的方案—操作与记录—得到的结论。

生：我们组研究的问题是压力的作用效果与压力的大小关系。把小桌放在沙子上，增加放在桌上的砝码，看到桌子陷入的深度变化了。说明当受力面积和受压物体的软硬程度一定时，压力越大，压力的作用效果越明显。

师：很好！

生：我们研究的是压力作用效果与受力面积的关系。我们把放有砝码的小桌放在沙子上，观察陷入沙子的凹陷程度，然后将桌子反放，所放砝码的个数一样，我们发现受力面积越大，压力的作用效果越不明显。

师：还有吗？

生：我们探究的是压力的作用效果与受压物体的软硬程度的关系。我们分别将放有砝码的小桌依次放在橡皮泥、木板、沙面上，看到桌子的凹陷程度不同，木板最不明显，橡皮泥最明显。说明在受力面和压力一定时，压力的作用效果与受压物体的软硬程度有关。

师：好，不错。

（学生鼓掌）

师总结：压力的作用效果与压力的大小、受力面积、受压物体的软硬程度有关。

【案例反思】

本节课教学包含了探究式教学法、情景式教学法、物理概念规律教学法等，是一个非常精彩的综合性案例，充分体现了物理的生活性、课堂的生本性、实验的探究性，值得大家认真学习。

本案例在寻找影响压力作用效果的因素时，先通过一个非常有趣而又刺激的游戏——坐"老虎凳"来营造浓厚的学习氛围，然后将板上的多个钉子换成一个钉子，其效果不言而喻。通过这一组对比实验，启发学生猜想影响压力作用效果的因素，学生根据比较的存同求异原则，很快就会考虑到多个钉子和一个钉子的不同之处在于它们与物体的接触面积不同，从而导致它们的作用效果不同。接着教师又设计实验让学生通过手压铅笔、手压气球等体验接触面积不同时产生的不同压力效果。然后，教师又以同样的方法引导学生通过小实验继续猜想影响压力作用效果的自变量——压力的大小、被压物体的软硬程度。本案例启发学生自由探索，从一个个简单而有效的小实验让学生验证自己的猜想。（作者：苏州工业园区星海实验学校·薛钰康）

🖉 案例三十八：

"牛顿第一定律"的实际应用

【案例描述】

第一步，情境展示，提出问题，引入新课。

师：（播放推动木块、拉动小车、抛出小球、火箭发射过程视频）在这些现象中，你发现了什吗？能提出什么问题？

生：力改变了物体的运动状态。

生：力使物体运动。

生：要使物体运动需要对物体施加力。

生：力作用在物体上，效果会延续一段时间。

生：物体为什么会运动？物体的运动和力有什么关系？没有力的时候为什么物体还能运动？

第二步，设计实验，进行探究，体验过程。

学生活动：（自主设计实验，得出初步观点）

1.要让静止的书（文具盒）运动，该怎么办？

2.停止用力，又会如何呢？（学生实验后上台演示）

得出观点一：物体运动要靠力维持。

3.推一辆小车，推一个小球，撤去推力，小车、小球并没有立即停下。

得出观点二：物体运动不需要力维持。

讨论疑惑之处，初步交流结论。

生：不推书，书就会停下来，是因为书受到桌面的阻力。

生：停止推小车，小车没停下来，是因为小车受到的阻力小。

师：我们来设计一个实验研究阻力对物体运动的影响。

教师先后出示以下几个问题，让学生结合以下问题讨论，小组自选器材完成实验。

（1）我们的实验目的是什吗？实验中应该观察什吗？

（2）几种不同的物体铺在木板上，作用是什吗？

（3）实验中应该注意什么问题？如何做到？

（4）实验中，如果我们把表面换成更光滑的玻璃，小车的运动情况会有什么变化吗？

（5）如果表面比玻璃还光滑呢？

（6）如果表面绝对光滑，小车会怎样运动？

（7）如果静止的物体不受力，会怎样？

学生分组实验，教师巡回指导，及时发现问题，及时引导、激励。

第三步，小组讨论，组间交流，获得结论。

通过实验与推理，得出牛顿第一定律，讨论定律的条件与结论，并由此讨论运动与力的关系。

知识小结：

（1）原来运动的物体突然不受力后将做匀速直线运动。

（2）原来静止的物体不受力后仍保持静止。

（3）力是改变物体运动状态的原因。

方法小结：

牛顿第一定律是通过分析事实再进一步概括推理得出的，不可能直接用实验来验证。

方法应用：

扔石头时用的力越大，石头飞行得越远。据此现象能做出什么推理？

第四步，应用规律，分析问题，思维创新

（1）在学校运动会上，我班同学参加了很多项目。现在请大家思考，假如你正在和同学赛跑，突然所有力都消失了，会出现什么情形呢？

（2）牛顿第一定律告诉我们，物体不受力时有保持静止或匀速直线运动的性质。我们周围的物体都受到力的作用，是否也能保持静止或匀速直线运动呢？你能举个例子说明吗？

（3）假如一切力都消失了，我们的生活会怎样？展开讨论。

【案例反思】

本节课从物理情境引入学习，并以发散性问题引导学生思考，学生从情境中既能联想到学过的知识，又能进一步思考提出问题。学生之间相互启发，使问题最终指向本节课的研究要点——物体为什么会运动？物体的运动和力有什么关系？没有力的时候为什么物体还能运动？这样一来，问题从情境中来，在课堂上生成，更能激发学生对知识进行探究的热情。教师提出问题后，放手让学生思考，尝试进行探究，得出初步的结论并交流两种不同的结论，进而提出新的猜想，设计新的实验，进行下一步的研究——研究阻力对物体运动的影响。这样就能水到渠成地进入本节课最核心的探究活动。在探究过程中，教师引导学生选择仪器，自主设计实验，并学习控制变量法、推理法等。学生动手、动脑、动嘴，小组合作交流，得出结论，这是一个有效的探究学习过程。最后，既有对学生进行推理方法的训练，也有对知识应用的训练，使学与用相结合，回到生活，使规律成为有源之本、有本之木。（作者：长沙市雅礼天心中学教师·禹双青）

案例三十九：

"滑轮"新课引入

【案例描述】

师：前面我们学习了杠杆这种简单机械，生活中还有很多其他简单机械，如滑轮。同学们桌上都有一个滑轮（边展示滑轮，边拨动使滑轮转动），接下来请同学们利用滑轮完成一次艰巨的"解救行动"。

（PPT展示"解救行动"）

某日，全班同学在班主任的组织带领下去郊外踏青。突然，班主任掉入一口枯井，枯井旁有一棵大树，现提供一个滑轮和一根长绳，请同学们用铁架台代替大树，钩码代替班主任，模拟解救方案。看哪组同学能最先将班主任解救上来。学生自主探究。

师：哪组同学已经将"班主任"解救上来了？

生：我们组最先完成了。

师：好，请展示你们的方案。

（小组1演示）

师：大家认为怎么样？

小组2：他们组的方案很好，我们组的方案和他们不同，也可以完成行动。

师：请向大家展示你们的方案。

（小组2演示）

师：还有没有不同的方案？

生：没有了。

师：大家的方案就是这两种（PPT出示两种组装），这两种滑轮就是我们今天将要学习的定滑轮和动滑轮。

【案例反思】

本案例所展示的新课引入有以下优点：

（1）以学生为主体。教师没有提前将滑轮的组装透露给学生，而是让他们自己去摸索，通过自主探究，学生发现滑轮可以按照不同的方式组装，从而引导学生进入定滑轮和动滑轮的学习。

（2）紧扣教学目标。本节课的教学目标是让学生认识定滑轮和动滑轮，通过观察和探究了解它们各自的结构和特点。通过引入，学生的注意力集中到动滑轮和定滑轮上，为下一步教学做好了铺垫。

（3）以新颖的情境设计，抓住了学生兴趣。用滑轮解救班主任这样的任务比用滑轮提升木头上楼要新颖许多，学生在兴奋心理的驱使下快速完成。这样的课堂是生动的。

（4）灵活选择合适的引入方式。选择何种引入方法没有固定模式，以合适为准，本节课采用故事激趣加上实验激趣引入，最大限度地发挥了引入的作用。（作者：武汉市东湖高新区光谷左岭第一初级中学·陆安）

案例四十：

升华和凝华

【案例描述】

师：同学们，你们对大雪纷飞的情景还有印象吗？现在，我们就来下一场大雪，让我们在课堂上也来体验一下"下雪"的感觉。

（教师用樟脑丸粉末演示"人工雪景"：在一个烧瓶内放入少许樟脑丸粉末，然后加热，在枯树枝上凝华成雪花状。）

师：同学们，刚才下的雪漂亮吗？是否想知道其中的原理？好，这一节课我们就来探讨这个问题。

师：（进一步设疑）我们前面已经学习了固态与液态、液态与气态之间的相互转化，那么，固态与气态之间是否可以相互转化呢？

（演示碘的升华和凝华：当用酒精灯给碘加热时，黑色的固态的碘直接变成了紫色的碘蒸气；当撤去酒精灯停止加热后，紫色的碘蒸气逐渐消失，又变成了黑色的固态的碘。）

师：同学们刚才观察得都很仔细。那么，哪位同学能把刚才看到的现象以及你的思考与大家一起分享呢？

生：我刚才看到的现象是固态的碘没有熔化，而直接变成碘蒸气，停止加热，碘没有液化，而直接变成固态的碘，这说明固态和气态可以相互转化。

师：物质从固态直接变成气态叫升华，物质从气态直接变为固态叫凝华。

师：那么，我们生活中有哪些升华现象与凝华现象呢？

生：樟脑丸变小是升华现象，冬天下的雪是凝华现象。

生：凝华现象还有霜、雾凇。

生：用久了的灯泡灯丝变细了，还有0℃以下冰冻的衣服晾干了是升华现象。

生：寒冷的冬天，玻璃上的冰花是凝华现象。

师：同学们的举例都对，判断某种现象属于哪种物态变化，应弄清楚最后是什么状态，一开始是什么状态。例如，霜的最后状态是固态，它是水蒸气遇冷而形成的，一开始是气态，那么霜是由气态直接变成固态，属于凝华。

师："霜前冷，雪后寒""下雪不冷化雪冷""雪落高山、霜降平原"等谚语中又包含哪些物态变化的知识呢？

（学生讨论，然后派代表回答。）

师：物态变化过程中都伴随着吸收或放出热量。那么，升华和凝华是需要吸热还是放热呢？

生：升华时吸热，因为做碘升华实验时，我们用酒精灯加热了，黑色的固态的碘变成了紫色的气体；凝华时放热，因为后面停止了酒精灯对碘的加热，紫色的碘的气体放出热量后变成了黑色的固态碘。

师：同学们总结得很好：升华吸热，凝华放热。

师：升华吸热的应用广泛，如储藏和保鲜食物、人工降雨、在舞台喷雾等。

（老师详细讲解应用。）

【案例反思】

在这个案例中，教师通过演示、设疑、密切联系生活实际，逐步引导学生的思维，通过一定的引导，学生亲身体验，认真思考，很好地掌握了升华和凝华的相关知识，进一步懂得了物理与实际生活密切相关。教学中，教师引用了诗词、俗语，更增添了物理语言的艺术性，达到了"学科渗透、文理兼修"的效果。（作者：武汉市东湖高新区光谷左岭第一初级中学·陆安）

第五章　化学学科史及化学学科思想方法

第一节　化学学科史

化学是一门以实验为基础的自然科学，严格意义上的化学学科的建立只有两百多年的历史。在中国，化学学科的确立还要更晚，只有一百多年，但在古代仍然可以找到我们的先辈与化学学科有关的历史。为了理清化学学科发展的来龙去脉，本教材将从古代化学史、化学学科的设立、中国近现代化学学科史等三个方面进行介绍。

一、古代化学史

自从人类学会使用火，我们的祖先就逐渐告别了茹毛饮血的生活方式。通过控制火，人类掌握了在自然界生存的一种能力。在距今 170 万年前的元谋人遗址中，考古学家发现了大量炭屑和数块烧骨，说明那时人类已经开始使用火来烧烤食物了。火的使用，让人类的生活发生了更多的化学变化，实现了更多的物质转化，可以说化学是从人类对火的认识和利用开始的。

随后，人类开始烧制陶器，冶炼铜器、铁器，制造对人类生存有实用价值的产品。考古资料显示，中国陶器的制作至少有 12 000 年以上的历史。到了商代，人们掌握了用孔雀石为原料的冶铜技术，1939 年殷墟出土的后母戊鼎是商代晚期的器物，也是迄今出土最重的青铜器。到了春秋战国时期，人们开始生产和使用铁器，从公元 1 世纪开始，铁便成了一种最重要的金属材料。

中国古代的四大发明是造纸术、印刷术、指南针和黑火药，其中造纸术和黑火药是古代化学技术的代表。在造纸术出现之前，人们先是在甲骨、青铜器上篆刻文字，后又用简牍记事，都多有不便；到了汉代，王公贵族开始使用缣帛作书写材料，但价格昂贵。造纸术实际上在西汉就已出现，到了东汉永元十七年（公元 105 年），蔡伦改进并发展了造纸技术，利用树皮、麻头、麻布和渔网等廉价材料制造出了一批质地良好的纸张，受到汉和帝的表彰，纸和造纸术由此广为人知。

关于黑火药的发明，世界各国学者观点不一。1954 年冯家升的《火药的发明和西传》一书提出黑火药的发明出自炼丹家之手，论证系统翔实，目前已被人们广泛接受。到了北宋，第一批正式的火药配方则出现在康定元年（1040年）曾公亮、丁度等修纂成的《武经总要》中。最开始人们把黑火药用于炮仗、焰火和发信号，后来逐渐用于战争武器。黑火药的发明在战争武器的发展史上引发了一场革命，并对人类社会的进步、发展产生了深刻的影响。

提到古代化学的发展史，我们终究还是绕不开金丹术，包括炼丹术和炼金术。在现代人看来，金丹术是古代人愚昧落后的产物，炼出的丹药不仅没让人长生，反而毒害了历朝历代不少皇帝和士大夫，炼出的药金和药银也不能当真正的金银使用。但是凡事要一分为二来看：首先，炼丹术士们留下一些内容丰富，包括学术价值较高的修道炼丹、医药化学的文献资料，如东汉魏伯阳的《周易参同契》，晋代葛洪的《抱朴子·内篇》，陶弘景的《本草经集注》等；其次，金丹术的兴盛也促进了化学实验的发展，化学实验室的前身正是古代炼丹术士和炼金术士的作坊。炼丹术士想通过炼丹得到长生不老药，炼金术士试图靠"哲人石"将普通金属点化成金银。他们发明了许多实验器具及一些分离物质的方法，如过滤、蒸馏等，同时积累了大量的化学知识，为化学发展成为一门科学做出了贡献。

此外，中国古代化学还涉及酒和醋的酿造工艺、印染、制糖、陶瓷技术、本草学等领域；涉及化学学科相关知识的著作有后魏贾思勰的《齐民要术》，宋沈括的《梦溪笔谈》，宋崔昉的《外丹本草》，明李时珍的《本草纲目》，明宋应星的《天工开物》等，由于篇幅所限，在此不一一赘述。

总之，在古代，中国还没有严格意义上的化学学科，但不代表中国古代没有化学知识和工艺；相反，从公元前1世纪到公元15世纪，中国古代化学知识和工艺在许多领域远比西方领先。

古代化学活动除中国外，还有从两河流域的美索不达米亚和古埃及开始的实用化学，包括冶炼金属、制造玻璃等，其活动主体是工匠阶层，他们在化学生产活动中积累和掌握了一定的经验性实用化学知识。另外，工匠们在化学工艺上的发明大多靠口头传授，有些流传下来了，另一些流失在了历史的长河之中。

二、现代化学学科的确立

很长一段时间内，西方和中国古代一样，都没有专门的化学学科。直到16世纪末的1597年，德国医生兼教师李巴尤斯出版的《炼金术》成为第一本真正的化学教科书，它后来长期被用作化学教材。化学在17世纪中叶才获得独立学科的地位，但还未能发展到开展专门的学校教育。这个时期的化学家或是从医药方面改换门庭而来，或是完全出于个人兴趣和爱好而自学成才。到18世纪，大学里的医学院首先出现了专门化学知识的讲座。[①] 这个时期已经出版了不少化学著作，包括化学教科书在内。

现代化学学科形成和确立的时期是以 18 世纪末期拉瓦锡领导的化学革命为起点，到 19 世纪中期为终点的。19 世纪中期，现代化学学科基本完成了建制化：在知识层面上，道尔顿和阿伏伽德罗的现代原子—分子论得到了化学共同体的确认；在社会层面上，现代化学实现了职业化和建制化。1860 年 9 月 3 日在德国卡尔斯鲁厄举行的首届国际化学家大会，被认为是现代化学学科确立的标志。

（一）现代化学纲领的确立

德国化学家斯塔尔（1659—1734 年）首次使用"燃素"概念来解释金属的氧化和还原反应，发展了完整的燃烧理论，即斯塔尔学说，这被看作人类历史上第一个系统的化学理论。

1789 年，法国化学家拉瓦锡（1743—1794 年）领导了以氧化学说为中心的化学革命，拉开了现代化学建制化的序幕。拉瓦锡在大量实验的基础上提出的氧化学说认定斯塔尔的"燃素"并不存在，并用空气中的一部分即氧气解释燃烧现象。化学革命成果包括以下方面：①将斯塔尔化学体系中颠倒的次序纠正了过来；②建立了历史上第一个比较系统的酸理论；③推翻了延续将近两千年的"水是一种元素或简单物质"的传统观点；④系统地阐述了物质的蒸气状态；⑤改革了化学命名法；⑥氧化学说基本建立了现代化学意义上的元素概念，彻底取代了古代的"四元素"（水、气、火、土）概念。

化学革命初步明确了化学的研究目的、范围和方法，使化学基本成为一门独立的学科，而不是其他学科如医学、物理学、自然哲学的附庸。化学革命期间出现了第一个现代意义上的化学学派——法国氧化学派，其核心成员为拉瓦锡、贝托莱、德莫沃、弗朗索瓦。18 世纪末到 19 世纪初，现代化学教材开始发行，其作者多为氧化学派的化学家，并广泛传播。

拉瓦锡对于化学学科的影响显著而深刻。他首次发明、改进或使用的著名仪器有热量计、气体计量计、精确的天平、水的合成设备。拉瓦锡开启了定量化学的先河，他使用天平阐述质量守恒定律，即"物质不可能无缘无故地产生，也不可能无缘无故地消失"。拉瓦锡领导的化学革命完成之时（1789 年），正是法国大革命爆发之日，拉瓦锡于 1794 年被激进的革命者送上了断头台，无疑是化学史上的一大损失。

化学革命之后，1799 年法国化学家普鲁斯特（1754—1826 年）提出定比定律，即化合物中的两种或多种元素的质量比是固定的。1803 年，英国化学家道尔顿（1766—1844 年）提出了倍比定律，即当相同的两种元素生成两种或两种以上的化合物时，若其中一元素的质量恒定，则另一种元素在各化合物中的相对质量有简单倍数之比。

同样是在 1803 年，道尔顿提出了现代化学原子论，并发表了第一个原子量表。现

---

① 刘知新：《化学教育史》，广西教育出版社，1996，第 4—5 页。

代化学原子论第一次在微观层面上有效和成功地解释了化学现象，使化学在拉瓦锡氧化理论基础上又向前迈进了一大步。现代化学原子论包括以下几方面：①化学元素由非常微小的、不可再分的物质粒子——原子组成，原子在所有化学变化中均保持着自己的独特性质。②同一元素的所有原子，各方面性质，特别是重量，都完全相同。不同元素的原子重量不同。原子的重量是每一个元素的特征性质。③有简单数值比的元素的原子相结合时，就发生化合。[①] 1808 年，道尔顿出版了第一版的《化学哲学新体系》。

1809 年，法国化学家盖·吕萨克（1778—1850 年）发现一个单位体积的气体 A 往往和整数倍的气体 B 化合，如两个单位体积的氢气与一个单位体积的氧气化合生成水。这就是盖·吕萨克定律。然而，盖·吕萨克提出的"单位体积气体的原子数是相同的"这一观点遭到了道尔顿的反对。

1811 年，意大利化学家阿伏伽德罗（1776—1856 年）对他们两人的争论进行了深入的研究，并提出了现代化学分子学说。他将盖·吕萨克定律的"单位体积气体的原子数是相同的"改为"单位体积气体的分子数是相同的"，并进一步提出"在同温同压下，相同体积的不同气体具有相同的分子"。他同时指出，原子是参加化学反应的最小质点，分子则是在游离状态下单质或化合物能够独立存在的最小质点。分子由原子构成，单质分子由相同元素的原子构成，化合物分子由不同元素原子构成。在化学变化中，不同物质分子中各原子进行重新组合。1814 年，阿伏伽德罗更明确地阐述和论证了其现代分子论思想，但在他去世前，他的学说没有在学术界得到公认。

直到 1858 年，意大利化学家坎尼扎罗写出了一个小册子作为热那亚皇家大学教授化学哲学的教材，其主要内容是宣传阿伏伽德罗的现代分子论，为阿伏伽德罗辩护。1860 年 9 月 3 日，在德国卡尔斯鲁厄举行的首届国际化学家大会上，另一位意大利化学家散发了这本坎尼扎罗为现代分子学说辩护的小册子，阿伏伽德罗的现代分子学说才逐渐被国际学术界所接受。道尔顿的原子论和阿伏伽德罗的分子学说，正是奠基现代化学的基础。

1869 年，俄国化学家门捷列夫（1834—1907 年）发现了元素周期律并编制出了元素周期表，使化学学习和研究变得有规律可循，进一步促进了化学学科的发展。也有观点认为门捷列夫编制的第一个元素周期表这一事件标志着现代化学的诞生。

（二）现代化学学科的建制化

现代化学学科的建制化与欧洲三国——法国、德国、英国在 19 世纪的化学学科发展密不可分。它们是最早建立全国性化学学会的国家，也先后引导了化学学科在整个 19 世纪的发展。

化学学科在法国科学教育体系中的确立分两个部分：大学教育和中学教育。在氧

---

① 柏廷顿：《化学简史》，胡作玄译，商务印书馆，1979。

化学派化学家贝托莱和德莫沃等人的努力下，巴黎综合理工学院于 1794 年建立，这是化学进入综合性大学科学课程的开始。从 1796 年开始，法国政府在各地建立了名为"中央学校"新的中学，化学课程列入课程表里，1802—1803 年逐渐把化学作为基础教育课程，这是现代化学的中学教育的开始。化学学科自此开始普及，法国的建制化初步得以实现。

德国化学对于化学学科发展最突出的贡献，就是实现了化学理论与实践的有机结合。尽管斯特劳迈耶尔于 1806 年在哥廷根大学开始向学生开放分析化学实验室，富赫斯 1807 年在巴伐利亚兰丘大学、杜柏莱纳 1811 年在耶拿大学、菲舍尔 1820 年在布勒斯劳大学也都采用了学生实验室，但从法国学成回国的李比希（1803—1873 年）于 1926 年在德国吉森开创的融教学与研究为一体的现代化学实验室，才是德国实现了现代化学教育和研究模式的主要标志。李比希在吉森实验室采用实验室教学方法，培养了许多的化学人才，成了化学教育组织的典范。

1841 年，英国成立了伦敦化学学会。1845 年成立的伦敦化学学院是 19 世纪英国化学教育发展的典型例子，它开设的化学课程在 1914 年以前一直是英国化育的标准课程。伦敦化学学院的第一位化学教授霍夫曼（1818—1892 年）正是李比希的学生，他把李比希在德国的教学方法与英国的实际情况相结合，大大促进了英国化学教育的发展。

19 世纪中期，化学在学科纲领的确立、学科的建制化以及化学工业的发展三个方面都获得了重要的突破。一方面，化学学科的知识发展为化学工业提供了良好的智力支持，而化学学科的建制化则为这种智力支持提供了制度保障；另一方面，化学工业的发展使化学知识与化学的专业人才有了用武之地，能够为化学知识的增长、化学专业人才的培养提供物质与经济支持。[1]

三、中国近现代化学学科史

（一）中国近代化学学科的引入

中国古代化学取得了令后世称颂的成就，然而中国的现代化学并不是中国古代化学演进的结果，而是从西方移植而来的，根植于统一的世界科学文明之中。

西方化学知识最早于 17 世纪初由传教士传入中国。明末德国耶稣，会传教士汤若望（1591—1666 年）等将德国矿物学名著《论金属》翻译成《坤舆格致》，其中涉及一些化学知识和采矿冶金、制造镪水（硝酸）等化学工艺方法，但由于明末动乱，书稿未及刊行，后不知所踪。

中国人最早开始了解独立的化学学科，可能是马礼逊学堂的诞生。马礼逊学堂是中国的第一所教会学校，该校 1839 年在澳门开办，1842 年迁至香港后曾一度开设化学

---

[1]　中国科学技术史学会：《中国化学学科史》，中国科学技术出版社，2010，第 108 页。

课，尽管化学课的内容极其肤浅。

1855年，英国传教医师合信（1816—1873年）编译的《博物新编》一书，是出现于中国最早的近代科学书籍。《博物新编》中有关化学的部分，介绍了轻气（氢气）、养气（氧气）、淡气（氮气）、煤气、磺镪水（浓硫酸）、硝镪水（浓硝酸）和盐镪水（浓盐酸）等物质的性质和制法，还介绍了元质（元素，五十六种）的概念等知识。

据考证，"化学"一词最早出现在1857年由伟烈亚力编辑、墨海书馆出版的月刊《六合丛谈》创刊号的"小引"中："化学，言物各有质，自能变化，精识之士，条分缕析，知有六十四元（六十四种元素），此物未成之质也。""化学"即为"变化之学"。

1868年，美国传教士丁韪良（1827—1916年）编译的《化学入门》是第一本中文化学书籍。《化学入门》是丁韪良的一套丛书《格物入门》的第6卷，全书约34 000字，附有简单的插图。《化学入门》介绍了化学的含义，几个重要定律（质量守恒定律、定比定律、当量定律和定组成定律），元素理论及42种常见元素，常见气体的制备和性质，多种非金属、金属、盐类和酸类等，最后还简要介绍了有机化学的内容。

继《化学入门》之后，由中国近代化学教育先驱徐寿（1818—1884年）和英国人傅兰雅合作翻译的《化学鉴原》《化学鉴原续编》《化学鉴原补编》《化学求质》《化学求数》等化学书籍先后出版。这些化学书籍将当时西方的近代无机化学、有机化学、普通化学、定性化学、定量化学、物理化学部分内容，以及化学实验方法和仪器使用等知识比较系统地介绍到中国，为开展近代化学教育提供了一批较好的教科书。另外，徐寿与傅兰雅等人共同创办了中国近代刊载自然科学的综合性期刊《格致汇编》，为近代化学以及其他科学知识的传播和发展做出了很大的贡献。

（二）中国近代化学教育的开端

化学译著的大量出版促进了化学知识在中国的传播，但此时化学学科尚未在中国建立。要使化学学科在中国建立，就必须发展化学教育，培养化学人才。

1862年，清政府创办了京师同文馆，这是中国近代第一所新式学堂，也是最早开办化学教育的官办学校。1871年，京师同文馆聘请了法国人比利干来北京教授化学课程。比利干接受过专门的化学训练，比以往的传教人员的化学水平要高出很多。比利干担任同文馆化学教习20年之久，为开创中国化学教育事业做出了重要贡献。继比利干之后，德国人施德明也担任过京师同文馆化学教习，并且同文馆初期的优秀毕业生承霖（1879—1886年）和王钟祥（1887—1898年）曾担任化学副教习。

当然，在同文馆开设化学课的初期，其程度较为浅显，主要传授最简单基础的化学知识。1872年，同文馆订立了八年制课程计划，其中化学在第七年开设。1879年，同文馆设立化学的专修班，即所谓的"汉文化学"，招收了13名学生，实际真正学化学的没有几人，该班结束后就没有再开设。

尽管京师同文馆并没有培养多少专门的化学人才，但是同文馆开创了化学教育之先河，它开设的化学教育具有一定的示范作用，带动了清末化学教育的开展。

此外，化学翻译家徐寿接受中西董事会邀请于1875年建成了以宣传科技为宗旨的格致书院。徐寿多方活动筹集经费使书院得以正常运转的同时，于1878年购置了一批仪器，建成了当时中国最大的化学实验室。徐寿想把格致学院办成一个培养专门科技人才和从事科学研究的学校。1879年，格致书院发出招生启事，但当时风气未开，应考者寥寥无几；事实上，直到1884年逝世，徐寿生前的愿望都没能实现。可是，徐寿在格致书院亲自讲解化学知识，演示化学实验，可谓中国近代化学教学之先导。

1885年，王韬出任格致书院山长（即院长）。他接受傅兰雅建议，在格致学院设立四季考课。这种考课1886年春季开始举办，在科技类试题中有专门的化学试题。格致书院的考课取得了很大成功，产生了较大影响。就学校教育而言，其授课方式、科目类别、课业安排和成绩考核等具体规定堪称中国近代化学教育之先驱。

除以上两个教育机构，有一批教会学校也开设有化学课程，如创办于1864年山东登州的养蒙学院（后更名为登州文会馆）。到1890年，诸如上海圣约翰书院、苏州博文书院、杭州育英书院、南京汇文书院等教会学校均开设了化学课。

尽管近代中国开始了化学教育，可是直到19世纪末，化学及当时所授的其他科学，在教育制度上既无地位，也少有人真正了解其重要性，中国还没有形成培养科技人才的必要机制。其原因之一就是传统的科举制度严重阻碍了科学教育的发展，因此废除科举制度建立新的学制势在必行。

（三）中国化学教育体系的创立

1902年，清政府颁布《钦定学堂章程》，但没有实行；次年又制定《奏定学堂章程》，即"癸卯学制"。这也是中国教育史上第一次正式颁布实行的新式学制。1905年，光绪帝宣布从第二年开始停止一切科举考试，正式废除科举制度。从此，新学制才得以顺利推行，科学教育真正纳入了中国的教育体制，我国的化学教育开始体制化发展。

"癸卯学制"规定初等小学堂五年、高等小学堂四年，中学堂五年，高等学堂大学预科三年、分科大学堂三到四年和通儒院五年。其中，小学堂的格致课讲授物理与化学基本知识，化学内容规定为"寻常化学之现象"和"原质及化合物"；中学堂第五年教授化学，每星期四课时，化学课"先讲无机化学中重要诸元质及其化合物，再进则讲有机化学之初步，及有关实用重要之有机物"，要求教师"本诸实验"而使学生得"真确之知识"并"使适用于日用生计及实业之用"。高等学堂大学预科，化学为预备入理工农医大学所必修的科目，第二年讲化学总论和无机化学，第三年设有机化学课。大学堂分八科，格致科大学有化学门，主要科目有无机化学、有机化学、分析化学、应用化学、理论及物理化学、化学平衡论等。通儒院相当于现在的研究生院，以"造就通才为宗旨"，为"研究各科学精深义蕴，以备著书制造之所"。另外，"癸卯学制"还制定了师范教育章程，分为初级和优级师范，也开设相应的化学课程。由此可见，当时的化学教育体制已臻于完备。

"癸卯学制"的颁布和科举制度的废除使全国各地迅速兴办了各级学堂，特别是小学堂、中学堂和师范学堂。因此，有更多人可以接受科学教育，同时化学教育体系也初步形成。不过，由于各种原因，高等教育却发展迟缓。至1910年，京师大学堂（北京大学前身）才分科，格致科下设化学门，这就是中国最早的化学系。

（四）民国时期的化学教育的发展

1911年，辛亥革命爆发，清政府的统治被推翻。1912年成立了以孙中山为首的"中华民国临时政府"，蔡元培出任教育部教育总长。同年9月，公布了教育会议决定的学校系统，称为"壬子学制"；第二年加以修订，合并为"壬子癸丑学制"。

"壬子癸丑学制"设置的整个学程为18年，其中初等小学4年，高等小学3年，中等教育4年，高等教育预科3年，本科除法科和医科中的药学门为3年外其余学科均为4年。此外，下设蒙养院（幼儿园），上设大学院，均不限年限。其中，教育部公布的《中学校令》规定取消清末的中学文实分科制。课程设修身、国文、外语、历史、地理、数学、博物、物理、化学、法制经济、图画、手工、乐歌、体操。与之前的"癸卯学制"相比，一是取消了读经、讲经，二是增加了自然科学和生活所必需的生产知识和技能的教育。

1922年制定的新学制也称作"壬戌学制"。该学制采用美国"六三三"学制，规定初等教育6年，前4年为初级，是义务教育，后2年为高级；中等教育6年，分初、高两级，各3年；高等教育为4～6年。其中，医科法学为5年，师范为4年，大学采取选科制。随后公布了小学、初中及高中《新学制课程标准纲要》，其中化学课程在设置上比例有所减少。"壬戌学制"的颁布，基本统一了全国的教学秩序和教学内容，该制一直沿用到1949年。化学教育体系也由此定型，实现了体制化。

同时，高等化学教育也实现了建制化。比如，1921年建立的东南大学是当时唯一没有外国人参与的大学，也是理科教育与研究最好的大学。化学系主任王琎（1888—1966年）是留美归国教师，他为化学系建立起实验室，在教知识的同时教导学生动手实验，并与年轻教师一起进行化学研究，被誉为中国化学专业的创建者。又如，清华学校于1926年开始设系，化学系由此产生。另外，燕京大学从1922年开始设科学硕士学位，其化学系从1924年开始招收研究生。

1927年，南京国民政府成立之后，我国高等教育建制化及学术研究取得了长足发展。进入20世纪30年代，国民政府以大学及专门教育必须注重自然科学及实用科学为教育实施方针之一，使高等化学教育得到了迅速发展，并为国家培养了一批化学人才。

据统计，20世纪30年代我国高等学校中设有化学系的学校有41所，比南京国民政府成立前增加了一倍多。与此同时，国内一般大学的化学设备与南京国民政府成立以前相比也有天壤之别，如清华大学和北京大学的化学方面的物资设备与当时西方国家的二流大学相比已无愧色。

在高等教育发展的同时，1927年后的中等化学教育也得到了相应的发展。高等化学教育的发展为中等化学教育的发展培养了越来越多的师资，同时政府的支持和一系列指令性文件促进了中等化学教育的发展。1928年8月，教育部颁行《中小学课程暂行标准》，规定中学实行学分制。初中在第三年开设化学，每两周讲授5学时、实验1学时。高中在第二学年开设化学，每周6学时（其中讲授、实验各3学时），对化学教材的内容和要求也有明确规定，使教师有章可循。1932年，教育部公布了中学会考的办法，各类大学入学考试科目中均有化学。1934年颁行的《中学化学设备标准》，促进了教学实验设备的改善，也推动了教学方法的改进。1936年颁布的《修正中小学课程标准》规定在初二和高二开设化学，每周分别为3学时和6学时。同年颁布的《六年制中学课程标准草案》，也规定了使学生全面发展的中学化学教学目的。

1937年抗日战争全面爆发后，在国民政府的组织下，一批重点大学迁入内地，这使我国的高等化学教育的发展在战争中得以延续。诸西南联大、西北联大除大学专门的化学系外，不少其他系科也开设有化学课。当时延安大学的自然科学院设有化学（化工）系，学制3年，专门培养化学化工人才。同时，国民政府自1937年起专门筹建了国立中学，并于1938年7月颁布了《国立中学规程》。尽管战时条件很差，但在政府及广大师生的努力下，中国化学教育的各层次仍得到了一定的发展。

抗战结束后，各方面条件好转，许多大学回迁，展开了正常的教学活动。在中学方面，1948年修正的课程标准规定，初中的化学和物理合并为"理化"，每周总计16学时，高中化学学制一年，每周10学时，与物理相同。与此同时，化学教学手段也做了一定的改进，当时国内复制和拍摄了部分化学教育影片，以加强形象化教学。

在民国时期，中国的化学学科教育取得良好发展的同时，民族化学工业技术也取得了一定的成绩。1926年，我国化学家吴蕴初研制的"佛手牌"味精获得美国费城世界博览会金奖，"佛手牌"味精的配方、生产技术等在英、美、法等国申请了专利，并获批准，这也是中国的化学产品第一次在国外申请专利。1939—1943年，化学家侯德榜潜心研究制碱技术，成功地改进西方制碱方法，发明了将制碱和制氨结合起来的联合制碱法（又称侯氏制碱法），大大提高了原料的利用率，降低了工业成本；该技术于1949年初获得国民政府的专利证书。

（五）中华人民共和国成立后的化学学科发展

1949年10月，中华人民共和国成立，化学学科迎来了发展机遇；此后，中国化学教育也经历了重大的变革，并得到了空前的发展。

1950 年 6 月，教育部召开了第一次全国高等教育会议。会议指出，高等教育在内容、制度、方法各方面，都必须密切配合国家的经济、政治、国防和文化建设，很好地适应国家建设的需要。高等学校必须进行系统的、基本的科学理论知识的教育，必须进行科学研究工作，不断提升教师与学生的水平，以便掌握现代科学和技术的最新成就。此后，各高等院校化学系着手对课程设置、教材内容和教学方法等方面进行有计划有步骤的改革，并组织人力着手翻译苏联教材和自编教材。1951 年起，毕业论文重新被定为必修课程。

1952 年院系调整之后，13 所综合性大学和 31 所师范大学及学院均设化学系，各系均设二级学科，设立相应的教研室负责教学和科研工作。化学系本科生的教学计划规定，除公共必修课外，化学专业基础课程有无机化学、有机化学、分析化学、物理化学、晶体化学、物质结构、胶体化学、化学工艺学和化学史。第三、第四学年安排 6 周的生产实习，四年级开设专业必修课和专门化课，然后是毕业论文。学生可选专门化课中的一门，然后在此基础上进行研究工作。

中等化学教育方面，中华人民共和国成立初学校一般沿用旧的中学化学教材和教学方法。在会议讨论普通中学数理化教材精简问题并制定了精简原则之后，教育部于1950 年 7 月发布了《化学精简纲要（草案）》，供普通中学教学参考使用。其中，元素和化合物占了绝大部分，尽管删除了一部分重复教材，但内容还显较多。1950 年 8 月，《中学暂行教学计划（草案）》颁布，规定化学课在初二、高二和高三开设，每周分别为 4、3、3 课时，合计 400 课时。

1952 年 3 月，教育部颁发《中学暂行规程（草案）》，并公布了新的教学计划，规定从初二到高三各年级都开设化学课，初二、初三、高一、高二每周 2 学时，高三每周4 学时，共计 432 学时。同年 4 月，《中学化学科课程标准草案》编订，这一课程标准草案试图尽量避免过去初、高中圆周式的重复，而采取初、高中五年一贯的精神，但教学内容仍十分庞杂；这个课程标准草案是中华人民共和国成立后内容范围包罗最广的一个中学化学教育文件。

1952 年 12 月，教育部颁发了以苏联中学化学教学大纲为蓝本编写的《中学化学教学大纲（草案）》。这是中华人民共和国成立后颁布的第一个中学化学教学大纲，它对化学教学的目的、任务、教学内容和教学方法等都做了原则规定。至此，多年来教学思想、教学内容和教学方法各行其是的局面基本结束，教师在教学任务、内容、方法上有所遵循，对统一全国中学化学教学的标准以及提高教学质量起到了很大作用。

此后，1956 年 6 月，教育部发布了《中学化学教学大纲（修订版）》，规定从初三到高三设置化学课，各年级的教学时数依次为每周 3、2、2、3 课时，共 323 课时。1956 年起，第三套化学课本（初高中共 4 册）由人民教育出版社出版，并开始使用。

1963 年 5 月，教育部又制定了《全日制中学化学教学大纲（草案）》，较全面地总结了中华人民共和国成立 14 年来中学化学教学的经验，对教学目的、确定教学内容的原则、教学内容的安排、实验的地位和作用以及教学方法等都做了明确的规定和阐述。与此同时，1963 年下半年开始使用新十二年制初、高中化学课本。这套课本在"第三套课本"的基础上适当调整了一些化学基础知识，改进了教材的编排体系，同时加强了基本技能的训练。这次颁布的大纲和推行的课本，比较切合中国中学化学教学实际，受到了广大师生的欢迎，它是中华人民共和国成立后第一套最好的教学指导性文件和教材。这个时期，为了配合教学摄制了"化学实验基本操作""接触法制硫酸""合成氨"等教育片，提供了一部分形象化教材。

1966 年开始的"文化大革命"，掀开了中国历史上"十年浩劫"的序幕。这一时期，高等教育化学专业因学生入学水平不齐难以按专业安排教学。中学化学教材被批判为修正主义课本，全部停止使用。各省市自治区都自编教材，如 1971 年前编的《工业基础知识·化工部分》，以化工生产为主线，强调生产，对基础知识的削弱更为严重。1972 年，化学课本改名为《化学》，稍加注意基础知识。但在 1974—1976 年，又强调农业生产，基础知识体系不仅被打乱，而且进一步被压缩、消减。所以，"文化大革命"期间是化学教学和化学教材的大倒退时期，教学质量异常低下。

1976 年 10 月，"四人帮"的粉碎结束了"文化大革命"这场灾难，中国进入了新的发展时期，化学教育随之重新走上正轨。1980 年，教育部召开全国理科基础课教学大纲审定会议，重新审订了化学基础教学大纲。从 1981 年开始，建立了硕士和博士学位的研究生制度。到了 20 世纪 80 年代末，化学学科设有有机化学、无机化学、分析化学、物理化学、高分子化学、放射化学、环境化学等硕士点 200 多个与博士点 80 多个。

在中等教育方面，1978 年 2 月，教育部颁发了《全日制十年制中小学教学计划（试行草案）》，规定小学 5 年，初中 3 年，高中 2 年。从初中第三年开始到高中二年级设置化学课，并重新编写全日制十年制学校初三、高一、高二化学课本（试用本）。1978 年 9 月，教育部又发布了《全日制中学暂行工作条例（试行草案）》，这是中学教育拨乱反正的标志。此草案第十一条提出"物理、化学和生物，是向科学技术现代化进军的重要基础知识，必须切实加强这些学科的教学工作"，明确肯定了中学化学在四个现代化建设中的地位和作用。与此同时，该试行草案的实施恢复并巩固了学校的正常教学秩序，教学风气大有好转。在中学化学教学工作中，开始重视基础知识和基本技能的教学，化学教学质量有了一定程度的提高。

到了 1981 年 4 月，教育部通知中学学制定为六年。由五年制向六年制过渡，从全国各地实际条件出发，结合中等教育的调整和结构改革做出具体规划，有计划、有准备、有步骤地进行。多数地区在 1985 年前把中学学制改为了六年。1983 年 11 月，颁布了《高中化学教学纲要（草案）》，并规定了两种不同要求的课本，即甲种本和乙种本。从 1987 年开始，根据国家教委提出的"一纲多本"的精神，在全国范围内开始编写旨在减轻学生负担、重视能力培养、体现不同特点的多种化学教材，繁荣中学化学基础教育，形成了"百花齐放、百家争鸣"的局面。

到了 21 世纪初，教学改革又进行了好几次。《义务教育化学课程标准（2011 年版）》中的课程目标指出："义务教育阶段的化学课程以提高学生的科学素养为主旨，激发学生学习化学的兴趣，帮助学生了解科学探究的基本过程和方法，发展科学探究能力，获得进一步学习和发展所需要的化学基础知识和基本技能；引导学生认识化学在促进社会发展和提高人类生活质量方面的重要作用，通过化学学习培养学生的合作精神和社会责任感，培养学生的民族自尊心、自信心和自豪感；引导学生学会学习，学会生存，能更好地适应现代生活。"由此看出，现代社会对化学学科的要求进一步提高了。

自 2014 年 9 月国务院发布的《关于深化考试招生制度改革的实施意见》以后，全国各地分批进行高考改革，逐步实行"3+3"或"3+1+2"选科模式。在此背景下，化学学科在考试形式、考试内容和招生录取上发生了很大变化，同时这也深刻地影响了高中化学学科教学。

总体来说，随着时代的变迁，社会在不断地进步，现代化学知识在不断地更新，中国的化学学科也在随之不断地发展。

第二节　化学学科思想方法

一门学科在形成的过程中往往会汇集许多种思想，有时也把思想等同为观念。这些思想都是来自前人研究和发展这门学科知识的总结与归纳。人们学习任何一门学科知识，都需要按照这门学科特有的思维方式思考问题和解决问题，这是一门学科能使一位学习者终身受益的地方，也就是通常说的一门学科的学科思想。化学的学科思想的形成本身来源于具体的化学知识，是前人通过对化学知识的不断累计、研究、提炼与升华产生的。因此，学生学习化学知识除了要不断地累计化学知识，还要学会站在化学的视角来分析和处理化学问题，并在这个过程中掌握化学知识，在自己的脑海中逐步形成化学学科思想。不过，学生在学习化学知识时，对化学知识理解的深度和广度会受到原有知识基础的影响，造成不同的人所形成的化学学科思想的丰度不同。但随着人的不断发展，知识的掌握情况也会发展，所以脑海中形成的化学学科思想也会逐步得到丰富和完善。

关于化学学科思想的研究很多，结合 2011 版课程标准解读，我们会发现义务教育阶段除不涉及平衡观之外，元素观、变化观、结构观、微粒观、价值观、分类思想和实验是初中化学学科思想分类研究的主流。也有研究将化学学科思想理解为由四项学科基本思想组成，各再从学科基本思想分支出不同的化学观念，故也常把化学学科思想称作是各化学观念的总称。[1] 该研究将化学思想划分为微观思想、物质思想、实证思想和绿色化学思想。其中，实证思想对应的化学观即为实证观；绿色化学思想对应的化学观即为绿色观；微观思想包括的化学观点有三个，即元素观、微粒观和结构观；物质思想也包括三个化学观点，分别为物质观、变化观和平衡观。各化学观的形成与发展都可以在化学史中进行追寻，随着社会进步与人类文明的发展，各化学观念逐步得到完善，形成现在较为科学、较为完备的表达形式和内容。下面就按照这种研究的化学学科思想所定位的八个化学观了解其形成与其具体内容。

一、元素观——从元素层面认识物质及其变化，包括元素概念的发现与发展

元素观是化学中最原始的观念，构成了化学思想的基础，也为人们认识物质世界奠定了基础。不论是在日常生活中还是在其他的领域中，人们都习惯用元素来表示各物质的基本成分，即我们常说的"物质是由元素组成的"。这一应用被认为是元素观的实质。

大约公元前 400 年，古希腊的柏拉图将恩培多克勒的"四根说"改称为"四元素"（即火、土、气、水），成为历史上最早提出"元素"一词的哲学家。公元前 300 年，古希腊哲学家亚里士多德在《形而上学》第五卷中对元素概念做了下列较完整的论述："元素的意思是指一种内在于事物，而事物最初由之构成，且不能被分解为其他类的东西。"[2] 由此形成了系统的四元素说。这种最初的元素概念和现代化学学科中的元素还不是一个概念，他们把元素描述为物质的基本性质——不可分性或者是不能再分的事物。到了 16—17 世纪，亚里士多德的元素体系受到了三要素和五元素说的严重冲击。17 世纪中叶，罗伯特·波义耳企图用无元素的机械微粒学说取代元素学说，表面上看并不利于元素概念的发展，但实际为近代化学元素论的建立铺平了道路。到 1705 年，德国"活力论"化学家斯塔尔重提燃素并创建了"燃素学说"，带来了化学和元素论的新变革。到公元 18 世纪下半叶，拉瓦锡推翻"燃素说"建立了近代化学元素论，将元素的"不可分性"建立在科学实验的基础之上，提升了对元素实质的理解，并列出了化学史上第一个元素系统分类表。到 19 世纪初，英国科学家约翰·道尔顿建立了近代化学"原子论"，着手测量了原子量，第一次把"原子"和"元素"这两个概念联系起来。这个理论的建立使近代化学独立成一门专门研究元素性质与原子的自然科学。1869 年，俄国化学家门捷列夫通过研究原子量之间的周期性变化规律，发现一切元素都不是绝对孤立的，而是彼此联系的，这个联系就体现在他建立的元素周期系中，并指出元素最本质的特征就是其原子量。化学元素周期律的运用不仅提高了人们学习、掌握化学知

---

[1] 傅兴春：《化学学科思想》，福建教育出版社，2017，第 2 页。

[2] 亚里士多德：《亚里士多德全集》，中国人民大学出版社，1997，第 26–32 页。

识的效率，还从理论上指导了化学元素的发现工作。门捷列夫创建的元素周期表历经后人的不断完善和修订，逐渐演变成现在的样子。到 2007 年，共有 118 种元素被发现，其中 94 种是存在于地球上的。但最终形成现代的元素观要归功于重氢的发现。1932 年提出原子核的中子—质子理论以后，同位素被发现，由此元素的概念有了新的含义，相对原子质量的基准也发生了重大的变革，证明了决定元素化学性质的是质子数（核电荷数），而不是原子质量数。现在我们认知里的元素是质子数（核电荷数）相同的一类原子的总称。

元素观的内容除了元素的不断发展和完善，还有其他重要内容：物质是由元素组成的；物质是多样的，其元素组成又是统一的；元素在物质变化过程中是不变的；元素的性质是呈周期性变化的等。这些内容不仅仅是对元素观内涵的解读，更是透过千丝万缕让大家感受到任何一个化学观的形成、发展到完善的过程中，都离不开其他化学观的辅助。比如，在元素观的发展过程中，波义耳把严密的实验方法引入到化学研究中，他强调化学为了完成其光荣而又庄严的使命，必须抛弃古代传统的思辨方法，而像物理学那样，立足于严密的实验基础之上。[1] 通过实验，波义耳使科学界相信原子确实是存在的，为化学赢得了独立的科学地位。到了 18 世纪，拉瓦锡运用科学实验继续推动"元素"的发展，建立了近代元素观。科学实验是实证精神，属于实证观的内容，这里用实验验证，才使人们对元素实质的理解比古代更有量的提升和质的飞跃。又如，1869 年俄国化学家门捷列夫发现元素周期律，他依照的是原子量的变化规律。我们知道原子量的测量工作始于道尔顿建立的"原子论"。从道尔顿到门捷列夫都认为元素是不变的，原子是不可分的。可是到 19 世纪末，X 射线、天然放射性和电子逐一被发现，人们清楚地认识到原子是有其复杂结构的，原子不可分、元素永不变的观念终究被突破，元素的性质与原子结构的内在联系被揭示。[2] 这一内容无疑与实证观和微粒观的某些观念不谋而合。

化学元素概念是化学元素观的核心概念，学习这一概念时需要老师组织出适应初中生认知水平的语言进行表述，同时准备好物质、性质、原子、单质、化合物、分解反应等概念支持，以帮助学生顺利掌握这一相关内容，形成元素观。

二、微粒观——化学中微粒层面的问题

微粒观是一个重要的化学基本观念，能在化学学习中帮助我们客观地认知物质的组成与构成、物质的变化与化学性质、微粒符号与意义，并能为化学学习提供一种独有的思维方式，即"宏观—微观—符号"。

---

[1] 路甬祥：《化学的启示——为国际化学年而作》，《化学通报》，2011 年第 12 期。
[2] 吴俊明、吴敏：《元素概念的演变与化学元素观的教学——关于科学观念和科学观念教育的思考之三》，《化学教学》，2014 年第 6 期。

公元前 450 年，古希腊哲学家留基伯首先提出关于原子的学说。后经他的学生德谟克利特进一步发展，建立了欧洲最早的朴素唯物主义原子论。德谟克利特的原子论论证了世界的物质性，大胆而有创造性地推测了自然界的本质，较深刻地说明物质的结构并肯定了物质具有运动的属性，对微粒观的发展具有重要意义。但是这个原子论在提出之初受到了柏拉图和亚里士多德的强烈反对。大约公元前 300 年，伊壁鸠鲁发展了德谟克利特的原子论，提出了原子自动偏斜学说。1650 年，意大利物理学家伽森狄将唯物主义原子论重新提出并获得了牛顿的支持，微粒观才重新得到发展。之后，牛顿对这种观点进行研究，在继承与发展了波义耳的化学思想前提下，从力学的角度发展了微粒说，对道尔顿产生了深远影响。1803 年 10 月，道尔顿在曼彻斯特的学会上第一次宣读了他有关原子论的论文，并与 1804 年建立起近代化学原子论。这次原子论的提出解决了很多化学基本定律的解释问题，因此为化学界广泛接受。

原子论是理论化学中取得的一次重大进步，揭示了一切化学现象的本质是原子的运动。而这一核心内容又明确了化学研究的对象，奠定了化学学科的科学基础，促使化学成为一门真正的科学。在那之后，更多微粒或微粒的观点被发现或提出。1811 年，意大利科学家阿伏伽德罗在原子论中引进了"分子"的概念，认为分子是由原子构成的。后经人们不断的努力，逐步建立了原子分子学说。1827 年英国植物学家布朗在显微镜下观察悬浮在水中的花粉而发现了布朗运动。"布朗运动"的发现论证了道尔顿的原子论的正确性，也通过实验证实了分子和分子运动的存在，对微粒学说做了进一步证明。1897 年，剑桥大学卡文迪许实验室的约瑟夫·约翰·汤姆森在研究阴极射线时发现了电子。1911 年，卢瑟福用 α 粒子撞击金箔发现了原子核，并通过 α 粒子散射实验现象提出了原子核式结构模型。1919 年，卢瑟福做了用 α 粒子轰击氮核的实验，从氮核中打出了一种粒子。通过测定发现，这种粒子的电荷量为一个单位，质量也为一个单位，卢瑟福将之命名为质子。中子的概念也是卢瑟福提出的，但是他的发现者是英国物理学家查德威克。1932 年，查德威克研究了约里奥·居里夫妇公布的关于石蜡在"铍射线"照射下的新发现，联手自己的导师卢瑟福做了一系列 α 粒子轰击实验，证实了中子的存在。至此，化学学科思想中的现代微粒观逐步形成起来。

微粒观比较侧重物质与微粒以及微粒与微粒间的关系。物质是由微粒构成，微粒可分、可测、可量，微粒很小，微粒总在不断运动，微粒间存在的相互作用及用微粒的观点解释化学反应的实质等都是微粒观的主要内容。这些内容很容易让我们联想到化学教材上关于化学概念的描述：化学是在分子、原子层次上研究物质的性质、组成、结构与变化规律的科学。这说明现代"化学"概念的定性就是分子、原子层面的，因此可以认为微粒观是化学学科思想的核心观点，要求学生能通过化学的学习，形成从微粒观点出发的化学知识的学习、理解和运用。但微观的内容具有抽象性，学生在学习的时候如何有效地把握？如何将微观与宏观进行联系？这时会发现之前提到的化学中的特殊思维方式"宏观—微观—符号"在此处搭建了桥梁。相关的教学策略研究中，如张丙香、毕华林在《化学三重表征的含义及其教学策略》（2013）中提出教师应该联系三重表征（即"宏观—微观—符号"的思维方式）进行教学，采取多样的教学策略，合理利用教学模型，强化符号表征的中介作用，使意识和能力在不同表征下转化，帮助学生构建三重表征。[①] 例如，物质可以由分子、原子或离子构成，这三种粒子都可以用化学式表示。分子的化学式既能表示一个分子还能表示由分子构成的物质，如 O_2 既可以表示一个氧分子，还可以表示氧气。通过化学式的学习，学生还能轻松辨别这三种微粒（在初中，为了更好地区分分子和原子，我们这里指的分子至少是双原子分子）。微粒可分、微粒间的相互作用与用微观观点解释化学反应的实质等，都可以运用化学反应方程式或离子式来表达。化学反应是学习物质化学性质的重要途径，性质又是由结构决定的，所以微粒观的进一步形成时常还要借助结构观的相关内容。

三、结构观——结构层面，反应和研究微粒间的结构问题（包括原子结构、分子结构、各种物质的结构等）

结构决定性质、性质反映结构是化学学科重要的思想方法之一，它能帮助学习者正确理解物质的多样性和元素组成的统一性。

1661 年，波义耳在关于物质组成的研究中指出应该存在"元素微粒"，认为"质料的各种微小部分以此种或彼种确定的方式相互作用或相互结合"，预示了化学中物质的结构研究的发展。[②]17—18 世纪，人们以"物质由微粒构成"为基础发展了对亲和力的认识。18 世纪末 19 世纪初，人们对静电作用、物质的组成和变化都有了进一步的研究，化学家认为化学亲和力就是原子之间能相互结合的原因。[③] 差不多同一时期，道尔顿提出不同元素化合时原子以简单整数比结合，使人们意识到简单原子相互结合时存在着一定的数量关系，初步形成了化合价概念。

1827 年，贝采里乌斯用"同分异构"概括了氰酸与雷酸、尿素与氰酸铵具有同一经验式的这一现象，并在 1830 年又发现葡萄酸与天然酒石酸也具有同一经验式。大量的同分异构现象不能不使人想到有机化合物性质的不同与组成它们的原子的结合方式有关，引发了对结构问题的关注。[④]1848 年，晶体的研究开始蓬勃发展。法国微生物学家、化学家路易·巴斯德通过研究酒石酸和类酒石酸的晶体发现了旋光异构现象，从此有机立体化学的研究兴起。1852 年，弗兰克兰的"化合力"的概念提出："不论化合的原子的性质如何，吸引元素的化合力总是要同样数目的原子才能满足。"[⑤]此时化合价

① 张丙香、毕华林：《化学三重表征的含义及其教学策略》，《中国教育学刊》2013 年第 2 期。

② ［英］罗伯特·波义耳：《怀疑的化学家》，袁江洋译，武汉出版社，1993，第 238 页。

③ 赵匡华：《化学通史》，高等教育出版社，1990，第 165—166 页。

④ 唐敖庆、卢嘉锡、徐光宪：《化学哲学基础》，科学出版社，1986，第 368 页。

⑤ 余天桃：《化学亲和论的演变与化学思想的发展》，《化学世界》2008 年第 5 期。

概念并不清晰，也没能具体指明元素的化合价。1856—1858年，德国化学家凯库勒利用日拉尔的类型论同英国化学家库帕一同发展了弗兰克兰关于化合力的见解，并将"化合力"用更准确的"原子数"或"亲和力单位"等概念重新定义。不过，只有库帕比较支持弗兰克兰的关于一种元素能够具有不同化合价的观点，并在"论新的化学理论"中指出化合价是影响元素化学性质的重要因素，奠定了原子价学说的基础。同时，凯库勒在《论化合物的结构和转化以及碳的化学性质》一文中开始使用"结构"概念对有机化合物中碳原子的联结进行阐述。①

1861年9月，在德国的斯拜尔市举行的科学家和医生代表的大会上，俄国科学家布特列洛夫宣读了他的著名论文《论物质的化学结构》，首次提出"化学结构"这一概念，系统地阐明了化学结构理论的基本原理。此时，凯库勒和布特列洛夫所提出的结构概念代表的是两种结构观。1864年，德国化学家迈尔在凯库勒和库帕的理论上建议用"原子价"代替"原子数"和"亲和力单位"的表述。至此，形成了被后来普遍接受和广泛运用的原子价学说——近代经典物质结构观。1904—1927年，原子模型不断在发展，随着以化合价和化学键为基本的立体化学理论的建立，原子之间的相互作用与原子的空间分布被联系起来，发展出了构型概念，最终使凯库勒和布特列洛夫代表的两种化学结构观走向统一。1931年，继鲍林杂化轨道理论和电价配键、共价配键理论之后，人类对化学物质结构以及结构和性能之间相互关系的研究内容日益深入与丰富，促使结构化学这门学科逐渐形成，最终形成了现代结构观的基本内容。

结构观的主要内容如下：物质是由微粒按特定空间结构排列形成的；微粒之间有相互作用力；结构决定性质、性质反映结构等。这些内容特别强调要学习物质结构，就要先了解构成物质的微粒、微粒间的相互作用方式和微粒在物质空间中的排列方式。根据现行课程标准中的规定，初中化学涉及物质微粒观的内容较少、较浅（原子和离子的结构，物质可以由分子、原子、离子构成），还不足以对物质形成全面的认识。因此，物质微粒观的教学要求相应也较低，学生只初步掌握物质的构成和微粒的构成即可。在平时的教学中，为帮助学生形成物质结构观，我们需要注意以下几点：①通过有关的知识经验教学，形成物质结构观念的基础；②注重人类发现微粒的过程和微粒的生动形象（可以利用球棍模型，各种不同的原子模型图等），搞好物质微粒的相关教学；③用好典型题材，让学生逐步掌握通过结构观学习化学的方法，如金刚石和石墨、水和过氧化氢等组成相同但构成不同的例子进行空间结构教学，对空间结构教学设置适当的要求；④通过应用加深理解（化合价的口诀等），避免死记硬背；⑤通过形象学习提高学习兴趣（课本上关于氯化钠的形成图示解读），加深理解化学中物质宏观与微观之间的联系。

---

① 吴俊明、吴敏：《刍议化学物质结构观的内涵与形成——关于科学观念和科学观念教育的思考之四》，《化学教学》，2014年第11期。

四、物质观——从静态层面研究物质

物质是化学研究的对象，是一切研究的前提，是非常重要的思想内容。我国《义务教育化学课程标准（2011 年版）》明确指出：要通过化学的学习"初步建立科学的物质观，增进对'世界是物质的''物质是变化的'等辩证唯物之一观点的认识，逐步树立崇尚科学，反对迷信的观点"。[①]通过对课标的解读知道物质观的建立，可以使我们更客观、更真实地明白"认识物质世界是化学学习的基本任务"。另外，我们还要掌握学习物质的重要方法——分类法，通过分类法的逐步融入，将物质概念、分类、变化有机结合起来，使学生形成较为立体的物质观。

物质观的形成可追溯到公元前 400 年，古希腊的泰勒斯第一个提出物质的本源问题。公元前 300 年，中国人创立了阴阳五理论。公元 11 世纪，形而上学的唯物主义的物质观形成。公元 19 世纪初，恩格斯、列宁等提出和完善了辩证唯物主义的物质观，其中对物质的描述如下：物质是标志客观实在的哲学范畴，这种客观实在是人通过感觉感知的，它不依赖于我们的感觉而存在，为我们的感觉所复写、摄影、反映。1897—1919 年，电子、原子核和质子被相继发现。1928 年，英国物理学家保罗·狄拉克首次提出反物质的概念，他预言每一种粒子都应该有一个与之相对的反粒子（通过欧洲航天局的伽马射线天文观测台证实了宇宙间反物质的存在）。1932，美国物理学家卡尔·安德森在实验中证实了正电子的存在。随后又发现了负质子和自旋方向相反的反中子。

中学化学学科层面的物质观主要以科学地认识身边的物质为基本任务。为更有效地认识物质，我们从学习身边的化学物质之初就引入各种分类的方法将物质进行分类再学习。比如，学习氧化物概念时，我们就做出了如下定义：由两种元素组成的化合物，其中一种元素是氧元素的叫作氧化物，如二氧化碳、氧化铁、五氧化二磷、水都是氧化物。[②]这种分类的标准是一种常见树状分类，与此类似的分类还在教材第十一单元中出现：根据物质的组成、元素组成等将物质分为混合物、纯净物、单质、化合物等。在盐的学习中，我们分别按照阴、阳离子的不同进行分类，如碳酸钠既可为钠盐也可为碳酸盐。因为分类的标准不同，同一物质可出现不同的所属类别（常见交叉分类）。这些分类法的应用对物质及性质、变化的学习有触类旁通的作用。运用这些方法，学生更易领会物质的性质与变化是可以认识和预测的，并从中归纳出规律用于新物质的制造。

世界是物质的，物质是变化的。通过对课程标准的解读，归纳出初中需要掌握的常见的物质包括周围的空气、水和常见溶液、金属与金属矿物、生活中常见的化合物

[①] 中华人民共和国教育部：《义务教育化学课程标准（2011 年版）》，北京师范大学出版社，2011。

[②] 中华人民共和国教育部：《义务教育教科书化学九年级上册（2012 年版）》，人民教育出版社，2012，第 81 页。

等。内容设计意在引导学生认识和探究客观存在的物质世界，掌握物质性质和用途之间的联系，理解人和自然的关系，并在这个过程中形成物质观，还要潜移默化地让学生形成变化观并重视物质价值（即形成绿色观）。教学设计要能充分利用教材中提供的素材，注重选择日常生活、生产中学生熟悉的例子，结合探究或设计探究完成知识的学习（即化学学习的物质就是身边的物质，通过化学的学习更好地认识身边的物质、物质的性质和用途，让化学知识回到生活中去）。最后，世界是物质的世界，要坚持可持续发展理念，以丰富初中化学学习需要形成的物质观内容。

案例四十一：

"元素"的学习

2019年10月的一节区级公开课让我和光谷一初的孩子一起学习什么是元素。这个概念比较抽象，是宏观概念在微观内容上的归纳和总结。内容涉及"元素"概念的理解，元素符号的书写、识记与意义。我们要通过本课题的学习感受化学"宏观—微观—符号"这独特的思维方式，为避免冗杂，教学设计借鉴了传统方式——直接从概念入手，这种方式单刀直入，直击目的，虽然没有丰富有趣的情境创设，但学生对于该新知识点的掌握情况表现得较为轻松。

【案例描述】

师：开始新课前，请大家回忆一下"原子的构成"的内容，请一位同学以氧原子为例说一说原子是如何构成的。（2012版九年级化学人教版教材第58页第3题）

生：氧原子中，8个质子和8个中子共同构成原子核，与8个核外电子共同构成氧原子（因为质子所带的正电与电子所带的负电电性相反，电量相同，相互抵消，形成的氧原子不带电。）

师：我将这位同学告诉我的氧原子的构成填入下表（表5-1），另外还要让大家见一下特殊的氧原子——中子数为9的氧原子和带电的氧原子。请大家找一下这三种微粒的相同之处和不同之处。有没有同学愿意跟大家分享你的见解呢？

表5-1 氧原子的构成

微粒符号	微粒名称	质子数	中子数	电子数
O	氧原子	8	8	8
O	氧原子	8	9	8
O^{2-}	氧离子	8	8	10

生：通过表格，我们会发现这些氧原子的中子数和电子数出现了不同，但质子数全都相同，都是8。

师：在化学上，我们将质子数都是 8 的这一类原子统称为氧元素。下面请同学们利用同样的方法，将下面的氢原子（表5-2）归为一类，并告诉大家我们应该称它们为什吗？

表5-2　氢原子的构成

微粒符号	微粒名称	质子数	中子数	电子数
H	氢原子	1	0	1
H	氢原子	1	1	1
H	氢原子	1	2	1

生：氢元素。

师：你归类的依据是什吗？

生：质子数都是 1。

师：请同学们思考一下，能不能结合我们归纳氧元素、氢元素的方法给元素下个定义？到底什么是元素？

学生阅读课本试着找到元素的定义，并在下面齐声朗读。

教师板书课题和定义。

质子数（即核电荷数）相同的一类原子的总称。

师：请大家分析一下，原子是一种看不见的小微粒，所以原子的观点称为微观观点。那今天我们学习元素，元素是质子数相同的一类原子的总称，那元素还是微观观点吗？

生：不是。

师：微粒是微观的，但它的总称元素是原子的集合体，是宏观观点。请大家再分析，通过上表学习，我们不难发现原子这样的小微粒既可以数个数又能区分种类，元素也可以数个数吗？

生：不行吧。

师：同学们的回答不是很自信，下面老师带着大家一起对元素的概念进行学习，元素是一类原子的总称，"一类"一词是无法计数的，所以元素没有个数，但我们可以根据质子数的不同对元素进行分类，因此元素没有个数只有种类。

你理解了吗？下面大家可以结合我们刚刚学习的元素概念和我们所学过的原子结构示意图，试着回答下面问题：

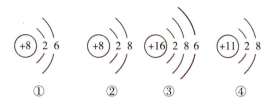

①   ②   ③   ④

与①属于同种微粒的是___，为什吗？它们可以统称为___元素。

生：举手回答②，质子数相同，他们都是氧原子，统称氧元素。

教师归纳并板书。

质子数决定（原子）元素的种类。

师：学习了元素，你会发现它就像我们学习英语单词中的字母一样，字母虽只有26个，却可以拼写出数十万个单词。人们发现的元素有100多种，但能组成的物质种类能有几千万种。接下来，我们就来学习一下多种多样的物质及其组成。

师：下面以水为例，我来示范用元素表述物质的组成。

水是由无数水分子构成，每个水分子由两个氢原子和一个氧原子构成，所有的氢原子统称为氢元素（学生作答），所有的氧原子统称为氧元素（学生作答）。因此，从宏观上描述，水是由氢元素和氧元素组成的。下面请同学们仿照老师的例子完成练习。

（同桌之间根据例子指出下列常见物质构成与组成）

氧气、氢气、氨气、铁、汞、金刚石、硫酸铜和氯化钠（前三种是由分子构成，中间三种是由原子直接构成，最后两种是由离子构成，学生还没有学到这里，需要老师的指导）。

氧气、氢气、氨气分别由氧分子、氢分子和氨分子构成，从宏观上看它们分别由氧元素、氢元素、氮元素和氢元素组成。

铁、汞、金刚石分别由铁原子、汞原子和碳原子构成，从宏观上看它们分别由铁元素、汞元素、碳元素组成。

硫酸铜由硫酸根离子和铜离子构成，氯化钠由钠离子和氯离子构成。所以，硫酸铜由铜元素、硫元素、氧元素组成，氯化钠由氯元素和钠元素组成。

请同学们结合课本第60页图例和老师一起完成关系图的绘制。

归纳并板书：物质从微观角度分析是由分子、原子、离子构成，但分析它的构成，我们将同一类的原子可以归为一类元素，因此物质还可以从宏观上用元素表示其组成。（请学生用元素、分子、原子、离子填空）。

师：我们除了要学习物质组成、构成，还要学习物质的变化，那么在物质发生化学变化时元素是否发生变化呢？请以过氧化氢分解生成水的微观示意图为例进行分析，完成课本第 59 页的讨论。

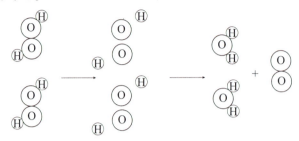

生：结合图像分析，化学变化的微观本质是分子的拆分和原子的重组。分子发生改变，而原子不变，因而物质改变但元素不变。

归纳并板书化学变化中微粒与元素的变化。

（1）分子发生改变，原子种类、个数没有发生改变，所以元素的种类也不变。

师：我们可以从物质发生化学反应的难易程度来判断其化学活泼性。如果较易发生反应，我们说其化学性质比较活泼，不易反应的则化学性质不太活泼。那元素的化学性质会跟什么因素有关？（原子的化学性质涉及第三单元内容，学生或有遗忘，稍加提示即可）。

生：元素是原子的总称，原子化学活泼性与最外层电子数密切相关，所以元素的化学性质也与其原子的最外层电子数密切相关。

教师板书学生的回答。

（2）元素的化学性质也与其原子的最外层电子数密切相关。

师：了解了物质与反应中的元素，接下来我们再来了解一下自然界中各元素的分布情况，结合书上的图与表格归纳一下你获得的信息。

归纳并板书元素在自然界的分布（我们不需要将元素的分布情况全都记下来，选择一些重点内容即可）。

地壳中元素分布，含量前五：氧硅铝铁钙（可借助谐音进行记忆）。

人体中元素分布，含量前四：氧碳氢氮。

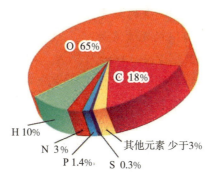

O 65%

C 18%

H 10%

N 3%

其他元素 少于3%

P 1.4%   S 0.3%

组成人体细胞的主要元素（占细胞鲜重的百分比）

师：仔细观察老师书写的这些元素的名称，你有没有发现什吗？

生：自己观察，发现分类法的运用。

归纳与板书元素的简单分类：依据元素名称的偏旁。

（1）金属元素："钅"字旁（汞除外，俗称"水银"）铜铁银钠镁铝钙钾锰锌钡铂……

第二种，非金属元素：（"氵"字旁）液态；（"气"字头）气态

第三种，稀有气体元素：氦氖氩氪……

师：你通过本节课的学习探究，有哪些收获？

生：元素的概念与归类；物质及其组成；反应中元素种类不变，其化学性质与原子的最外层电子数密切相关；元素在自然界中的分布，地壳中前五为氧硅铝铁钙，生物中前四为氧碳氢氮；元素的简单分类：找偏旁。

反馈练习：下列说法正确的是（ A ）。

A.氯化氢是由氢、氯两种元素组成的

B.氯化氢是由氢气和氯气混合而成的

C.氯化氢是由一个氢原子和一个氯原子构成

D.一个氯化氢分子是由两个氢元素和一个氯元素组成的

学生完成"课堂作业"第55页第10题、第56页第12题。

师：元素的概念学到这里，大家需要知道这些元素名称的由来并不起源于中国，汉字书写也不能方便地进行世界交流，所以在国际上采用统一符号表示方法，请大家用1分钟时间快速阅读课文第61页，找到国际上采用的统一符号是怎样的。

总结元素的书写规律。

国际上统一采用元素拉丁文名称的第一个字母（大写）来表示；如果第一个字母相同，就附加一个小写字母来区分。

（这是大家常常称之为"一大二小"的书写方式。）

例如：碳 C、氯 Cl

师：根据这一书写规则，我们来做以下练习：

写出氮、氯、硫、磷、锰、铜、金的元素符号。

写出 He、F、Si、K、Ag、Hg 的元素名称。

讲些列写错的符号改正：CU、ZN、AG、cl、cA。

生：氮、氯、硫、磷、锰、铜、金的元素符号分别是 N、Cl、S、P、Mn、Cu、Au。

He、F、Si、K、Ag、Hg 的元素名称分别是氦、氟、硅、钾、银、汞。

符号改正：CU 改为 Cu、ZN 改为 Zn、AG 改为 Ag、cl 改为 Cl、cA 改为 Ca。

师：学会了元素符号的正确书写，那么接下来我们需要了解每个符号各自特定的含义。以前面举出的两个元素为例我们一起来学习一下。

碳C　　可以表示碳元素

　　　　还可以表示一个碳原子 ⎫
　　　　　　　　　　　　　　　⎬→原子构成的物质
　　　　还可以表示由碳元素组成的这种物质，如金刚石 ⎭

氯Cl　　表示氯元素 ⎫
　　　　　　　　　　⎬分子构成的物质
　　　　表示一个氯原子 ⎭

生：元素符号都有两层含义：①表示元素，表示该元素的一个原子，前者是宏观意义，后者是微观意义；②对于原子构成的物质会有第三层含义，表示该元素组成的单质，是宏观意义。

总结：当元素符号前面出现数字时，只有微观意义，仅表示微粒的个数。

师：感谢大家对相关知识的梳理与归纳，本节课我们学习的内容非常多，每个知识点都不是孤立的，希望大家课后能好好回顾本节课我们学习的内容。作业是课本选择题的 1，2，4。

【案例反思】

"元素"这一课题是初中化学学习中非常重要的内容，概念本身既体现了化学学科思想中的元素观和微粒观，也使学生初次接触到元素组成相同的微粒构成了不同的物质（金刚石和石墨）的物质观。

首先，概念的得出本身是从微粒的结构出发，分析同种微粒结构上的相同点与不同点，进而使用分类法对微粒进行归类，得出元素的概念，整个过程比较抽象，所以学生掌握起来具有一定的难度。概念的学习仅是本节课内容的一小部分，学生需要通过元素概念的学习掌握物质的组成的表述方式。这个内容则表现在物质的多样性与组成的学习中，是本节课的难点。物质的多样性与组成既要学生明白宏观物质是由微观粒子构成，又要结合微观粒子分类，将概念运用于宏观的物质组成的表述形式，是新知识在微观、宏观范围中的相互转化。课上老师以水为例，带领大家学习了从微观表述向宏观表述的转化，并结合课本举例巩固这种表述方式，从而加深了元素观中物质是由元素组成的观念。在这个内容中，学生还初次了解到物质之所以具有多样性跟构成物的粒子有分子、原子、离子有关，而且即使是同样的粒子也能构成不同的物质（粒子的排列方式不同，是结构观的重要体现，在第六单元碳单质中会进一步学习），很顺理成章地将3种粒子之间的转化和元素组成物质联系起来，是元素观、微粒观、结构观、物质观的有机结合。其次，通过物质反应的微观复习，轻松呈现元素在化学反应中不变且元素化学性质的相关性及在自然界中的分布情况的内容。这一块是化学学科思想中物质观、元素观、微粒观及变化观的重要体现，为后面质量守恒定律的学习打下伏笔。这里也有老师提出自己的见解，如元素在自然界中的分布，我们是不是应该科普一下为什么地壳中含量最多的是氧元素和硅元素？是不是与地壳成分有关，它的平均化学组成与花岗岩相似？生物体内含量最多的为什么是氧元素、氢元素、碳元素？应该从生命离不开水，生物体内包含大量的水，生命体也是复杂的有机物的角度带领同学们进一步进行探究学习。这不仅有利于学生眼界的开阔，更是化学学科思维中绿色观的重要体现。我们上课不仅仅是传道授业解惑，更要注重知识在生活生产中的价值，要让学生从化学的角度看世界，认识世间万物，知道可以运用化学创造物质使生活变得更美好。最后，元素符号的书写和意义的学习，突出了学生自学能力和从文中提取重要信息能力的培养，也是化学中"宏观—微观—符号"这种独特思维方式的培养，学生的化学学科思想在这个过程中逐步形成。

通过本节课的学习，我们能更好地理解人们在生活和其他领域见到的元素，如"加碘食盐""高钙牛奶"中的"碘"和"钙"分别指碘元素和钙元素。在这节课里，概念的形成与运用又不仅仅体现元素观这一个观念，我们还会发现化学学科思想分化出来的其他几个观念以不同的结合形式散布在我们的知识中，如何帮助学生们在初中化学的学习中形成化学学科思想，需要老师们的共同学习研究。（作者：武汉市光谷左岭第一初级中学·周雯婕）

五、变化观——从动态层面研究物质，包括物质变化的过程和条件

化学变化的基本特征是生成新物质，其过程伴随着能量变化与守恒原理。而化学变化的本质是原子的重组，因此变化观是物质变化宏观与微观的一个集合体。

世界是物质的，物质是变化的。物质世界充满了化学变化，人类的文明和社会的发展也离不开化学变化。化学变化的学习可以帮助人们认识和确定物质的组成、结构。化学变化有不同的类型，有些资料也把变化观理解为物质的运动观，即变化也是一种运动。初中生要掌握的物质的变化包括物理变化、化学变化，研究的重点是物质的变化规律、变化中的守恒问题和能量问题。

变化在自然界中广泛存在，人类很早就观察到了各种各样的变化，但是真正认识化学变化的本质并形成适当的科学研究方法，却经历了一个漫长的过程。人类最早广泛接触到的化学反应是物质的燃烧，在15世纪以前，有关燃烧的现象的研究及发表的相关解释非常多。1660年波义耳对燃烧的进一步研究和1789年拉瓦锡在他的名著《化学概论》里对燃烧本质的阐述，都是近代化学形成后基于元素论对化学变化的本质（就

是物质的组成变化）的说明。1799年，法国的一位药剂师普罗斯用许多实验证明了化合物有一定的组成，发现定组成定律。1803年，道尔顿的原子论揭示了化学变化的本质是构成物质的原子重新组合。1813年，贝采利乌斯在由汤姆逊主编的《哲学年鉴》上公开发表元素符号系统。一年以后，在同一刊物上，他又撰文论述了化学式的书写规则。到了现代化学时期，人们通过现代价键理论认识到化学变化的本质是物质内化学键的断裂和生成。以上种种表明人类对化学变化本质的认识是逐步深入和发展的。

探其究竟，有研究认为化学变化就是物质或构成物质的小微粒的运动，即化学变化应该是一种特殊的化学运动，不同于物理运动或其他运动。从宏观层面看，物质的化学运动是由一种物质变成另一种物质；从微观层面看，分子的改变就是原子通过自身运动所产生的，因此可以通过物质的化学运动表现来反映物质的化学性质。化学性质活泼与否，即指物质在一般条件下是否易于进行化学运动（即发生化学变化）。因物质的运动是有规律的，故物质的变化也是有规律的。初中常见的化学变化中的规律常见质量守恒定律，因为在化学变化中元素保持不变，原子只在价电子层发生变化，原子核和其他电子层保持不变，故参与反应和生成的整体质量不发生改变。化学变化的学习还涉及包括单质、氧化物、酸、碱、盐等各类物质相互转化的规律，化学变化中的质量、计量规律，部分化学变化中的能量规律的学习。为更好地学习其中的变化规律，我们也可以根据一定的标准将反应进行分类。例如，根据反应物和生成物的种类划分，可分为化学四大基本反应：化合反应；分解反应；置换反应；复分解反应。根据物质类型进行划分，如酸碱的性质反应、氧化或还原反应等（初中把与氧气的反应同归为氧化反应，夺氧的反应称为还原反应）。根据变化的规律，可以在生活生产中根据需要选择利用化学变化。

由此分析，化学思想中物质观、元素观、结构观以及物质运动等观念相互关联，共同构成变化观的基础内容，物质化学变化的宏观表象、化学变化规律、化学变化分类以及化学变化应用等在化学变化观中也有体现。

✎ 案例四十二：

线上教学——pH

2020年的春天，一场突如其来的疫情将我们困在家里，学校不能如期开学，可是学习不能间断。武汉市教育局联手教育云平台推出"停课不停学"大型网络教学活动为全市学生引入了新的教学方式。在这个活动中，大量一线教师踊跃投入网络授课活动，我也积极报名，承接了我们区第十单元课题2第2课时"pH"的教学。在教学内容和实施过程中，杨老师给我提了一些要求和修改意见，至于如何能在这个内容中体现化学学科思想的相关内容，我们一起来分析一下。

【案例描述】

课程从温故以下几种常见溶液的酸碱性入手：稀硫酸、稀盐酸、醋酸是酸性溶液；氢氧化钠、氢氧化钙和氨水的溶液是碱性溶液。那谁的酸性最强？谁的碱性最强？强到什么程度呢？通过前面的学习，我们已经知道酸碱指示剂可以检验溶液的酸碱性，如紫色石蕊试液或无色酚酞溶液。对于两瓶都是显碱性的溶液，能否用酸碱指示剂比较它们碱性的强弱呢？（给学生1分钟思考）答案是"不能"。在化学中，溶液的酸、碱性强弱的程度，即溶液酸碱度常用 pH 来表示。测定溶液 pH 通常最简单的方法是使用 pH 试纸。那 pH 试纸如何正确使用呢？酸、碱性的 pH 分别在什么范围内呢？让我们一起通过实验来学习一下吧：实验视频"pH 试纸测酸碱性"在线播放。

结合实验视频观看并归纳：

（1）稀盐酸、稀硫酸的 pH 为 1，为强酸性；稀氢氧化钠溶液的 pH 为 13，为强碱性；氯化钠溶液 pH 为 7，呈中性。pH 呈现两头增强趋势，所以，pH<7 的溶液都呈酸性，且数值越小，酸性越强；pH>7 的溶液都呈碱性，数值越大，碱性越强；pH = 7 的溶液都呈中性。

（2）pH 试纸的正确使用方法是用玻璃棒蘸取待测溶液滴在 pH 试纸上，再与比色卡比较，颜色最相近的数值即为测定的 pH。不可将 pH 试纸伸入待测溶液，避免污染试剂；也不可润湿后测量，因为湿润的试纸会使酸性溶液的酸性减弱，pH 偏大，碱性恰好相反，只有中性没有影响。

接着学以致用，利用 pH 试纸来测一下身边常见物质包括橙汁、蔗糖水、牛奶、番茄汁、肥皂水、汽水、自来水、唾液、草木灰水、洗洁精溶液的 pH，并记录在书上的表格里。不难发现，这种测量溶液酸碱度的方法简单、快速，但测量的数值都是整数，有些介于两个值之间的只能大概估计一下，如果需要更精确的测量就需要借助 pH 计，测量结果可以精确到小数点后两位。很自然地，我们从 pH 试纸的使用过渡到 pH 计的介绍。这个内容虽然简单，但是很重要，需要实时在线进行落实和检测，将课本第65页第1题（1）和（2）小题布置给大家，然后我们在线核对，发现学生对这块内容的掌握较好。

学到这里，了解溶液的酸碱度对生活、生产和人类生命活动具有重要意义就是接下来需要进行的内容，课本第63页有一段文字，带领同学们一同阅读学习。首先，化工生产中，许多反应必须在一定的 pH 溶液里才能进行；其次，农业种植中作物一般适宜在 pH=7 或接近7的土壤中生长，因此调节土壤 pH 也是改良土壤的方法之一。我们还可以通过 pH 监测降雨，正常雨水因二氧化碳的缘故 pH ≈ 5.6，酸雨的 pH<5.6；医学上还能通过体液的 pH 监测人体健康，因为健康人的各种体液必须维持在一定的酸碱度范围之内。

说到健康，课本第64页有一个关于保持头发的健康的探究活动。探究材料家家户户都有——洗发水、护发素。然后家里的洁厕精可以提供强酸环境，厨房的炉具清洁剂可以提供强碱性环境。但缺少酸碱指示剂是比较头疼的，如果家里恰好有紫包菜就可以自制，如果没有只能用其他蔬菜瓜果做指示剂。为确保在可控时间内完成探究，我还是借助了网络视频播放的形式供大家学习。同学们可以在课后根据视频的指导自己做验证。在这个探究中，我们发现护发素呈酸性，洗发水呈碱性，洗护结合保护头发的秘密就是碱性去污，酸性中和掉残留的碱性物质。

同样，关于了解溶液酸碱性意义的内容也可以通过课堂练习进行检测，课本第 66 页第 3、4 题给同学们 1 分钟时间思考回答。其中，第 66 页第 4 题与第 65 页的"调查与研究"都是有关酸雨的内容，第 4 题用到表格法处理实验数据，"调查与研究"设计为作图法，这两个方法都是我们实验中常见的数据处理法，与本节课的第二个部分内容相关，可以自然过渡到溶液酸碱度变化中的 pH 曲线变化的相应问题中来。可以借用乐乐课堂的一段微课视频介绍这个内容，视频解说很清晰，归纳得也很全面，但视频播放时间很短，学生的落实情况有待考证。于是，我将视频中的内容分类做成一些填空，利用成分分析的方式帮助学生落实这个内容的知识点，对其中一部分内容做了简短的归纳帮助同学们记忆。归纳如下：

酸碱加水都减弱，酸大碱小靠近 7；酸碱中和时，恰好相抵消，过量对向变；成分判定为谁多谁加盐，不多只有盐。

综上所述，酸碱性溶液加水只是溶液稀释问题，只涉及 pH 发生改变，但成分不改变，酸碱性不变；中和反应除了有盐和水生成，还涉及溶液 pH 的变化、反应过程中溶质的成分发生改变，也会伴随有能量的变化。只是关于能量变化，我们并没有仪器测量，为了使同学们在学习的时候有所了解，我特地选择了几个这方面的习题。现代先进的仪器可以测量该反应中的温度变化，通过温度变化曲线就可以简单推出反应的热量变化。

最后是课堂小结，由于是线上教学，不知道关于本节课的重难点孩子们有没有记全，我帮大家梳理一下：

（1）溶液的酸碱度的表示法——pH。

（2）pH 的通常范围为 0 ~ 14。

（3）测定 pH 最简单的方法是正确使用 pH 试纸。

（4）了解酸碱度对生产、农业、环境、健康都有重要的意义。

【案例反思】

线上教学是一次新的教学尝试，也是现代化信息技术与学科的高度融合，对老师和学生的要求都很高。本次线上教学活动有关化学学科思想的融合点还是蛮多的，虽然实验条件有限，但是每个实验都是实证观的体现。

例如，一开始指示剂为什么不能区别溶液酸碱性的强弱，因为变色单一。那么我们在引入 pH 试纸来区分酸碱性强弱时，就需要考虑实验的辨识度是否能达到。通过实验发现，pH 试纸在不同酸碱性溶液中的确能呈现不同的颜色，有 14 个不同的显色，的确是能很好地区分不同酸碱性溶液的强弱，这是化学学科思想中的实证观的观念。变色反应也是一种常见的化学变化，从通过指示剂认识酸和碱到 pH 试纸的运用，我们不难发现这类化学反应都属于显色反应，通过找共同点对化学反应进行分类既体现了化学变化是有规律的，又体现了变化观的观念。

关于课本第 64 页"洗发剂和护发剂的酸碱性"探究，结合我们对碱的学习，已经知道生活中去油污也可以用到碱性物质，所以可以推知洗发水能去除头发上的油应该也是这个原理。然后通过指示剂的变色验证发现我们的推理合理。同样的道理，护发素为什么能保护头发，根据洗护顺序，放在洗发水之后使用，根据前一课时酸碱中和反应可以推测护发素可能呈酸性，然后用指示剂进行验证。每种物质性质的预测和验证又符合物质观中物质的性质是可以认识和预测的观念。并且，两种物质一先一后使用，不论是碱性清洁头部还是酸性保护发质，都暗示了变化观中化学变化是有规律的、可以利用的观点。整个实验不论是物品还是方式方法，都具有简单、安全、可再生等优点，是绿色观的体现。本节课是对物质观、变化观、实证观和绿色观的整合，阐述了化学学科思想不仅仅对化学知识学习有重要作用，更是贯穿整个人类社会的发展，我们的生活无时无刻不是在利用物质、制造物质，并通过物质变化改善生活，提高生产能力。

后面关于溶液中 pH 变化曲线的相关问题，看似纯学科理论知识，其理解也是建立在元素观、微粒观和结构观之上的。比如，关于酸性或碱性溶液加水稀释，最终得到的溶液 pH 会无限接近 7 而不是等于 7，从微粒角度分析可知，酸性溶液中的 H^+ 和碱性溶液的 OH^- 在稀释的过程中并不会消失，只是 H^+ 和 OH^- 的浓度降低而已。构成酸性、碱性溶液的微粒种类没有发生改变，所以酸性减弱依然是酸性，碱性减弱也依然是碱性。当酸碱中和之后，H^+ 和 OH^- 反应生成 H_2O，导致 H^+ 和 OH^- 数目减少，溶液的酸碱度会随着反应物的量的不同发生改变。当两者恰好完全反应，酸性碱性相互抵消，变成中性溶液，溶液中的离子的种数发生改变，酸碱性改变；过量亦是如此。

（作者：武汉市光谷左岭第一初级中学·周雯婕）

六、平衡观——重点研究物质在化学变化过程中的平衡问题

化学平衡是化学热力学研究的重要内容，也是高中化学概念原理教学的重难点，初中化学不涉及。在此处只做粗浅的了解。

平衡一词最早出现在公元前 1000 年，中国的《周易》中提出了此概念。公元前大约 500 年，古希腊哲学家毕达哥拉斯提出了含有一定辩证法因素的平衡观，他把"整个天宇当作一个和谐与数"（黑格尔《哲学史演讲录》一卷：第 221 页），是一种动态平衡观。1799 年，法国化学家贝托雷第一次提出化学反应可以达到平衡。19 世纪中期，化学家们从化学动力学的角度出发进行研究，逐渐产生和明确了化学反应动态平衡的概念。这个概念最早是由法国的化学家贝特罗和他的助手圣·吉尔提出的。1864 年，

在动态平衡概念的影响下，挪威化学家 G.M. 古德贝格和 P. 瓦格以乙醇和乙酸生成酯和水的反应为基础进行深入研究，发展和确立了质量作用定律。1884 年，法国化学家勒夏特列研究鼓风炉中的反应时，依据经验总结出了外界条件改变时平衡移动的规律。1889 年，瑞典物理化学家阿累尼乌斯引入活化分子和活化能的概念，使化学动力学理论迈出了具有积极意义的一步，促进了现代化学平衡观的逐步形成。

化学平衡是相对的、动态的，是有条件的，改变反应中的某一条件，化学平衡是可以发生移动的。化学平衡是高中化学中很重要的一部分内容，也是学生学习的难点内容。为了让学生更顺利地形成平衡观，化学平衡的学习不能局限于概念本体的学习，要从学科概念和发展史的视角出发，构建基于化学平衡常数的平衡认识和平衡观，形成将化学平衡常数运用于平衡问题分析的一般思路，最大化地发挥化学平衡常数的教学价值和功能。

七、实证观——侧重通过实验帮助人们认识化学现象和化学规律的思想观念

初中化学是化学学习的起始学科，通过实验进行教学既可以培养学生的学习兴趣，又可以建立通过实验获取化学知识的思想观念，还可以使学生感受化学知识发现、验证、发展的过程，感受化学是一门不断在实验中求证并发展的科学。从化学实验发展过程来看，大致经历了早期化学实验、近代化学实验和现代化学实验三个时期。

公元 16 世纪以前，炼丹术士和炼金术士开始了一些实验，在此过程中产生了一些常用的化学仪器和基本的化学实验操作方法，是化学实验的雏形，属于早期化学实验时期。公元 16 世纪，弗朗西斯·培根看到了实验对于揭示自然奥秘的效用，指出以经验观察为方式的研究自然的方法是建立在对客观对象的深刻分析的基础上的。培根是第一个意识到科学及其方法论的历史意义及其在人类发展中的重要作用的人。马克思曾经就培根的方法论做出评价："科学是实验的科学，科学的方法就在于用理性的方法去整理感性材料，归纳、分析、比较、观察和实验是理性方法和重要条件。"有着"近代科学之父"之称的伽利略认为实验是知识的唯一源泉，因此从伽利略开始的实验科学是近代自然科学的开始。[1]

1661 年，波义耳在《怀疑派化学家》一书中强调实验方法和对自然界的观察是科学思维的基础，提出了化学发展的科学途径，被誉为化学科学实验的奠基人。1685 年，波义耳又根据自己的实践和对众多资料的研究，主张化学研究的目的在于认识物体的本性，因而需要进行专门的实验收集观察到的事实。1777 年，拉瓦锡通过定量实验研究推翻燃素说，论证了质量守恒定律。1800 年，最早的化学电源——伏打电堆诞生，它可以提供稳定的电流，是近代化学实验发展史上非常重要的实验手段之一。1824 年，维勒通过实验制得尿素，打破了有机化合物的"生命力"学说。1829 年，德国化学家

---

[1] 戴念祖：《〈中国大百科全书〉74 卷（第二版）》，中国大百科全书出版社，2009，第 255–256 页。

罗塞首次明确提出并制定了系统的定性分析方法。奥古斯特·孔德是实证主义的创始人，他认为实证主义在某种意义上即实证科学，实证阶段是人类智慧发展的最高阶段。1830年，孔德将自己的讲稿整理成书，出版《实证哲学教程》，推动了现代科学精神的发展与自然科学和社会科学的相互融合。1841年，德国化学家伏累森纽斯改进了系统定性分析法，随后编著了《定性分析教程》《定量分析教程》。1858—1859年，德国化学家本生和物理学家基尔霍夫奠定了一种新的化学分析方法——光谱分析法的基础，开启了光谱分析法。

1912年，德国物理学家马克斯·冯·劳厄发现并使用X射线衍射探测了某些分子或晶体结构。1919年，英国实验化学家阿斯顿在剑桥卡文迪什实验室从事研究工作时创制了质谱仪。1950年前后，美国有机化学家罗伯特·伯恩斯·伍德沃德以极其精巧的技术合成了各种极难合成的复杂有机化合物（达24种以上），对现代有机合成做出了相当大的贡献，所以他被称为"现代有机合成之父"。1965年，我国科学家第一次实现具有生物活性的牛胰岛素蛋白结晶的人工合成。随着科技的发展，计算机越来越广泛地应用在实验中，促使现代化学实证观逐步完善。

化学实验是化学学科理论建立和发展的基础，也是各个化学观点不断发展和完善的重要手段。我们在平时教学中需要培养学生形成通过实验获得新知、验证知识形成过程中的疑问的意识，不断地通过怀疑求实保持理性求真的化学实证观。除此以外，在教学中要渗透化学史的相关内容，不仅要介绍化学发展过程中的具体事件和观点的变迁，更需要学生在学习知识的同时继承和发扬化学家前辈们的不断探索、不停求真的科学精神。

✎ 案例四十三：

实证出真知，"走进化学实验室"第2课时

人教版化学上册第一单元作为实验教学的启蒙章节，细节上的内容非常多，需要强调的不仅仅是知识点的识记，还要让学生体验化学实验在化学学习中的重要作用。本课题的学习，我试图从预习和动手两个方面展开，分两个课时进行，第一课时带着学生做好预习，结合实验报告册的内容填写让学生感受新知，认识一些常用的实验室仪器，并对应实验仪器和仪器名称。在课上指导学生动手制作纸槽，介绍纸槽的使用，为第2课时的实验操作做铺垫。第二课时从回顾知识点入手，让学生养成化学学习中及时回顾所学知识的习惯，并结合老师准备的药品和部分仪器练习实验的基本操作。在操作中强调细节，并及时归纳概括，完善实验报告，落实知识点。

【案例描述】

第一步，引入。

师：同学们，请回顾一下上节课我们预习的内容：常见的实验基本操作有哪些？

生：药品取用、药品加热、仪器连接与洗涤。

（板书，带领大家认读实验台上的仪器，参照预习的内容和以上操作的需求在仪器柜找到合适的仪器，为实验做好准备。）

第二步，切入正题。

师：下面我们开始第一个内容：药品取用有取用固体、液体药品两种，现给大家提供固体与液体药品（稀盐酸和镁条），我们将它们放入试管进行试验，请指出方法、步骤，注意观察和记录现象，思考要注意的问题。

生：用镊子取镁条于试管中，倾倒稀盐酸。观察实验现象，做好记录：盐酸与镁条剧烈反应，冒出大量气泡，放出大量热，镁条逐渐变小消失。

师：固体和液体分别取用多少？取不同状态的药品有什么先后顺序？

生：根据药品节约原则：固体盖满试管底，液体 1～2 mL；药品取用顺序一般是先固体后液体（液体具有流动性）。

师：如果指明液体取用量，需要用什么仪器？如何读数？请自己选择仪器取 4 mL 和 6 mL 的水。相互之间检查操作上的问题，指出并纠正。

（学生选取 10 mL 量筒，配合胶头滴管，分别取 4 mL 和 6 mL 的水，然后读数，同桌之间相互检查，指正。）

师：我们可以看出取用液体应注意以下几方面：①选择大小规格合适的量筒。②胶头滴管使用时要悬在容器口的正上方，不能伸入或触碰容器。③读数时视线要与凹液面的最低处相平，俯视使读数偏大，取用量偏小；仰视会使读数偏小，取用量偏大。④胶头滴管使用后要及时清洗，不能平放或者倒置。

师：物质发生变化，有时常温就可以，但有时需要在加热条件下完成。根据预习内容，分别完成加水沸腾和绿色（碱式碳酸铜）粉末加热的操作，并将固体加热产生的气体导入澄清石灰水。注意操作中物质的量以及试管口的朝向。

学生按课本内容进行以下操作：倾倒不超过 1/3 试管体积的水，预热，加热至沸腾；另取一支试管，装入少量碱式碳酸铜粉末，装好带塞导管，向小烧杯中加入少量澄清石灰水，先预热后集中加热（注意外焰加热，液体加热试管向上倾斜 45°，固体加热试管口微微向下倾斜，朝向无人处）。观察并做好记录：

（1）水加热逐渐由小气泡冒出，至沸腾有大气泡不断冒出，沸腾的水会冲向试管口。

（2）绿色粉末逐渐变黑，试管口出现小水珠，导管口有气体冒出，澄清石灰水逐渐变浑浊。

师：我们可以看出加水沸腾和粉末加热过程的注意事项如下：①试管夹要夹在距试管 1/3 处；②装入粉末状药品时要注意用转动的方式使药粉平铺，增大受热面积；③要注意酒精灯点燃与熄灭方式；④仪器连接时，可以用水做润滑剂，注意力度要轻，旋入旋出。

师：本节课的实验操作接近尾声，现在请同学们看看自己的实验台，大家觉得实验结束了我们应该如何处理？

生：整理实验台，清洗和归还实验仪器，处理剩余药品。

师：请大家谈一谈通过一节课的实验，你有哪些收获？

（学生自由发言，并补充前面的小结。）

【案例反思】

本节课起初是因为实验室的使用没有排开，所以对授课顺序进行过调整，放到绪言后，第一单元课题1之前进行。绪言的学习让学生们对实验和实验室充满了向往，且化学本是一门实验型学科，学生对化学的期待多半就是来自此，那么我们关于化学学科思想在学生脑海中的根植就可以从这个点开始。整节课我们反复用实验操作对上一节课所学新知识进行复习和验证，让学生初次感受化学的学习方法，感受什么是化学学科中的实证观，让学生在学习化学之初慢慢形成这种化学学习特有的常规思维方式，并在实验中感受化学知识都是前人通过反复实证获得的，我们的学习也是一个不断发现新知和验证新知的过程。

本课时中第一个实验操作为固体液体药品的取用与相互之间的反应，这不仅仅是实验基本操作的学习，更涉及化学学科中物质观、变化观、实证观和绿色观的形成。首先，每一种试剂都是客观存在的物质，这些物质各有自己的物理性质与化学形式，实验前通过感官学习物质的物理性质。其次，动手实验可以让学生很好地理解预习中药品取用时为什么是固体先于液体，这里也包含了化学学科思想中的实证观。学生在学习化学之初能记住老师说的先固体后液体的实验顺序，但是就算明白，在后面的实验操作中屡屡犯错却不以为然。通过本次实验中的亲手操作，学生自然明白取用固体对仪器的倾斜甚至放平极易导致容器内液体的流出，从而证明操作顺序的必然性。再次，每种试剂的用量以及使用的安全性如何属于绿色观的范畴，第一次实验就必须掌握化学的节约原则，深刻感受可持续发展观念在化学中的重要作用。最后，学生在初步接触镁条和稀盐酸的时候，可以通过观察、感受、对比、反应现象的记录来进行学习，并做出合理的一些推断，再利用化学实验求证，这属于实证观和变化观的内容。这些观点和思维方式的形成不是单靠老师教就能让学生掌握的，更需要学生亲自参与。所以，初中化学教学要反复在各知识中渗透这些观念，用以培养化学学习习惯，形成化学学科思想。

第二个实验是学习使用胶头滴管精确取液，学生自己动手组装胶头滴管，体验橡胶与玻璃仪器连接的简单方法，感受读数的规范与不规范的不同，让同组学生相互检查，相互纠错，最大限度地发挥学生互评的作用，老师只做辅助指导工作。这一过程让学生感受到科学的严谨性和科学求真务实的态度，是化学实证观的重要体现。化学实验研究大致可分为定性实验和定量实验。但定性和定量并不是完全孤立的，很多定性的研究是依据了定量的验证，而定量实验也离不开定性的分析。胶头滴管的使用既可以放在定性实验中，如复分解反应"硫酸铜与氢氧化钠、氯化钡和稀硫酸"；也可以放在定量实验，如"酸碱中和反应、一定溶质质量分数溶液的配置"等，严格规范的实验操作是获得正确实验结果的前提，也是化学变化观和实证观形成的保证。

第三个实验为固体和液体加热。水沸腾的内容和操作都很简单，但是存在安全隐患——待水沸腾，液体快速喷出，学生感官受到强烈刺激，才能明白朝向无人处、液体的体积不能超过1/3的重要性。液体加热时试管向上倾斜45°是为了增大受热面积，使受热更均匀、更快速。这个安全操作是属于学科思想中绿色观的范畴。对于碱式碳酸铜的粉末加热，学生如何将橡皮塞顺利塞入试管，水的润滑和旋入旋出的做法一次性就能让学生明白其中的道理，接着实验中会看到固体粉末加热时产生的水蒸气在试管口凝结的水，明白为什么固体加热会不同于液体，试管口要略向下倾斜。同时，澄清石灰水变浑浊的现象出现既会增加实验的趣味性，又能为后面的学习打下基础。两种不同的物质变化，都会给学生留下深刻的印象，也是化学的物质观和变化观（世界是物质的，物质是变化的，物质的性质是可以认识和预见的，物质的变化是有规律、可以利用的）的再一次体现。这里酒精灯的使用也是重点，学生在物理中学过，但是因为条件有限，实际掌握酒精灯的点燃与熄灭的操作都是在化学实验中实现的。安全使用酒精灯是化学中的绿色观的体现。初中化学实验大多要使用酒精灯，必须要将实验的安全意识贯穿其中。

除此之外，我们应该注意的是，任何一个实验结束后都有后续工作要做，包括仪器的清洗与整理以及药品或残余物的处理。要理解仪器清洗干净的标准是什么，注意轻拿轻放和玻璃仪器使用安全（化学实验中大部分仪器都是玻璃的）等，也要注意树立减小对环境的伤害，节约资源、坚持可持续发展的意识，这也是化学绿色观的重要内容。（作者：武汉市光谷左岭第一初级中学·周雯婕）

🖊 案例四十四：

二氧化碳制取的研究

二氧化碳的实验室制取探究是初中气体制取探究的重难点，它不仅是学生在初中气体制取的重要课题，更是对气体制取一般思路的归纳。所以，本课题的学习重难点是学生能通过本课题的学习明白一般气体制取的原理、仪器的选择及操作步骤和注意事项的完善。2019年11月校内教研组活动，我跟学生们共同学习人教版第六单元课题2二氧化碳的制取，经过多方教学设计的学习后，最后我们决定以东西湖区朱峰老师2014年给我们演示的教学设计为蓝本，简单修改后进行教学实践。

【案例描述】

师：同学们，今天老师想和大家一起学习二氧化碳的制取探究，你们觉得我们该从哪里入手呢？

生：（思考并回答）药品，仪器。

师：还有没有其他的呢？下面带着这个问题，我们进入今天的学习。请大家回忆一下我们在前面的学习，有哪些反应是可以产生二氧化碳的呢？这些反应可以为我们今天的探究内容提供实验药品或反应原理吗？想好了可以填写在课本第116页第4题的表格中。

生：（回忆并举例）碳燃烧、蜡烛燃烧、石灰石与稀盐酸、碳酸钠与稀盐酸（前面两个较容易被回忆起来，后面两个有些同学需要提醒才能想起来）。

师：那么，我们在实验室做气体的制备实验时，在药品选择上往往可能需要考虑一些因素，请同学们来举一下例子，老师帮你补充。

生：反应快慢、气体纯不纯等。

师：实验室制取气体时药品选择要注意以下几点：①反应装置简单、节能易操作；②反应原料廉价易得；③产生的气体纯净且便于收集；④反应速度适中。那么，刚才所举的例子里面，根据我们需要考虑的因素，你觉得哪些能做本次探究的备选？

生：两个燃烧都不太合适，另外两个——

师：另外两个大家拿不准，不要紧，我们来看看朱老师给大家准备的实验视频，对比一下看能不能找到答案。（播放朱老师的对比实验视频。）

生：哇，太快了，一下就结束了，我喜欢快的，但觉得不太适合。

师：大家很快就有了结论，因为碳酸钠跟盐酸反应的速度太快，导致气体不便于收集，因此不太适合。所以，本次探究实验的药品为大理石（或石灰石）与稀盐酸的反应。这个反应的原理我们用化学方程式表示为 $CaCO_3+2HCl = CaCl_2+H_2CO_3$，但碳酸不稳定，会快速分解 $H_2CO_3 = H_2O+ CO_2\uparrow$。由于两步反应看不出中间的停顿，因此人们将两个反应合并用总反应式：$CaCO_3+2HCl = CaCl_2+H_2O+ CO_2\uparrow$。请大家做好笔记。

师：现在我们找到了合适的药品，学习了反应原理，接下来是大家最关心的反应仪器的选择。下面请大家结合我们学习过的氧气的制取，回忆一下制取气体可以选择哪些常见仪器并组成几种反应装置。请举例说明。

生：固体加热装置——加热高锰酸钾或者氯酸钾分解制氧气；固液不加热装置——过氧化氢分解制氧气。

师：这两种反应装置的不同之处主要是因为什么吗？你还能想到收集装置的选择依据吗？

生：反应物的状态和反应条件不同，所以装置不同。收集气体可以选择排水法或排空气法，要考虑气体是否溶于水或与水反应和气体的密度问题。

师：所以大家能否根据我们今天探究内容选出来的药品，借助反应原理的学习选出装置并指出选择依据？

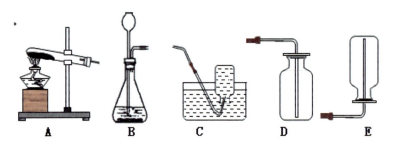

请学生完成表5-3，指出反应装置的选择依据反应物的状态和反应条件，收集装置依据二氧化碳的密度和溶解性（学生这一块大多还不清楚，需要指导他们进行课前资料的查找，做好课前预习）。

表5-3　制备 CO_2 气体的反应

药　品	石灰石（大理石）与稀盐酸
反应原理	$CaCO_3 + 2HCl = CaCl_2 + H_2O + CO_2 \uparrow$
反应物状态	固体 + 液体
反应条件	不加热
密度	密度比空气大
在水中的溶解性	能溶于水
发生装置	B
收集装置	D

师：讲到这里，老师也准备好了药品、仪器，下面请一位同学来完成这个探究实验，也请其他同学一边仔细观察，一边归纳实验操作的一般步骤。

教师将学生指出的步骤归纳并板书、完善。

步骤：①组装装置，检查装置的气密性；②装药品（先固体后液体）；③收集气体；④……师：（由于之后孩子们答不上来，我试着用问题提示）同学们，收集了气体大家就觉得结束了吗？你怎么确定你收集的就是二氧化碳？何时集满一瓶？请说明你的方法（可以参考课本第115页的图示）。

生：检验可以用澄清石灰水，验满用燃着的木条放在集气瓶瓶口，木条熄灭则收集满。

师：对，二氧化碳气体可以通入澄清石灰水，现象为石灰水变浑浊，说明我们收集的是二氧化碳；验满则是利用二氧化碳不支持燃烧的性质，将燃着的木条（特别注意不是带火星的木条，很多同学学到这很容易将氧气制取的一套方法套用到这里）放在集气瓶口，如果木条熄灭说明气体集满了（借助动画完成）。所以，制取气体不仅要找到合适的方法、仪器，还要注意相关气体后续的验证。好了，二氧化碳我们顺利制取了，请结合今天的学习整理一下思路，告诉我一般气体制取的思路。

生：确定制取气体的化学反应原理（药品、反应条件、催化剂等）；确定制取气体的实验装置（发生装置、收集装置）；确定验证方法（性质检验和验满）。

师：朱老师给大家留了个习题，检测一下自己是不是真的掌握了气体制取的一般思路。

（1）氢气是相同条件下密度最小的气体，难溶于水。已知电解水与金属锌与稀盐酸（$Zn+2HCl = ZnCl_2+H_2\uparrow$）的反应均可生成氢气。实验室中使用哪种方法制取氢气更合适呢？

（2）如果使用金属锌与稀硫酸反应制取氢气，其发生装置应使用_____；收集装置可选用_____。在制取好氢气后，我们还需要进行必要的检验。

生：金属锌与稀盐酸反应更节能一些；发生装置选择固液不加热型，收集可用排水集气或向下排空气集气。

师：课本第115页给了我们一套常见的固液不加热装置，它有什么优缺点？根据你自己的分析，还能构思出什么样的装置？

生：优点是容量大，可以添加液体药品，可以控制反应的发生与停止，不需要铁架台固定；缺点是不能控制反应的速率。最简易装置制取少量气体（两个试管，一个带塞导管），还可用分液漏斗或注射器代替长颈漏斗（发言很踊跃，不一一举例。）

师：好的，感谢同学们的分享，今天的新知识我们就学到这里。下面我想问最后一个问题，之前我们学习了氧气的制取，今天学习了二氧化碳的制取，我们还有其他收获吗？

生：我们还学了制取气体的一般思路：确定反应原理（药品，反应条件）确定反应装置（反应物状态和反应条件）；气体相关验证。

师：课本第116页练习1，2，5课堂完成，练习3，6课后完成。

【案例反思】

关于"二氧化碳制取的探究"在其他教学设计的版本中还涉及碳酸钙粉末和硫酸不能选择的解释，这一问题在课后第116页课后第5题也有所反映。碳酸钙粉末与酸的接触面积较大致使反应太快，且其成本偏高，所以我们不选择；稀硫酸与碳酸钙反应会产生微溶于水的硫酸钙，覆盖在药品表面阻碍反应的进一步进行，所以也不选择。但如果仅仅是一句话带过，或许同学们会记住，但有的同学不免会有疑问"真的吗？"对于装置的改进和优缺点的比较也是如此。化学是一门实验型学科，纵观化学史会发现所有的化学知识都是以实验验证为依托的，这也是化学学科思想中的实证观观点。那么这个问题在本次教学活动中因为没有足够的时间安插，我们放到下一个课时，讲习题的时候进行演示实验验证或者在本单元的实验活动中根据学校条件进行增设也是可以的。

本节课虽是实验的理论性教学，但是化学学科思想的渗透还是挺充足的。具体分析可以发现，我们先在考虑反应原理的选择时遵循了化学学科思想的元素观、物质观、变化观。因为不论是哪种化学反应，都需要有二氧化碳生成，那么反应物肯定含有碳元素和氧元素，这个内容在学习氧气制取中提到过。接着对比的碳酸钠和大理石（主要成分是碳酸钙）和酸反应产生二氧化碳，较为浅显地提出碳酸盐的化学性质或者说是酸的化学性质，也算是个类推，符合化学学科思想的实证观里的合理推理。然后，实验装置的选择是根据氧气制取学习中相关知识的合理推理和运用，是实证观的有效体现。最后，对于气体制取探究中"我们还应该考虑的问题"也符合实证观中怀疑以求实、探索以求是的观念。

二氧化碳的制取研究当然不仅仅是为了制一瓶二氧化碳，更希望通过本次探究同学们能够归纳出气体制取的一般思路。氧气的制取探究是个引入，内容没有那么深，但是为二氧化碳的制取探究做足了铺垫，知识点环环相扣。初中化学虽然学的时间不长，课本内容也不算特别多，但通过本课题的学习，我们可以感受到初中化学学习将化学学科思想贯彻得比较彻底。因此，要想学生学好初中化学并在化学学习的道路上走得更远，一定要在学生的脑海中根植化学的学科思想。（作者：武汉市光谷左岭第一初级中学·周雯婕）

八、绿色观——人们在应用物质、生产物质、防治污染以及可持续发展等的思想观念

绿色化学不是传统化学的分支，而是传统化学思维的创新和发展，是人类用巨大的环境危机为代价换来的对化学发展的新认识。这种观念倡导从源头消除污染、保护生态环境，要求工业化生产能合理利用资源和能源，实现以可持续发展为核心的科学发展，是整个化学工业的一次重要革命，是化学学科发展的高级阶段。

绿色观的形成可以追溯到1909年，德国化学家弗里茨·哈伯以锇为催化剂合成了氨。在他的设计中，反应气体在高压下循环加工，并从这个循环中不断地把反应生成的氨分离出来，后来实验证实这个工艺过程是可行的。这个设计包含气体原料循环工艺，根据哈伯的工艺流程，人们还找到了较合理的、可以生产出大量廉价的原料氮气和氢气的方法。为了使这种制氨工艺走出实验室，实现大规模生产，人们又不断去寻找高效稳定的催化剂。哈伯的合成氨的设想终于在1913年得以实现，一个日产30吨的合成氨工厂建成并投产。分析这个工艺，会发现它从提高原子经济、使用可再生原料、开发新型催化剂等多个方面阐述了化学的绿色观的内容。[①]

20世纪科技飞速发展，三大合成材料应运而生，遍及人类衣、食、住、行的各个方面，但与此同时，联合国也提出全球共存的十大环境问题大多与传统的化学有关系。

---

① Barry M.Trost，"The atom economy－－a search for synthetic efficiency，"*Science* 254，no.5037（1991）：1471-1477.

首次让人们真正注意到环境问题的是 1962 年蕾切尔·卡逊的《寂静的春天》的问世。1984 年和 1989 年，美国环保局相继提出了"废物最小化"和"污染预防"，初步形成了"绿色化学"思想。[1]1990 年，美国颁布了相关的污染防治法案。1991 年，美国化学会首次提出"绿色化学"这一概念，确定了绿色化学在化学中的重要地位。同年，巴里·特罗斯特首先提出了原子经济性概念，标志着人们开始研究节约原料提高产率和减少污染。1995 年，克林顿宣布了"总统绿色化学挑战计划"，这是化学化工领域内唯一的总统奖，以表彰在绿色化学领域中做出杰出成就的企业和科学家。同年，中国科学院化学部确定了"绿色化学与技术"的院士咨询课题。1997 年 5 月，在以张存浩、闵恩泽和朱清时三位院士为会议执行主席的香山科学会议第 72 次学术讨论会上，以"可持续发展问题对科学的挑战——绿色化学"为主题拉开了中国绿色化学研究的序幕。[2]1998 年，P.T. 阿纳斯塔斯和 J.C. 沃纳提出了绿色化学的 12 条原则，指明了绿色化学的发展方向，这是化学史上新的里程碑。[3]1999 年，英国皇家化学会创办了第一份国际性《绿色化学》杂志。2000 年，美国化学会出版了第一本绿色化学教科书。[4] 现代化学绿色观初步形成。

化学绿色观包含的内容非常多，涉及污染的预防、无害过程设计、提高产率、安全生产、可再生资源利用、节能减排等。其发展与完善的过程伴随着绿色化学的诞生与发展，也是化学发展的必然趋势。新课程标准也要求学生能通过化学知识的学习认识科学、技术和社会之间的相互关系，在学习实践中增强学生的社会责任感。这对我们老师在平时的教学中提出了相应的要求，要充分利用教材资源，在知识中渗透绿色化学教育，形成化学绿色观，理解绿色化学对于人类、人类赖以生存的环境和可持续发展的重要性，知道整个社会都需要可持续发展。

目前，从初中阶段学生的认知发展水平和课程标准来看，初中化学学习过程中需要学生形成的基本观念主要包括元素观、物质观、微粒观、结构观、变化观、实证观和绿色观。各观念在形成中对教学都提出了相应的要求，需要老师平时能充分解读教材资源和课标内容，利用好教材资源，把握教材中事例与生活生产的关系，运用合适的语言，将基础内容落实好，这些观念的初步形成对后期高中化学学习中涉及的各观念的完善和发展以及平衡观形成都有指导作用。

---

[1]　肖玲、朱亮亮：《绿色化学理念在"环境化学实验"教学中的应用探讨》，《科教导刊（上旬刊）》2020 年第 2 期。

[2]　胡明星、宿辉：《绿色化学理念在高等化学教育中的融入》，《黑龙江高教研究》2009 年第 7 期。

[3]　Paul T.Anastas and John C.Warner, *Green Chemistry Theory and Practice*（New York：Oxford University Press，1998），p.45.

[4]　周成勇.《树立绿色化学观念　改革化学实验教学》，《长治学院学报》2008 年第 5 期。

✎ 案例四十五：

"二氧化碳的性质"中不同教学方式的对比与思考

二氧化碳的性质学习是人教版第六单元第三课题的第一课时内容，本内容的学习是基于二氧化碳的制取上，对二氧化碳的制取实验有复习和拓展的帮助，同时对一氧化碳的学习起到铺垫作用。本课时设计了许多实验内容，从教材出发，意在从实验现象获得结论，继而获得知识点。这些实验操作简单，现象明显，条件允许就可以做学生分组实验，学校条件太过于有限的可做教师的实验演示。本节课的知识点丰富，每个知识点都是武汉市中考的范围。因此，这节课的内容在教学过程中采用什么样的教学方式进行，能高效又准确地让学生掌握是教研活动反复探讨的话题。毕竟随着信息化的普及，会有更多更先进的方式推出。对此，区教研室于 2017 年 12 月 7 日在武汉市花山中学举行了一次化学常规教研活动，请了两位教学经验较丰富的青年教师就这一内容开展教学活动，通过对教学方式中的不同之处做对比引发了一些讨论，给了我一些对二氧化碳性质教学的启示。这节区级示范课，不仅仅是教师教学基本功的展示，更是教学技能的比拼。两位老师的课题引入分别采用不同的方式，分别为回顾引入和音乐视频引入。前者有利于将新旧知识巧妙地联系起来，后者更善于激发学生的学习热情。除此以外，我还特别关注了他们对于课本的每一个实验的处理方式，两位老师果然都采用了不同的处理方式，他们在其中关于化学学科思想的渗透也引发了我的一些思考。

【案例描述】

第一，演示实验对比微观视频观看。

本课题的第一个性质实验为"二氧化碳的倾倒"，两位老师分别采用了不同的实验教学方式。A 老师借用传统的演示方式完成教材中的实验内容。为确保实验顺利、结果明显，A 老师准备了两大瓶二氧化碳气体（她自己介绍说，为避免意外特别用了排水法收集），倾倒的时候用玻璃片稍稍隔着（这是广泛采用的实验改进方式）。授课节奏把握得当，结论得出有理有据。B 老师采用了播放微观动画视频的方式，视频中利用二氧化碳微观分子模型呈现，倾倒时可以很直观地看到二氧化碳从集气瓶流入烧杯，通过控制二氧化碳倒入的量，即可以逐步观察到烧杯内蜡烛由下至上熄灭。结果证明，这两种方式学生都接受，也都很喜欢。这是在对二氧化碳有感性认识的基础之上进行的二氧化碳的密度比空气大的学习。对此，不论是演示实验还是动画视频播放，都达到了预期效果。

第二，演示实验对比分组实验。

本节课接下来的两个性质实验分别是二氧化碳溶于水和二氧化碳与水反应，这两个实验操作简单，现象明显。我们的 A 老师继续沿用演示实验的方式进行教学，她自备了两个空塑料瓶（装满了二氧化碳）和几朵自制的干燥紫色石蕊纸花（用细绳穿起来），请了一位小帮手到前面和她共同完成实验。首先是将一杯水倒入装满二氧化碳的空塑料瓶，然后盖好瓶盖，强调让小帮手握住瓶盖处，用力震荡塑料瓶。塑料瓶快速变瘪，得出了二氧化碳的溶解性。然后将石蕊纸花按顺序放入，先放干的，然后取出放湿的（外面有一个湿润的纸花做空白对照），发现只有湿的小花在二氧化碳中会变红，证明二氧化碳不仅能溶于水还能与水反应。为方便全班同学观看其中纸花变色的现象，她还借用摄像头把实验过程和现象投射在班级显示屏上。这是借用现代教学仪器演示实验中常用的手段，操作简便，而且现在的教室也基本都具备这样的教学条件。所以，现在做任何演示实验都不必再担心只有前面的同学能看，也省去了为让全班看到实验，老师举着实验装置围着教室走动的麻烦。B老师则选择用分组实验，这种学习方式也是我们常说的小组合作学习，不仅能培养学生的动手能力，也能增强学生的参与意识和合作精神。当然这里需要老师做更多的课前准备，每个小组都有至少两瓶二氧化碳和两朵石蕊染色的干燥的小花（为方便，这位老师用滤纸染色简单折叠充当小花）。课堂预设这一块的时间也要比演示实验长一些，还需要老师能很好地把控课堂，妥善处理实验探究中存在的问题，包括被动参与、表面热闹和评价单一等。虽然呈现方式不同，但这两种方式同学们同样乐于接受，都觉得很有意思。

第三，演示探究实验对比实验探究题的设计。

本节课最后一个性质实验是二氧化碳与澄清石灰水的反应。这个实验学生已经不陌生了，直接做演示实验或者学生实验对学生们来说都没有多大的吸引力。A老师变相从生活出发，让学生通过自身经验和实验现象的推理了解碳酸饮料放出的气体是二氧化碳，然后做检验释放的气体的实验。学生设计方法、步骤，老师按照学生的指导完成实验演示，将原本简单的实验变得满满都是新意，现象明显，确实不失为本节课的一个亮点。这个实验从碳酸饮料中收集气体，既可以培养学生持久的化学学习兴趣，使学生更好地理解化学与生活紧密联系的事实，更好地理解与掌握有关二氧化碳的知识，又可以从节约的角度体现化学中的节约原则。B老师利用课本第122页"课外实验"的内容，从鸡蛋壳的成分（含有碳酸钙）的探究出发，结合实验室二氧化碳的制取的研究的复习，参照课本提供的方案（与食醋的反应），再结合生活中常见干燥剂可制得石灰水（强调安全），大胆猜想实验现象和结论，既能将简单的知识点变成实验探究，又能将知识点与生活紧密结合，还能使二氧化碳与澄清石灰水的反应的学习得到很好的提升。个人观点，九年级的化学知识点是有限的，怎么脱离如同嚼蜡的重复是关键。

第四，习题反馈之齐点评对比学生互评。

本节课实验部分都结束了，进入常规的习题反馈阶段，两位老师分别采用不同的方式进行。A老师采用大家一起做，然后一起给出答案，将有异议的答案进行点评（一部分发现于老师的巡堂，一部分是学生自己提出来的）的方式，既能体现课堂的整体性也能针对性地解决课堂遗漏。同学们处理课堂习题的课程中，老师可以观察同学们的答题情况，根据个别存在的问题做单独指导，高效而直接。B老师给大家准备了学案试题，请同学们以小组为单位进行组内互评。因为组内学生完成试题的速度有快慢之分，老师可以批阅每组中完成较快同学的习题，然后再让这位同学批阅本组其他同学的习题，或通过批阅其他同学的答题任命小组长的副职，帮助老师一起为组内同学进行问题解答。这个做法就是我们常说的学生互评或者"小老师"，一方面学生跟学生讲解能用他们更容易接受的方式，提高效率；另一方面可让帮忙批阅作业的同学做自我检查，是学习中自省的重要环节；另外还可以鼓励学生更好更快地完成学习任务，是典型的激励机制。这种方法还可以收集各组中不能解决的问题进行组际交流，作为老师，只用针对学生中僵持不下的问题做点评即可大大提高老师的教学效果，节约时间帮助更多有问题的学生，使老师和学生双向受益。

【案例反思】

纵观整节课，我们会发现A老师无一例外地用演示实验将本课时内容串联起来，就演示实验本身而言，在日常教学中非常常见，优点很多，如可控性会更强，老师只需要做好充足的准备，一切基本都可以按照预定路线发生，即使是这个"二氧化碳的倾倒"实验，我们身边许多老师都有失败的经验，但通过改进还是会有很明显的效果。那演示实验的教学过程是怎样的呢？如何能很好地体现化学学科思想呢？我们把实验过程回顾一下，做二氧化碳倾倒之前，老师们都会展示实验装置，让学生通过已有知识经验做出合理的假设，包括蜡烛会熄灭，高蜡烛和矮蜡烛不会同时熄灭等。然后通过演示实验进行验证，最后归纳总结。实验验证过程就是化学学科思想中的实证观，孔德曾阐述的自然科学研究中的三个基本模式——观察、实验和比较，在这里是个很好的体现。实验中运用的方法也是遵循他为获得实证知识提出的方法，包括观察、预见或假说、归纳推理、主观综合，A老师所进行的其他演示实验亦是如此。其中，借用碳酸饮料学习"二氧化碳与石灰水的反应"取材于生活，应用于实验，既能通过实验学习碳酸的不稳定性，也能学习二氧化碳的性质，是物质观、实证观和绿色观的有机整合。

初中化学是化学的起始学科，"进入"这门学科首先需要做的是培养学生按照化学学科的思维范式进行思考，也就是要形成化学学科思想。化学学科思想来源于具体的化学知识，又不同于具体的化学知识，但是可以为深刻理解化学知识做铺垫。因此，化学学习不同于其他学科的学习。

在本节课中，我们的B老师处理实验的方式有3种，每种处理方式都从不同角度阐述了化学学科思想的观念。B老师先播放微观动画描述"二氧化碳倾倒"实验的过程。微观视角本身是比较抽象的，在化学实验的学习中，借助分子模型模拟气体流动，突出视觉刺激，对于解释下面的"哪只蜡烛先灭"是非常直观的。扣住了化学学科思想中物质是由微粒构成的（微粒观），物质的性质是可以认识和预测的观点。当然，微观视频的制作毕竟有人为因素在里面，容易受到质疑，但当学生们经历过微粒的学习之后，借用这些观点解释这个实验分析对新知识的学习是很有帮助的。如果可以，把这个演示实验和视频结合起来会更完美，既是新知识的学习，也是新知识的验证。

B老师的"二氧化碳的溶解性及与水的反应"同样是合理假设，实验，观察与对比，主观综合获得实证知识，不过利用的分组实验更符合学生发展的需求，对综合素质的培养以及科学探求精神的培养都是有帮助的。

最后一个探究实验的设计倒是巧妙地将学科思想中的物质观和绿色观融入进来了。利用生活的现有材料（鸡蛋壳、食醋、食品干燥剂），设计了一个探究内容。这些生活的物品被得到合理运用，是物质观的体现，也是坚持可持续发展的重要思想。设计中强调实验的安全性，预测可能危险，使用可再生资源，运用无害化实验方法，无一不是化学学科思想的绿色观的体现。

一节示范课做到了较全面地引导学生学好化学，将化学知识与生活联系起来，将化学知识引入生活中去，服务生活、改善生活，这也是化学学习的宗旨。

对于本节课的学习，我发现虽然教学方式在本节课中呈现了对比，内容、方法都是根据学生的具体情况发生改变，也根据社会对教学的要求和人的发展需求发生着变化，但不论是怎样的变化，他们最终还是围绕化学学科思想展开的教研活动，因此任何一个新知识的学习，我们只需要围绕化学学课思想分支下的几个观念开展教学活动，就能使我们的学生慢慢地认识化学，学会化学。（作者：武汉市光谷左岭第一初级中学·周雯婕）

宋心琦教授认为："化学教学能够使学生终身受益的不是具体的化学专业知识，而是影响他们世界观、人生观和价值观的化学思想观念。"[1]化学学科思想的研究有多种，其中，依据学科基本思想的组成分为的元素观、微粒观、结构观、物质观、变化观、平衡观、实证观和绿色观的八个常见观念中除平衡观见于高中化学的学习，其他七个基本观念可以在义务教育阶段化学学科学习中初步形成。但这些思想在义务教学阶段的日常教学过程中时常又不是单一形式出现的，很多时候是多个观念杂糅并存于一个课题中。因此，关于如何通过一个课题的学习帮助学生形成相应的化学观念，还需要我们不断探索。

---

[1]　傅兴春：《化学学科思想》，福建教育出版社，2017，第2页。

第六章 道德与法治学科史及道德与法治学科思想方法

第一节 道德与法治学科史

2019 年 3 月 18 日，习近平总书记在学校思想政治理论课教师座谈会上的讲话中明确提出："思想政治理论课是落实立德树人根本任务的关键课程。"这一论断鲜明有力，内涵丰富，表明了学校思政课（道德与法治学科）的特殊重要性。

道德与法治学科是体现社会主义办学方向的关键课程。为了培育好我们的下一代，作为道德与法治学科教师，我们肩负党和国家交付给我们的历史重任，应该抓住历史机遇，迎接挑战。下面笔者就从道德与法治学科的发展史开始探讨。

"政治"是政治学中最基本的概念。在西方，"政治"来源于古希腊语的"城邦"（城市国家）一词，政治学即"国家学"。古希腊哲学家柏拉图的《理想国》为其代表，而亚里士多德的《政治学》为其基本标志。在中国古代，"政治"通常称为"政"或"治"，主要指布政治事，"治者理也""劳心者治人"。所以，中国古代所说的"政治"，主要指治国之道。

事实上，古今中外最初社会上并没有政治学这一专门学科。在西方，闻名遐迩的古希腊哲学家亚里士多德通常被认为是西方历史上第一个进行学科分类的人。他把自然、人文、社会各种学科按研究对象做了分类并进行讲授，"政治学"就是其中一门，他的讲稿后来就成为古典名著《政治学》（Politics）。从那以后，政治学就成为一门独立的学科。

我国世界古典文明研究的开拓者和奠基人——林志纯先生认为，《论语》不但是一部政治学著作，而且是世界上最早的一部政治学。但是，通过查阅中国古代图书典籍的分类，我们不难发现，早先我国是没有学科分类的。所以更多的古史学家认为，政治学在中国古代并未作为一个专门独立学科而与其他学科区分，就像梁启超所说，我国学术"专门之业不分"（《学校总论》）。但是，不能因此笼统地说中国古代没有政治学。

春秋战国时期，王室衰微，诸侯争霸。所以，当时出现了许多相互竞争的思想流派，根据汉代历史学家刘歆《汉书》中的描述，当时各诸侯国为了争霸都提出了各自的治国之道。比如，儒家主张"德治"和"人治"；法家主张依法治国，"不别亲疏，不殊贵贱，一断于法"。所以，司马谈在分析诸子百家时说他们"务为治者也"（《史记·太史公自序》），章学诚也说他们都是"思以其道易（治）天下"（《文史通义·原道》）。荀子说："彼国错者，非封焉之谓也，何法之道，谁子之与也？"（《荀子·王霸》），用现代话说就是用什么原则和方略治国、用什么人去制定路线、使用干部是维护国家的根本。由先秦开始，几千年来，"治国之道"都是中国统治者统一天下的政治思想的传统特色。

我国从先秦开始将思想学术与"治国"紧密联系在一起，所以教育、学习便成为"从政"的进身之阶，所谓"学也，禄在其中矣"（《论语·卫灵公》）。秦汉以后，中国进入中央集权的君主专制时期。此后两千多年，整个教育、读书都与国家"求贤"相联系，成了仕禄的手段。后来，无论是荐举制，还是科举制，人们都围绕选官取士的要求读书学习，考什么就学什么。直至明代"八股"兴起，做好八股制艺即可。在这种情形下，中国传统学术也就无所谓学科分类了。

清末西学东渐，魏源提出"师夷长技以制夷"的思想。其后，西方各种政治思想、学说便传入我国，并成为人们反对君主专制的思想依据。在清末改革中，废除科举，建立新式学校，建立了"京师大学堂"。1902 年，京师大学堂设立"仕学馆"，并于 1903 年在法科中设立了政治科，后改为政治学。此后，现代意义上的大学逐步出现，这些大学也先后建立了政治学系。

不过，中国有体系独立的政治学从一开始时起，就是向西方学习的产物，是按照西方的学科体系建立起来的。那个时候，整个学科的建制基本是仿照西方大学的政治学系，教授、学者许多都有"出洋留学"的经历，课程所用教材或者直接采用西方的原版教材或者按照西方学者的模式编写而成。

1949 年 10 月 2 日，中华人民共和国与苏联建交。此后，我们开始按照苏联模式改造旧大学，建立新大学。1952 年，全国高等学校院系调整，政治学被视为"资产阶级伪科学"而砍掉。不过，有一点应该看到，政治学并没有完全消亡，而是仍有余存。在学习苏联的过程中，政治学的一些科目被保留了下来。如果说传统政治学是以研究国家（政府）问题为主，那么在当时法律系的课程中，国家问题还是包括在内的，如《国家与法的理论》《国家与法的历史》《宪法学》《行政法学》《国际法》等课程就涉及了国家问题。这些课程的设置不仅保存了政治学的一些内容，还为政治学后来的恢复储备了一些人才。

1980 年，中国政治学会成立。至此，中止了将近三十年的政治学在我国得到恢复。随着改革开放的发展，我国政治学的地位逐步得到稳固。目前，政治学教育体系已经完备，学科门类基本健全，科学研究深入展开，研究成果（包括教材、专著、译著）出版甚多。

在 21 世纪，我们政治学者更应站在新时代，用新思想引领新征程，全面贯彻落实科学发展观和构建社会主义战略思想，正确对待中国传统和西方文化，从时代出发认真汲取，建立我们自己的政治学学科体系，从而为促进我国的政治发展、政治文明建设，培养人们正确的人生观、价值观，为社会主义政治现代化建设做出应有的贡献。

一、道德与法治学科发展的轨迹

2016 年，教育部办公厅发布了《关于 2016 年中小学教学用书有关事项的通知》。该通知明确从 2016 年 9 月 1 日起将义务教育小学和初中起始年级"品德与生活""思想品德""品德与社会"等教材名称统一更改为《道德与法治》。道德与法治学科名称先后经历六次大的调整，始终是"大德育"的概念。所谓德育课程，其实是涵盖政治、思想、道德、法律、心理等德育元素的共同体。

二、道德与法治学科的性质——不忘初心

《道德与法治》初中六册，围绕个人、家庭、学校、社会、国家、世界展开编排。

它是一门进行国家意识形态教育的课程，旨在提高学生社会参与能力，培养当代中国公民思想道德素养。其课程设置的根本意义和宗旨一直是"一脉相承、初心不改"。

三、道德与法治学科的基本要点——培养学生发展核心素养

所谓"核心素养"，就是指学生应具备的，能够适应终身发展和社会发展需要的必备品格和关键能力，是关于学生知识、技能、情感、态度、价值观等多方面要求的综合表现。

学生发展核心素养不同于一般意义的素养，它不是依赖直接经验获得的，而是体现综合性品质的"教养"。

当前，以培育核心素养主导学科树人的目标，也已成为基础教育课程改革的标志性追求。

四、道德与法治学科追求目标——树人的价值

道德与法治学科是用习近平新时代中国特色社会主义思想铸魂育人的关键课程，是落实立德树人根本任务的关键课程。习近平总书记一再强调"立德树人"是学校的根本任务和立身之本，表明了"立德树人"在我国教育事业中的特殊重要性。"树人"包含"立德"，"树人"首在"立德"，"立德"助力"树人"。习近平总书记指出："在大中小学循序渐进、螺旋上升地开设思想政治理论课非常必要，是培养一代又一代社会

主义建设者和接班人的重要保障。"

第二节　道德与法治学科思想方法

学科思想方法是学科教学的灵魂和精髓。进入新时代，国家统编初中《道德与法治》教材设计希望既追求思想政治高度又贴近学生生活实际，从个体道德与价值观学习的视角，探索社会主义核心价值观、优秀传统文化与伦理道德规范如何能够通达初中学生的主体生命，与之生命成长的内在需求发生关联。

《初中思想品德（道德与法治）课程标准》明确规定，初中思想品德课程是为初中学生思想品德健康发展奠定基础的一门综合性的必修课程。据此，教材改革力求彻底转变"以学科为中心"的课程观，教材的构架以学生成长的生活逻辑为主线，以相关学科知识背景为支撑，从心理、道德、法律等几个方面培养学生学会生活、成长所需的思想道德素养和一些基本技能，发展学生自我管理、自我教育的能力。

下面笔者分别从新部编版教材《道德与法治》七、八、九三个年级六册教材来具体谈谈学科思想方法。

一、七年级上册教材编写思想方法

七年级是学生整个初中"道德与法治"课程的学习起点。对于刚刚步入中学校门的学生而言，中学时代是一个全新的人生阶段的开始。面对生活和学习的变化，学生会有各种感受，也可能有各种困惑和问题。教材不是让学生被动地去适应这些变化，而是把变化看成是生命成长馈赠给自己的礼物。新的阶段意味着新的机会和可能，要求学生接纳变化，积极面对中学学习，在自我探索中成长。翻开《道德与法治》七年级上册这本书，生命成长的气息扑面而来。

（一）社会主义核心价值观引领

本册教材以社会主义核心价值观为价值引领，并将之贯穿始终。在具体落实上，将爱国、敬业、诚信、友善这些公民个人层面的价值准则有机渗透其中。比如，在第一课第二框"少年有梦"和第十课"绽放生命之花"中渗透了爱国情感和爱国主义教育；在第十课第二框"活出生命的精彩"中从敬业角度引导学生认识到每个人的生命都有自己独特的使命，每个生命都会从平凡中闪耀伟大；在第五课第二框"网上交友新空间"中隐含着对诚信及其复杂性的探讨；在探讨同伴关系、师生关系、亲子关系、自身和其他生命关系时，都从不同角度和深度落实友善这一价值观的教育。教材的每个学习主题背后都有社会主义核心价值观的支撑。

（二）注重优秀传统文化的渗透

首先，教材语言尽可能引入传统文化经典。比如，在第一课第二框"努力需要立志"，相关链接中引用《格言联璧》的一段话："志之所趋，无远弗届；穷山距海，不能限也。志之所向，无坚不入；锐兵精甲，不能御也。"然后，教材正文直接引用"功崇惟志，业广惟勤"，勉励学生不仅要立志，更要勤奋，要不断地努力。

其次，在案例选择、活动设计等方面也尽可能安排优秀传统文化的内容。比如，在第一课第二框"少年有梦"的"方法与技能"中引用"不积跬步，无以至千里""学而不思则罔，思而不学则殆"，旨在告诉学生"努力"也是有方法与技巧的。

最后，在对文化内容的处理上，教材不仅仅是引经据典，而且积极思考和探索中华优秀传统文化的融入方式，力图展现中华优秀传统文化的精髓，运用活动，让学生感受到身上流淌着民族文化的血脉，以民族精神丰富和提升自身的精神世界。比如，在学习第七课第一框"中国人的'家'"时，教材在"探究与分享"中分享了《朱子家训》"一粥一饭，当思来之不易；半丝半缕，恒念物力维艰"。教材正文直接引用《论语·学而》"孝悌也者，其为仁之本欤"，这让学生明确孝亲敬长不仅是中华民族的传统美德，也是每个中国公民的法定义务。

（三）准确把握学科特点

"道德与法治课"是一门综合课程，教材体现了综合性、过程性、实践性特点。

比如，在第六课最后教材"拓展空间"设计了这样一个问题："请回忆老师打动你的瞬间，描述自己的感受，贴在下面的微博墙上"，这就需要学生回忆与老师交往的情景，寻找并体味老师打动自己的瞬间，同时又不忽略自己平时不太喜欢的老师，渗透了有关孝亲敬长的传统美德。

同时，教材注重过程和实践，改变简单告知对与错的方式，走向双向平等的交流与开放的对话，通过实践整合情感态度价值观、能力和知识目标。

比如，在探讨第七课第二框"爱的碰撞"时，选取学生生活中的事例，引用学生常见的各种情景，引导学生开始重新审视和品味父母给予我们的爱，学会用理性方式与父母交流和沟通，和父母共同营造一个和谐温馨的港湾。

（四）科学遵循育人规律

学生道德与法治水平的发展，从观念认识、体验内化到践行反思相融合、循环，是一个复杂的过程。为此，教材以栏目来精心搭建教和学的脚手架，通过设计与青少年生活贴近并喜爱的活动，在讨论与分享中达成共识。

二、七年级下册教材编写思想方法

本册教材内容主题承接七年级上册"与同伴、老师和家人的交往，以成长为核心"、开启八年级"走进社会生活，承担社会责任，崇尚法治精神，以社会生活为核心"。教材从自我认识、管理情绪、集体生活、法治信仰入手，以青春为核心。

（一）本册教材编写的思想方法

（1）本册教材设计突出体现了初中学生的青春文化色彩，涉及初中生进入青春期的自我认识、自我发展、情绪管理、情感发展、学会过集体生活、树立法治信仰、自觉学法遵法守法用法。

（2）伴随着学生身体和心理的迅速发育，其独立意识逐渐增强，生活矛盾也开始凸显。七年级下册教材在设计中遵循学生的成长规律，以学生成长中的问题与矛盾为基础，突出"成长的不仅是身体"的基本观点，提炼确定了青春时光、做情绪情感的主人、在集体中成长、走进法治天地四个学习主题。

（3）在具体设计中，首先致力于帮助学生开启一扇洋溢积极向上的青春气息和充满各种发展可能的青春之门，引领学生步入青春时光，体会成长的喜悦，积极面对成长中的烦恼；然后引导和鼓励学生珍惜青春，积极作为，在学校生活中，主动参与集体建设，在集体中成长；最后指导学生在社会生活中管理好自己的情绪，培育积极情感，遵法行事。

（二）教材编写原则与特点

（1）全书贯穿社会主义核心价值观教育。如：在专题内容"共奏和谐乐章""走进法治天地"贯穿公正、自由、和谐等价值观；在"青春时光"中落实文明、自由、爱国等价值观；在"做情绪情感的主人"中体现友善、文明、和谐等价值观；在"在集体中成长"中渗透公正、平等、敬业、友善等价值观。

（2）凸显生命教育底色，隐含公民意识教育，加强法治教育，关注青春生命，凸显生命教育底色。比如："我与集体共成长"内容设计逐步从共同生活中渗入公共生活"共建、自治"的要素；教材活动设计着力搭建平等对话的脚手架，留有对话、探讨、磋商空间；拓展生活内容领域，加强法治教育。

（3）注重中华优秀传统文化的渗透。把中华优秀传统文化落实到每一单元，着力于中华优秀传统对学生精神人格的引领。无论是教材正文，还是阅读感悟、相关链接、探究与分享等辅助文，都注重中华优秀传统文化的渗透。比如：在阅读感悟中应用"鲁班的创造"的故事等；在相关链接中应用"慎独""和而不同、周而不比"等；教材正文"青春有格——'行己有耻''止于至善'"的运用等。

（4）依托知识、超越知识，力图处理好知识、生活、价值三者之间的关系。以学生个体的生活经验为起点；以社会主义核心价值观为导向；以个体经验的表达、交流、碰撞、分享、扩展等为线索；以关于道德的知识、有助于道德形成的知识为脚手架，促进学生道德知识（实践知识）的生成。

（5）直面学生在青春成长、过共同生活、过集体生活中遭遇的困惑、矛盾与冲突，将其视为展开道德探讨与对话的重要议题、提升学生思想认识和道德修养的重要契机。

这部分内容设计更加强调经验的真实表达、分享，强调不同观点的展开，强调通过真实的讨论获得共识。

（6）关注学生进入青春期后的身心发展特点，特别是在观察、记忆、思维、想象以及情绪、情感方面的特点，注重教材对学生的思想引领，强调思维能力的培养。

单元设计力求体现思想性，在相关主题的学习上实现思想引领。

教材呈现力求遵循一定的思维演进路径，引领学生思想认识的不断深入或扩展："经验导入—聚焦主题—正面陈述—揭示矛盾—有递进或有扩展地进一步分析—更为普遍的通则"。

（7）强调行动意愿和实践能力的培养。教材探索如何引导学生从感知、理解走向行动的更有效的方式，希望通过具有可操作性的行动策略，指引学生"如何做"；同时，进一步增加实践性的活动设计，并专设"拓展空间"栏目，鼓励、指导学生在课外进一步延伸学习和探索。

（8）注重引导初中生自我意识在逐渐扩展的生活中获得健全发展。教材设计强调要在各种关系的互动中引导学生自我意识的发展。学生在发现自己、学会与同学相处、学会与师长相处、学会处理各种生命关系后，将进一步扩展生活圈层，七年级下册强调青春生命的自我意识在学会与他人共同生活、学会过集体生活、学会参与更多关系的互动中获得健康发展，同时为八年级进入公共生活领域的学习奠定基础。

（三）教学建议

教师在使用这本教材时，要善于激发学生自己的、真实的表达；要理智直面学生带来的教学挑战；要着力课堂创造、注重教学生成；要注重过程性评价。

三、八年级上册教材编写思想方法

教材根据《义务教育思想品德课程标准》（2011）、《青少年法治教育大纲》（2016）和"习近平总书记关于国家利益和国家安全相关重要讲话"进行编写。本册教材内容是对七年级学生的家庭和学校生活的进一步拓展，也为八年级下册和九年级各册的展开奠定了基础。

（一）教材编写思想方法

1. 以政治认同为指向，突出国家利益，以"我的责任"为主线，落实总体国家安全观教育

本册教材以一个单元的篇幅落实总体国家安全观的教育，让学生深刻理解国家利益和国家安全对于我国经济和社会发展以及每个社会成员的重要价值。

第八课总体介绍国家利益，让学生对国家利益形成完整认识。第九课专门说明总体国家安全观，让学生在形成对总体国家安全观的整体认识的同时，重点理解这一重要内容与我们各自生活的关联，从而纠正"国家安全就是抓间谍"的错误认识。第十课则进一步提升这种认识，让学生理解"我与祖国"的密切关联，形成对经济和社会发展的自豪感，把个人与国家联系起来，并落实到"我们能做些什么"的行为倾向上，让学生将不断深入的社会理解和社会认识转化为切实的社会行动。

2. 以理性精神为指向，突出相关内容的思想性，引导学生形成全面、准确、深入的思考

在选材过程中，本册教材充分注重思想性，充分体现学生思想认识和思维方式的培育，进而形成对于相关教学内容的辩证性认识。

规则部分的内容中关于"在无人的道口，是不是还要遵守交通规则"的讨论、关于坚持爱国和如何"理性爱国"的思考，都在各自不同的层面为学生形成完整、准确和深刻的认识提供了基础性条件。对这些问题的深入讨论，就成为学生展现思维、深化思维和拓展思维的重要抓手和形成基础。

3. 以法治意识为指向，突出法治教育，让学生更好地理解"法治让生活更美好"

本册教材第五课集中落实法治教育内容，以违法、犯罪和善用法律三个主题，将法治教育贯彻到教材中。除了落实课程标准中明确的相关法律内容，还落实青少年法治教育大纲的重要内容，突出表现在民法基本原则、正当防卫和紧急避险等内容的呈现上。这些内容不仅强调其知识性内涵，更加突出其思想性内涵，也让学生充分理解法律的作用，让法律有温度，让生活性呈现更明显。

4. 以公共参与为指向，突出社会观教育，引导学生形成担当意识，落实社会责任感培育

本册教材以公共参与为重要指向，在各个单元都将培育学生的担当意识作为重要内容，予以落实。

（二）教学实施

1. 把握核心立意

从学生接触社会的氛围不断扩大的角度，引导学生充分理解人在社会中成长；从我与社会息息相关的角度，引导学生从自我与社会的关联性上理解社会的意义。将得到与付出、索取与奉献等内容作为选择性问题呈现给学生，让他们通过深入思考形成全面认识，为他们形成社会责任感奠定坚实基础。以心怀家国培养学生的使命感，强化学生的责任感。

2. 突出核心素养

（1）政治认同：在政治认同培养中，应该明确中国立场，讲好"中国故事"。

（2）理性精神：在理性精神培育中，应引导学生思考，以质疑和反思形成和深化认识。

（3）法治意识：在法治意识培育中，要引导学生理解和学会用法律维护自己的尊严，理解法律对学生的规范和保护作用。

（4）公共参与：在公共参与培育中，应该突出责任教育，让学生学会担当，学会勇于并善于承担责任。

3. 着眼于德育养成

学会引思，以问题促进理解的深入；学会留白，给学生表现自己的空间，让学生用想象和思考丰富教学流程；关注生成，由衷地为学生的表现点赞，机智处理学生的即时反应；注重教化，用学生生成的内容推进教学升华，落实立德树人的根本任务。

4. 着眼于学生实际

不空谈，不用大话连篇的政策语言和文件表述完成教学任务；不机械，不要求学生死记硬背定义、条目等过于理论化的东西；不摇摆，在教学过程中坚持立场统一、观点统一、态度统一，不朝三暮四、摇摆不定；不强迫，不用生硬抽象的理论陈述代替鲜活生动的社会教育。

四、八年级下册教材编写思想

教材根据《义务教育思想品德课程标准》（2011）、《青少年法治教育大纲》（2016）和《中小学法治教育专册教材编写建议》（教育部，2016）编写。青少年法治教育要以宪法教育为核心，以权利义务教育为本位。在初中阶段，进一步深化宪法教育的重点如下：了解国家基本制度，强化国家认同；初步了解政府依法行政的基本原则，以及重要国家机构的职权；认知国家尊重和保障人权的意义；加深对公民基本权利和义务的认识。本册教材根据上述要求，在重点讲解宪法的基础上，落实或渗透课程标准中公民的人身权利、财产权利、受教育权利等相关教学内容。

（一）教材编写思想方法

1. 以宪法精神为主线

宪法精神是贯穿全册的红线、统帅全篇的灵魂。宪法既是公民权利的保障书，即"权利宣言"，也是规范国家权力的规约，即"权力规范"。宪法永恒不变的精神，就是要规范国家权力的行使，保障公民权利的实现，保持国家权力与公民权利的协调与平衡。

2. 以增强学生公民意识和国家意识为主旨

公民意识是指公民个人对自己在国家中地位的自我认识，包括公民主体意识、公民权利意识、公民参与意识等。国家意识是公民对国家的认同与归属意识，是社会个体基于对自己国家的历史、文化、国情等的认识和理解，逐渐积淀而成的一种国家主人翁责任感、自豪感和归属感。

3. 尊重认知发展规律，遵循生活逻辑与知识逻辑相结合的原则

教材强调以学生个体的生活经验为起点，遵循生活逻辑与知识逻辑相结合的原则，力求使法律知识的同化与法治观念的树立在学生生活经验和认知结构中具有坚实的基础。

具体来说，教材每一框架的结构设计，都以运用人的经验开始，导入具体的教学内容，并以拓展空间结束，体现基于生活—反思生活—回归生活的结构路径。在教育内容的选择上，既忠实宪法文本，又贴近学生生活。

4. 结合案例分析，以讲授法律规范为主，重视宪法文本的价值

宪法规范、宪法原则和宪法精神都以宪法文本为载体。在宪法教育中，让宪法回归文本，保持其法律属性，可以避免空谈政治原则的说教。初中学生已初步具备了对宪法文本的理解能力，因此本次教材有别于小学阶段宪法教育的具体方式，以讲授法律规范为主，重视对宪法文本的讲解，也提倡对宪法文本的诵读。

（二）教材内容分析

本次教材围绕公民与国家的关系这一生活主题，以宪法精神为主线，通过全面介绍宪法主要内容，开展公民意识教育与国家意识教育，引领学生崇尚法治精神，增强法治意识。

1. 以法律知识教育为载体，促进学生法治思维养成与法治行为能力提升

为了促进学生法治思维养成，教材在讲"规范权力运行"时，强调权力有边界不能滥用，必须对权力的行使进行制约，把权力关进制度的笼子；在讲"公民的权利"时，也强调公民行使权利有界限。对学生进行权利边界意识教育，有利于促进学生法治思维的形成，从而引导学生在社会生活中以法治思维和法治方式维护自身权利、参与社会公共事务、化解矛盾纠纷。

为了培养学生的法治行为能力，教材还通过"方法与技能""相关链接""拓展空间"等栏目指导学生向政府建言献策，参与网上评议政府，行使监督权，向人大代表反映自己的意见、建议等。

2. 寻求法治精神与道德情感的统一

"法安天下，得润人心。"本次教材作为法治教育专册，在突出法治教育主题的前提下，也强调法治教育与道德教育相结合，注重以法治精神和法律规范弘扬社会主义核心价值观，以良法善治传达正确的价值导向，把法律的约束力量、底线意识与道德教育的感化力量紧密结合，使青少年理解法治的道德底蕴，牢固树立规则意识、诚信观念、契约精神，尊崇公序良俗，实现法治的育人功能。本教材在编写中不仅有明确的法治教育的目标，也注重对学生内心的价值引导，寻求法治精神与道德情感的统一。

3. 追求内容科学、逻辑严谨与表述生动的统一

法律规范有其严格的界定，法学理论有其严谨的逻辑。在呈现方式上，本教材追求内容科学、逻辑严谨与表述生动的统一。教材各单元、各课的导言采用散文化风格，增强可读性，保持一定情感张力，以调动学生学习的积极性；教材选取的案例，尽量保留一定的故事情节，讲究叙述方式，使其生动可读；教材正文部分对于理论观点的阐述，则力求科学严谨、简洁易懂。当表述的生动性与准确性不可兼顾时，则要优先考虑准确性。

4. 设计开放的问题情境，培养辩证思维和批判思维，凸显思维张力

本教材一方面强调逻辑严谨、观点科学，另一方面十分关注观点得出的思维过程，力求设计开放的情境，引发思想碰撞，培养学生辩证思维和批判思维的能力。比如：教材第53页"探究与分享"中针对"捡到车钥匙的店员要求买一杯饮料"的行为，引导学生围绕"归还失物，索取报酬该不该"展开讨论。此外，在观点的阐发上，也强调辩证性，如权利与义务的统一、自由与法治的统一等。

5. 认真研读教材，开阔学科视野，提升专业素养

法治教育专册对教师专业化和教师队伍建设提出了更高的要求。教材引用了大量宪法条文，教师应能准确解读其含义；教材还涉及法学基础理论和宪法学理论，这就需要教师加强相关理论学习，提升专业素养。

教师应深研教材，在一定的理论高度和学科视野下，准确理解和把握教材内容，深刻领会编写的意图，避免照本宣科。

6. 充分利用教材栏目，关注学习过程

道德与法治教育特别强调学习的过程性和实践性，强调引导学生自主参与丰富多彩的活动，在体验、辨析与践行中生成知识，提升能力，形成正确的思想观念和良好的道德品质。教材设计的栏目为教学活动过程的顺利展开搭建了很好的脚手架。

教师应合理利用教材栏目，结合学生实际设计相关教学方案，引领和促进学生的自主构建。

7. 增强情感体验与对话，提高教学开放性

教材编写力图使师生能够与教材内容及设计的问题情境产生一定的共鸣或思想冲突，能够与自己的生活经验和真实的内在体验、感受进行对话，而不是仅仅浮于表面形式。这样的对话无疑会增强课堂的开放性，如何对课堂生成部分进行恰当的承接、整合、转化，也是对教师的一种挑战。

教学中应加强课堂交互活动，鼓励学生表达自己、分享成果并相互质疑，促进反思与自我修正，以达成教学目标。

8. 创造性地处理教材，开发教学资源

基于学生、教师、学校和地区实际，因人而异、因地制宜，创造性地处理教材，

开发教学资源，努力实现教材的严肃性与教学的活泼性的有机统一，教材的相对稳定性与社会生活的不断变化性的有机统一，教材功能的发挥与学生成长的有效对接。

教师要树立开放的教学资源观，挖掘地域性教学资源，增强学生的课堂参与积极性，使教学充满时代气息。

五、九年级上册教材编写思想方法

本册教材的设计，以社会主义核心价值观国家层面的价值追求——富强、民主、文明、和谐作为思想主线，以人类文明发展为背景，全景展现中国腾飞的历史进程、取得的伟大成就、面临的时代挑战和做出的积极应对，引导学生心怀祖国，倾听与讲述中国故事，感受与弘扬中国精神，凝聚与传递中国力量。

（一）读懂教材是教学的前提条件

1. 立足编写依据读懂教材

本册教材要求教师精读有关十八大以来时代变化的历史，熟悉这一时期以来的政策文件和法律法规，认真钻研《义务教育思想政治课程标准》（2011）和《青少年法治教育大纲》（2016）等。

2. 立足教材立意读懂教材

本册教材围绕一个使命、一条主线、三个逻辑、四个维度、八个主题展开。

"一个使命"指的是为中华民族谋复兴。"一条主线"即以社会主义核心价值观教育为主线。"三个逻辑"指的是历史逻辑、理论逻辑和实践逻辑。"四个维度"即"诚""勇""准""狠"。守初心要"诚"、担使命要"勇"、找差距要"准"、抓落实要"狠"。"八个主题"即"改革开放""创新驱动""民主价值""法治中国""精神家园""美丽中国""中华一家""中国梦"。教师在教学过程中要先读懂教材，搞清楚教材立意。

3. 立足课程目标读懂教材

根据《义务教育思想政治课程标准》（2011），教师在使用教材时既要避免知识化，也要避免去知识化。本册教材力图有所突破，以社会主义核心价值观教育为主线。道德知识主要借由体验性、实践性活动获得和巩固，在"探究与分享"等活动设计中体现，如教材第59页关于有些文化遗产没有必要保护的探讨以及第85页小清村里的故事。

道德知识是学生道德学习的基础。这方面的知识教材在正文、相关链接、"方法和技能"中都有体现。比如，教材第27页"方法与技能"保护知识产权小贴士；第65页正文"美德的力量在于践行"。

（二）学科核心素养的视角

1. 立足学生发展特点读懂教材

杨一鸣在《彰显国家意志，促进人的全面发展》中提到了国家意识和学生经验、认知之间的矛盾（价值引领与自我建构的功能性矛盾），表明学生完整人格的塑造，离不开正确的价值引导，尤其是社会主义核心价值观的引领。但仅仅有价值观的引领，还无法自然而然地内化为学生人格结构的一部分，必须经过学生的独立思考、积极实践和感受体验。因此，价值引领和自我建构作为促进完整人格形成的相辅相成的两种机制，相互影响，不可偏废。

2. 立足多维方式读懂教材

（1）用结构方式读懂教材。按照教材结构（单元结构—课结构）到教材的组织结构：（课题—导言—框题—正文—栏目）的顺序阅读教材。知识点的逻辑要围绕是什么、为什么、怎么做展开。教师要读懂知识点的逻辑，并教会学生怎样去读懂教材。

（2）从内容角度读懂教材。读出正文的线索，如价值观、法治教育、历史线索、文化渗透、十九大精神等。读出教材的基本观点——核心概念；读出教材内容的逻辑关系。比如：第八课"中国人中国梦"与全册的关系；第112页实现中华民族伟大复兴的中国梦，必须坚持党的领导，贯彻创新、协调、绿色、开放、共享的发展理念，统筹推进经济建设、政治建设、文化建设、社会建设、生态文明建设，协调推进全面建成小康社会、全面深化改革、全面依法治国、全面从严治党。

（3）从栏目活动读懂教材。经验导入型，问题设计聚焦，贴近学生生活，激发学生兴趣，指向个体感受，进行真实对话，避免形式化。比如：教材第14页，创新源于生活。

相关链接：知识支架型，为教师教、学生学提供思考和分析问题的脚手架。只呈现内容，不设计提问，教师可灵活运用。比如：教材第8页，中国经济发展给世界带来的积极影响；第83页，科技创新成果。

探究与分享：①思维拓展型，内容设计关注冲突、矛盾、困境等，问题设计具有思辨性。不一定带入个人体验，鼓励真实的对话辩论，教材示例如第25页：有人说创新就该追求原创，有人说创新应当从模仿开始。结合中国高铁的故事，谈谈你对创新的看法。②体验反思型，问题具有开放性，需要引导学生与自身生活经验展开深度对话，激发学生个体的生命体验。比如：教材第5页，了解父母的工作，说说他们是如何为家庭、为社会创造财富的；第113页，观察劳动者的手，感受手的温暖和力量。③情境讨论型，需要引导学生解读问题的指向，针对情境和问题进行自由讨论，并发表看法。比如：教材第36页，青海模式，村民说事制度。为什么说这种制度有利于村民实现基层民主？④综合型，上述几种具体指向的组织活动。教师需要读懂活动的指向性，采取不同的教学策略。比如：教材第27页裘法祖、吴孟超、王红阳三代院士的故事；第 39 页，模拟听证会。

阅读感悟：经验拓展型，只呈现材料，不提问题。教师引导学生通过阅读获得主体性、个体化的生命感悟。也可以转化为其他类型的活动。比如：教材第 32 页，毛泽东与黄炎培；跳出兴亡周期律，唯有靠民主。

方法与技能：应用策略型，教师可在教材提供的方法策略基础上，引导学生进行技能训练，也可以开展更多有效行动策略的探究。比如：教材第 27 页，"方法与技能"保护知识产权小贴士。

拓展空间，课外拓展型，活动设计具有综合性、延展性、复杂性、创造性，提供给老师参考使用。可以组织活动，也可以留给有兴趣的学生自行完成。比如：教材第 37 页，模拟政协提案；第 43 页，校长助理海选方案。

栏目活动不仅是正文的辅助、论证、体验或延伸，而且承载课程内容，承载"道德知识"的习得功能，可促进学生学习的迁移。

（三）用好教材，育人的实现路径

1. 尊重教材

教材是数百位专家、学者、教师共同的成果，反映时代变化，吸收各版本优点，来之不易。教材反映国家意志，体现学科思想、观点、方法，蕴含立德树人的价值追求。尊重教材，基于文本又不拘泥于文本。新教材能激发新问题、新思考、新讨论、新实践。

2. 科学使用教材

（1）正确性：政治方向、国家意志准确无误。三科教材意识形态属性比较强，具有极其重要而特殊的育人功能。统编三科教材，有利于更好地强化国家意志、贯彻党的教育方针、落实社会主义核心价值观。要正确解读教材结构、思想、观点、概念等。

（2）准确性：准确把握概念、主题等。准确把握结构和知识的逻辑关系；准确把握教学重难点；准确把握正文和活动的关系。避免两种倾向，一是常规课过于偏重正文的政策宣讲课，二是展示课过于偏重形式的活动课。

（3）规范性：规范的学术术语、学科语言、学科思维方式等。比如，"五位一体"总体布局，"四个全面"战略布局，"五大发展理念"，"四个自信"，"三步走"战略，"两个一百年"奋斗目标，"一国两制"等。

3. 创造性地使用教材

（1）关注课程建设，整体推进课改。

（2）转变学习方式，促进自主构建。在实践过程中，教师探索出情境体验教学、整体化教学、主题探究学习、主题式体验学习、问题式学习等多种学习方式，构建"思维型课堂""品味课堂""生本课堂""智慧课堂"等课堂教学范式。

（3）同整课程资源，提高育德实效。教材是最重要的课程资源，教材中蕴藏着丰富的育人资源，可为师生提供尽可能多的可能性。有些文字还可以用视频代替，如教材第74页文字公益广告"不要让眼泪成为世界上最后一滴水"以及"这里是我们赖以生存的环境""许多时候，我们的选择可以改变环境""一个小小的习惯带来的效益可能超乎想象""改变，其实是对我们的未来负责""所有的所有，都是为了我们自己""低碳生活，从现在开始"等。

（4）教材内部、教材内外的统整。比如：教材第108页，参观成就展的感受；教材第112页，记录下新时代我国取得的辉煌成就；或结合电影《厉害了，我的国》进行统整。

（四）用好教材栏目，培育学科关键能力

1. 怎么读——学科阅读能力

阅读指导：读正文，读美文，读古文，读案例，读文件，读数字，课外阅读，经典阅读。

2. 怎么想——学科思维能力

（1）概念、判断、推理；感性认识上升到理性认识。

（2）科学精神：事实理解、思辨能力、价值判断、行为选择。

（3）法治精神：法治思维、法治信仰、法治行为。

3. 怎么说——学科表达能力

关于"讲好中国故事"，习近平总书记是提倡者，也是践行者。习总书记讲中国道路的故事、中国梦的故事、中国优秀文化的故事、中国和平发展的故事，效果显著。教师引导学生讲中国上下五千年的故事、讲家国情怀的故事、讲身边的故事、讲社会—企业—家庭的故事、讲自己的故事。

除此之外，教师可以充分利用教材中现有材料培养学生的文字表达能力。比如：教材第28页，可以让学生写有关"创新文化之我见"的小论文；也可以倡议学生针对教材第36页撰写政协提案；结合教材第117页，还可以建议学生结合自己实际撰写"圆梦计划书"。

4. 怎么感——道德情感能力

正如朱小蔓所说，尽管以他特有的内在去支持道德教育，道德教育一定要以人的情感体验为中介，通过体验把道德教育内容带进人的生活情境，与个体的生活经验及其感受联系起来，从而不仅理解价值，而且体验价值、力行价值，最终落实到人的行为。

比如：在谈到实现中国梦这一话题时，教材在"探究与分享"中提到"劳动者的手，让我们自豪，让我们骄傲，更让我们钦佩"。在学到此处时，教师可以通过课前设计让学生观察身边劳动者的手，感受他们手的温度和力量。

5. 怎么做——道德实践能力

统筹教材内容，每学期做好几次道德实践活动，在课程和活动之间寻求平衡点，变"坐而论道"为"做而论道"，培育学生关键能力和核心素养，为学生的终身发展服务。

六、九年级下册教材编写思想方法

本册教材依据课程标准的内容规定编写，是对前五册教材的衔接与递升，旨在为学生搭建认识世界发展趋势的科学框架，引导他们进行人生选择，了解我国在世界上的地位和促进世界发展中的责任，成为有国际视野、负责任的公民。

（一）教材编写依据

本册教材的编写依据《义务教育思想道德课程标准》（2011）和《青少年法治教育大纲》（2016）、学生生活实际、学生成长规律等。在编写过程中遵循育人规律：初中学生生活的逻辑；青少年自身发展需求；青少年生命成长阶段的任务；教育的引领和指导。

（二）教材的编写理念

1. 注重社会主义核心价值观引领

比如：在学习"谋求互利共赢"时，教材第22页的"运用你的经验"中"独行快，众行远""滴水不成海，独木难成林""孤举者难起，众行者易趋""积力之所举，则无不胜也；众智之所为，则无不成也"等格言、警句都蕴含着"和谐"的思想。当今时代，人类面临许多共同挑战，需要解决许多全球性问题，教师要从教材出发引导学生既要有家国情怀，也要有国际视野。

2. 注重优秀传统文化的渗透

在讲到"中国的影响"时，教材第34页以"中国年"为载体，展示越来越多的国家庆祝中国春节。教材第52页，"拓展空间"中引用《司马法》"国虽大，好战必亡；天下虽平，忘战必危"，《左传》"亲仁善邻，国之宝也"等。由此可见，本教材在编写时自始至终注重优秀传统文化的渗透，通过优秀文化来引领人。

3. 准确把握时代脉搏，充分学习和领会中央精神

在讲到"携手促发展"时，教材第46页"运用你的经验"中，引用了《中华人民共和国国民经济和社会发展第十三个五年规划纲要》，提出了"创新、协调、绿色、开放、共享"五大发展理念。教材第50页"探究与分享"中提到"一带一路"这些材料的应用，让我们的课堂亲近生活，引导学生发现个人生活与国际社会之间的内在联系，形成对当今世界全貌的初步了解。

4.凸显公民意识教育，引导学生树立全球观念

在学习"我为世界添光彩"时，教材第57页"探究与分享"中列举了中国公民为世界做贡献的实例，第58页"阅读感悟"引用了中国国际救援队赴尼泊尔地震灾区实施人道主义救援的实例。教材通过这些具体实例引导学生树立全球意识。

5.注重生命关怀，引领生命成长

教材在第25页正文部分提到"关怀生命、尊重生命的价值。放眼全球，关注世界的发展，关注人类的命运"。

（三）教材内容分析

本册教材是对前五册教材的衔接与递升，着力于开阔学生的国际视野，进一步培养学生的爱国主义精神。教材内容设计立足于全球视野，从学生身边的生活出发，引领他们逐步把视野投向广阔的世界，了解当今世界的总体格局与发展趋势，引领学生从世界发展的趋势和格局中审视中国的地位与发展，进一步理解个人与国家和世界的关系，思考自己未来人生的发展道路。

（四）教学建议

道德与法治学科教育以科学性、时代性和民族性为基本原则，以培养"全面发展的人"为核心，分为文化基础、自主发展、社会参与三个方面。综合表现为社会责任、国家认同、国际理解、人文底蕴、科学精神、审美情趣、学会学习、健康生活、责任担当、实践创新等十大素养。

1.以核心素养为指向

《中国学生发展核心素养》于2016年9月颁布，践行中国学生发展核心素养是学校教育的重要举措。落实核心素养是时代的使命；培养核心素养是未来的召唤。肩负使命的承载者，要擎起这面旗帜；走向未来的移民者，要把握正确航向。基于学生核心素养的培养，我们教师要做到以下几点：

（1）心中有主旨，胸中有目标。

（2）坚持用好教材，关注过程学习。

（3）活动设计要基于"阅读—思考—表达"的核心能力培养。

2.正确看待新教材的重复

重复主要体现在品德领域，这种重复是必然的和必要的；教师要善于抓住这些内容，提高学生的道德修养。教材中阶段性和层次性的具体内容一般不会没有一点重复。

3.在不断学习实践反思中提高自己

道德与法治学科是落实立德树人根本任务的关键课程。学校所有课程都有落实"立德树人"根本任务的职责，但道德与法治学科应该在"立德"上直接发力，并以此助力学生的全面成长。作为道德与法治学科教师，我们要不断学习，掌握相应的技能与

方法，不断反思，在学习、实践和反思中不断成长。

　　综上所述，笔者认为，关于初中道德与法治学科思想方法的培养，教师要懂得怎样将理论与现实联系起来。教师应当在不断的学习、实践和反思中完善自我的学科素养，并在平时的教学活动中将学科思想方法渗透到教学中。教育的形式并不是一成不变的，要因材施教，根据学生的学情及时调整教学方法，并以此助力学生的全面成长，为社会培养一批批有信仰、有思想、有尊严、有担当的中国公民。

第七章　历史学科史及历史学科思想方法

第一节　历史学科史

法国著名历史学家马克·布洛赫（Marc Bloch）认为历史是一门研究时间中人的学科。由此可见，历史学是一门与人类相伴而生的学科，它的出现甚至早于文字的产生。那么，这种早于文字产生的学科在没有文字记载的漫长岁月中，是如何产生与发展的呢？

一些学者认为，人类历史学早期萌芽形态应当称为口编口传史。口编口传史产生的时代最早可追溯到母系氏族产生前的原始人群时代，因为客观条件的制约，口编口传史难以留下实物痕迹，我们无法看到其原生形态确切完整的遗存，但通过对现有的一些古今中外的文献、民族资料及现存的稀有相关实物的研究，还是能够窥得口编口传史的足迹。根据中国古代史书中一些民族学资料的记载，生活在我国古代的北方少数民族鲜卑人"统幽都之北、广漠之野，畜牧迁徙，射猎为业，淳朴为俗，简易为化，不为文字，刻木结绳而已，世事远近，人相传授，如史官之记录焉"。其中"世事远近，人相传授"的历史内容，显然是先口编，然后才由人口述流传下来。不单在古代中国存在口编口传史的身影，国外亦是如此。日本平安初期学者斋部广成所著的《古语拾遗》一书中写道："上古之世，未有文字，贵贱老少，口口相传，前言往行，存而不忘。"由此可见，我们的近邻日本，最初也是通过口编口传这种方式来记录历史的。不独亚洲，大洋彼岸的秘鲁古代印加人也经历过口编口传史阶段。据《秘鲁征服史》一书记载，每个村社都有指定编年史官，其任务就是记下村社里发生的重要事件，其他较高级的官员通常是"智叟"受权记下帝国的历史并被选来记录当代印加王或其祖先大事，这样的记录只能是口头相传。[1]

随着时间的流逝，人们需要口编口传的史实越来越多，为了帮助记录史实，慢慢地开始发展出一些记录工具与手段，如结绳。我国哈尼族人冯德胜在 1989 年 12 月 31

---

[1]　普雷斯科特：《秘鲁征服史》，商务印书馆，1996，第230页。

日的《光明日报》发表了《结绳记事人的后代》一文。文中生动详细地讲述了他的"阿波"向他谈起的哈尼人结绳记史、传史等内容。除结绳外，文字出现之前，人类还有图画、刻记等记史手段，人类以图画、刻记等手段记史在世界各地都有发现，这里就不一一列举了。

随着社会的不断发展，人类从原始社会走向阶级社会，国家逐渐形成，统治阶级为了使自己的统治合理、合法化，开始动用强大的宣传机器，将自己及自己的祖先英雄化，并在传播的过程中不断神化，慢慢历史的真相逐渐隐身于神话、传说之中。

文字的产生是人类走进文明时代的重要标志，也为历史学的发展注入了新的活力。历尽数千年，我们现在所能见到的绝大部分史料，仍然以文字记述为主，经历漫长的时期，国家形成后，统治阶级们日益重视用文字记录国家大事。总体来说，世界各国大都如此，只是由于具体情况不同，记录内容繁简有所区别，以中国孔子编写的《春秋》为例，《春秋》记载了从公元前 722 年到公元前 481 年共 242 年间鲁国发生的大事，全书仅一万八千字，用一两句话记载一件史实，每件事都写得非常简洁，一年一般记载五六件事，多的年份记载不超过十件，高度浓缩概括。而比《春秋》晚数十年出现的《左传》，用来记史的文字相对来说更加丰富，全文字数是《春秋》的十倍之多。由此我们可以看出，文字的产生大大丰富了这门学科。

秦汉时期，我国历史学深受邹衍的五德始终说和儒家的三统观念的影响。汉代继承和发扬了前朝的理论成果，尤其在人类对自然界的认识方面。汉代史学家司马迁"究天人之际"对自然历史和人类历史做了研究。《史记》专门开辟了一些篇章来记载重要的天象变化和地理状况，如《天官书》《河渠书》《历书》等。当时人们往往将天象地理的变化与社会的兴衰、朝代的更替联系在一起，认为日月星辰的运行与人事有密切的关系，司马迁试图通过研究自古以来天人相互感应的规则，深观时变，为现实生活提供更加有效的指导。他 20 岁开始游历天下，实地考察了许多地方，搜集整理了很多素材，为《史记》的创作做了充分的准备，他认为研究历史应该实事求是，在对史事的选择和历史人物的评判方面非常谨慎。另外，司马迁非常重视经济生活的记录，《史记》的《平准书》记述了汉初百余年间财政经济发展的过程，着重阐述了商品货币关系的发展和财政经济政策的变化得失。《货殖列传》讲述了工商业者发财致富的事迹。汉代除了司马迁，还有一位非常有影响力的史学家班固，他著有《汉书》，开创了纪传体断代史先河。与《史记》相比，《汉书》开辟了一些新的领域，扩大了史学范围。特别是《汉书》十志，在《史记》八书的基础上扩展而成。总之，这一时期继承和发展了前代的历史成就，并在此基础上取得了长足的进步。

魏晋隋唐时期，随着经学的衰落，史学开始逐渐从经学中剥离出来，成为一门独立的学科。这一时期我国在天文和历法上都有了突破性进展，重新审视自然变化和人类发展之间的关系，由神学史观进入人学史观阶段。比如，刘禹锡认为"天之道在生植，其用在强弱；人之道在法制，其用在是非"，即天与人在物的基础上是统一的，但自然界和人类各有自己独特的职能和规则。自然界的职能是"生万物"，人类社会则是用礼法制度所规定的是非来维持社会秩序。这对于人们正确看待自然界与人类社会的关系意义非凡。

到了宋元时期，人们认为政治的好坏完全取决于人的努力与否，非常重视道德和人伦在历史中的地位，认为合乎道德的历史统序才是正统。学者朱熹在《资治通鉴纲目》中将纲常伦理等道德观念融入史实的记述之中，对后来的史学发展产生了深远影响。明清之际的学者们更加注重史学对现实社会的实用性。王夫之在其《读通鉴论》中指出："所贵乎史者，述往以为来者师也，为史者，记载徒繁，而经世之大略不著，后人欲得其得失之枢机以效法之无由也，则恶用史为？"[①]从中可以看出，读史应该关注社会发展过程中的重大问题及从中得到启发，为以后的社会实践所用。基于此，我们必须保证史学的客观真实性。这一时期的学者们有着强烈的史证意识，如著有阎若璩《古文尚书疏证》，本着求实精神，运用考据法，在前人基础上证明古文尚书为伪造。

19世纪中后期，随着世界形势的变化，中国被动地打开国门。面对帝国主义列强的入侵，一些先进知识分子提出了要"开眼看世界"和"救亡图存"的口号，史学家们也大大加强了对边疆史和外国史的研究。梁启超提出的"新史学"理论加快了我国史学近代化的进程，这种理论是以西方进化论为基础的，注重史料的整理和鉴别。一些学者深受"新史学"的影响，在研究中运用传世的史料和新出土的考古资料相互印证的方法，开拓了历史研究的新领域。"五四运动"前后，随着马克思主义的传入，马克思主义唯物史观也逐渐被越来越多的国人所理解和接受，开始在唯物史观的指导下去认识人类社会发展的历史进程。李大钊的《史学要论》的出版，标志着我国出现了最早以唯物史观为指导的史学理论著作。20世纪以来，我国对外交流更加频繁，史学家们不断出国交流、研究、讲学，他们的研究成果和著作越来越多地走出国门，越来越多地被世界各国所了解和接受。

第二节　历史学科思想方法

培根曾经说过："学史使人明智。"作为一门基础人文学科，国家通过开展历史教育来培养人们的家国情怀，借以传承民族文化和民族精神，并从过往的历史中总结经验、吸取教训，为未来的发展做参考和指导。而个体通过接受历史教育，可以开阔眼界，增长智慧，进而培养公民精神。历史学科的重要性由此可见一斑。每一门学科都有其独特的思想方法，历史学科也不例外，在实际的历史教学工作中，我们应遵循历史学

---

① 王夫之：《读通鉴论》，中华书局，2020，第8页。

科的思想方法来培养历史学科的人才。当然，我们不能期望通过历史教育使每一个受教育者都成为专业的历史人士，这既不现实，也不符合教育的初衷。作为一名基础教育工作者，我们希望学生通过学科学习逐步形成正确的价值观念、必备品格和关键能力，而这些必须在科学的历史学科思想方法的指导下才能获得。那么，什么是历史学科思想和方法呢？对此，学界有不同的观点和看法，如长春希望高中的卢立丽老师认为："历史学科思想方法指人们对历史学科理论与内容的本质认识，是关于历史认识及历史研究的思想方法，它是以具体历史学科内容为载体，又高于具体历史学科的一种指导思想和普遍适用的方法，旨在引导学生理解历史知识的产生过程和历史认识的形成过程。"而笔者认为，所谓历史学科思想方法是指在马克思主义唯物史观指导下，为学习历史知识、形成正确的历史认识、培养学科核心素养而采取的一切方法与手段的总和。日常的历史教学中，我们常用的方法主要有史料分析法（也称为史料实证法）、小组合作探究法、问题探究法、对比分析法。

历史是发生在过去的事情，具有不可逆性，我们无法穿越时空回到历史事件发生的那一刻去做历史的亲历者，但是可以借助遗存的史料去重构历史、认识历史并形成正确的历史认识。史料是我们重构历史的关键和基础。而要形成正确的历史认识，就必须重视史料的搜集整理、辨析和去伪存真，即重视史料实证，这既是一种能力也是历史学科思想方法之一。《义务教育历史课程标准（2011 版）》在课程目标中指出："初步学会从多种渠道获取历史信息，了解以历史材料为依据来解释历史的重要性；初步形成重证据的历史意识和处理历史信息的能力，逐步提高对历史的理解能力，初步学会分析和解决历史问题……通过搜集资料、掌握证据和独立思考，初步学会对历史事务进行分析和评价，并在探究历史的过程中尝试反思历史、汲取历史经验教训。"这里面就包含了史料史证能力培养的要求。

史料实证的前提是史料的搜集整理，现存的各种史料浩如烟海，如何从纷繁复杂、多如牛毛的史料中选取合适的史料为我所用呢？这个就要根据实际需求进行选择了，这种实际包括教学目标及学生的整体认知水平。史料的选择服务于教学目标的达成，而教学目标的达成与否很大程度上依赖于学生的整体认知水平。在实际教学中，我们应根据教学目标，有意识地引导学生去搜集所需资料。为了尽可能地还原历史真相，在搜集史料的过程中，应该注意提醒并引导学生多途径用不同的方法搜集史料，并注意辨别不同史料的真伪和价值。历史是一门讲实的学科，史料是我们再现史事的前提和基础，要想客观公正地重现历史，就必须保证史料的真实性。因此，首先我们要指导学生初步辨别史料的真伪，去伪存真；其次要根据具体教学目标、史料形成的背景、来源及学生现有的认知水平等选择合适的史料，史料的选择和运用的目的是帮助落实教学目标，所以在面对纷繁复杂的史料时，我们一定要有针对性地选择那些与目标相关的史料；还应注意考虑史料形成的背景及来源，切忌为追求新奇而选择那些带有特定立场的史料，从而造成史料的有效性与典型性不足。

除了史料史证方法，小组合作探究在历史教学中也是一种经常被使用的方法。当今社会是一个提倡合作共赢的社会，学习同样离不开合作，表现为生生合作、师生合作。小组合作探究是一种在教师科学指导下的创造性学习方法，它可将个人自学、小组讨论交流、全班交流及教师指导有机结合起来。尤其是其中的交流环节，能让学生畅所欲言地发表自己的观点，集思广益，与老师单方讲授相比，它更能激发学生的学习热情和激情，促使学生自主参与学习活动。在使用小组探究这种方法时，要注意设置科学合理的评价机制，对于学生的积极表现，要及时地给予合理的评价与鼓励，这将成为他们继续学习的动力。

在实际教学过程中，尤其是分小组学习的时候，往往会提前给学生设置一些问题，让他们带着问题去学习，边学习边思考，这就是问题探究的方法。所谓的问题探究法，即以教师为主导，充分发挥学生的主体作用，师生共同思考并交流，用科学的历史学习和研究方法，达到发现问题、分析问题，最终解决问题的目的。使用这种方法的关键是如何引导学生发现问题，并设置恰当的问题激发他们去主动积极探究问题。

对比分析法，也称为比较分析法，是把客观事物加以比较，以达到认识事物的本质和规律并做出正确的评价。比如，在讲解新课"鸦片战争"时，笔者就运用了对比分析的方法，将战前中英两国的政治、经济及社会主要情况做了对比分析，这样学生就明白了两国之间存在的巨大差距，导致了中国在战争中的失败。另外再将《南京条约》签订前后中国在领土、主权等方面的情况做出比较，学生很容易就能理解为什么中国由封建社会变成了半殖民地半封建社会。并不是所有的教学内容都适用这种方法，只有当内容有联系、有相似之处但又不完全相同时才可使用这种方法。

除了以上几种方法，在学习历史时还会用到阅读法、反思法等，这些方法在其他学科里也有涉及，这里就不做一一介绍了。以下案例综合体现了上述思想。

🖉 案例四十六：

"鸦片战争"教学案例

今天我和801班的同学一起学习了八年级历史教材中的第一课"鸦片战争"，这是中国近代史的开端，距离现在年代久远，该如何让学生认识到战争发生的必然以及其给中国造成的影响呢？

【案例描述】

"鸦片战争"是人教版八年级上学期第一课。鸦片战争之前，中国仍是一个自然经济占绝对主导地位的封建国家；与此同时，英法等国已经完成了工业革命，确立了资本主义制度，为了开拓市场和原料产地而不断对外扩张，地大物博的中国成为他们的目标。为了帮助学生理解战争爆发的背景和战败的原因，教学中我运用了对比分析法和问题探究法，把战前的中英两国从各方面进行比较，从而使学生明白战争爆发的必然，而中英两国之间各方面的巨大差距就是中国战败的主要原因。

【教学目标】

知识与能力：认识鸦片战争给中国社会带来的危害与影响；掌握林则徐为维护中华民族的利益，进行虎门销烟的壮举；掌握中英《南京条约》的主要内容及其给中国社会带来的影响。

情感态度与价值观：通过本课的学习，了解资本主义血腥、肮脏的发家史，认识资本主义国家唯利是图的本性；通过学习牢记"落后就要挨打"的历史教训，培养学生的爱国主义情感和振兴中华的历史使命感。

教学方法：史料对比分析法、阅读法、问题探究法。

教学重难点：鸦片战争的背景，中国战败的原因。

【释题导入】

师：19世纪40年代，中英两国之间发生了一场战争，我们称之为鸦片战争，那么鸦片是什吗？为什么称这场战争为鸦片战争呢？

生甲：鸦片是一种毒品，吸食鸦片会给我们的身体带来伤害。

生乙：因为这场战争是由鸦片贸易引起的。

师：同学们都回答得不错，看来大家课下都提前预习了的，做得非常好！今天我们一起来学习教材第一课"鸦片战争"，这是一场发生在中英两国之间、因鸦片贸易而引起的战争，因此我们称之为鸦片战争。远隔万里的中英两国为什么会发生战争呢？下面我们一起来看看战前两国的基本情况。

（指导学生观看教材第二页，并归纳分析战前两国的基本情况。）

生：战前的英国于1689年颁布了《权利法案》，确立了君主立宪制，为资本主义的发展提供了制度保障。19世纪40年代率先完成工业革命，成为头号资本主义强国，随着经济的迅速发展，需要大量的工业生产原料和巨大的商品销售市场，因而不断地加强对外扩张。

战前的中国在清王朝的统治之下处于封建社会末期，危机四伏。拥有数量庞大的人口，但经济上是自然经济占据主导地位，生活用品基本能自给自足，少数用品需要去市场进行交换。

师：归纳得很好，那么这样两个国家之间进行贸易，他们交易的商品可能会有哪些呢？

生：英国销往中国的应该主要是工业制成品，中国销往英国的可能还是以农产品和手工产品为主，像茶叶、丝绸、瓷器之类的。

师：回答得很棒，自然经济占主导地位的中国，对于商品的需求并不旺盛，而中国销往英国的产品在市场上大受欢迎。因此，在两国贸易中，中国处于明显的贸易出超地位。为了改变这种不利局面，英国开始向中国走私鸦片。

（出示材料）

材料一：1795 年至 1839 年：英国输入中国的鸦片激增表（见人民教育出版社《中国历史》八年级上册）。

材料二：东印度公司从鸦片生产中获取的利润在 1832 年为 1000 万卢比，1837 年为 2000 万卢比，1838 年为 3000 万卢比。得自鸦片的收入，1826—1827 年间，占该公司在印度财政的 5%，1828—1829 年间占 9%，19 世纪 50 年代占 12%，总额几达 400 万英镑，英国国会下议院汇报时称"放弃像东印度公司在孟加拉之鸦片垄断这样重要的收入来源，似不可取"……鸦片已经成为一帖医治英国贸易萧条的灵丹妙药，精明的惠灵顿公爵在 1838 年 5 月宣称，"国会不仅不对鸦片贸易不快，而且还要爱护、扩展和促进这项贸易"。

——徐中约《中国近代史》

师：从以上材料中，我们可以得到哪些信息？

生：据材料一，从 1795 年到 1839 年，英国走私到中国的鸦片数量激增，四十年间增长了十倍。

生：据材料二，我们得知英国通过鸦片贸易从中国获取了巨额财富，英国政府决定要保护并扩大鸦片贸易。

师：鸦片贸易给英国带来巨大利益的同时，给中国带来了什么呢？

（出示材料）

材料三：（鸦片）迨流毒于天下，则为害甚巨，法当从严。若犹泄泄视之，是使数十年后，中原几无可以御敌之兵，且无可以充饷之银。兴思及此，能无骨栗！

——林则徐《钱票无甚关碍宜重禁吃烟以杜弊源片》

材料四：臣窃见近来银价递增，每银一两，易制钱一千六百有零，非耗银于内地，实漏银于外夷也……其初不过纨绔子弟，习为浮靡，尚知敛戢。嗣后上自官府缙绅，下至工商优吏，以及妇女僧尼道士，随在吸食……以中国有用之财，填海外无穷之壑。易此害人之物，渐成病国之忧。日复一日，年复一年，臣不知伊于胡底。

——黄爵滋《请严塞漏卮以培国本折》

师：从以上两则材料，我们可以得到哪些信息？

生：社会上很多人吸食鸦片，军队战斗力下降，大量白银外流，国库亏空。

师：这位同学分析能力非常强，对材料分析得非常透彻！从以上材料可以看出，鸦片贸易在给英国带来巨大利益的同时，严重损害了我国利益，吸食鸦片给人们身体带来了极大的伤害，严重削弱了军队的战斗力，摧毁了人们的意志力，且白银的大量外流，使政府面临着巨大的财政压力。鸦片的输入给中华民族带来了深重的灾难，禁烟运动势在必行！在这样一个时刻，民族英雄林则徐应运而生。林则徐领导的虎门销烟损害了英国在中国的利益，战争的爆发成为必然。

指导学生观看教材，找出战争爆发的时间，并简要介绍经过。

问题：战争结果如何？

生：中国战败，被迫签订了我国历史上第一个不平等条约《南京条约》。

（出示材料）

材料五：英国海军为当时世界之最，拥有各类舰船400余艘。此外，诞生于工业革命末期的蒸汽动力铁壳明轮船，也于19世纪30年代起装备海军……清军最大之战船，其吨位尚不如英军等外级军舰，清军安炮最多之战船，其火炮数量也只相当于英军安炮最少之军舰。中英舰船水平的悬殊差距，使得清军在鸦片战争中根本不敢以水师出海迎战英军舰队，迫使清军放弃海上交锋而专注于陆地。这种由装备而限定的战略决策，实际使清军丧失了战斗的主动权。

——茅海建《天朝的崩溃》

材料六：在鸦片战争的整个过程里，中国以中世纪的武器、中世纪的政府、中世纪的社会来对付近代化的敌人，战争以严酷的事实暴露了这种差距。

——陈旭麓《近代中国社会的新陈代谢》

师：从以上所给材料，试分析中国战败的理由。

生：中国的武器装备落后于英国，且清政府腐败无能。

师：同学们总结得非常好，中国之所以战败，除了武器装备的落后与双方军事实力的悬殊，更因为政府的腐败和生产力的落后。落后就要挨打，为了摆脱这种命运，我们必须时刻警醒、奋发图强、好好学习，将来为建设社会主义强国贡献自己的力量！下面请同学们继续学习《南京条约》的签订。

学生自主阅读，归纳《南京条约》的内容。

师：中国战败，被迫签订了我国历史上第一个不平等条约《南京条约》，试分析条约中中国哪些主权遭到了破坏，找出社会发生的变化。

生：领土、关税等主权遭到破坏，中国开始由封建社会沦为半殖民地半封建社会，因此鸦片战争是中国近代史的开端。

师总结：通过本课的学习，我们了解了鸦片贸易给中国社会带来的深重灾难，林则徐等民族英雄为维护中华民族的利益进行虎门销烟的壮举，以及《南京条约》的签订给中国带来的影响。我们要向林则徐学习，时刻不忘热爱我们的祖国、维护中华民族的利益，并时刻谨记"落后就要挨打"的历史教训，奋发图强，为中华之崛起而读书！

【案例反思】

历史是一门基础人文学科，学习历史不仅仅是为了了解过去，更为了"以史为鉴，面向未来"。通过这一段屈辱历史的学习，让学生认识到资本主义社会并不像他们所宣传得那么美好，在其发展过程中也曾充满了血腥和肮脏。我们要牢记"落后就要挨打"

的历史教训，奋勇向前，为振兴中华而努力，通过学习使自己成为一名合格的社会主义接班人。

在本课教学中，我运用多媒体教学手段，运用对比分析的方法，呈现了大量史料，以帮助学生更好地理解那一段历史，取得了较好的效果，但因为补充内容较多，时间有些紧张。另外，学生的知识储备不足，很多地方联系不到位，针对此，在今后的教学中，要让学生提前查阅相关资料预习，这样不仅能节约时间，提高效率，还能增加学生的参与度，这样取得的学习效果也会更好。（作者：武汉光谷左岭第一初级中学历史教师·田慧慧）

案例四十七：

"洋务运动"教学案例

今天在803班和同学们一起学习"洋务运动"这一课，课前用了大量时间搜集相关资料，希望能够帮助学生更加全面、客观地理解这一段历史，并对其做出更加理性的评判。

【案例分析】

洋务运动是封建地主阶级的一次自救运动，两次鸦片战争的失败，使地主阶级中的一些开明人士开始意识到危机的来临。为了维持清朝的统治，他们开始向西方学习，希望利用西方的先进技术来维护清王朝的统治。虽然没有实现目标，但是在这场运动中学习了西方的先进技术，培养了大批新式人才，客观上促进了中国民族资本主义的发展，对抵抗西方资本的入侵起到了一些积极作用。本课在学习中联系前面所学知识，创设情境进行学习，并运用了小组合作探究、史料分析等教学方法。

【教学目标】

知识与能力：通过本课的学习，掌握洋务运动的时间、代表人物、口号及具体内容；能够全面、客观地评价洋务运动。

情感态度与价值观：通过了解洋务运动的背景、内容及影响等，形成联系客观历史背景去认识历史人物和历史事件的历史思维。

能力与方法：通过情境教学法、小组合作法、讨论法，培养辩证看待历史人物、历史事件、历史现象的能力。

教学重点：洋务运动的内容。

教学难点：全面客观地评价洋务运动。

复习旧知，情境导入，介绍洋务运动的背景：两次鸦片战争都以中国战败告终，由此被迫割地赔款，丧权辱国。同时，国内农民起义风起云涌，内外交困，举步维艰。如果你是清朝的统治阶级，那么你认为该如何解决眼前的困境呢？今天我们一起学习第4课《洋务运动》。先看下面几则材料

　　材料一：至恭亲王奕䜣等奏请购买外洋船炮，则为今日救时第一要务……轮船之速，洋炮之远，在英法则夸其所独有，在中华则震于所罕见。若能陆续购买，据为己物，在中华则见惯而不惊，在英法亦渐失其所恃……况今日和议既成，中外贸易有无交通，购买外洋武器，尤属名正言顺。购成之后，访募覃思之士，智巧之匠，始而演习，继而试造，不过一二年，火轮船必为中外官民通行之物，可以剿发捻，可以勤远略。

——《中国通史参考资料》近代部分上册

　　材料二：自定约以来，八载于兹，中外交涉事务，万分棘手，臣等公同竭力维持，近日大致虽称驯顺，第苟且敷衍目前则可，以为即此可以防范数年、数十年之后则不可。是以臣等筹思长久之策，与各疆臣通盘熟算，如学习外国语言文字，制造机器各法，教练洋枪队伍，派赴周游各国访其风土人情，并于京畿一带设立六军，藉资拱卫：凡此苦心孤诣，无非欲图自强。

——中国近代史资料丛刊《洋务运动》第二册

　　师：首先，请同学们阅读教材，并结合以上材料，小组讨论以下问题：为什么会兴起洋务运动？什么是洋务运动？它发生在什么时候，又有哪些代表人物？（指导学生阅读材料）

　　小组讨论，各抒己见，结合大家意见，形成小组观点，并选定组员陈述观点。

　　生：中国战败，一些开明的有识之士认为中国是败于西方的坚船利炮，于是他们开始抛弃"天朝上国""夜郎自大"的观念，着眼于实际，主张向西方学习，利用西方的先进技术，富国强兵，维护清朝的统治，这就是洋务运动。这些有识之士被称为洋务派。在中央以恭亲王奕䜣为代表，地方以曾国藩、李鸿章、左宗棠、张之洞等人为代表。这场运动从19世纪60年代持续到90年代。

　　师：（鼓励欣赏）回答得非常好。我们把洋务运动分为前后两个不同时期，请同学们分析每个时期的口号是什么，以及不同时期兴办的产业有哪些。

　　（出示史料）

　　材料三：江南制造总局制炮厂图片及简介（此处略）。

　　材料四：轮船招商局照片及简介（此处略）。

　　引导学生读以上所给材料，并结合教材，小组讨论分析洋务运动的前期口号以及其主要兴办的产业。

　　生：洋务运动前期，洋务派以"自强"为口号主要发展近代军事工业。先后创办了安庆内军械所、江南制造总局、福州船政局等一批近代军事工业。

　　师：回答得很好，两次鸦片战争的失利，使这些有识之士意识到中国军事装备的落后，所以运动前期主要兴办了一些近代军事工业。随着运动的进一步发展，他们发现这些新式的军事装备的制造使用需要人们掌握新的知识才行，于是他们又兴办了一些培养新式人才的学校；要向西方学习，就要先解决语言障碍，因此他们又设立翻译馆，培养翻译人才，翻译国外的科技书籍，并直接派遣留学生出国学习等。

（出示材料）

材料五：窃惟通商以来，凡华民需用之物，外洋莫不仿造，穷极精巧，充塞土货……土货日少，漏溢日多，贫弱之患，何所底止！近来各省虽间有制造等局，然所造皆系军火，于民间日用之物，尚属阙如。臣愚以为华民所需外洋之物，必应悉行仿造，虽不尽断来源，亦可渐开风气。洋布、洋米而外，洋铁最为大宗。在我多出一分之货，即少漏一分之财，积之日久，强弱之势必有转移于无形者。是以虽当竭蹶之时，亦不得不勉力筹办。

——张之洞1889所奏《筹设炼铁厂折》

指导学生读以上材料，并结合教材提出问题：除了兴办军事工业和新式学校，洋务派还做了哪些事情？

生：在发展军事工业的同时，洋务派后期又提出"求富"的口号，开办了一批近代企业，如轮船招商局、开平煤矿、汉阳铁厂、湖北织布局等，同时建立了福建、广东、南洋、北洋等新式海军舰队。

师：洋务派逐渐意识到西方国家的坚船利炮是建立在其强大的经济基础之上的，没有雄厚的经济实力作为支撑，所谓的坚船利炮只是空中楼阁。于是，他们又提出了"求富"的口号，开始兴办一批民用企业，同时给军队配备新式武器，并组建新式海军，加强边防守备。

思考：洋务运动中，洋务派以"自强""求富"为口号，希望利用西方的先进技术富国强兵，维护清王朝的统治。那么最后，他们有没有实现目标呢？请大家结合19世纪90年代中国的遭遇分组讨论这个问题。

生：没有实现，之后的甲午战争，中国战败，又一次割地赔款，说明洋务运动并没有实现目标。

师：洋务运动并没有使中国走上富国强兵之路，那么我们又该如何去评价它呢？对于洋务运动，现在有几种不同的观点，小组讨论分析后，告诉我你同意哪种观点，并说说你的理由。

当今观点：

A. 彻底否定，没有价值

B. 全面肯定，无可挑剔

C. 虽然失败，但作用明显

学生分组讨论，集思广益，形成自己小组的观点，并选出组员陈述本组的观点和理由。

学生分享观点后，老师总结：我个人赞成第三种观点，洋务运动虽然没有使当时的中国走上富国强兵之路，但是它兴办的近代军事工业、民用工业、交通运输业等逐渐发展起来，客观上促进了中国民族资本主义的产生与发展，对外国资本主义的入侵也起到了一定的抵制作用。并且，它兴办了一批近代学校，培养了一批新式人才，也为中国以后的发展贮备了人才资源。它是中国历史上第一次近代化运动。

【教学反思】

在上新课之前，我布置了预习作业，让学生提前搜集了解与本课知识相关的资料，因此在上课时，学生的参与度普遍较高，学习氛围浓厚；另外，小组合作讨论的方法，激起了学生的学习兴趣，整个课堂讨论热烈，效率较高，也节省了课堂时间。但是，学生的知识储备稍显不足，虽然我把具体的知识点都设计到了，但他们对知识之间的联系掌握得并不好。另外，我告诉学生要全面客观地对洋务运动进行评价可以从两方面着手，但要让学生掌握具体的方法，还要在深入分析洋务运动的内容基础之上才可以，这一点还有一些地方需要改进和完善。本课结合我们当前的生活学习这段历史，旨在让学生深刻地认识到社会主义的优越性，从而产生强烈的爱国热情。（作者：武汉光谷左岭第一初级中学历史教师·田慧慧）

第八章 体育学科史及体育学科思想方法

我国文明史已有几千年，早在西周时期，贵族子弟学校就设有以"礼、乐、射、御、书、数"六艺为内容的教育。这种教育文武并重，注意到身心两方面的发展，并使体育与德育、智育、美育相结合。但是，到了封建社会，体育内容几乎中断。自汉武帝采取"独尊儒术"的教育政策后，重文德而轻武勇的教育思想在整个封建社会时期的学校教育中占统治地位。隋唐开始实行科举制度，形成文武分途；宋代到清代的学校教育，理学占统治地位，进一步主张静坐学习与思考。这些都助长了体育文弱之风，导致我国2000多年的封建社会学校教育中，偏重德育、智育，无视体育，没有军事训练或身体锻炼。直到清朝末年，我国才开始开办近代式的学校，即清政府于1901年将全国的书院改为学堂，由此形成了近代普通学校的雏形。1903年，由张之洞、张百熙等人拟订的《奏定学堂章程》（即"癸卯学制"）由清政府正式颁布实施，它是我国近代教育史上由政府公布并在全国范围内施行的第一个学制，确立了中国学校教育中体育课程的地位，真正拉开了我国学校体育教育的序幕。

体育课程是学校体育教育的核心，学校体育思想是学校体育的灵魂，把握了体育课程与体育思想的发展过程，就基本上把握了我国的学校体育发展的历史脉络。基于此，本章将先阐述体育学科史的发展，同时贯穿课外体育活动、体育训练与竞赛的内容，力求使主线明确，内容丰满。然后结合教学经验中的真实案例来阐述学科思想方法在具体教学实践当中的应用，以及如何通过对学科史的反思改进学科方法。

第一节　体育学科史

一、学校体育产生的背景

（一）社会动荡加剧

鸦片战争前后，长期以来的封建专制统治逐步走向衰落，国家经济日渐衰败，社会矛盾日渐尖锐，在不断受到西方列强的政治挑战和经济掠夺后，清朝的社会动荡日趋加剧。

政治上内外交困，经济上不堪重负，社会矛盾尖锐。伴随着政治、经济的日益衰败，晚清的社会矛盾也日渐尖锐。

（二）封建教育没落

从其体制而言，清代的学校教育应该说是完备的。中央设有国子监及为满洲贵族子弟设立的旗学、宗学、觉罗学等学校；地方设有府、州、县等儒学；乡镇设有社学；各地还有书院、塾学、义学；民办的私塾和经馆之类。但是到了鸦片战争时期，随着西方列强的入侵，中国社会发生了巨大变化，西学已经东渐，而清朝统治阶级的改革无力，依然顽固地推行旧的封建教育，晚清教育的没落就在所难免。

晚清的各级各类学校，虽名目繁多，教育对象也各有所别，但实际上都不过是科举的附庸，其教学内容都是四书五经之类的儒家经典和存在于民间私塾中的读书识字，讲究的均是所谓义理、考据、辞章之类的空疏陈腐之学，没有也不可能有体育性质的教育内容。

（三）新思潮对学校体育的影响

影响中国体育发展的思潮主要有军国民主义教育思潮、民主与科学思潮和国粹文化思潮。

所谓军国民主义，也称军国主义，源于资本主义国家的军国民教育，主要是在"尊君""爱国"的口号下，借口培养"军国民"而用专制主义和沙文主义毒害青少年和国民，并强制其接受军事训练，以培养对外侵略的士卒和对内镇压人民的打手。总之，借体育的名义，进行事实上的军事训练，以培养革命的武装力量，几乎成为当时资产阶级革命派宣扬军国民主义而进行人才培养的一种普遍模式。所以，当他们终于通过流血牺牲换来了中华民国的诞生以后，其军国民主义教育依然是培养人才的重要措施之一。第一次世界大战结束以后，国内要求结束军国民教育的呼声日渐高涨，特别是一批留欧美学生，对德国、日本的军国民主义教育非常反感，他们提出了民主、自由、个性的教育理念，并以德国战败为由，要求修改教育宗旨。军国民体育的实施，并未能实现"体育救国"的理想，相反，这种教育越来越表现出对学生身心的严重摧残。所以，从新文化运动开始，军国民教育思潮逐渐退出了中国的历史舞台。

民主与科学，是五四新文化运动高扬的两面旗帜。早在19世纪中期，面对中国社会在列强虎视眈眈下将被瓜分的危机，一些进步的地主阶级知识分子试图把民主与科学作为救亡图存的思想武器，由此民主与科学得到了社会的普遍认同。正是在这一背景下，一批时代精英也开始了对近代体育的重新认识和解读，中国近代体育在五四运动前后开始走上初步的现代化。虽然在当时落后的国情条件下，仍有人继续关注体育的强兵、强种、强国作用，但健身、娱乐、竞技的体育观念逐步确立，促进了体育价值观念的变化，也促进了体育基础学科理论的发展。在民主与科学思潮的影响下，学校在设置体操课程的同时，也吸取教会学校的普遍做法，广泛开展课外体育活动。而且，在课外体育活动中，学校主要实施的是田径、球类等近代运动项目。这就使学校体育由过去的单纯体操课，逐渐向体操课加课外体育活动的形式（即所谓双轨制）过渡。最终于1923年，在中国实行了20年之久的兵操教育在学校体育中被彻底废除。

所谓国粹，从字面上可理解为一个国家或民族固有的长处与优点。而实际上在国粹文化思潮中，人们对它的理解可归纳为三种：一是在广义上，泛指中国的历史和文化；二是指中国文化的精华；三是指中国文化的民族精神与特性。国粹文化思潮对近代学校体育的影响一是武术走进课堂，从而在学校体育教育中占有了一席之地，二是加快了对民族传统体育文化的挖掘、整理与改造，从而使民族传统体育文化更能适应现代社会人们的需求。

二、学校体育的发展

（一）学校体育的早期萌芽

一般认为，中国近代学校体育的产生是在清末"新政"以后，并通常以1903年的《奏定学堂章程》公布为标志。但是，如果再深入地考察中国近代学校体育发展的具体过程便不难发现，在清末"新政"发生之前，中国近代学校体育已经有所萌芽，这就是"书院体育"。后来才逐渐形成了近代学校教育中的体育制度。

甲午战争后，两湖书院监督梁鼎芬曾号召书院学生一洗文弱之风，养成体格健全之人才。所以，两湖书院从1896年8月开始设置体育课。在体育老师的带动下，学生每天下午都会自觉地去操场进行身体锻炼。他们从徒手柔软体操开始，逐渐练习到器械体操。为了便于学生能随时进行体操练习，在学生宿舍前均装置有单杠、双杠等体操设备。和其他新式学堂一样，兵操训练也是当时两湖书院的主要体育内容。兵操训练的内容主要有步操、炮操、马操3种。兵操教官由军营里的军官充任。工程营的军官教步操，马队的军官教马操，炮队的军官教炮操。在教学活动中，"举德、智、体三育而兼之，与东西洋教授之法意多暗合者"，特别是"自甲申年始，添课英、法文，旁及应对、进退、洒扫，与夫练身习武之术，有击球、投沙囊、投壶、习射、蹴鞠、超距、八段锦诸课，分日轮流演习"。

（二）学校体育制度的确立

甲午战争失败后，朝野上下不少人认识到"日本胜我，亦非其将相兵士能胜我也。其国遍设各学，才艺足用，实能胜我也""中国之割地败兵也，非他为之，而八股致之也"。1901年5月，中国第一份半官方性的教育专业杂志《教育世界》在上海问世，其开宗明义，从救亡图存的高度论述了教育改革的重要性和迫切性，它强调"无人才不成世界，无教育不得人才"。改革旧教育，建立新学制，在世纪之交几乎成为朝野上下一致的呼声。中西国力盛衰强弱的巨大反差、教育落后人才匮乏的触目惊心、明治维新教育发展的成功范例、西学东渐的广泛影响与教会学校的示范效应、洋务教育的实践及其正反两面的经验、近代工业和市场经济发展对科学技术提出的迫切要求、新型知识分子队伍的扩大与有识之士的大声疾呼、清朝统治者的功利性思考、"变法自强"的愿望和讨好列强笼络民心的政治需要，作为这一内外条件的综合，清末新学制及其体育课程应运而生。

学制取决于国家的经济和社会发展状况，科学文化水平也要考虑受教育者的身心特点。它是指一个国家各级各类的学校系统，它规定各级各类学校的性质、任务、入学条件、修业年限以及它们之间的关系。因此，学制是制约学校课程（含体育课程）的一个重要因素。

壬寅学制，这是我国第一个新教育学制。其中，有关体操课的规定如下：蒙学堂的教育宗旨是"在培养儿童使有浅近之知识，并调护其身体"。蒙学堂学制四年，六岁入学至十岁。共学课程八门，第八门为体操。第一、二年体操内容为整齐步伐，第三、四年体操内容为演习体势。每日体操均为1课时，于第三、四两年减去体操第一、第三、第七、第九日之四课时……加课算学。中学堂的教育宗旨是"使诸生于高等小学卒业后而加深其程度，增添其科目，俾肄力于普通学之高深者，为高等专门之始基"。中学堂学制四年，开设课程十二门，第十二门为体操。四年均开设体操课，每周两课时。体操内容包括器具操和兵式操。《钦定学堂章程》虽然未及实行，第二年就由《奏定学堂章程》所取代，但它在我国近代体育课程史上仍有不可否认的意义。

《奏定学堂章程》也称癸卯学制，它规定了从小学到大学的完整学制体系。《奏定学堂章程》（以下简称《章程》）基本上是完全仿照日本学制制定的，它在学校体育上的意义是明确规定各级各类学校均需要开设体育课程，课程称为"体操科"，并对课程的教学时数、教学目标、教授内容、场地设施等做了相应的规定。但总体原则上，"在中学堂，宜以兵式体操为主"。《章程》对大学堂的体操科教授内容也规定为"普通体操、兵式体操"两种。在体育课程的场地设施方面，《章程》规定："初等小学堂之体操场，应分室内、室外两式，以备风雨。"当时的清政府为保证学校体操科教学的顺利进行，甚至还专门颁布了一个《操场规则》，可将其理解为是落实《奏定学堂章程》中有关学校体育工作要求的重要补充。《奏定学堂章程》的颁布，确立了中国近代教育制度，使近代体育在中国学校的普遍实施获得了法律支撑。但是，由于当时的体育课教学更多地偏重于兵式体操的训练，如"立正、稍息、齐步走"之类的军事操练，虽说对学生的身体发展有一定的积极作用，但体育课形式上的呆板、枯燥和千篇一律，影响了体育的实际效果。因此，西方近代体育最初走进学校的同时，也给中国的学校体育发展留下了一定的隐患。

1951 年起，部分地区和学校试行了劳卫制，并在此基础上于 1954 年 5 月 4 日正式颁布了《准备劳动与卫国体育制度暂行条例》（简称劳卫制）。劳卫制是："中华人民共和国体育教育制度的基础，其目的是向劳动人民进行全面的体育教育，培养人民成为健康的、勇敢的、乐观的祖国保卫者和社会主义建设者。"劳卫制根据体能、技术及当时我国体育发展的情况分为三级，即劳卫制预备级、劳卫制第一级和劳卫制第二级。同时，根据性别和年龄分为男子第一组 15～17 岁；第二组 18～28 岁；第三组 29 岁以上……女子第一组：14～15 岁；第二组 16～23 岁；第三组 24 岁以上……项目分必测与选测两种。

我国推行劳卫制活动的重点是学校，所以在教育部和国家体委颁布的文件中曾多次指出：要"在全国中等以上学校中有准备、有计划地推行'准备劳动与卫国'体育制度（简称劳卫制）的预备级，并选择其中条件比较好的学校重点试行劳卫制"。而针对小学的特殊情况，考虑到小学因一般学生的年龄还小，体育设备、师资、医务监督等条件还不够，暂不推行劳卫制。

劳卫制在推行过程中暴露出了一些问题，如项目偏多、标准偏高、伤害事故增多等。所以，当时社会上曾有人对要不要搞劳卫制提出了疑问。后来由于周恩来同志表示劳卫制还是要搞的，因为"开展劳卫制运动不只是为了个人的身体健康，而且是为了保卫祖国、建设社会主义"。但前提条件是要更科学、更合理、更符合中国的实际。所以，1956 年劳卫制在项目标准方面做了适当修改，由此这项群众性的体育测试活动向更有利于健康的方向发展。

在全国小学生中推行少年广播操，适当组织课余运动竞赛活动。在开展课外体育工作中，防止伤害事故的发生也是政府有关部门非常重视的一个问题。早在 1953 年 10 月 14 日，高教部、国家体委、教育部就曾下发过《关于正确发展学校体育运动、防止伤害事故的联合指示》，要求学校行政领导必须"把学校体育工作真正领导起来，经常地、有计划地督促体育教员在体育正课、课外体育活动与运动竞赛中进行体育运动的思想教育和生理卫生知识教育，使学生正确而深刻地认识体育运动的目的和意义，掌握科学的锻炼方法"。要求"体育教员必须把体育正课和课外体育活动都很好地负起责任来，积极加强运动技术指导和安全保护工作""体育教员和场地管理人员，合理地划分运动场地和设置警戒标志，并根据具体情况规定运动秩序的规则。对于场地设备，应经常检查和及时修理"。总之，要有效地防止伤害事故，以保证学校体育的正常开展。

（三）学校体育教学大纲的制定与颁布

为了提高体育课的教学质量，教育部于1953年组织翻译了《苏联十年制体育教学大纲》，向全国教师进行介绍。1954年5月4日，由政务院批准公布了《准备劳动与卫国体育制度》，并于1956年2月29日由国家体委颁布了《中华人民共和国"劳动和卫国"体育制度条例（修改草案）》。1956年，高等教育部颁布了《高等学校普通体育课教学大纲》。1956年7月和11月，教育部分别颁布了《小学体育教学大纲（草案）》《中学体育教学大纲（草案）》《师范学校体育教学大纲（草案）》。这些文件对规范学校体育工作均起到了很好的指导作用。

彼时，我国学校体育的目的是促进学生成为全面发展的人，为参加建设社会主义社会、保卫祖国做好准备。我国学校体育的基本任务是促进学生身体的正常发育，全面锻炼学生的身体，增进学生健康；教给学生体育教学大纲中规定的教学内容；发展他们的身体素质；培养卫生习惯和锻炼身体的习惯；向学生进行共产主义教育。

对于第一套体育教学大纲——《小学体育教学大纲（草案）》和《中学体育教学大纲（草案）》的颁布，教育部给予了高度的重视。1956年7月，教育部专门组织了"全国中等学校体育教学大纲学习会"。这些体育教学大纲的颁布，虽然使各级各类学校的体育教学工作有了统一的规范要求，并初步建立起了我国学校体育教学的课堂常规，但也带来了不顾各地主客观条件不同的"一刀切"的弊病。

（四）学校体育改革新举措

随着新一轮基础教育改革的启动，我国学校体育的改革也陆续出台了许多新的举措，如研究制定新的中小学校的体育课程标准、普通高校的《体育课程教学指导纲要》，颁布施行《学生体质健康标准》，开展全国学生体质与健康调研，等等，有力地推动了学校体育的进一步发展。

2001年6月，国务院颁发了《国务院关于基础教育改革与发展的决定》，进一步明确了"加快构建符合素质教育要求的基础教育课程体系"的任务。于是，我国新一轮基础教育课程改革在世纪之交启动。新一轮的基础教育课程改革，直接促进了体育课程的深化改革。为落实《基础教育课程改革纲要（试行）》的基本精神，教育部基础教育司牵头组织人力研制了中小学各门课程的课程标准或指导纲要，《全日制义务教育普通小学体育（1～6年级）体育与健康（7～12年级）课程标准（实验稿）》（以下简称"新《课标》"）也在这样的背景下问世了。

新《课标》与以前的体育教学大纲不仅在体例上有明显区别，在理念和思路上也有更为明显的区别。新《课标》的设计理念如下：突出强调要尊重教师和学生对教学内容的选择性，注重教学评价的多样性，使课程有利于激发学生的运动兴趣，养成坚持体育锻炼的习惯，形成勇敢顽强和坚忍不拔的意志品质，促进学生在身体、心理和社会适应能力等方面健康、和谐地发展，从而为提高国民的整体健康水平发挥重要作用。

新《课标》的设计思路如下：①根据课程目标与内容划分学习领域。新《课标》改变了传统的按运动项目划分课程内容和安排教学时数的框架，根据三维健康观、体育自身的特点以及国际课程发展的趋势，拓宽了课程学习的内容，将课程学习内容划分为运动参与、运动技能、身体健康、心理健康和社会适应5个学习领域，并根据领域目标构建课程的内容体系。②根据学生身心发展的特征划分学习水平。新《课标》根据学生身心发展的特征，将中小学的学习划分为6级水平，并在各学习领域按水平设计相应的水平目标。③根据可操作性和可观察性要求确定具体的学习目标。④根据课程管理的要求加大课程内容的选择性。⑤根据课程发展性要求建立新的评价体系。力求突破注重终结性评价而忽视过程性评价的状况，强化评价的激励、发展功能而淡化其甄别、选拔功能，并根据这样的原则对教学评价提出了相应的建议。

可见，新《课标》与以往体育教学大纲不同，在课程的名称、指导思想、目标体系、学段划分、内容标准、教学时数、评价方法等许多方面，均发生了明显的变化。

第二节　体育学科思想方法

体育学科思想方法在历史的不断发展中逐渐形成了自己的体系，也反映出了不同时代人们的不同体育需求。这里借鉴《体育教学论》中的分类法进行阐述，包括游戏法、示范法、比赛法、预防和纠正错误动作法等。下面将结合实际教学案例讨论其中这些学科思想方法的利弊，并进行反思。

案例四十八：

初中体育游戏法课堂实践

在体育教学中，运用游戏法可以调节学生的学习兴趣和心态，可以发展学生身体素质，能培养学生严格的组织纪律观念。从我国体育教学工作的发展史来看，众多的一线体育工作者对体育游戏在体育教学中的运用的研究做出了重要的贡献，普遍认为教学中要充分调动学生学习体育的积极性，促使学生身心全面发展，提高教学质量。体育游戏对于提高体育课的教学质量，具有积极的作用。

【案例描述】

首先，游戏法在准备活动中的运用内容如下。

在体育活动中，准备活动的目的是使学生能够从相对安静的生理状态较快地、逐步进入运动状态的生理过程，是激发学生体育运动兴趣，集中学生体育课堂注意力的过程。在体育教学活动过程中，通常根据教学任务和目的进行一般准备活动和专项性准备活动。

一般性准备活动是指通过体育活动，激发学生全面活动的积极性，克服惰性，逐步提高大脑皮层的兴奋度，从而进入体育课堂的学习状态。在这个阶段安排的体育游戏最好是体育运动活动的强度较小，运动量适中，这样才能够给学生的生理和心理一个过渡和适应过程。比如，在教学中比较常用的"喊数凑团""贴人""大小西瓜"等游戏，对激发学生集中注意力并快速投入体育课有重要的积极作用。

专门性体育活动，主要是使运动者完成基本部分内容有关的肌肉、韧带、关节以及各系统机能的准备活动，该活动具有较强的目的性和针对性，往往和将要进行的教学内容关系密切。在具体的教学过程中，教师可以根据教学目的、教学手段进行选择和编排。比如，在篮球投掷类的教学前，教师可以组织学生进行传接球类游戏，以进一步活动上肢；在进行排球教学前，做好手指的抓握计数游戏等。

其次，游戏法在身体素质练习中的运用内容如下。

在体育训练中，运动员在进行身体素质练习过程中，往往会感到比较乏味、单调，而且正式的训练中一般强度都比较大，很容易使学生产生畏难心理。如果能够在身体素质练习中加入合理、有效的游戏活动，一般能够减少或者是清除不理想的教学现象的发生。比如，在训练中要提高学生下肢力量和弹跳力时，教师多进行"跳起躲棍"的方法，或者"立定跳接龙""跳大步"等体育游戏方法；组织学习发展上下肢协调能力的训练中，可以选用或创编些具有一定难度的韵律操，让学生在完成练习时能感受到一定的韵律操的趣味性和挑战性；发展上肢力量练习过程中，采用"个人或集体俯卧撑计数"等体育游戏。在体育教学、训练过程中，通过体育游戏进行专门的身体素质练习，使学生在轻松、愉快的气氛中达到提高素质、增强体质的效果，是我们教师追求的理想教学目的。

再次，游戏法在基本技术教学中的运用内容如下。

兴趣是我们组织学生上好一堂课的重要前提，要努力激发学生好动、好胜、喜欢做游戏的特点。体育教师如果能抓住这一特点，将枯燥的训练转化为游戏的形式，我们的课堂氛围就会变得轻松、愉快。在体育教学和训练中，体育游戏如果能够与基本技术相结合，往往可以积极地改善教学中的尴尬气氛，采用个人和个人、小组（队）和小组（队）间的对抗和竞争，将单调、枯燥的体育技术练习变得生动、活泼、富有激情，有利于提高学生学习的积极性。同时，教师还要注意体育教学的重点和教学过程的细节及本节课的练习目的。比如：在篮球教学过程中，教师可以组织"长传快跑接球""运球接力""传球接力""盲运球"等相关的体育游戏活动，促进学生运动状态的进入；在枯燥、乏味的中长跑教学中，我们可以通过引入各种形式的变形接力、定时不定距比赛跑、团队组合跑比赛、定距不定时跑、校内小型越野跑、定向运动等。

最后，游戏法在课堂结束部分的运用内容如下。

我们在处理课堂引起的运动训练上的生理、心理疲劳问题时，最好可以采用活动形式比较自由且内容简单的小型游戏进行身体放松，这是体育教学训练中比较受欢迎的教学方式。

【案例反思】

教师在选择放松类型的体育游戏时，应注意游戏法也有一定的针对性，这样才能更理想地通过体育游戏法完善课堂。体育教学工作者要通过合适的体育教学方法激发学生的兴趣，增强学生参与体育运动的欲望。

总之，在体育游戏过程中，教师一定要研究学生，研究教材，根据教学的实际情况，有目的、有针对性地进行适当的游戏活动，从而达到既定的教学目标和任务，培养学生勇敢、顽强的作风及团结协作的团队精神。（作者：武汉市左岭第一初级中学·邱均）

案例四十九：

初中体育示范法课堂实践

示范法是体育教学中最常用的一种直观教学法。它在体育教学中占有极其重要的地位，是教师通过具体的动作示范使学生在头脑中建立起所要学习的动作表象，以了解所学动作的结构、要领的方法。正确地运用示范法，能有效地缩短学生掌握动作的时间，建立正确的动作表象，并能取得事半功倍的教学效果。体育教学的目的是使学生学习并掌握一定的运动技能，而学生运动技能的学习需要直接的感性经验做支持。因此，体育教学中正确的动作示范，不仅可以使学生获得必要的直接感受，以提高掌握动作要领的效率，还可以提高学生学习的兴趣，激发学生学习的自觉性，有利于形成正确的动力定型。

【案例描述】

（基本部分）在此次广播操教学阶段中，教师主要采用了讲解法、示范法、分解法和完整法、预防与纠正错误法等方法。在第1次课的教学部分开始后，让学生对所学的广播体操建立一个整体框架。学习广播体操时，首先给学生播放整套操的完整动作，或教师向学生展示整套广播体操，先给学生一个整体印象；然后再按计划进行每一节课的教学。①教师需要先采用示范法做每一节操的完整示范，采用讲解法对每一拍的动作进行讲解，做好要求，规范每一拍的动作。简单的动作主要运用整体法进行教学，如预备节、伸展运动、整体运动等；较为复杂的动作主要运用分解法进行教学，如扩胸运动、体转运动等。在教学过程中，根据每一节操的特点和难易程度，灵活地运用镜面示范和分解示范，同时让学生跟随教师的讲解和动作做模仿练习。②分组练习相互帮助，教师进入各组进行个别指导和纠错。③集中所有学生，针对学生练习时出现的问题做统一纠错。④针对一节操的完整练习进行由慢到快的重复练习，起到巩固提高的作用。在练习的过程中，可以让学生参与到喊操的行列中，初期可以让学生跟着喊，教师喊"1、2、3、4"，学生接着喊"5、6、7、8"，这样可以控制速度、把握节奏；中期可以让学生进行分组喊，进行组对组比赛，这样既可以让学生感受广播体操的节奏感，又可以充分调动学生学习的积极性。在学生熟悉节奏之后，还可以采取无声操作，让学生在心里默念节奏。⑤组织每组进行展示。

【案例反思】

在此教学案例中，整个课堂的调度比较少，特别是基本部分，学习和练习队形大都是六列横队、七路纵队构成的长方形。这样会产生两个问题：①虽然教师会做多面示范，但是有些学生看不见、视野不好；②同一队形持续太久，让学生感到厌倦，左右前后的学生更容易交头接耳，无法全然集中注意力。因此，在教学过程中，教师不仅要做多面示范，更要多更换自己的位置，让各个角落的学生都可以清晰地看到示范动作，甚至可以让学生通过动作的移动来创编队形，这样可以大幅度地调动学生的主观能动性，也可以激发学生的创造性思维。在进行教学中，运用讲解法、示范法、分解法和完整法、预防与纠正错误法等方法进行教学的教法较为多样，但仍然过于传统，可以更多地运用多媒体教学。例如，教师可以给学生录制一段视频，这样学生在练习结束后还能通过观看录像查找自己的不足。（作者：武汉市左岭第一初级中学·邱均）

🖉 案例五十：

初中体育比赛法课堂实践

比赛法是指在比赛的条件下学习基本技能、技术和进行身体练习的方法，主要特点是竞争性强，学生在这个过程中情绪高涨，能最大限度地表现出有机体的机能能力。完成同样的练习，比赛时的机能变化要比非比赛时大得多。因此，比赛法对肌体机能能力提出了更高要求，它能有效地提高身体素质，掌握动作技能，以及在复杂变化、具有竞争因素的条件下，合理运用动作技术技能的能力，充分发挥学生在学习中的主动性、积极性，使其更好地完成体育教学任务。另外，它能有效地激发学生的兴趣。比赛都是在不断变化的环境中进行的，除了规则规定的条件以外，运动员都可以发挥自己的主动性和创造性，适应不断变化的环境。学生不愿意参加枯燥的长跑，但对需要长时间奔跑的足球比赛却乐此不疲正是这个道理。在学生内心争先求胜的鼓舞下，比赛能培养学生坚忍不拔的意志品质和顽强拼搏的精神。

【案例描述】

本次课程以篮球游戏比赛为教学内容。

（1）控制球比赛，比控球时间或控球传接球次数。

（2）曲线运球接力。

（3）定点投篮比赛。

在规定区域内进行定点单手（或双手）投篮比赛。要求：自投自捡球，投球后必须回到原位继续投篮，比谁在规定时间内中篮次数多。教师在其中的作用是讲解要求和规则；组织学生练习；巡回指导。

（4）篮球投靶比赛。

教师讲解练习要求和内容，组织学生练习。要求：两队人数相等，各选一名"靶员"，球传给靶员在规定区靶内接住得一分。值得注意的是，传球给本队靶员必须在限制区以外有效。

【案例反思】

比赛的内容和形式可以多种多样，教师可以根据教学的需要自行创造，既可用于一般的和专门的身体训练，也可用于教学；可以是游戏比赛，也可以是教学比赛或专门组织的测验比赛；可以是个人与个人的比赛，也可以是小组与小组的比赛。按教学的具体任务和动作性质，可以比快、比高、比远、比得分，也可以比完成动作的质量或教学的组织纪律性。只有根据教学任务、教材性质、学生特点和具体条件，正确灵活地运用各种比赛的形式和方法，并在比赛中切实贯彻教学要求，才能收到良好的教学效果。例如：在篮球传接球技术的教学中，当学生学习进入巩固提高阶段后，我们可以用全队比赛中得分多少结合传接球失误多少综合判定胜负的方法，提高传接球技术运用能力。

在实际运用过程中，比赛法应注意以下几个方面的问题：①紧密结合教材内容，在学生掌握一定教材内容的基础上进行比赛；②明确比赛目的，并制定相应的规则；③加强比赛的组织工作；④控制运动负荷，防止运动损伤；⑤教师应发挥主导作用，及时给予公正的评判。（作者：武汉市左岭第一初级中学·邱均）

第九章　生物学科史及生物学科思想方法

第一节　生物学科史

一、古代生物教育

中国古代生物学知识多以物种遗留、口耳相传以及书籍记载的方式相传。我国在动植物分类学、生态学、人体解剖和测量、胚胎和生殖发育、生物遗传、医药学等方面均有丰富的生物科学遗产。我们可以通过查阅古书了解古人对生物科学知识的研究概况。

早在殷商时期，古人就有分类的想法。以甲骨文为例，表示禾、黍、稻的文字相似，表示鹿的图案会出现在代表麝、麇、麋的文字中。

《夏小正》，成书于3000多年以前的夏朝，是我国最早的有关农业物候的书，对于起物候作用的植物花期和动物行为的记载很科学。

《诗经》，一部民间歌集。古人往往因物赋诗。《诗经》中涉及很多自然现象和物种，合计约250种动植物。

《周礼》，首次出现了"植物""动物"这两个词，并将动植物各细分为五类。比如，古人把动物分为毛物、鳞物、羽物、介物、臝物，它们分别对应现在通用分类中的兽类、鱼类、鸟类、龟鳖类、软体动物或人类。现在看来，这种分类很粗糙，但是比西方的分类早多了。

《尔雅》，最后几篇中记载了500多种动植物，并对它们进行了简单分类。比如，"小枝上缭为乔"是指乔木，"木族生为灌"是指灌木。它还提到虫鱼鸟兽的划分，如"四足而毛，谓之兽"。

后来，有人专门研究《诗经》和《尔雅》。例如，研究《尔雅》的书：郭璞著有《尔雅注》，陆佃著有《埤雅》，罗愿著有《尔雅翼》；研究《诗经》的书：毛亨著有《毛诗故训传》，陆玑著有《毛诗草木鸟兽虫鱼疏》，毛晋著有《毛诗草木鸟兽虫鱼疏广要》。有人认为三国时期陆玑的著作《毛诗草木鸟兽虫鱼疏》是中国第一部关于动植物的专著。事实上，日本学者也有一些研究《诗经》的著作，多受陆玑的影响，这里不一一举例了。

有人认为我国第一部植物专著是《南方草木状》。书中不仅记录了大量植物种类，还记录了植物的茎、叶、花、生长环境等特点，以及引种、产地等信息。

自魏晋时期开始，关于某一种植物的专著——专谱开始出现。比如，戴凯之著有《竹谱》，陆羽著有《茶经》，欧阳修著有《洛阳牡丹记》，刘蒙著有《菊谱》，等等。

古人很早就注意到环境与动植物以及动植物各物种之间的关系。例如，《山海经》中记录有大量不同环境中形态各异的生物，《图经本草》中记载了各种药用动植物的地理分布，《庄子》中记录有捕食关系"螳螂捕蝉，黄雀在后"，《酉阳杂俎》中记录有保护色"茅兔必赤，鹰色随树"和寄居现象，《岭表录异》中记录有共生关系，等等。

古籍中也不乏体现人与自然关系、保护生态环境的记载。例如《史记》典故"网开三面"，《国语》中记载有禁渔的故事，《荀子》中提倡"养"生物资源，《吕氏春秋》中有关于孟春之月"禁止伐木"的条文，等等。

中国古人对人体解剖学也有研究。例如，《灵枢经》中记载了对人体消化器官和体表的测量，《内镜图》《人镜经》《四部医典》中都画有人体内脏图。

古人对生物遗传和变异方面的研究成果多体现在对农作物、鱼、鸡、花等生物的选种和杂交上，对医药学的研究成果有著名的《本草纲目》等书籍。[①]

二、近、现代生物教育

尽管中国历代生物学知识遗产丰富，却少见开设专门的生物学课程。中西方早期的生物知识均属于博物学。

最早提出"生物学"这个词的文章来自德国的一份医学文献。该文献出版于1800年。德国博物学家戈特弗里德·特雷维拉努斯（Gottfried Reinhold Treviranus）、法国植物学家让·巴蒂斯特·拉马克（Jean Baptiste Lamarck，1744—1829年）在他们各自的著作中使用了"生物学"这个词。随后，生物学被法国哲学家奥古斯特·孔德（Auguste Comte）纳为哲学中的一门重要的高级学科。这一提法受到许多学者的拥护。查尔斯·罗伯特·达尔文（Charles Robert Darwin，1809—1882年）出版《物种起源》，让生物学迅速发展起来。

由于鸦片战争打破国门，近代中国生物学受西方的影响较大。西方传教士在明、清时期陆续在我国传播基督教。在传播教义的过程中，他们发现结合解剖学、生理学、动植物分类等生物学知识辅助传教的效果更好。

中国近代的生物学教育起始于西方传教士设立的教会学校。1877年，传教士成立委员会并编写了中国早期的生物学教科书。例如，英国传教士博兰雅著有《植物须知》，

---

① 汪子春：《中国古代生物学》，中国国际广播出版社，2010，第45页。

英国韦门道著有《百兽图说》，美国传教士厚美安著有《活物学》，等等。

教会学校起初并没有生物学教学，但是之后的教会高校开始讲授生物学课程，随后又发展出独立的生物学科。例如，东吴大学、金陵大学等学校都是由美国教会开办的，属于早期开展生物学科的学校。

1901 年 3 月，东吴大学在苏州成立。美国生物学教师祁天赐教授普通生物学、生理学、植物学和动物学等课程。他的学生先后成为当时各个大学的生物系系主任。

1902 年，清朝末期，政府颁布《钦定中学堂章程》。1903 年，清政府又颁布《奏定学堂章程》。1905 年，科举制度被废除。

民国时期，政府颁布《新学制课程标准纲要》。高中生物学和物理、化学一起进入必修课程。学生从三门课程中选择两门学习。

生物学是一门实验科学。无论是《钦定中学堂章程》，还是 1932 年的课程标准《初级、高级中学课程标准总纲》，都有考虑生物学的学科属性，注重实验教学。

辛亥革命后，欧美留学归来的学生逐渐成为我国高等生物学教育的先驱，如留美归来的邹秉文在我国自办高校东南大学农科的生物系任教。清华大学的生物学教育也在民国时期占有重要地位。尤其在罗家伦对清华进行改革之后，清华逐渐具备了以实验研究为主的师资力量。

早期国内的生物学教育曾借用日本的教材。1916 年，留美学者邹秉文、谢家声自编了我国第一本植物病理学教材《植物病理概要》。随后，我国学者自编教材《高等植物学》《植物解剖学与生理学》《动物学》《生理学》《生物化学实验》等相继出版。

近代中国社会环境恶劣，缺乏教育经费，已然导致生物学的发展阻力很大，各地的派系众多，还有门户之见，这也为生物学的发展带来了负面影响。

中华人民共和国成立后，我国的生产建设和科学发展慢慢步入正轨。我国成立中国科学院，为培养人才发挥了重要作用。[①]

"文化大革命"时期取消高考，即便后期恢复高考，生物学科也一再从高考中被剔除。直至 1986 年，国家开始实施《中华人民共和国义务教育法》，并于 1988 年颁布《九年制义务教育　全日制初级中学生物学教学大纲（初审稿）》，我国才第一次正式开放生物教材的编写。中国科学院 71 位院士撰写《加强生命科学人才培养，迎接 21 世纪》，并在 1994 年联名上书中央领导，建议恢复生物高考、加强生物学教育。由此，生物学才真正作为高考科目之一受到重视并延续至今。

---

① 李昂、付雷、徐丁丁：《中国生物学史近现代卷》，广西教育出版社，2018，第 32 页。

第二节　生物学科思想方法

学科思想是指能够反映学科知识本质、学科思维特点和学科学习规律，并对分支学科的发展和学生学科综合素养的发展起决定性作用的那些基本观念和思想。[①] 学科思想是学科教学的本质和灵魂。

人们根据自然界的生命现象和活动规律，通过思维产生对生物本质的认识，反映在意识里，形成生物学思维，提炼生物学科研究方法，进而指导生物学科的研究、教学和生产实践。生物学科思想能反映生物学科的本质，在生物教学和提升学生的生物学科核心素养上起重要作用。

生物学科思想中蕴含着许多哲学思想。无论是早期达尔文的进化论，还是后期我们发现生物和非生物在元素上的一致性，都体现了生命的物质性。生命现象有其物质基础。同时，生物与环境以及生物之间又是对立统一的。它们是统一的整体，相互作用，相互影响。生命中经常存在质与量的互变。遗传物质数量的改变会严重危害人类身体健康。物种演化的过程中也体现出量变、质变的间断性和连续性。此外，否定之否定、唯物辩证法等哲学思想也在生物学科思想中有所体现。

生物学科思想中含有系统论、信息论和控制论的思想。控制论、信息论和系统论是以系统与环境之间、系统内部的通信及传递为基础的一种控制系统，这个系统的特点是根据周围环境的某些变化来决定和调整自己的运动；把系统看作是借助于信息的获取、传送、加工、处理而实现其有目的性的运动，综合研究系统的信息过程；要把事物当作一个整体或系统来加以考察。[②]

系统论强调整体观。在细胞层面，细胞是构成动植物体结构和功能的基本单位；在个体层面，物质交换和能量流动维持个体正常的新陈代谢；在生态系统层面，生态系统是生物和环境构成的有机整体。

信息论主要体现在生物的遗传和变异、免疫调节、神经激素调节、生态系统中的信息传递等教学内容上。

控制论强调反馈，与信息论关系密切。在免疫调节、神经激素调节、维持内环境稳定等内容上均含有控制论的思想。

研究学科的方法一般分三个层次：哲学的方法；科学研究的一般方法；学科内的特殊方法。生物学科的研究方法也可分为这三个层次，但侧重于科学研究的一般方法。

---

① 田宝华：《学科思想是教学的灵魂》，《中国教师报》2011 年第 23 期。

② 李松林、杨静：《基于学科思想方法的整合性教学研究》，《课程与教学》2011 年第 1 期。

包括观察法，实验法，调查法，模拟法，逻辑思维（包括归纳与演绎、分析与综合和类比法），形象思维，直觉和灵感，数学方法，模型，系统分析法等。[①]

在生物学科的教学中运用这些思想和方法，可以提升学生的生物学科素养。生物学科核心素养包括生命观念、理性思维、科学探究、社会责任。其中，生命观念包括结构与功能观、进化与适应观、稳态与平衡观、物质与能量观；理性思维包括归纳与概括、演绎与推理、模型与建构、批判性思维；科学探究的一般过程包括观察现象、提出问题、实验设计、方案实施、分析讨论等；社会责任体现在关注社会、参与讨论、理性解释、辨别真伪、主动宣传、关爱生命、保护环境。

如何在教学中运用学科思维和方法，帮助学生提升生物学科素养呢？下面通过实例来分析。

🖋 案例五十一：

小庙湖水污染调查及防治建议

武汉市卓刀泉中学位于洪山区东湖之滨。在本应该被美丽的湖光山色装扮着的校园内却总能闻到湖面飘来的异味，这不由得让人关注东湖水质问题。今年，有学生观察到湖面上竟然浮着"莫名的方格"。教学楼后的湖面上有大片植物"漂"在水面上，引发了不少学生的好奇心：水上怎么长草了？它们和污水有联系吗？

【案例描述】

首先，确定本次教学的计划。

（1）上网查询，了解东湖水质现状。

（2）实地考察，调查并记录学校附近水质状况和水中污染物来源。

（3）取样检验，设定取水样的地点，取水样，用显微镜观察并记录。

---

① 赵占良：《人教版高中生物课标教材中的科学方法体系》，《中学生物教学》2007年第3期。

（4）专家访谈，结合调查内容及分析数据，访问专家意见。

（5）提出建议，结合调查，提出防治建议。

（6）反思总结，以小组合作形式和各种方式展示各小组的学习成果。

其次，完成本次教学的活动过程。

第一步，准备阶段。

（1）广泛查询资料。

（2）搜集相关资料，以小组为单位进行任务分工和查询资料。

我们在开展活动之前，在班级进行了公开招标。以自愿为原则，宏观调节，保证每个小组的分工明确，确保实践活动高效有序地进行。

在进行分组活动之前，我带领全班同学进行了上网查询，以全面了解东湖水质污染的现状，并结合小组各自的任务，分配不同的搜索问题。这样做是防止学生漫无目的地浏览网页，并为后继的研究性活动做准备。

例如，实地考察排污口的小组的搜索任务如下：

（1）东湖的水污染程度？原因？

（2）排污口排出哪些废水？可能有什么污染物？对水质可能有哪些影响？对水中生物的种类和数量可能有怎样的影响？

又如，实地考察、取水样的小组需要了解的内容如下：

（1）选择哪几个地方取水样？（考虑对照实验）

（2）如何取水样？需要哪些工具？

第二步，实施阶段。

（1）针对查询资料过程中的疑问调查、访问相关工人和负责人。

（2）通过小组调查、学习、实验、采访、整理报告等过程，针对疑问调查、访问相关工人和负责人，进行调查研究。

（3）专家访谈，解决调查过程中的疑问。

通过查询，我们了解到湖水已经属于重度污染，政府已经开始采取积极措施。那我们看到的湖面上长出来的草是不是与治理污水有关呢？咨询组对湖边的工人和相关负责人进行了采访。在咨询的过程中我们了解到，湖水污染有可能与排放污水有关，因此进行了排污口的调查，任务主要是查清湖周边的排污口数目和现状。考虑到活动的后续进展需要观察污水中的生物种类，因此采集水样的小组和调查排污口的小组一起行动。

为了排除安全隐患并高效带领学生进行研究性学习，我事先到湖边转了一圈，对于排污口的分布大致上做到心中有数。事实表明这样做是对的，不到现场看就不知道需要带什么物品。排污口大都在下方，有一些还被周边的植物覆盖了。因此我们除了带相机拍摄外，还得找到一根长棍拨开植物，探查下方是否有排污口以及是否正在排放污水。

采集完水样之后，我们进行了观察。我们的观察分为肉眼观察、放大镜观察和显微镜观察。前两项基本没有什么观察结果。主要是显微镜观察。拿主污水口和浮岛的水样进行了对照，并大致统计了我们所观察到的湖水的生物种类。取样检验的过程培养了学生的观察能力、绘图能力和实验操作能力，对于激发学生的学习兴趣大有裨益。

大家在活动过程中产生了很多疑问，很多我也没有办法解答，因此我们联系到了华中师范大学的程凯老师和原武汉植物园的丁老师两位专家来解答在研究性学习过程中产生的疑惑。

在华中师范大学程凯老师的帮助下，我们得到一些数据，如表9-1所示。

表9-1　检测结果

水样编号	取水地点	溶氧量	pH	生物种类	COD /mg·L^{-1}	氨氮 /mg·L^{-1}
1	浮岛水面下	4	8.4	藻类较多：团藻较多，裸藻较多；少许小球藻、硅藻、绿藻	81.75	11.02
2	主污水口浅层	3.06	7.7	细菌较多	86.75	13.54

数据表明，浮岛周围的水质明显优于主污水口周围的水质，说明人工生物浮岛对水质的净化有一定积极作用。

第三步，总结阶段。

（1）各生物小组汇报交流。

（2）探究活动总结反思、效果评价。

卓刀泉附近的湖水已经属于劣五类水质，周围的生活污水仍然源源不断地往湖中排放。我们认识到保护水资源迫在眉睫！

虽然水面上有人工生物浮岛可以帮助净化水质，其作用却不甚明显。治理污染还需治源头，应该将污水经过处理和净化之后再排放。

最后，汇报本次教学相关内容。

这是我们的活动设计。先是全班同学上网查询，了解东湖水污染的概况；再进行实地考察、抽取水样、咨询相关负责人；并用显微镜观察湖水中的生物；最后针对活动中产生的疑问采访专家，从而帮助我们提出防治建议。

针对活动任务不同，我们进行了公开招标，这是每个小组的责任分工。雷霆组咨询负责人；三叶草组调查排污口；甜甜圈组取水样；梦的光辉、追梦和棒棒糖组进行显微镜观察；小鬼当家组查询信息，提供技术支持。

通过我们班上网查询的资料，我们大致调查了东湖水污染的原因有污水排放、围栏养鱼、连岛通路等，并了解了如何抽取水样以及政府采取的环保措施等信息。

在活动过程中，有很多信息需要查询，下面请小鬼当家组交流他们组的活动内容。

（学生汇报。）

我们了解到，小庙湖水污染有可能与排放污水有关，因此三叶草组进行了排污口调查。他们看到污水口了吗？有几个排污口呢？有请三叶草组代表交流活动内容。

（学生汇报。）

那么多污水都排放到湖里，湖中还会有生物存在吗？于是我们决定取水样进行观察。甜甜圈组采集了水样。请他们来说说自己的取水经历。

（学生汇报。）

采取水样之后，梦的光辉、追梦和棒棒糖组进行了观察，他们看到了什么神奇生物呢？

（学生汇报。）

在光学显微镜下看到的生物有限，不是很清晰；校内的实验器材也无法检验水质。于是我们联系了华中师范大学的环境专家程老师，帮助我们检测水质。我们此行每个小组以2至3人为代表，共12人，到华中师范大学生命科学学院参观学习。他们学到了什么知识？看到了什么生物？小庙湖的水质究竟如何呢？请他们来给我们讲讲。

（学生汇报。）

原来小庙湖已经属于重度污染，政府已经开始采取积极措施。那我们看到湖面上长出来的草是不是与治理污水有关呢？雷霆组对湖边的工人和相关负责人进行了采访，请他们来告诉大家。

（学生汇报。）

湖面上漂浮着的原来是人工生物浮岛，有净化水质的作用。那浮岛上种的是什么植物？为什么选择这几种植物呢？雷霆组问了湖边的工人，可惜他们并不知道详细的答案，转而告诉我们植物园丁老师的电话号码。我们联系丁老师的时候，他正在外地出差，所以我们进行了电话采访。请电话采访的成员谈谈他们的收获。

（学生汇报。）

通过对课题的学习、总结，你对于小庙湖的水污染有哪些防治建议呢？请大家以组为单位进行讨论，两分钟后我们来交流。

【案例反思】

通过湖水污染程度调查活动，培养学生发现问题、解决问题的能力，唤醒学生的社会责任感。在尝试解决问题的过程中，学生与组内成员进行合作，激发创新思维，培养搜集资料的能力、人际交往能力、实验操作能力、拍摄能力、绘图能力、解说能力、整理资料能力、汇报能力等综合能力。本次教学使学生关注对水资源的保护，强化了环保意识，提高了对生物学科的学习兴趣。在这个过程中，不仅学生的生物核心素养得到提升、综合能力得以提高，教师自己的思维和组织协调能力也得以锻炼。我在和学生一起学习、一起成长，且乐在其中。

"要像保护眼睛一样保护生态环境，像对待生命一样对待生态环境。""绿水青山就是金山银山。"环境保护从来都不是一句空话，它与我们的生活、生产、经济密切相关。武汉市政府正在积极改善水污染的现状，实施"六湖连通"工程，水质得到了显著改善。我们希望"喝上干净的水，呼吸上清洁的空气，吃上放心的食物"，就应该在日常生活中关注环境保护，从力所能及的事做起，因为善待环境就是善待我们自己。（作者：武汉市卓刀泉中学·马文净）

🖉 案例五十二：

植物细胞（第 2 课时）

本课为人教版生物七年级上册学习内容，是"生物体的结构层次"主题中的核心内容。植物细胞具有细胞壁、细胞膜、细胞质、细胞核、叶绿体和线粒体等结构，以进行生命活动。课标在活动要求里提出"使用显微镜和制作临时装片"，"阐明细胞是生命活动的基本结构和功能单位"，并建议"给学生提供多种动植物材料，通过制作临时装片，进行观察、比较和归纳"。

本课要求学生在已经知道显微镜的基本结构及其功能，并能正确操作显微镜的基础上，进一步制作临时装片并观察植物细胞，因此学习植物细胞的基本结构是本节教学的主要目标，其中涉及临时装片的制作、显微镜的使用、生物图的绘制等生物学基本技能。教材（人教版）在内容和活动安排上遵循认知心理学和概念构建的基本原理，即先有学生的观察、实验和讨论活动，然后在实验活动中逐步建构概念，最后通过植物细胞的立体结构图完整地呈现概念。

学生在本课之前学习过显微镜的使用，为临时装片的制作、观察植物的结构奠定了良好的基础。但是，在了解如何做临时装片到学会自己动手制作并观察、比较、归纳的过程中，学生的能力和表现参差不齐。教师需要课前对每组的其中一名学生进行实验操作技能的培训，如如何取更薄的植物材料、如何快速在低倍镜下调清物像、如何拍照并上传，以此促进小组合作，带动全体学生学习。

七年级学生思维发散，网络学习交流技术娴熟，具有较强的创新能力，课堂上应给予多种观察材料，让学生有自由发挥的空间。对于展示经验不足的小组，教师应适当提点和指导。

【案例描述】

【教学过程】

（播放细胞世界 3D 动画视频。）

师：视频中展现了神奇的细胞内部世界。今天我们就利用显微镜探索多种多样的植物细胞。

学生观看视频，发挥想象力。

【预学检测】

1. 出示预学检测网址、二维码图片。

2. 指导学生登录预学测试平台。

3. 分析学生预学中存在的问题，强调有关实验成效的重点步骤和方法。

学生使用手机或者平板扫描二维码登录问卷，快速答题上传。

【合作探究】

（1）布置合作学习任务和要求。

（2）巡查各小组合作学习状态和实验进程，并做及时的实验指导。

学生先制作各种植物细胞临时装片，显微镜观察各种植物细胞结构，然后拍摄植物细胞显微图片，并上传生物学习 QQ 群，最后讨论各种植物细胞有哪些相同和不同的结构，以及这些结构具有什么样的功能。

【分析交流】

教师先组织学生评价各小组实验成果，因图分析影响实验成效的原因，再引导学生辨认临时装片中植物细胞的结构。

学生先互评各小组制作的临时装片，分析影响实验成效的原因，然后对照小组上传的照片，为同学们展示观察成果，最后利用电子白板，直接在图片上标注结构名称。

【拓展延伸】

教师组织学生进行网络链接知识阅读和分析。

学生登录教育云平台，阅读光学显微镜下无法看到的植物细胞结构及功能。

【归纳总结】

教师在学生总结植物细胞的基本结构基础上，引导学生认识植物细胞的立体结构，简要介绍植物细胞的各种结构具有各自不同的功能，并在电子白板上画出植物细胞模式图。

学生结合自己对植物细胞的认识，总结植物细胞的基本结构。

【当堂反馈】

教师组织学生依据实验成果绘制植物细胞结构简图。

学生依照观察到的图像，用铅笔画出一个细胞的结构简图，并标明各结构名称及其主要功能。

【学习评价】

教师统计学分，用柱状图标分析各小组的课堂表现。

学生小组记录员汇报本组得分，给予其他成员中肯评价，统计分析评价促学。

本节课各个环节的设计思路如下。

（1）明确目标：教师课前研制、发布电子导学案，学生预学。课堂上打开网页，强调学习目标。

（2）预学检测：学生用手机或平板扫描二维码登录网页完成检测。这种方法改变了以往的教师提问但只有少数同学回答问题的模式，面向全体学生，教师能及时分析做题情况，讲解易错题。此时，学生在电子白板上将步骤排序，为实验做准备。

（3）合作探究：精选生活中常见的植物，如洋葱、黄瓜、番茄、蔬菜叶等制作临时装片。教师引导学生完成洋葱外表皮细胞失水实验。学生用显微镜观察各种植物细胞结构，指导学生巧用手机，拍下细胞照片并上传到 QQ 学习群，作为分析交流的材料。在数码显微镜尚未普及的情况下，这种方法因陋就简地解决了光学显微观察实验中难以分享成果的问题。使用手机和 QQ 这些生活中常用的工具，恰恰在于它们应用普遍、操作简单。合适的就是最好的。

（4）分析交流：请学生对照自己小组上传的照片，为同学们展示观察成果，分享临时装片的制作心得。比较有代表性的照片有洋葱内表皮、外表皮细胞，番茄果肉、黄瓜果肉，菠菜叶细胞，以及洋葱外表皮细胞失水图。学生利用电子白板，直接在图片上标注结构名称。分析实验效果，总结经验和方法。在这个过程中，教师引导学生思考问题："植物细胞还有哪些光学显微镜下无法直接看见的结构？"

（5）拓展延伸：学生登录教育云空间浏览资源，拓展概念。

（6）归纳总结：学生总结，教师在电子白板上画出植物细胞的模式图，标注结构名称。

（7）当堂反馈：组织学生依照实验成果绘制植物细胞结构简图并标注名称。这是一个非常好的教学活动设计，既能巩固概念，又能将习得的概念进一步外显。

（8）学习评价：统计各小组总分，评选优胜组，以评促学。

【案例反思】

（1）实验体验，凸显特色。本课充分把握知识的内在逻辑性，在学生的认知规律的基础上，精选学生生活中常见的几种植物材料，以实验驱动教学，通过实验体验和观察，有序引导学生自主构建有关"植物细胞"结构的认识，提高了学生临时装片制作和生物绘图技能，科学习得了生物学学习、研究方法，彰显了生物课堂教学的生命性、实验性、过程性和方法性等学科特色，从而能够准确达成生物学初中学段课程的知识、技能、情感目标。

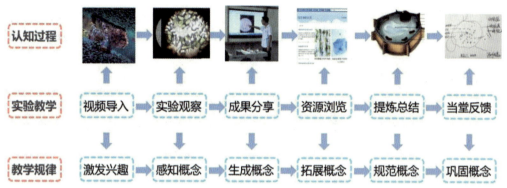

（2）合作学习，快乐分享。在教学组织形式中，采用了小组合作学习管理模式；教师课前对小组长进行实验操作技能的培训，促进小组合作，进而带动全体学生学习。在课堂的PPT中，对学生分组实验活动流程做了明确具体的要求和提示；在小组长有序组织和有效指导下，组员们一起合作探究，共同自由快乐地完成小组实验观察和分析展示任务，共同分享实验成果。

（3）教学创新，学习高效。在本课实验活动设计中，多次巧妙利用信息技术和学生身边的信息工具进行恰当的辅助教学，精心设计组编的电子导学案、丰富立体全面的教学资源、快捷明细的网络反馈为实现"先学后教""自主学习""分层教学"提供了有力的学习平台；使用手机、平板、白板上的作图软件进行绘图，灵活快捷，形式多样，激发了学生的学习兴趣。尤其是组织学生利用手机拍照和QQ网络上传图片，因陋就简地解决了光学显微观察实验中的难以分享成果的问题，将微观图片显屏放大，有利于分享成果交流经验，有效促进学生理解知识，显著提高实验教学效率。信息技术在课堂教学中的合理利用，有助于学生在学习过程中形成新思想、新观念、新方法，最终更好地实现高效课堂。

（4）再教设计，精益求精。信息技术和学科教学的有机融合是本节课的特色之一。信息技术下的新课堂呈现出新的学情特点，给我们提出了新的挑战。我们将进一步探索信息技术背景下的高效课堂的教学组织策略，如有章可循的课堂公约、课堂的及时评价、实验小组长的管理和技能的课前培训等，以引导学生进行高效学习。

观察材料中的蔬菜叶可以改为黑藻，其操作简单，更容易看到叶绿体。可以用健那绿和中性红染液分别对洋葱鳞片叶内表皮细胞进行染色，用以观察线粒体和液泡。最后生成植物细胞模式图的时候，可以用新版画图软件直接生成一个立体结构模式图，代替白板上的平面作图。我们希望培养学生精益求精、科技报国的精神，因此有了以上思考。（作者：武汉市卓刀泉中学·马文净）

✎ 案例五十三：

鱼（第2课时）

学生对鱼并不陌生，大多数学生有吃鱼的经历，部分学生养过鱼，对鱼有细致的观察，还有部分学生课外知识非常丰富。但是，仍有不少学生并不能准确说出鱼的结构和相应功能，对于鱼的呼吸全过程仍停留在外部形态分析。本节课要求学生对鱼的运动分析进行深入了解。

教师应在引导学生观察鱼的结构的同时，思考鱼的适应性特征和运动、呼吸的具体关系。本节课依托小组合作，给每个组分配不同的学习任务。其中，三个组的学习任务与鱼的运动有关，三个组的学习任务与鱼的呼吸有关。

【案例描述】

教师准备：多媒体课件、学生任务单、鱼骨骼标本。

实验材料：白瓷盘4个、活鲫鱼若干、小烧杯2个、毛笔、深色果汁（或深色蔬菜汁，如菠菜汁、胡萝卜汁或紫甘蓝汁等）、透明塑料瓶、水槽若干、标签纸、纱布、细线。

教学过程如下。

教师播放电影节选片段，视频导入，引入课题。

学生观看视频，思考鱼类适应水生生活的主要特点。

（利用电影片段导入，激发学生的学习兴趣，引出本节课要探究的问题。）

出示学生任务单（每组学生领一个任务）。

任务一：领取鲫鱼1条、塑料箱1个。

教师出示鱼骨骼和鳄鱼骨骼图片，要求学生观察鱼的外形，并思考以下问题：

（1）鱼的身体分为哪几部分？鱼有颈部吗？颈部对于生物有什么作用？

（2）鱼的身体呈什么形状？这种形状对鱼有什么好处？

（3）用手摸一摸鱼的体表，你有什么感觉？鱼的体表有什么结构？这些结构有什么作用？

（4）鲫鱼的身体表面有哪几种鳍？它们的数目是多少？

任务二：领取鲫鱼2条、剪刀1把、塑料箱2个。

学生实验探究尾鳍的作用，做出假设并探究。

（可剪掉鳍；或者用捆绑法，用细线和纱布或者橡皮筋限制鳍的运动。）

实验设计：请参考单一变量法（对照组和实验组只允许一个条件不同，其他条件都相同），思考如何设计实验？

实验结论：尾鳍的作用是什吗？

思考：鱼游动的动力主要来自什吗？

任务三：领取鲫鱼2条、剪刀1把、塑料箱2个。

学生实验探究背鳍的作用，做出假设并探究。

（可剪掉鳍；或者用捆绑法，用细线和纱布或者橡皮筋限制鳍的运动。）

实验设计：请参考单一变量法（对照组和实验组只允许一个条件不同，其他条件都相同），思考如何设计实验？

实验结论：背鳍的作用是什吗？

任务四：领取鲫鱼2条、剪刀1把、塑料箱2个。

学生实验探究胸鳍的作用，做出假设并探究。

（可剪掉鳍；或者用捆绑法，用细线和纱布或者橡皮筋限制鳍的运动。）

实验设计：请参考单一变量法（对照组和实验组只允许一个条件不同，其他条件都相同），思考如何设计实验？

实验结论：胸鳍的作用是什吗？

思考：飞鱼和弹涂鱼的胸鳍有什么作用？（附飞鱼和弹涂鱼的图片）

任务五：领取鲫鱼2条、剪刀1把、毛笔1支、塑料杯1个、塑料箱1个。

（1）请学生观察、比较鱼在水中和离开水时鱼鳃的不同形态，并尝试画出来。（如有胆量可剪去一侧的鳃盖，如有设备可拍照。）

（2）请学生用道具（如毛笔和无色透明塑料瓶）模拟鱼鳃在水中和离开水的变化，思考毛笔在水中和离开水的状态的不同，以及它们两者之间的共同特点。

（3）请学生解释鱼离开水后很快就会死亡的原因。

任务六：领取鲫鱼2条、深色果汁、滴管、塑料箱1个。

学生试验探究鱼的呼吸过程。

（1）掀开鳃盖，请学生观察鱼鳃的颜色，并思考鱼鳃是这种颜色的原因。

（2）在鱼口附近逐一滴加深色果汁，观察果汁流出来的方向。（如有设备可录像）

（3）请尝试描述鱼的呼吸过程。

任务七：领取鲫鱼多条、塑料箱2个。

学生实验探究进入鱼体和流出鱼体的水中的气体成分有什么变化。（如有设备可在实验前和实验后分别拍下照片。）

实验材料：BTB（溴麝香草酚蓝）、鲫鱼多条、塑料箱2个。

实验原理：遇二氧化碳后，BTB溶液的颜色会由蓝色变绿再变成黄色。

实验设计：请参考单一变量法（对照组和实验组只允许一个条件不同，其他条件都相同），思考如何设计实验？

实验完成后，描述实验结论。

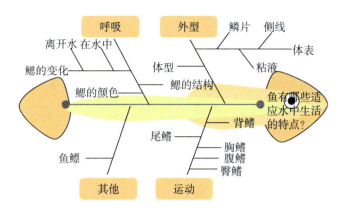

【案例反思】

鱼作为脊椎动物中演化较早的一个类别，和无脊椎动物相比，自有它的优势，和两栖爬行动物相比，也有它的劣势。教师应把握这一节在教材中的位置，从大局观着手，引导学生以辩证的观念思考鱼类的结构特点和适应性特征。

这节课要求学生通过观察、实验，自己总结鱼的外形、运动和呼吸等主要特征，概述鱼的特征，初步确立生物体结构与功能相适应的观点以及生物与环境相适应的观点，并认同保护水域生态环境的重要性。通过比较人和鱼的结构，引导学生思考鱼适应水中生活的特征，激发学生运用科技解决人在水中生活的探究兴趣，提高学生承担社会责任的意愿。(作者：武汉市卓刀泉中学·马文净)

第十章　信息技术学科史及信息技术学科思想方法

第一节　信息技术学科史

一、我国信息技术学科的设立

1981 年，我国教育部派代表团参加了联合国教科文组织与世界信息处理联合会在瑞士洛桑举行的第三次世界计算机教育应用大会。根据世界中小学计算机教育发展的需求以及在听取了参会专家意见的基础上，我国教育部于 1982 年做出了决定：在清华大学、北京大学、北京师范大学、复旦大学和华东师范大学 5 所大学的附中试点开设 BASIC 语言选修课。由此，我国中小学计算机教育拉开了序幕。[1]

2000 年以前，我国中小学信息技术课程名称叫作"电子计算机"或"计算机"。1999 年 6 月 13 日，中共中央国务院在《关于深化教育改革全面推进素质教育的决定》中要求"在高中阶段的学校和有条件的初中、小学普及计算机操作和信息技术教育"。同年 11 月，教育部基础教育司公布"关于征求对《关于加快中小学信息技术课程建设的指导意见（草案）》修改意见的通知"，把我国"中小学计算机课程"改名为"中小学信息技术课程"。2000 年 11 月，教育部颁发了新的《中小学信息技术课程指导纲要（试行）》，我国信息技术学科正式设立。[2]

二、中国信息技术教育的分期

信息技术学科到目前可以划分为三个阶段：计算机文化论；计算机工具论；信息素养论，时间分别对应着 20 世纪 80 年代、20 世纪 90 年代、21 世纪以来。

---

[1]　谷力：《1982 年—1990 年从零开始初具规模》，《中小学信息技术教育》2003 年第 1 期。

[2]　王世军：《我国中小学信息技术课程：历程与归因》，硕士学位论文，东北师范大学,2006，第 25 页。

（一）计算机文化论视野下的计算机课程

文化论阶段的实质是以程序设计为主导的文化阶段，这一阶段受到国际上的一些影响以及我国一些计算机专家的观点的影响，当时计算机专家就提出程序设计语言有助于培养和发展学生对问题的解决能力，特别是学生的思维能力，这一点得到了广泛认可。程序设计语言在我国信息技术课程的开始阶段扮演着很重要的角色。

（二）计算机工具论视野下的计算机课程

计算机工具论的阶段是 20 世纪 80 年代后期到 90 年代中期。计算机工具论发展的因素首先是计算机的普及和推广，90 年代后期，计算机在工作岗位和家庭中普遍出现，不再神秘；其次是计算机界面的方便；最后是专家学者等对文化论的批判和反思。这一阶段，不仅强调计算机的工具性，更是对文化论的发展，但是其侧重的是技能，根基不是很牢靠，理性的缺陷越来越明显。

（三）信息素养论视野下的计算机课程

21 世纪进入第三个阶段——信息素养阶段。通过第二个阶段，人们对信息技术课程的存在产生了思考，如信息技术课程为什么存在，信息技术课程到底应该学什么等，所以就从工具论转向了信息素养，学习计算机的目的就是信息素养。从计算机工具论到信息素养的转折较大，主要原因是课程的设计原理、技术本身在变化，研究者的研究也在变化。2000 年，我国的指导纲要中就明确提出了信息素养，2003 年高中课程目标也非常明确地提出了信息素养。

21 世纪以来，特别是近几年，信息技术的发展更加迅速，教育教学也在发生着重大变革。现在我们所参与的基于网络环境下的研究性学习中，学生是学习的主体，教师只是学习的引导者。全体师生参与探索、研究、创造，实现了生生互动、师生互动、学生与网络互动，培养了学生积极探索、敢于创造的情感。基于网络环境下的研究性学习，培养了信息时代学生的基本学习技能，如浏览的技能，获取、过滤、分析、处理信息的技能，交流、沟通的技能，信息发布的技能以及网络参与的技能，为学生将来投身信息化时代进行终身学习并实现可持续发展打下了良好的基础。未来的信息技术课程一定会有惊人的发展，慢慢走向信息技术与学科课程相整合的阶段。信息技术教育带来的更多的是学习形式的变革，更加培养学生的创新发展和实践能力。

随着国家教育信息化的进一步实施与发展，信息技术在现代教育中的地位越来越重要，其必将在信息技术与课程进一步整合的时候发挥重要作用，从而呈现出更加完整和科学的面貌。

三、中国信息技术教育的发展历程

近几十年来，我国中小学校的物质条件得到了极大的改善，校内建筑与设施的现代化改造都有了推进，但最重要的变化是教育宗旨的改变。教育的宗旨不再是以传递知识为主要直接目标，而是要通过各种手段培养具有主动发展的意识与能力，从而能在各种不同和变化着的具体情景中努力开发自己创造潜力的人。归根结底，就是实现从"应试教育"向"素质教育"的转变。

中小学信息技术教育正是在世界呼吁素质教育的大背景下出现的。从 1982 年在 5 所附属中学开设计算机课程算起，我国中小学信息技术教育已经有 40 年的历史了。回顾已经走过的中小学信息技术教育的历程，自我国开始普及信息技术（计算机）知识以来，教育部先后颁布过 5 个指导纲要：1984 年，颁发《中学电子计算机选修课教学纲要（试行）》；1987 年 10 月 28 日，颁发《普通中学电子计算机选修课教学大纲（试行）》；1994 年 10 月，颁发《中小学计算机课程指导纲要》；1997 年 10 月，颁发《中小学计算机课程指导纲要（修改稿）》；2000 年 11 月颁发《中小学信息技术课程指导纲要（试行）》。

它们分别对应着中小学信息技术发展的五个阶段。

（一）计算机课程萌芽试验阶段（1978—1986 年）

从 1978 年以来，我国的中学计算机教育从无到有得到了迅速的发展。从改革开放初期，我国就开始注意计算机的教育应用。1978—1981 年，主要是各学校自发探索，计算机教育采取的主要形式是校内课外兴趣小组及校外学习小组，教育内容主要为基本的 BASIC 语言及简单的编程。

1981 年，第三次世界计算机教育大会在瑞士洛桑召开，会上苏联学者伊尔肖夫做了关于"计算机程序设计是第二文化"的报告，引起与会者的极大反响。我国派代表团参加了此次会议，回来后把全世界计算机教育情况向教育部做了汇报和研究。在华夏基金会的支持下，我国 5 所大学附中（北京大学附属中学、北京师范大学附属中学、清华大学附属中学、华东师范大学第二附属中学、复旦大学附属中学）开始以高中选修课的形式开展计算机课程试验。由于条件的限制，并受伊尔肖夫报告的影响，当时的教学内容以程序设计语言为主。[①]

1983 年，教育部召开了"全国中学计算机试验工作会议"，在试验的基础上，制定了高中计算机选修课大纲《中学电子计算机选修课教学纲要（试行）》，于 1984 年公布。其中，规定计算机选修课的教学目的和内容如下：初步了解计算机的基本工作原理和对人类的影响；掌握基本的 BASIC 语言并初步具备读、写程序和上机调试的能力；初步培养逻辑思维和分析问题与解决问题的能力。课时规定为 40—60 小时，并要求有

---

① 王世军：《我国中小学信息技术课程：历程与归因》，硕士学位论文，东北师范大学教育技术学专业，2006，第 30 页。

三分之一的课时保证上机操作。①

这次会议以后，计算机普及教育在一些大中城市普遍开展起来。例如，北京在几十所中学配置了计算机房，编写了教材，在重点学校开展了计算机课的教学试验。

（二）计算机课程逐步发展阶段（1986—1991 年）

1986 年，"第三次全国中学计算机教育工作会议"在福州召开。这次大会受 1985 年在美国召开的第四次世界计算机教育大会"工具论"的影响，修改了 1983 年的大纲，于 1987 年 10 月 28 日颁发，名为《普遍中学电子计算机选修课教学大纲（试用）》。这次增加了三个应用软件（文字处理、数据库、电子表格）的教学内容，课程目的也相应地包括了计算机的应用。

这一阶段，各省和大中城市扩大了试验的规模。例如，北京在城区所有中学开设了计算机课，郊区的重点学校也开展了计算机教育，并进行了统一考试的试点。

（三）计算机课程快速发展阶段（1991—2000 年）

1991 年 10 月，"第四次全国中小学计算机教育工作会议"在济南召开。这次会议是我国中小学计算机教育工作者发展中的一个重要的里程碑。国家非常重视中小学计算机教育，成立了"中小学计算机教育领导小组"，颁发了"关于加强中小学计算机教育的几点意见"的纲领性文件。整个社会也开始重视计算机普及教育。

根据这次会议精神，全国中小学计算机教育研究中心 1991 年开始起草《中小学计算机课程纲要》，经多次修改，于 1994 年 10 月正式下发。该纲要对中小学计算机课程的地位、性质、目的和内容有了比较详细的要求，首次提出计算机课程将逐步成为中小学的一门独立的知识和技能相结合的基础性学科的观点。

新纲要规定中小学计算机课程共包括 5 个模块：计算机的基础知识；计算机基本操作与使用；计算机几个常用软件介绍；程序设计语言；计算机在现代社会中的应用以及对人类社会造成的影响。

同时，颁发了《中小学教育工作者"计算机培训"指导纲要》，从行政和法规上把教师中的计算机普及工作提到日程上来。1996 年 9 月，国家教委又颁发了《中小学计算机教育软件规划（1998—2000）》，进一步推动了我国计算机教育事业的发展。

（四）信息技术课程启动阶段（2000—2003 年）

1991—1997 年，计算机技术的发展和应用有了很大的变化：一是硬件 CPU 由 16 位发展到 32 位；二是多媒体技术的发展已到广泛应用的阶段；三是图形界面的操作系统及其相应的应用软件的发展，要求在保留原纲要的一些稳定的、基本的内容基础上，对指导做必要的调整和修改。全国中小学计算机教育研究中心起草了《中小学计算机课

---

① 周敦：《中小学信息技术教材教法》，人民邮电出版社，2003，第 45 页。

程指导纲要（修订稿）》，主要是增加图形操作界面、网络通信、多媒体、常用工具软件等。经过全国中小学教材审定委员会的审议，于 1997 年 10 月由国家教委正式颁发。

新的修改稿进一步明确了中小学计算机课程的地位、目的、教学内容和教学要求，并对小学、初中和高中的教学目的和内容做了规定。小学包括 5 个模块，中学包括 10 个模块。

2000 年 10 月，北京召开了"第五次全国中小学计算机教育工作会议"，陈至立亲自做了主题报告。面对世界的形势，提出了我国教育信息化的宏伟规划。会议上散发了三个文件，主要涉及三个方面：信息技术课程的教学、教学管理信息化；以"校校通"为名的远程教育网，这又是我国中小学信息教育发展的一个新的里程碑。[①]

（五）信息技术课程发展阶段（2003 年至今）

对于信息技术课程，一是把计算机教育提高为信息技术教育；二是把课程定为初、高中的必修课，即提出 2001 年起高中开始设为必修课；2003 年起大部分初中开始设为必修课；2005 年起大中城市的小学普及信息技术教育。

2000 年 11 月，教育部颁发了《中小学信息技术课程指导纲要（试行）》。新的指导纲要把课程更名为"信息技术"，对小学、初中、高中的教学目标和教学内容进行了修改和补充，特别是增加了"网络及其应用"的模块。

综上所述，信息技术课程发展历程如表 10-1 所示。

表 10-1　信息技术课程发展历程

内容	时间		
	20 世纪 80 年代	20 世纪 90 年代	21 世纪至今
阶段性质	实验阶段	发展阶段	基本普及阶段
课程内容	基本知识，BASIC 语言	基本知识（模块自选）	基本知识（基本模块、拓展模块）
推进方式	高中选修课	初中、高中选修、必修课，小学活动课	两大工程：校校开课、校校通
理论依据	计算机文化论	计算机工具论	信息文化论
学科结合	少数教师编制小软件简单的 CAI	不同类型软件为教学服务，基本围绕升学	深层整合，提高创新能力和信息素养
支撑环境	计算机教室	多媒体教室	多媒体网络教室

---

① 周敦：《中小学信息技术教材教法》，人民邮电出版社，2003，第 27 页。

第二节　信息技术学科思想方法

教育部在 2003 年 3 月正式颁布了《普通高中技术课程标准（实验）》。该标准对学生学习技术课程之后应知应会些什么，从课程目标和内容标准两个角度做出了具体的规定，更注重学生对技术思想和方法的领悟和运用，正是从课程目标的角度出发，对学生的技术学习提出了具体要求。同时，该实验稿在信息技术部分明确指出"让学生在活动过程中掌握应用信息技术解决问题的思想与方法"。[①]

那我们一线教师应如何开展学科思想方法的教学，如何让学生掌握信息技术的学科思想方法呢？本节将结合实际教学案例对信息技术学科思想方法做一个阐述，主要介绍的学科思想方法有合作制思想、设计思想、算法思想。除了以上几种思想方法，信息技术学科思想方法还包括类比思想方法、联想思想方法、理论与实践相结合思想方法等，这些思想方法在其他学科里也有涉及，在此不做阐述。

一、合作制思想及其案例

合作学习（cooperative learning）是 20 世纪 70 年代初兴起于美国，并在 70 年代中期至 80 年代中期取得实质性进展的一种富有创意和实效的教学理论与策略。它在改善课堂内的社会心理气氛，大面积提高学生的学业成绩，促进学生形成良好非认知品质等方面实效显著，因此很快引起了世界各国的关注，并成为当代主流教学理论与策略之一，被人们誉为"近十几年来最重要和最成功的教学改革"。20 世纪 80 年代末 90 年代初开始，我国也出现了合作学习的研究与实验，并取得了较好的效果。[②]

合作学习是一种结构化的、系统的学习策略，由 2 ~ 6 名能力各异的学生组成一个小组，以合作和互助的方式从事学习活动，共同完成小组学习目标，在促进每个人的学习水平的前提下，提高整体成绩。信息技术课的目标之一就是提高学生的信息素养，而合作是提高信息素养的有效途径之一。

✎ 案例五十四：

创建网上家园

以八年级第一单元"创建网上家园"为例，整个单元的课程是基于项目的学习，学习目标是"自己制作一个网站"。如果还是采用传统的教师讲解教授的方法，暂且不

---

① 中华人民共和国教育部：《普通高中技术课程标准（实验）》，人民教育出版社，2003，第 3-4 页。
② 陈琦、刘儒德：《当代教育心理学》，北京师范大学出版社，2007，第 36 页。

说学习目标达不达得到，教学内容都会有一定的局限性；并且以某一个学生的能力完成制作网站的任务的工作量就相当大了。所以，采用合作学习的方法是比较合适且有效的。

【案例描述】

课堂的开始，我先根据班级的总人数让学生组建了 7 个项目小组，平均每组 6 名成员。分组完成后，每个小组为自己起一个响亮的名字并推选一名组长，全组成员在组长的协调下拟定网站主题，同时初步确定各成员分工，完成"小组分工表"（表10-2）。

表 10-2　小组分工表

小组名称		
项目成员及分工	组员一	
	组员二	
	组员三	
	组员四	
	组员五	
	组员六	
网站主题		
网站初步设想		

成员分工明确了之后，让学生制订项目计划，着手项目的实施。学生以小组为单位讨论网站价值定位，进一步修订主题，细化小组成员具体分工，制定可行的项目实施方案，完成"小组项目进度表"（表10-3）。

表 10-3　小组项目进度表

网站主题	
网站定位	
项目实施方案（项目进度和具体时间安排）	
课时	项目进度安排
第 1 课时	
第 2 课时	
第 3 课时	
第 4 课时	

第二次课，开始引导学生以他们小组实施方案为依据进行网站的制作。基于"小组分工表"管理站点资源、搜集整理素材，为网站首页和分页进行版面布局设计、合理搭配色彩、统一页面风格，对图像、音频、视频等素材进行加工，将丰富的素材资源集成到网页中，并合理美化。第三次课，召开项目成果发布会，交流分享项目学习及网站建设的经验。每个小组成员按照小组分工依次介绍项目的具体实施过程并展示本组的成果。第四次课，学习评价。整个学习过程采用三种评价方式：教师总结性评价；小组成员内部自评；小组间进行互评。

【案例反思】

本单元课程整体是基于项目设计的合作学习，对学生来说还是有相当大难度的。整个过程中应该考虑如何引导学生学习与合作。如果学生得不到有意义的引导，就会在小组讨论的时候互相推诿，无法陈述有关学习的内容或见解；有的组还没有确定谁来发言，谁做记录，没有开展有实质意义上的学习；有的小组一直由学习好的同学在唱"独角戏"，而其他人则无动于衷，充当看客，这样的小组合作学习只是空壳、形式主义，不能促进学生的学习。我们需要提供学生合作学习的基本方法，如角色的分配，根据个人个性、特长等开展合理的分工，给所有学生都创造平等参与的机会等。另外，我们有时候还需要提供他们一系列的问题清单来引发他们的讨论和思考。（作者：东湖高新区左岭一初·蔡园园）

二、设计思想及其案例

设计思想是指设计者在设计前及设计过程中的思维模式及逻辑模式和表现意图。设计思想常常贯穿于整个设计行为的始终，当一件设计作品的设计思想深邃而巧妙时，我们会称之为富有设计思想的作品。信息技术课的实践性比较强，应让学习者在做的过程中学会学，通过展示作品来感受学习的乐趣，同时在做的过程中学会与他人交流与合作。

✎ 案例五十五：

3D 打印

本课以七年级第七单元第 26 课"3D 打印"的内容延伸而来，不仅让学生了解 3D 打印是什么，还让其动手设计作品，体验从二维平面转化为三维立体图形的过程。教授学生使用建模软件 123D Design 设计一个 3D 作品，需要用到软件中的草图工具设计平面图形，进而生成立体图形，其中涉及设计思想。

【案例描述】

课堂的开始，我先播放课件展示了小朋友玩的各种玩具（其中包括陀螺），并说道："同学们，老师小时候和你们一样，对各种玩具爱不释手，尤其对陀螺念念不忘，一直想拥有一个独一无二的陀螺，可市面上的陀螺都不能满足我的要求，于是现在的我就想自己动手做一个陀螺。"说完展示提前做好的 3D 打印陀螺并提问："你们知道这个陀螺是怎么做出来的吗？你们觉得这个陀螺的设计应该按照什么样的步骤来进行？"

首先，要让同学们了解一下什么是 3D 打印，了解它的工作原理是怎样的。我展示了 3D 打印机工作过程，紧接着问道："怎么样让 3D 打印机打印出自己想要的东西呢？建模→打印。今天老师带来一个 3D 建模软件，能帮助我们快速地建立 3D 模型。"然后，拿出学习指南，让学生观看提前录制好的微视频，引导学生在指南设计草图部分初步绘制自己的陀螺外形，自主学习制作 3D 陀螺模型，等到学生熟悉了软件和绘制陀螺的方法后，再让学生设计自己心目中的创意陀螺。最后，通过 3D 打印机将学生们设计的陀螺作品打印出来，同时展示并让他们对彼此的作品互评投票。

【案例反思】

本节课是一节信息技术拓展课，以学生兴趣和对新科技的好奇为起点，贯穿设计的思想，让学生从做中学。从做中学是 20 世纪美国著名实用主义教育家杜威关于教学的核心原则，杜威认为只有从"做"中得来的知识，才是"真知识"，那我们这节课也可以如是说，或者我们可以说只有设计出来，才是真正掌握了知识。通常情况下，人们总是在教师的"教"与学生的"学"的两个极端间跳来跳去。要在教与学之间找一个绝对最佳的结合点是很难的，但走任何一个极端显然都不正确。因此，本节课在基于设计的思想上将教和学、理论与实践的学习巧妙地融合了起来。（作者：东湖高新区左岭一初·蔡园园）

三、算法思想及其案例

算法思维是以程序设计为载体，让学生能清楚地理解问题解决的规则。它能够使学生认识到问题的起点、边界和限定范围，按部就班地完成任务或解决问题。算法思维尽管涉及程序，但更关注算法的实现，强调的是通过算法来理解计算机对预设问题的解决过程，并能清楚地分析问题解决的优劣。

案例五十六：

小海龟作图

以八年级第七单元第 26 课"小海龟作图"为例，这一课的主题是循环结构程序设计，目标是让学生使用 Python 语言进行循环结构程序设计完成作图。从运用计算机解决问题的一般方法出发，让学生根据循环结构相关实例分析问题、描述算法，最后进行改写和调试程序。

【案例描述】

在课堂的开始，我首先提出了"画图大比拼"的游戏，让学生与计算机比拼作图，学生会得出结论：计算机做出的地图又快又好。紧接着就抛出问题：计算机是怎样作图的呢？随即引出这节课的主题：了解计算机解决问题的一般步骤。

第一步：引导学生分析问题。

提问：①如果想画出黑板上的图形，要从哪个简单的图形入手画起呢？②正方形是怎么完成的呢？请描述出来。

总结：在一定条件下，不断地重复同样的步骤，我们称之为"循环"。画正方形是一个用循环结构完成的程序设计！

第二步：学生自主探究设计算法。

我们一起描述这个程序需要实现的功能：小海龟 turtle 用循环结构画正方形。

现在需要把我们刚才的作图方法告诉计算机怎么处理。

我们可以将问题分解成几个小问题：

（1）自然语言描述算法（学生填空）。小海龟 turtle 重复执行_____两个步骤，直到_____次，画出了正方形。

（2）拼接流程图（乱序）。将流程图文件发送给每位学生，按照流程线，将框图摆放到正确的位置。

总结：循环结构的三要素；循环体；循环变量；循环终止条件。

（3）教师将程序代码和流程图对比。

Python 语言里提供了"for 循环"，其基本结构如下：

for < 循环变量 > in < 遍历结构 >:

　　循环体

注意 for 循环语句结尾的"："与缩进。

【案例反思】

课程标准中对算法教学提出了明确的要求：结合具体实例，感受、学习和体会算法基本思想；学习和体验算法的程序框图、基本算法语言；将算法的思想方法渗透到教学中，鼓励学生尽可能地运用算法解决相关问题。教学不止步于课堂，而是帮助学生建立将所学知识运用到实际生活和学习中的意识。本课通过典型算法案例，让学生充分体会算法的基本思想，经历设计算法解决问题的全过程，提高逻辑思维能力，帮助学生理解算法思想及其作用。另外，算法的教学不应让学生将算法简单处理成程序语言的学习和程序设计，而应发展学生有条理的思考能力与数学表达能力。（作者：东湖高新区左岭一初·蔡园园）

第十一章　音乐学科史及音乐学科思想方法

第一节　音乐学科史

一、古代音乐

我国是世界上音乐文化发展最早的国家之一，有据可考的中国音乐可以追溯至8000 年前。1986—1987 年，先后在河南舞阳县贾湖发现七音孔和八音孔骨笛计 18 支，根据 10 个墓葬的发现，均为骨笛作为陪葬物，说明音乐活动已有一定普遍性。

现在大量出土的同时代的陶埙、骨哨预示着当时的人们就已经具备了基本的音乐需求。根据现存文献记载，当时人们主要通过音乐表达对情感和娱乐的认识，对劳动生产的描述，以及对自然力量的敬畏。远古人也是有情感的，如孙家寨舞蹈纹陶盆的群舞，就是感情的表达方式。远古人类在获得猎物以后，常常聚集在一起以歌舞庆贺，也就是娱乐，现在世界上比较原始的民族中仍然可以看到这种迹象。直接从劳动生产过程形成的音乐主要是劳动号子，它是在有集体劳动时才会发生，所以它起源稍晚。《吕氏春秋·淫辞》最早有劳动号子的记载："今举大木者，前呼舆谔，后亦应之，此其于举大木者善矣。"原始人为了求生存，必须与险恶的大自然苦斗，在不能战胜大自然和客观环境时，就需要精神力量的支助，后来逐渐演变成巫术，原始音乐的传说也反映出这种形态。《吕氏春秋·仲夏纪·古乐篇》中记载："昔古朱襄氏之治天下也，多风而阳气蓄积，万物散解，果实不成，故士达作为五弦瑟以来阴气，以定群生。"

其后出土的夏、商、西周等时代盛行的鼓、编钟、磬等说明我国有极其丰富的音乐文化资源。那个时期我国音乐以五声音阶为主，其后才逐渐出现了七音乐器和作品。歌唱在古代一直是一种重要的音乐形式。西周、春秋、战国时期歌唱更加盛行，它几乎是社会各阶层的共同爱好，但所唱的歌不同。因为歌唱与庶民的生活关系密切，周代统治者为察民情而设有"采风"制度，搜集了歌词"风"与古老的祭祀歌曲"颂"，以及贵族所创作的歌词"雅"。在春秋末期，这些内容经过一些人的选择形成"诗三百"的集子，后世称之为《诗经》。孔子曾以它作为音乐教材并向他的弟子传授。西周以来，由于专业音乐文化的发展，经过长期的音乐实践积累，这时期古乐理中调性（调高、调式）观念已形成，并在礼乐中严格使用。当时流行的三种音阶已有通用音名，如五声调式音阶为宫、商、角、徵、羽。当时的音乐家已具有绝对音高的观念和准确辨别音准的能力。春秋时期产生了计算乐律的理论——三分损益法，这个方法是以弦长为计算基础的。

到了汉代，国家开始建立专门搜集编制音乐的政府部门"乐府"，后来"乐府"一词逐渐演变为带有音乐性的诗歌体裁。乐府是汉代兴盛起来的，是以改编民间音乐为主的音乐机构。它的设置可以追溯到秦代。在秦始皇陵区的一个建筑遗址中，发掘到了错金银钮钟一枚，钮上刻有"乐府"二字，可知秦代已有乐府。乐府的兴旺发达是在西汉武帝时期，此时乐府较多地担负了搜集民间歌谣的职司，汉武帝时的乐府曾"采诗夜诵，有赵、代、秦、楚之讴"。秦汉时得名并发展起来的鼓吹乐，是一种以吹管乐器和打击乐器为主兼有歌唱的器乐合奏形式。

汉代，北方兴起了一种称作"相和歌"的歌曲形式。它最初产生于一些民间没有伴奏的歌谣，即"徒歌"。以后"徒歌"又发展成为"一人唱，三人和"的唱和形式，称作"但歌"。"但歌"发展为"丝竹更相和，执节者歌"的较为复杂的形式，就成为"相和歌"。在之后的三国、两晋、南北朝时期，由于丝绸之路的出现，西域文化传入我国，我国传统音乐被注入了新元素。但总体来说，汉代以前，中国传统音乐的发展是非常缓慢的。

隋、唐时期可谓是我国古代音乐的巅峰时期，由于国泰民安、国家富足，人民开始重视起精神文化的发扬，音乐成了他们生活、娱乐的主要项目。同时，随着多元文化的渗入，唐代音乐非常繁荣，音乐教育也开始萌芽，甚至出现了许多音乐教育机构，如梨园、教坊、大乐蜀。唐王朝一度成为我国历史上最为强盛稳定的朝代，同时为文化艺术的高度繁荣提供了雄厚的物质基础，创造了良好的发展条件，全民族文化素质的空前提高，促使诗歌、音乐、绘画、书法、舞蹈、建筑等文化领域取得了全面的突破。

隋唐宫廷燕乐集中地反映了这一时期音乐文化的最高成就。它来源于汉族传统音乐的不断积累和汉魏以来外族音乐的大规模输入，实质上是我国封建社会音乐文化的精华在长期积淀的基础上以及一定的政治、经济社会条件催化下的必然产物。燕乐，又称宴乐，即宴饮之乐。燕乐专指天子及诸侯宴饮宾客时所用的音乐，雅乐则用于庙堂典礼。歌曲大曲是一种综合乐器、歌唱和舞蹈，含有多段结构的大型乐舞，在隋唐宫廷燕乐中占据重要地位，也代表着隋唐音乐文化的高度水平。汉、魏时的相和大曲与清商大曲已是具有大套结构的歌舞大曲，隋唐燕乐大曲则进一步吸收了外来音调与形式，发展到歌舞音乐的更高阶段。法曲也是隋唐宫廷燕乐中的一种重要形式。

北宋时期，在民间发展起来的曲子词呈现出崭新的面貌，广泛普及于各阶层人们的文化生活，涌现出大批著名曲子词作家和唱词艺人，创作出了极为丰富的曲子词作品，并出现了按照一定的曲式结构原则连缀而成的套曲形式——唱赚。说唱艺术也开始走向成熟，创造出大型的说唱音乐的新形式——诸宫调。诸宫调的确立不仅反映出说唱音乐的高度成熟，也为戏曲艺术的确立创造了条件。由于吸取了唱赚、诸宫调等艺术形式的滋养，杂剧艺术越来越接近真正的戏曲，对宋代音乐文化的发展产生了巨大的影响。

市民音乐的蓬勃发展是宋元音乐文化的重要特征。宋元时期市民音乐活动的中心是瓦子勾栏。瓦子也称"瓦舍"或"瓦肆"，是以娱乐为主要内容的商业集中点。瓦子是商品经济繁荣发展的产物。勾栏是瓦子中用栏杆或巨幕隔成的艺人演出的固定场子，表演各种民间技艺。有的勾栏以"乐棚"为名。

曲子是在民间歌曲基础上发展起来的一种艺术歌曲。音乐部分称"曲子"，歌词部分称"曲子词"，简称"词"。曲子萌芽于隋，成长发育于唐、五代，进入两宋则呈现出空前繁荣的景象。曲子流传的基础是在民间。民间的歌台舞榭、瓦子勾栏、茶坊酒肆等，到处都是曲子的表演场所。北宋前期专工曲子的曲家柳永，由于长期生活在伶工乐伎中间，对民间新曲调非常熟悉，因而写出了大量的慢词，为曲子词的发展带来了突破性的变化，开拓了新的领域。

北宋时期，伴随着艺术商品化的出现，说唱音乐得到突出发展。唐代主要集中在寺院表演的说唱艺术，宋元时期广泛活跃于城镇、乡村乃至仕宦府第和宫廷，受到广大群众及士大夫阶层的普遍爱好。宋元时期说唱音乐的发展，创造出极为丰富的新形式。较为重要的有鼓子词、诸宫调、陶真、货郎儿等。

在宋、元市民文艺的滚滚大潮中，孕育了千余年的戏曲艺术终于脱颖而出，不仅广泛地深入到宋、元各阶层的文化生活，还终于压倒了音乐艺术中一向占据统治地位的歌舞艺术。宋、元时期戏曲的发展，有杂剧与南戏两大体系。宋代的杂剧是各种技艺（如滑稽戏、傀儡戏、皮影、说唱、歌舞、杂技、武术等）的统称，又作为一种戏剧艺术形式。宋杂剧可分为以对白为主的滑稽戏和以歌舞为主的歌舞戏。前者不用音乐或用音乐很少，后者则以音乐贯串全剧。宋杂剧的音乐主要吸收了唐宋大曲、法曲、唱赚、诸宫调以及各种流行词曲的曲调。进入元代，由于特殊的社会环境，杂剧达到了高度成熟的阶段。一时间名家辈出，佳作如云。以元杂剧为主体的"元曲"，继唐诗、宋词之后，也成为一种时代艺术的代表。元杂剧作家中知名度较高的就有90多人，作品名目达到450多种。其中，最有代表性的杂剧作家有关汉卿、马致远、郑光祖、白朴，被誉为"元曲四大家"。关汉卿的《窦娥冤》是世界戏剧史上一部杰出的悲剧。该剧通过窦娥悲惨的遭遇，揭露和鞭挞了黑暗的社会现实，塑造了一个至死不屈的善良的平民妇女形象。

南戏是宋、元时期流行于南方且以唱南曲为主的一种戏曲形式。因起源于浙江温州，初名"温州杂剧"或"永嘉杂剧"。后为区别于北方杂剧，又称"南戏"或"戏文"。南戏大约产生于北宋末年，原是在温州一带的民间小曲基础上发展起来的小戏。宋室南迁后，南戏又吸收了词调、唱赚、诸宫调、大曲及杂剧等艺术形式的因素，成为南宋时期影响较大的一种戏曲形式，风行于苏杭一带。

宋元时期，一方面继承并发展了大量的前代乐器，另一方面出现了许多新乐器。前代已有乐器被继承下来，而且在宋元时期影响较大的有筚篥、大鼓、杖鼓、拍板、笛、琵琶、筝、方响、笙、排箫、箫管、阮咸、七弦琴、嵇琴等。

我国传统音乐传至清代，民间普及程度已非常高。在元代末期，风靡一时的北方杂剧逐渐衰落，南戏在流行中与各地民间音乐相结合，派生出来的许多声腔得到了发展。至明代，形成了具有代表性的海盐腔、余姚腔、弋阳腔和昆山腔，号称为"四大声腔"。

清代中期，北京是全国戏班荟萃的地方。1790 年，乾隆皇帝诏令四大徽班进京，进京后的徽班艺人与其他剧种（特别是汉剧）艺人进行频繁的交流，吸收各种剧种的艺术营养，逐渐演变成京剧，并取代了日渐衰落的昆曲，成为流行全国的剧种。京剧唱腔以"皮""黄"为主，"皮"是指湖北襄阳将陕西梆子与楚腔相结合的襄阳腔，称西皮腔；"黄"指江西宜黄在弋阳腔影响下形成的声腔，又称二黄腔，这两种腔合套成为一个声腔系统，称皮黄腔。皮黄合流，又都属以对称的上下句作为唱腔基本单位的板腔体，但依然保持了各自的特色。

在这一时期，社会上既有高雅音乐又有民间小调，地域音乐特色异彩纷呈，民族音乐形式种类丰富多彩。既有北方的山东大鼓，又有南方的浙江道情；既有汉族秧歌，又有维吾尔族木卡姆。

总体上说，中国古代传统音乐几千年的历史经过唐朝、清朝两段高峰已具有相当高的艺术成就，不论是各种音乐的种类还是所表达的音乐内涵，都可称得上是我国传统音乐历史中的瑰宝。

二、近现代与当代音乐

16 世纪起，西洋音乐开始传入我国，以独立形式存在于我国宫廷。19 世纪末，随着中国沿海口岸被迫开放，洋人大量涌入，西洋音乐在我国大规模传播，民间开始吸纳西洋音乐的元素，形成中西结合的特色音乐曲风。20 世纪新音乐发展的第一阶段是以学堂乐歌为中心的新音乐启蒙阶段。学堂乐歌是随着新式学堂而兴起的歌唱文化，一般指学堂开设的音乐（当时称唱歌或乐歌）课或为学堂歌唱而编创的歌曲。从整个中国近现代音乐史的发展讲，将学堂乐歌的产生和发展看作我国新音乐文化发展的最初阶段的重要标志。新音乐的再度勃兴是在"五四"时期，以科学、民主为旗帜的五四运动，猛烈地冲击着封建思想、文化，同时掀起了探求新思想、新道德、新文化的潮流。20世纪30年代和40年代，中国音乐中影响最大的是抗日歌曲的创作和群众歌咏活动。人们把后者这个中国历史上规模最大、历时很长的群众性爱国音乐活动称为"抗日救亡歌咏运动"，以聂耳为代表的左翼音乐工作者创作的《毕业歌》《义勇军进行曲》等战斗风格与民族特色相结合的群众歌曲则通过电影、唱片等途径迅速而广泛地在全国传播，引起了强烈的反响。

独唱歌曲中出现了一批为古诗谱曲的艺术性独唱曲，如青主作曲的《大江东去》及《我住长江头》、刘雪庵作曲的《红豆词》等。大型音乐创作以冼星海的《黄河大合唱》最为成功，它成为中国近代大合唱的里程碑式杰作。黄自的清唱剧《长恨歌》是大型戏剧性歌唱音乐的重要作品。至20世纪40年代，《白毛女》的出现和广受欢迎以及其后一批新歌剧作品的问世，表明近代中国新歌剧终于找到了一条能被中国人接受的路子。歌唱音乐为主的音乐除了传统民歌外，最有活力的是新编创的民歌。这些民歌大多数是歌唱自由幸福新生活和美好理想，如《共产儿童团歌》《八月桂花遍地开》等；歌颂红军、领袖，如《十送红军》《盼红军》等；反映革命斗争，如《秋收暴动歌》《粉碎敌人乌龟壳》等。在抗日民主根据地和解放区各类音乐中，歌唱音乐占有最重要的地位，并取得了重大的成就。20世纪40年代，出现了一批体裁形式多样的、群众性的合唱作品，如《南泥湾》《歌唱二小放牛郎》等抒情歌曲；《晋察冀小姑娘》等长篇叙事歌曲；《生产忙》等合唱歌曲；《团结就是力量》《打得好》等进行曲风格的歌曲。民国时期，新音乐的勃兴与传统音乐地位的下降，使中国的社会音乐结构产生了历史性的变化。

传统音乐是指世代相传具有民族特色的本土音乐。中国传统音乐主要包括戏曲音乐、说唱音乐、民歌、歌舞音乐、器乐以及根据这些艺术传统新创作的音乐。

戏曲音乐是这一时期传统音乐中对社会艺术生活影响最大的部类。"五四"新文化运动的精神对京剧艺术家有明显的影响。四大名旦——梅兰芳、程砚秋、尚小云、荀慧生对旧戏做了许多革新，扩大了京剧艺术的表现力，对京剧的发展做出了重要的贡献。

说唱音乐在近代的继续发展，使之有着比之前更大的社会影响，这一时期新产生和成型了不少新曲种。比如，在"乐亭大鼓"的基础上产生了"北京琴书"，在"弦子书"的基础上产生了"西河大鼓"等。

近代民歌是人民大众尤其是农民文艺生活的重要形式，绝大多数用于自娱。近代民间歌舞包括秧歌、花鼓、花灯、采茶等。利用秧歌形式表演故事，形成了一种新的歌舞剧——秧歌剧。这种新的戏剧形式在20世纪40—50年代受到了各地群众的普遍欢迎。

近代有大发展的传统器乐是江南丝竹、广东音乐、弦管、汉乐、北方吹歌等乐种。对近代传统器乐做出较大贡献的还有一些民间艺人，华彦钧是其中的突出代表。他的二胡、琵琶演奏都有精湛的技艺，深受群众的喜爱。他创作了二胡曲《二泉映月》《听松》《寒春风曲》和琵琶曲《大浪淘沙》《龙船》。《二泉映月》是他最具代表性的作品。

中国近代创作的声音作品是近代新音乐文化的主体。近代声乐在发展历程中主要经历了两个音乐潮流的洗礼，即学校音乐和抗日救亡歌咏。群众歌曲是为大众歌唱而创作的歌曲，如李叔同的《送别》《共产儿童团歌》《军民大生产》等。五四运动前后，萧友梅、赵元任、黎锦晖等人写出了很多有影响的群众歌曲，如萧友梅创作的《卿云歌》《五四纪念爱国歌》等，赵元任创作的《劳动歌》《尽力中华》等。20 世纪 30 年代，群众歌曲的主流是救亡歌曲与其后的抗日歌曲。聂耳的救亡歌曲在其中占有突出的地位，他的《毕业歌》（1934 年）、《义勇军进行曲》（1935 年）等，是这一时期最具代表性的作品。

独唱歌曲是代表近代歌曲创作艺术水平的主要部类。萧友梅、赵元任等人在这方面做出了重要的贡献。萧友梅独唱的《问》《南飞之雁语》最为突出，赵元任的《卖布谣》也是杰出的一首。近代合唱音乐的代表作有冼星海的《黄河大合唱》，这部作品是近代大型合唱音乐取得较高艺术成就、享誉中外的里程碑式的杰作。

电影戏剧歌曲时期对电影歌曲做出贡献的有聂耳、任光、冼星海、贺绿汀、黄自、沙梅、吕骥等音乐家。比如，任光的《渔光曲》；聂耳的《风云儿女》《大陆歌》；冼星海的《夜半歌声》《壮志凌云》；贺绿汀《乡愁》《十字街头》《马路天使》等。

近代器乐是由新型器乐与传统器乐两部分组成的，新型器乐又可分为中国乐器音乐与西洋乐器音乐两类。刘天华是近代对中国器乐建树卓著的杰出音乐家，他一生都在为改进国乐而奋斗。他开拓了二胡独奏音乐之新天地，并使之成为极富表现力的音乐。他的代表作有《病中吟》《良宵》《空山鸟语》等。现代新创作的琵琶曲中，刘天华的《歌舞引》《改进操》《虚籁》流传较广。

中国的新歌剧随着西方音乐的传入逐渐发展起来，包括儿童歌舞剧《小小画家》、秧歌剧《兄弟开荒》等。《白毛女》是中国歌剧探索的里程碑。

五四运动以后，中小学音乐教育在前一时期学堂乐歌的基础上，有了鲜明的改进与提高。通过蔡元培的积极倡导，美育在学校教育中的重要性日益被社会各界所接受。这一时期开创了中等、高等音乐师范教育和专业音乐教育机构；音乐教材建设得到很多音乐家的重视；学校课外音乐活动普遍开展。

20 世纪 60—70 年代以后，人们的思想逐渐放开，世界各类元素涌入国内，我国流行音乐开始结合世界上的各种音乐风格、创作理念和技巧方法，产生了有新的风格的作品。同时，随着中国音乐"走出去"的创作，中国民歌开始受到世界范围的关注。维也纳金色大厅每年都会在春节期间举办中国新年音乐会，中国民歌歌手也常常出现在世界级的交流演唱会上。在中国发展的历史长河中，中国音乐一直紧跟着历史的步伐。从 8000 多年前开始，音乐就成了中国人民表达对劳作的赞颂、对自然的敬畏、对生活的畅想的最佳载体。同时，在纷繁历史的变迁与地域文化的交融中，中国音乐也一直慷慨地包容着各种音乐元素、思想内容和表达方式。但音乐历史的脚步并非稳步前进，从古代到近代，再到当下，中国音乐的发展经历过缓慢发展、百花齐放、引入西洋音乐、禁止西洋音乐、"样板戏"、更加开放等过程。对这些阶段的研究有助于我们对中国音乐发展的了解，以及对特定历史环境下生产的音乐风格的理解。

第二节　音乐学科思想方法

学科思想方法的实质就是体现和反映学科本质的思想和方法，它是学科的精髓和灵魂，是教师和学生共同实现教学目标，完成一定的教学任务，在教学过程中所采取的教学方式、途径和手段。它既包括教师"教"的方法，也包括学生"学"的方法。

一、体验性音乐教学方法

它是以音乐情绪、情感体验为主的教学方法，具体包括以下几种。

（一）音乐欣赏法

以欣赏活动为主的教学方法，主要用于音乐欣赏课的教学，遵循"整体感知—主题分析—整体感知"的教学指导思想。

（二）演示法

教师在课堂上通过实际音响、示范、直观教具的操作等方法，让学生获得感性知识，深化学习内容的方法，主要用于歌唱教学和器乐教学。

（三）参观法

参观法是教师根据教学任务，组织学生通过对实践事物和现象的观察、研究而直接获得知识、感受、教育的方法，如组织学生听音乐会、参观乐器博物馆、参观乐器制造工厂等。

二、实践性音乐教学方法

它以音乐实践活动为主，学生在教师指导下亲身参与各项音乐实践活动，形成与完善音乐技能技巧和发展音乐表现能力。实践性音乐教学包括以下几种。

（一）练习法

练习法是学生在教师的指导下，将知识运用于实际，将知识转化为技能、技巧的一种教学方法，适用于识谱、歌唱与器乐教学。

（二）律动教学法

律动，是人体随着音乐做各种有规律的协调的动作。

（三）创作教学法

以培养发展学生音乐创造性思维、创新精神和能力为目的的教学方法，通过即兴的问答、演唱、演奏、指挥、表演等形式进行。

（四）游戏教学法

较多地用于小学音乐唱游课教学，体现学生"动中学、玩中学、乐中学"的教学指导思想。

三、语言性音乐教学方法

它是以语言传递为主，以教师和学生口头语言活动以及学生独立阅读书面语言为主的音乐教学方法，主要用于知识性教学。语言性音乐教学法包括以下几种。

（一）讲授法

是教师通过简明、生动的口头语言进行教学的一种方法。

（二）谈话法

又称提问法、问答法。是指师生以口头语方言问答的方式进行教学的一种方法。

（三）讨论法

是在教师指导下，学生以全班或小组为单位，围绕教材的中心问题各抒己见，通过讨论或辩论进行教学的一种方法。

（四）读书指导法

是教师指导学生通过阅读课本和课外读物获取知识的一种教学方法。

四、探究性音乐教学方法

又称发现法，是一种开放性的教学方法。它是以探究发现为主，通过创设情境激发学生动机，观察、分析、综合、比较、引导学生从多角度分析得出结论，自行发现并掌握相应的知识技能的一种教学方法。

✎ 案例五十七：

同一首歌

识读乐谱，在音乐教育中一直是教师们比较关心的问题。"乐谱是记载音乐的符号，是学习音乐的基本工具。"其程度标准为"能够识读简单的乐谱"。其学习方式与演唱、演奏、创编、鉴赏等教学内容密切结合，以生动的音乐为载体，在学生感性积累和认知的基础上进行。能够跟随琴声或录音视唱乐谱，具备识谱能力，能够比较顺畅地识读乐谱，是对初中学段学生的新要求。

【案例描述】

【教学目标】

（1）通过学唱歌曲，激发学生对人间真情的追求，学会真情地与人沟通，真情地关爱他人。

（2）能用真挚、深情的歌声表达人们对人间真情的渴望和呼唤，通过各种方法来体验和深化歌曲的意境与内涵。

（3）能够以视唱为主、听唱为辅的方法学唱曲调，逐步提高识读乐谱的能力。

【教学重点】

通过学唱本歌，引导学生理解歌词的内涵，并用不同的方式体验和表达歌曲的意境。

【教学过程】

第一步，课堂导入。

歌曲《同一首歌》由陈哲和迎节作词，孟卫东作曲。1996 年，著名男中音歌唱家廖昌永曾在上海举行的特奥会上和参与演出的孩子们一起唱过这首歌，后来，中央电视台又设置了"同一首歌"栏目，《同一首歌》就是此栏目的主题歌。在座的大部分同学肯定熟悉这首歌，但同学们是否真正地了解歌曲的内涵呢？

第二步，学习歌词，领会词意。

（1）以歌曲旋律为背景，教师有表情地朗诵歌词。

（2）学生分组思考讨论：你对歌词"大地知道你心中的每一个角落"和"同样的感受给了我们同样的渴望"中的"角落""渴望"是如何理解的？

教师点评、板书。

角落——失意、孤独、无助。

感受——对人间真、善、美的感悟。

渴望——沟通、理解、鼓励、友谊、友情、真情。

主题思想——人间真情。

第三步，学习曲调，了解结构。

（1）学唱曲调。（以随琴划拍视唱为主，难点乐句可用跟唱法。）

①每一乐句结尾都是三拍或四拍的长度，一定要唱足时值。

②注意 #4 的音准。

（2）曲式结构分析。（先让学生发表见解，后由教师归纳。）

板书：A（a b c d）B（e f a'g）

（主歌）　（副歌）

词曲结合及艺术处理

学生随琴进行词曲结合练习。

教师有表情地范唱

同时学生思考回答：

①A，B前后两段的旋律，在节奏和音区上有什么不同？（A段节奏舒缓，起音在5，旋律起伏不大，B段节奏相对紧凑，旋律起音在1，且有几处是八度、九度大跳。）

②在演唱过程中，教师对A段与B段有什么不同的处理？（A段情绪较为平缓，是用叙述的口吻演唱的，B段情绪较为激动，是用呼唤的口吻演唱的。）

下面请学生自由讨论，构思一种能恰当地表现歌曲思想感情的艺术处理方式，再由教师点评、归纳。

续板书：A（a b c d）　　　　　B（e f a'g）

主歌：领唱或同声唱　　　副歌：男声齐唱或合唱

深情、叙述　　　　　尽情、呼唤

依据教师的处理建议，学生再有表情地演唱歌曲。

提示：

A.句尾长音，时值要足；

B.八度、九度大跳时，声音和情绪要有思想准备；

C.演唱时要真诚、投入。

接下来，将学生分成小组，教师引导学生用不同的方式体验歌曲的情绪起伏及内涵。比如：用彩带挥出旋律线，为歌曲即兴编配恰当的节奏或舞蹈，或者为B段配置简单的二声部，以及伴着旋律朗诵歌词等。学生各组完成表演后，由教师进行点评。

我们每个人都会有孤独失意的时候，因此家人、朋友和同学之间的相互理解与沟通，以及他们给予的友谊、真情和帮助是我们每个人都需要的。这首歌告诉我们，人类与大自然同是地球母亲的儿女，大地都知道你我心中的每一个角落，何况共同拥有同一片蓝天、同一个太阳和同一轮明月的人类自己呢？因此，我们应该相信人类自己一定会相亲相爱的。我和同学们一样被作者这样气度恢宏的歌词深深感动了，只有真正关爱人类自己的作者，才能写出这样真挚、动人的歌词。

【案例反思】

因为学生都听过这着歌，很多人都会唱，当音乐响起的时候，学生一下子就激动起来了，这时候学生都很活跃，让他们静下来慢慢学唱是不可取的了，可是不重新唱的话他们在歌曲的细节处理上又不到位，音不准、节奏不准的小状况都出现了。于是，我在他们演唱的时候把范唱去掉，直接听伴奏演唱，他们才慢慢静下来，意识到自己还没有真正地会唱这首歌，才能够好好地学唱歌曲，学会歌曲。

这节课我通过以视唱为主、听唱为辅的方法学唱曲调，逐步提高学生识读乐谱的能力。在教学过程中安排了识读乐谱的环节，学唱曲调，随琴划拍视唱为主，难点乐句用听唱法。这样一来，两三遍之后学生就很快地突破了重点难点，课堂气氛也很融洽。（作者：浙江省江山中学严肖虹提供）

✎ 案例五十八：

欣赏课"山歌及其与小调、号子的辨别"

"感受与欣赏"是中小学音乐课程的重要教学内容，也是培养青少年音乐兴趣、开阔艺术视野、发展音乐感受和审美能力的有效途径。音乐感受能力是各个领域音乐学习的基础，歌唱、演奏和创造等音乐学习都离不开听觉能力的培养和发展。

【案例描述】

【教学目标】

（1）通过听、唱、奏等教学手段，学生能理解民歌题材中"山歌"的特征。

（2）通过综合实践活动，学生能掌握并辨别号子、小调与山歌这三种民歌体裁的特征。

（3）在感受、理解、体验、实践操作等学习过程中，学生能领略汉族民歌的风采，培养对民歌的兴趣，增强民族自豪感。

【教学过程】

（1）课前活动。

竖笛吹奏《共产儿童团团歌》，以调节同学们的精神状态，注意吹奏与队列行进的整体协调。

（2）导入新课。

回顾上节课的内容（汉族民歌中的"小调"和"劳动号子"）。

请课前准备了录音资料的同学向全班做介绍，包括曲名、体裁、特点等。教师对同学介绍的民歌逐一进行评价。

教师向学生们介绍一首民歌：放录音《槐花几时开》。提出问题，学生们进行议论。引出民歌的另一种体裁——山歌。

出示投影：山歌的定义。

（3）学习、演唱《槐花几时开》。

（在前一节课里，已作为视唱曲学习过这首民歌的曲调。）

在教师指导下，根据山歌的演唱风格，同学们练习演唱《槐花几时开》，要求唱出山歌的韵味。

学习、演唱《横山里下来些游击队》。

讲解：山歌具有浓厚的地方色彩。

不少地方的山歌都有一种约定俗成的名称。例如，山西称作"山曲"；青海称作

"花儿"；内蒙古称作"爬山调"；陕北称作"信天游"。然后，教师指导学生学习、演唱《横山里下来些游击队》。

出示歌谱。让学生注意找曲谱的难点和记谱上特殊的地方。

用吹奏竖笛和视唱相结合的方法，学习歌曲曲调。

首先，让学生分散练习。教师在巡视中帮助学生解决难点。

然后，全体集中练习四遍。

第一遍，用竖笛吹奏第一段，注意气息、装饰音、十六分音符和旋律情绪的变化。

第二遍，练习第三段难点——大跳音程的气息控制。

第三遍，练习第六段曲谱，分析与前两段曲调的异同。

第四遍，吹奏第一、第三、第六段旋律（含视奏内容）。

听《横山里下来些游击队》录音。

放录音，引导学生注意山歌的特点。听后学生自由讨论。

出示投影：山歌的特征（第1、第2、第3条）。

组织学生演唱这首民歌。要求学生们在演唱时将山歌的特征融合进去，演唱时要表现出歌曲的感情，要富有激情。

全体练习、演唱五遍。

第一遍，学唱第一段歌词，注意气息调控，唱好歌头和喊句。

第二遍，学唱第三段歌词，注意了解山歌的即兴性。

第三遍，根据第一、第二段歌曲内容进行简单的艺术处理，并进行演唱练习。

第四遍，教师范唱第六段歌词。

第五遍，要求学生对第六段歌曲进行简单的艺术处理，提出自己的见解。学生讨论。

教师提示：通过三段歌词的学唱及分析，后两段都有一个小小的变化，这就是山歌的另一个特征——即兴性。

出示投影：山歌的特征（第4条）。

最后，再将全曲演唱一遍。

（4）听辨、比较三种民歌（复习、巩固）。

教师概述：山歌是民歌中反映现实较快并能体现劳动人民思想感情和精神世界的一种民歌体裁。

我们已经学习了汉族民歌常见的三种体裁。现在再对这三种民歌进行比较，以便对民歌有一个完整的认识。

出示投影：民歌三种体裁的比较。

播放三种民歌的录音、录像，引导学生进行听辨、比较。

听录音、看录像，组织学生讨论。

创作练习"老调新唱"（创造活动）。

播放歌曲录像片段。先播放湖北潜江的打麦号子《催咚催》，再播放歌曲《赞歌要比星星多》，请同学们比较异同。

曲调基本相同，歌词有了全新的内容。这就是所谓的"老调新唱"。改编后的民歌具有鲜明的时代精神特征。这就给民歌带来了强大的生命力。

以小组为单位，进行创作尝试。

各小组选择一段熟悉的民歌旋律，编写一段反映"武汉三年大变样"为主题歌的歌词，然后进行"老调新唱"。

各小组进行讨论、编写之后，向全班进行汇报演唱。教师即兴评述。

教师建议同学们下课后再做修改，并将演唱录音提供给学校广播站播放，让民歌的优美旋律在校园里回响。

【案例反思】

这节课以欣赏教学为主，结合欣赏进行竖琴演奏、歌唱、创作等活动，引导学生积极参与各种音乐实践活动，在实践中熟悉有关山歌和民歌的概念和知识。

通过多种形式的音乐实践活动，学生获得了对民歌的感性认识。首先，让学生"汇报"课外收集的民歌资料；其次，结合视唱练习，熟悉川南民歌《槐花几时开》；再次，学习演唱并用竖笛演奏陕北民歌《横山里下来些游击队》；最后，欣赏三首不同体裁的民歌并进行比较。在充分体验（感性认识）的基础上，使学生理解（理性认识）民歌的概念和特点。这节课进行了多种形式的创作教学，有利于充分发挥学生的创造性。学生课前收集民歌并向全班汇报、表演，在学习新民歌后，让学生自选民歌曲调填词，进行创造性活动，并向全班汇报，课后要求学生继续收集、创作民歌并在校园播放。这些都有利于发挥学生的创造精神，值得提倡。（作者：根据郑婵娟教学案例整理并点评）

第十二章　美术学科史及美术学科思想方法

第一节　美术学科史

中国是一个具有悠久历史的文明古国，从原始社会、奴隶社会，到封建社会，再到近现代，我们的老祖先在漫长的历史长河中创造了丰富的物质财富和精神财富。美术是人类精神文明的产物，是人类文化发展中重要的组成部分，其受政治、经济、文化、科技等因素的影响，不同时代独特的风格就是中华文化发展的缩影。中国美术教育侧重师承又能师法自然，最终形成了学校、世业艺、技分流的布局。

在古代，美术主要是为统治阶级服务的，是一种自我欣赏的阶段。美术创造和形成的过程中，人们需要将自己的美术技艺进行传播，可以是群体的传播，也可以是一代人之间的传播。直至鸦片战争之后的近代社会，学校美术教育兴起，美术才转变为以社会为中心兼以学科为中心，久而久之便逐渐形成了美术教育。

美术教育是一个逐渐发展的过程，古代美术教育的发展依然对现代美术教育的形成起着重要的推动作用，同时对于当时社会的发展也具有重要的非凡意义。

本章主要在历史的框架中从流派和代表人物的角度出发，通过美术教育史实，把握美术教育的发展脉络，进一步思考各时期不同的美育目的及其美术教育理念、内容、实施途径和传播方法。

一、中国古代社会美术教育的演变历程

（一）史前及奴隶制社会美术教育

美术应该是与人类生产、生活同步发生的，"美术作品"之所以能够成为艺术品的原因是这一时期的美术作品都是无意识的。原始人类在生产劳动中肯定会产生必然和偶然的发现，我们的祖先在打制石器、采集和狩猎等制造和改进劳动工具与改造自然的过程中，萌发了原始的审美观念，进而形成了一定的经验积累。在磨制石器、发明陶器、编织、雕刻等工艺的发展中，尤其在壁画和陶器的制作与装饰中，人类早期的

审美观念得到了进一步的提高。父子与长幼之间通过口传手教的形式传播劳动经验，最原始的美术教育就在这种递进式的传播中诞生。

原始社会末期，社会生产力的发展使社会出现了剩余产品，从而让一部分人脱离直接的农牧业生产，专门从事其他生活社会分工活动，人类出现了体力劳动与脑力劳动的分离，美术教育由此脱离了原始状态，其中包括艺术活动和教育活动。

在下层社会和艺匠中进行实用主义美术教育，主要培养实用性的工艺人才，其特征是技艺特色十分浓郁，所涉内容包括画、塑、剪、刻、雕、漆、磨、贴等，多采用严格的师徒传授制，尤以家族内传承为主。

以夏朝为标志，这时出现了学校，在学校教学内容中，礼、乐是重要的内容。它蕴含着美术教育的重要内容，成为奴隶主的统治工具。商朝的建立，促进了教育的全面发展，商的学校教育以宗教和军事为主，具有武士教育的特点。其中的"六艺"教育——礼（仪式、行为）、乐（音乐、舞蹈）、射（弓术）、御（马术）、书（书法）、数（算术）表明，此时虽没有明确提出美术教育的内容，但"礼""乐""书"与美术教育密切相关，在一定程度上包含着美术教育的相关内容。西周是奴隶制社会的鼎盛时期，教育空前发达。"六艺"是西周学校最主要的课程，标志着从尚武教育转变为以"明人伦"为主的文武兼备的教育。

春秋时期是奴隶社会向封建社会的过渡时期，出现了百家争鸣的学术局面。春秋末期思想家、政治家、教育家孔子提出了以"仁"为核心的思想，指出"兴于诗，立于礼，成于乐"。就是说通过审美教育陶冶人的情操，把道德的境界与审美的境界统一起来，才能成为自觉的人格，主张通过艺术的潜移默化，实现人的基本价值。

在整个奴隶社会时期，"六艺"中的"礼""乐""书"在人们的认识中占据重要位置，并提出了美术教育功能，但在学校教育中还未有一席之地。

（二）封建社会初期的美术教育

封建王朝的形成在一定程度上推动了美术教育的发展。战国开始了中国漫长的封建时代，铁器的广泛应用促进了社会生产力的发展，也促进了私学的产生，美术作品内容以人物画为主，重在为维护封建礼教服务。秦王朝对政治、经济、文化等领域进行了一系列的变革，特别是大篆体的诞生，汉字的形制、功能很快完备，作为文字符号的作用也迅速强化。这直接消减了图画表达观念和礼仪道德规范的符号意义，直接促成了书画的分立，促进了中国书法艺术和汉晋时期美术教育的发展。规范化使用汉字，为书写教学和书法传授提供了条件。汉字使用功能的强化，促进了书法教育的普及，为汉晋书法艺术的迅速发展奠定了基础。这一时期，在建筑、雕塑、绘画等方面取得了辉煌的成就，现存的秦兵马俑就足以说明秦王朝时期的美术教育在受教育规模、美术水平等方面已取得重大突破。汉武帝推行了一套学校制度，它把官学（太学、郡国学）和私学结合在一起，还建立了专门研习文学艺术的学院——"鹊都门学"，并正式开设了"字画"这一课程。它是我国最早的专科大学，也是世界上最早出现的文艺专门学院。汉代的美术教育仍是以师傅带徒弟的师徒或父子方式传授绘画技能。当时美术的主要功能是思想教育和道德教育，美术教育主要为统治者培养为政治服务的工作者。

魏晋南北朝时期的美术继承和发扬了汉代绘画艺术，出现了丰富多彩的面貌。此时，中国历史出现了第一批有明确记载的画家，如曹不兴、卫协、顾恺之、陆探微、张僧繇等。但当时的美术传授，还是沿袭了师承关系，如卫协师曹不兴、顾恺之师卫协、陆探微师顾恺之。此时美术教育的功能仍是思想教育和道德教育，可喜的是这时人们已经认识到了美术的欣赏功能，认为山水画能够使人感到精神上的愉快，是其他文学艺术作品无法比拟的。

隋唐时期是我国封建社会的鼎盛时期。政治、经济、文化空前繁荣，美术教育也有了重大发展。宫廷绘画日益兴盛，唐玄宗创置了我国最早的翰林院，为朝廷培养需要的人才，人们在其中得到了良好的教育，绘画技艺和方法不断进行改革和发展，形成了一支强大的宫廷绘画力量。同时，唐朝的开放性使国外的美术能够传到中国，再加上中外使者之间的频繁交流，中国的美术教育更加自由和繁荣。唐朝西周是我国宗教文化兴盛时期，一系列的佛教壁画等逐渐形成，成为中华民族的瑰宝。此时美术教育已由学院式的教育或者是"父传子"形式的教育转向师徒之间的教育，师徒教育的优点是可以选择天赋较高的徒弟，有利于美术的发展和兴盛。吴道子的"吴家样"的形成展示了古代美术师徒教育的鼎盛状态。

这一时期的美术关注到了美术欣赏的意义，打破了单纯追求美术的思想教育和道德教育功能，开辟了美术的欣赏功能，在美术教育中提出了"师法自然"的艺术主张，使师承学习不再是唯一的方式，成为这种美术教育方式的有益补充。

五代时期，蜀地绘画空前兴盛。后主孟昶创立了翰林图画院，由此我国历史上的画院正式诞生。画院除为皇帝绘制各种图画，还承担皇家藏画的鉴定和整理及绘画生徒的培养。美术教育的形式主要采用临摹的方法，选择优秀的临本进行临摹，教师教学也是选择好的临本或自行绘制临本供学生学习。据说黄筌的《写生珍禽图卷》就是专为其子习画所绘。自北宋开始，宫廷画院承担了美术创作与人才培养的两种功能。宋徽宗崇宁三年（1104年）设立画学，这是中国历史上第一个皇家美术学院。其录用考试的标准发展了"师法自然"艺术主张，既要求状物绘形的严格写实技巧，又强调立意构思，多摘取诗句为题目。画学的学科分为专业课和共同课，专业课有道释、人物、山水、鸟兽、花竹、屋木等六门，共同课有"说文""尔雅""方言""释名"等。此外设问答（绘画理论），可见此时的美术教育不仅关注绘画的技能技巧，也关注绘画理论，更关注画家自身的文化修养。这一时期成就了我国著名的画作《清明上河图》，绘画的方式不断发展，借助西方的油画以及建筑规则，逐渐形成了新的绘画方式。

南宋偏安江南，集中了北宋画家，恢复翰林图画院，又一次掀起了宫廷绘画的高潮。比如，王希孟开创了中国青绿山水的先河，创作了《千里江山图》。这一时期还涌现出以李唐、马远、刘松年、夏圭为代表的"南宋四大家"，真可谓人才辈出。

同时，辽金为政法需要也设立了画院，以培养自己的美术人才。五代、两宋是古代画院正式形成和发展时期，画院体制逐渐完善，标志着美术规模不断扩大。

由于元代的政治与文化的高压统治，且其带有明显的民族歧视，美术创作与美术教育也发生了很大的变化，创作内容多从反映社会生活的人物画转向了描写自然美的山水画、花鸟画。取消了宫廷翰林图画院的制度，设置了梵像提举司、织佛像提举司、画油具、画局等机构，这些机构本身除了进行美术创作外，仍有美术教育的功能。元代失意的文人画家成为美术创作与美术教育的强大力量，以黄公望、王蒙、倪瓒、吴镇四位画家为代表，"元四家"的画风虽各有特点，但都是从五代董源、北宋巨然发展而来，他们抛弃了统治者所追求的"成教化、助人伦"的教育功能，而以"逸笔草草，不求形似，聊以自娱耳"和"写胸中逸气"为主题，重笔墨，尚意趣，画中结合书法诗文，是元代山水画主流，对明清两代影响很大。

一方面，明朝恢复了汉族传统的文化典章制度，并且受郑和下西洋以及欧洲的传教士来到中国的影响，宫廷画家师承南宋院体风格，称之为"浙派"（代表画家为戴进和吴伟），虽然被晚明董其昌等人贬低，但是影响范围广及日本、朝鲜等地，并一直透过民间画师传承下来，今日中国台湾地区庙宇壁画仍是浙派的延续。另一方面，文人官僚以元四家为学习对象，出现后来成为文人画传统的"吴派"（代表画家是沈周、唐寅、文徵明、仇英），与浙派为明代画坛的两大主要派别。明代万历七年（1579年），欧洲商人与传教士来华，他们在传播天主教和科学技术的同时，也带来了西方古典主义的美术作品，从而打开了中国人的眼界，促使中国美术家对中西美术进行比较。中外之间的文化交流促进了我国美术教育的发展，教学中有专门的画谱用作教学的内容。同时，受西方文化的影响，中国绘画更加注重写实，这种绘画方法在宫廷中用来给皇帝和后妃画像。很多的文人雅士借助绘画表现明朝经济的繁荣，美术的氛围更加自由。由于晚明崇尚吴派而贬低浙派，吴派在中国传统绘画中成为山水画的主流，影响力一直持续到民国初年，甚至国民政府迁台初的绘画教育，依然以吴派绘画为主。此外，陈淳、徐渭的大写意花鸟，创泼辣豪纵一格，给中国传统绘画带来了新的活力。陈洪绶和崔子忠是明末有名的人物画家，号称"南陈北崔"。前者作品形象夸张甚至变形，格调高古，对版画的发展做出了贡献。此一画风，后世学者常称为变形主义。

（三）封建社会晚期的美术教育

清代，早期宫廷画院配合重大历史事件所创作的作品，大多数人物与布景分别由不同画家完成，绘景取法"四王"（王时敏、王鉴、王原祁、王翚，他们多信奉董其昌的艺术主张，致力于摹古或在摹古中求变化），受到皇室的重视，居画坛正统地位。活动于江南地区的一批明代遗民画家，寄情山水，借画抒怀，艺术上具有开拓、创新精神，以金陵八家、"四僧"、新安派为代表。意大利画家郎世宁在康熙末年来华传教，后入宫廷供职，奉命以中国画的工具材料按西画透视解剖作画，是将中国工笔画与西方古典写实主义相结合进行尝试的第一人。

清同治初（1864年后），上海天主教会创办了土山湾孤儿院附属美术工场，其中设置了雕刻间、图画间（俗称"土山湾画馆"）和照相间等，由此诞生了中国有史以来最早的传授西方美术的机构。美术工场的主要任务是培养制作西方宗教雕塑和宗教绘画的人才。教会收留的孤儿到了13岁就进入美术工场学艺，接受专门训练。从现存的有关历史图片资料中，可以发现图画间实施的是从铅笔画到水彩画再到油画的教学内容体系，采用的是临摹的指导方法。

中期康熙、雍正、乾隆年间，是清代社会安定繁荣时期，绘画上也呈现隆兴景象，北京、扬州成为绘画两大中心。京城的宫廷绘画活跃一时，内容、形式都比较丰富多彩，但以人物画的成就更为突出。在商业经济发达的扬州，出现了以"扬州八怪"为代表的扬州画派。他们用绘画抒发自己的愤懑之情，在笔墨技法上探索新的表现形式，表达鲜明的个性。扬州画派的艺术对近代、现代的花鸟画产生了极大的影响。

晚期自嘉庆、道光至清末年间，随着封建社会的没落衰亡，中国逐步沦为半殖民地半封建社会，绘画领域也发生了新的变化。视为正宗的文人画流派和皇室扶植的宫廷画日渐衰微，而辟为通商口岸的上海和广州，这时已成为新的绘画要地，出现了"海派"和"岭南派"。"海派"的代表画家有赵之谦、任颐、虚谷等；任熊、任颐与任薰、任预合称为"四任"，他们在人物、肖像和小写意花鸟画方面成就突出。"岭南派"形成较晚，代表画家有高剑父、高奇峰和陈树人。

清朝政府为了摆脱被侵略受压迫的悲惨命运，一方面在国内兴办教育，培养人才；一方面选派大批留学生到世界各国学习，大部分学习美术的留学生去了日本和法国。据不完全统计，从1898年到20世纪30年代，去外国学习西方绘画和雕塑专业的有60余人（李叔同、鲁迅、闻一多等）。他们学成归国之后，成为中国学校美术教学的主要师资力量，为东西方美术的交流架起了桥梁，对中国近现代美术及其教育的发展起到了很大的推动作用。

二、近代中国美术教学的开端

19世纪末期，西学东渐的趋势越来越明显，西方的新思潮加速向中国传播。中国新兴的民族资产阶级试图借助西方新思潮和新观念来反对中国封建的、束缚人民进步的旧思想、旧观念，寻求救国救民的途径。清朝末年，光绪皇帝接受了康有为等人的建议，在政治上施行了一系列新的措施，其中包括在教育方面的重大举措：废八股，兴学堂；令各州县将大小书院改为兼习中学和西学的学堂。

1902 年（光绪二十八年），清政府颁发了《钦定学堂章程》，亦称"壬寅学制"。这一章程设置了学校系统，并规定了各级学堂所开设的课程，其中包括在高等小学堂和中学堂中设置图画课程。此章程是中国有史以来第一个由国家正式颁布的近代学校系统，虽经公布，但却未能实施。

1903 年（光绪二十九年），张之洞奉命主持制定新学制，清政府颁发了《奏定学堂章程》，亦称"癸卯学制"。这是中国经国家法令颁布在全国实行的第一个完整的近代学校系统。此章程对学校教育系统、课程设置、教育行政及学校管理等都做了详细的规定，其中包括在小学堂和中学堂设置"图画"科目和"手工"科目，中国中小学的美术教学以此为开端。这一时期的美术教学思想提倡"中学为体，西学为用"——注重美术为社会服务的实用主义教育观。

作为近代教育组成部分的近代美术教育，把传授图画的知识和技能视为一项"教育救国"的社会事业，为了有效地在同一时间内向为数众多的学生传授图画知识和技能，就必须从个别教学转向班级制教学，从而从根本上动摇了封闭的、以宗法师徒关系为特征的中国古代美术教学体系。

在上述新式美术教学实施过程中，上海等地曾先后仿照日本的图画教科书编写与出版了一批教科书。例如，1904 年，文明书局出版了《蒙学铅笔习画帖》4 册。1905 年，彪蒙书室出版了《绘图蒙学习画实在易》。1906 年，商务印书馆出版了《中学铅笔习画帖》6 册。这套习画帖的铅笔画即素描，从石膏几何形体入手，到画静物、鸟兽、树木再到风景等，人物素描则从画五官、头像、手、四肢到画男人体，采用以临摹为主的教学方法体系。上述画帖可以认为是中国最早的传授西方绘画的教科书。

三、近现代美术教育

中华民国时期，蔡元培在北京大学亲自开设、讲授的一门课程就是"美育"。1912 年，《新青年》第三卷第六号发表了蔡元培的《以美育代宗教》一文，在他的影响下，这一时期的学校美术教育思想是注重美术教育的审美功能。这时的教学内容开始开设手工图画课程，教学观念是"涵养美感"，并提出"以美感教育完成其道德"的宗旨。

1919 年，杜威来华讲学，宣传重视学生经验的进步主义教育思想，将西方美术中的色彩学、明暗等画法以及设计、工艺制作中一些新的理念引进中小学美术教育。1923 年 6 月 4 日，当时的教育部公布了《小学形象艺术课程纲要》《初级中学图画课程纲要》。其主要内容如下：第一，从注重技能训练的图画教学，转向注重儿童天性、创造力的美术教育方向；第二，首次提出"教学方法以联络各科设计发表等为主"的方法，强调图画教学和其他学科教学的联系。

四、当代美术教育

中华人民共和国成立初期，我国与苏联同属社会主义阵营，学校美术教育思想受到契斯恰科夫素描教学法的影响，提倡苏联教育与劳动相结合的教育理念。这一美术教学体系训练了学生精确摹写事物的能力，但是学生的个性和能力受到了限制。

1966—1976年，"文革"对中国的美术教育造成了极大破坏。这一时期的教材内容大多是大批判的报头、标语等，美术教育的功用变成了阶级斗争的工具。美术教育停滞了十年之久。1978—1992年，美术教育界开始恢复与西方的交流，两大美术教育思潮传入我国：第一，以罗恩菲德为代表的创造主义美术教育思潮；第二，以艾斯纳为代表的全面综合的美术教育思潮，俗称"八五新思潮"。这两大思潮影响了我国美术教育改革，促使学校美术教学发生了重大转变。

1992年，《九年义务教育全日制小学美术教学大纲（试用）》与《九年义务教育全日制初级中学美术教学大纲（试用）》颁布，标志着我国近代学校美术教育的开端。其中明确教学内容是绘画、工艺、欣赏三大块，教学方法是贯彻启发性原则，采用多种教学形式，充分调动学生的学习积极性。它们的教学目的如下：第一，传授美术基本知识和基本技能；第二，培养健康的审美情操，提高审美能力，增强爱国主义精神；第三，培养观察、想象和创造等能力。

我国的学校美术教育从开始就受到西方的实用主义、创造主义、学科中心主义及苏联社会主义现实主义美术教育思想的影响，并在核心人物统领下进行教育体制改革。未来将与世界各国的美术教育相互交流，取长补短，走出更加符合我国国情的中国美术教育之路。

第二节　美术学科思想方法

在我们的美术学科中，如何将美术知识、技能转化为美术学科思想呢？美术课以其独特的视觉形象表达人们的思想观念、情感态度和审美趣味，丰富了人类的精神和物质世界。而美术课上的问题则需要由若干节课贯穿其中来分层次地逐层解决，激发学生学习美术的兴趣，通过老师引导与课堂体验，学生能了解简单的美术知识，打开内心世界的大门，拥有更大的想象空间，培养积极的情感体验，发展观察能力、想象能力和创造力，从而提高审美能力，增强对自然和社会的热爱及责任感，形成创造美好生活的态度与能力。

美术学科是实施素质教育、提升艺术素养的重要课程。初中美术教学的目标不是培养艺术家，而是培养学生观察美、发现美、创造美、塑造美的能力。教学将为我们提供这种创造精神与能力培养的宽广沃土。

美术教育到底教授什么内容？中心思想是什吗？中学美术教育对于更好地培养学生的审美意识和审美能力，更有力地促进中学美术学科的发展有重要作用，新课程标准中以学习活动方式的不同将美术教材划分为"造型·表现""设计·应用""欣赏·评述""综合·探索"四个学习领域。

一、造型·表现是美术学习的基础

学习线条、形状、色彩、空间、明暗等基本造型元素，运用对称、均衡、重复、节奏、对比等形式原理进行造型活动，通过对各种美术媒材、技巧箱制作过程的探索及实验，发展艺术感知能力，自由表现、大胆创作，逐步提高基本的造型能力；体验造型活动的乐趣，敢于创新与表现，从而产生对美术的持久兴趣。观察、分析、概括和归纳是美术造型的基本能力。

二、设计·应用学习领域

此领域包括了解设计与工艺的知识、意义、特征与价值设计思想，感受各种材料的特性，根据意图选择媒材，合理使用工具和制作方法，进行初步的设计和制作活动，体验设计、制作的过程，既强调形成创意，又关注活动的功能和目的。养成勤于观察、善于发现、精于制作的行为习惯和耐心细致、团结合作的工作态度，增强以设计和工艺改善环境与生活的愿望。

三、欣赏·评述学习领域

指学生通过对自然、美术作品和美术现象等进行观察、描述和分析，掌握最基本的美术欣赏方法，逐步形成审美趣味和美术欣赏能力。

对于美术作品的欣赏，都是从两个大方面进行：第一，欣赏一件美术作品，一定要把它放在其产生的历史文化背景中去分析，从美术作品诞生的历史、文化以及艺术家的生活等多个角度，赏析作者的创作主旨以及作品所传达的情感；第二，结合专业的美术知识，从形式、风格、色彩、线条、形状、结构、明暗等基本造型元素，规范地去描述在艺术作品中所欣赏到的内容，初步掌握欣赏美术作品的基本方法，进一步提高审美判断能力。

四、综合·探索学习领域

是一种综合性的美术活动，运用多种方式引导学生主动探索、研究美术与自然、美术与生活、美术与文化、美术与科技之间的联系，开阔视野，拓展想象空间。体验探究美术学科与其他学科的联系，激发探索未知领域的欲望，体验探究的愉悦与成功感。

在实施美术教学的时候，教学形式、教学方法和教学手段应丰富、生动、多样。教学方式主要分为以下几种。

（一）以语言传递信息为主的教学方法

1.讲授法

教师通过语言的描述、说明，向学生传授美术技能知识，它是使用范围较广、频率较高的教学方法。但是，单纯的讲授并不能引起学生的注意，所以对教师的艺术语言表达能力、知识面等有着非常严格的要求。

2.谈话法

一问一答是教师与学生以口头语言相互交流进行教学的一种方法，能集中学生的注意力，开拓学生的思维，但是问答法中由于学生的思维能力不同，提出的问题也会千差万别，这就要求教师在课前做好充分的准备，语言、问题难度也要相当考究，否则容易引起课堂的混乱。

3.讨论法

在教师的指导下，学生以班或组为单位，围绕某一个问题进行讨论，学生各抒己见、相互启发，获得或巩固美术知识。

4.读书指导法

教师指导学生通过独立阅读教科书和课外美术资料获取知识、开阔美术视野。

（二）基于直观展示方式来实施内容传递的教学方式

1.情景创设法

美术教学注重的是培养学生的美感，所以在教学时要侧重于激发学生兴趣，培养学生的参与力、创新力。在美术教学中创设情景，可以激发学生对美术课学习的兴趣，可以让学生更加喜欢这一学科，从而培养学生的审美观念和审美意识，对学生全面发展起到至关重要的作用。例如，名家名作鉴赏，激发学习兴趣；音乐体育辅助，感悟美的真谛；走进大自然，感受身边的美；设计趣味游戏，寓教于乐等。

2.演示分析法

在美术教学中，教师的示范是直接演示美术技能知识的教学方法。示范过程能最大化地让学生直观感受美术技术上的美，以加深学生审美感受和表现教师个人魅力。这就要求教师有扎实的专业基础，能积极指导应对辅导练习时各种突发性的问题。辅导练习法是以实践为主的最重要的教学方法，它能促进学生在美术活动中眼、脑、手的协调发展。

3.欣赏引导法

这种方法是教师根据教学任务组织学生通过观察、比较、研究而直接获得知识、感受、教育的方法。这种方法打破了课堂和书本的约束，使教学与生活紧密联系，开阔了学生视野，使其从现实社会生活中接受教育。美术教育离不开观察，观察又总是伴随着比较。没有观察，便没有视觉和感知；没有比较，就不可能有正确的感知和准确的判断。美术教学的观察比较对象包括两种，一是对客观景物、物象世界的观察比较，二是对画面及其表现形象的观察比较。

4.比较分析法

比较是相互对比中进行的思维判断。无论是写生还是临摹，都是在其对象与自己的画画之间不停地互相对照比较中进行的。其标准就是写生或临摹的对象。写生画的形象比例的观察，则以物体自身的长与宽为标准。例如，在绘画过程中，观察物体时按以小比大确定比例，绘画构图中则按以大比小进行描绘。物体的倾斜角度则是以垂直、水平线为标准进行比较、观察。

在教育教学过程中，以学生正确的审美观念和对美的正确认识，以及对美的正确理解为教学目标，着重培养学生的观察、实践和创新能力。适用以下方法：

（1）注重学生对新事物的理解，提高学生的观察能力。美术学习过程对于培养学生良好的观察能力极为重要。画不出来、画不生动都是因为观察不到位。在初中美术教育教学的实践中，要重视学生美术观察能力的培养，掌握正确的观察方法才能在绘画训练中准确地描绘各种物体。在教学活动中，教师要从整体的观察方法及对比的观察方法两个角度讲授，使学生学会怎样正确地观察所要描绘的物体。

（2）以欣赏、临摹教学的实施，提高学生的观察能力和技术能力。美术作品的欣赏与临摹教学对学生认知能力和观察能力的培养起到了非常重要的作用，尤其是关乎学生绘画能力的提高。欣赏、临摹是教学活动中直面艺术作品，观察、学习艺术家的技术技法并与创作者产生思想上的共鸣的好机会。

在临摹教育教学过程中，教学目的应以形式美为主，以作者情感体验为辅。对于画的形式的临摹，要求学生选择不同的方式：一种是用"十字格"参照法进行的临摹；另一种是无参照自由而准确的临摹。比如，选择一些具象范本，有利于初中学生理解和接受，也便于学生分析和把握。在临摹过程中，灵活采取不同的临摹方法，并严格按照范本的风格和特点进行。

（3）通过评论教学的开展，提高学生的观察能力。在教学设计上，课堂要有吸引力，课后要有展评过程，只有这样学生才可能抱着较大的兴趣欣赏彼此的作品，这不仅能够培养学生的变相思维能力，也能够培养学生的语言表达能力，可谓事半功倍。

✎ 案例五十九：

"春天的畅想"教学设计

【案例描述】

本课属于"造型·表现"领域，内容是人教版《美术》七年级下册第二单元"春天的畅想"。依据《义务教育美术课程标准（2011年版）》，本课主要在老师的引领下，通过让学生看、听、想、评等教学活动，强调学生的自主参与、合作探究。在学生主动参与探究的过程中，激发学生对春天景色的心理情感需要。本课的学习能加强与语文、地理和生物等学科知识的整合，不但能提高学生的审美情趣和鉴赏、表达能力，更能拓展学生思维培养创新精神和实践能力。

【教学目标】

（1）知识与能力：通过欣赏、感受、解读、品味春天，体会自然的春天与艺术作品的春天的关系。

（2）过程与方法：通过欣赏、讨论、合作探究了解美术语言的表达方式，帮助学生感受艺术家从不同角度、不同形式对春天的赞美，同时抒发自己对春天的感受，提高学生的鉴赏能力和绘画创作表现能力。

（3）情感态度和价值观：通过欣赏感悟，学生大胆想象，构思春天，激发自身的创造精神，尝试用画笔或电脑描绘春天，从而更加热爱我们的大自然。

【教学重点、难点】

（1）教学重点：让学生通过欣赏，理解自然美和艺术美的相关知识及两者之间的关系，同时让学生运用具象或抽象的形式描绘他们心中的春天。

（2）教学难点：让学生以讨论与合作的方式，主动分析出作品中艺术家对春天赞美的角度与形式。通过对艺术家的作品与审美价值的了解、探究和体验，理解不同艺术的不同表现形式。

通过欣赏引导法、讲述法、情景创设法、欣赏引导法、讨论法以及比较分析法，贯彻启发式和研讨式教学原则。

【教学过程】

（1）引导阶段。

美丽的春天来了，我们周围到处洋溢着春天的气息，今天我们就一起来学习"春天的畅想"（导入课题板书）。

让我们以不同的艺术形式来欣赏春天。

首先我们先通过一首歌曲来感受春天的氛围：PPT展示歌曲视频《春天在哪里》（欢快的歌声，同学们会边看边跟着哼唱，调动课堂氛围）。

上面是用音乐的形式表达春天，而文学史上同时也有很多表现春天的美文，同学们知道都有哪些表现春天的文学作品吗？学生展示自己知道的诗歌：贺知章的《咏柳》，毛泽东的《卜算子·咏梅》。

文学家们对春天的描绘往往让我们感受到诗中有画的意境之美，下面让我们大家一起以文学的形式来欣赏朱自清的散文——《春天》。

欣赏绘画作品：毕沙罗的《花开的果园》中对春天的表现，感受绘画作品与音乐文学的不同。

思考探究："春天"的形象，不同的艺术作品分别是如何来塑造的？文学艺术作品——用优美文字塑造春天形象；音乐艺术作品——用节奏和旋律塑造春天；绘画艺术作品——用色彩、构图、笔触塑造春天。

（2）发展认知。

观察联想：多媒体展示有关春天的画面——首先展示一组摄影师拍摄的春天景象，其次展示一组老师自己拍摄的学校里的春天景象（和学生关联的景象，以引起学生的情感共鸣和好奇心，引发对自己学校的热爱和对大自然的探求之心）。通过观察，学生小组之间相互交流，讨论春天的特点、景色。

第一，自然界的哪些现象向我们传达了春天的信息？

——冰雪融化，动物结束冬眠，小草树木发芽，花朵吐露芬芳。

第二，春天有哪些色彩？主要以什么颜色为主？

——学生谈看法和理由。

第三，我们校园中的春天在哪里？用一句话谈谈你对春天的感受。

谈欣赏感受，拓展思维：美术家是怎样通过美术作品来表达春天的各种信息的？

首先，请同学们赏析以下两幅画面，谈谈其带来的视觉美感。

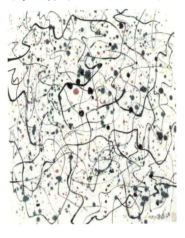
国画《春如线》（吴冠中）

油画《白色的果园》（凡·高）

其次，赏析雕塑《春风》（张德峰），请同学们谈感受。

雕塑《春风》（张德峰）

再次，赏析版画《桥之春》（郭继德），请同学谈感受。

版画《桥之春》（郭继德）

最后，油画《桃花谷》，欣赏并解析抽象化的视觉符号不是为了再现原图，而是要通过热烈奔放的色彩和笔触！传达一种对生命的感受。

油画《桃花谷》

讨论探究：通过对上面这些美术作品的欣赏，除了国画、雕塑、油画和版画，你们还能列举其他的美术表现形式吗？

——水粉、水彩、年画、剪纸、蜡笔画、铅笔画……

（3）展示与讲评阶段。

师：春天是丰富多彩的，相信同学们对春天的感受也溢于笔端，下面让我们用手中的画笔以上面其中一种美术形式来描绘我们心中的春天，好吗？在作画之前，我们先来欣赏几幅学生的作品。（多媒体展示）

学生作品《春》

生：开始创作（同学们可以尝试多角度对春天进行描绘，如根据一首诗、一首乐曲画出春的意境）。

师：巡回辅导（鼓励学生勇于创新，大胆畅想，描绘心目中的春天）。

点评：首先采取自评和互评的方式，互相交流，改进完善自己的创作构思。具体围绕以下几个方面展开：

第一，主体是否符合春天这个季节。

第二，色彩是否表现丰富，能否体现春天的特点。

第三，主题是否传达出春天的气息。

第四，情感是否表达出自己对春天的感受。

描绘春的意境

最后，学生到讲台展示作品，谈自己的构思。（师引导）是否喜欢自己的作品，为什么这么表现，同时其他同学举手谈对作品的看法、原因和建议。

【课后拓展阶段】

一年之计在于春，春天是一个充满活力的季节、充满希望的季节，美好从这里开始书写，教师希望学生们在课堂完成作业的基础上，课后能够收集资料进一步对作品进行完善。

在本课教学中，我遵循美育教育原则，循序渐进，按照欣赏美—感受美—创造美的程序，激发学生的创造力，以培养美术创造和实践能力为宗旨，围绕自然美和艺术美共同的美感和不同的表现方式展开讲述。初一学生已具备一定的审美观和文学功底，有着丰富的想象力，面对这样的题材，学生的许多生活经验和个人情感及爱好都能运用起来，不同的学生会从中获得不同的感悟和收获，个人情感也会得到升华。通过一节课的教学，大多数学生还不能把这些对春天的感受与文学、音乐作品有机地结合起来，表现春天的形式与手法也较为单一，在欣赏艺术家的作品时，受限于缺少专业美术知识，很少去思考、体会其中的意境与传达的信息及其表达的思想情感，仅仅停留在对鲜艳色彩的直观冲击上，这点在课堂设计上还不够完善。

📝 案例六十：

绘画色彩基础理论

【案例描述】

本课是人教版《美术》七年级下册"春天的畅想"单元中的第二节课，内容是关于色彩的基础知识。第一节学生已经对一些中外表现春天的美术作品进行了欣赏和评述，激发了学生对春天美的感受和创作欲望，本课通过让学生学习色调、色彩情感、色彩的对比和调和等基础知识，了解色彩搭配、调色等方法，提高学生对色彩的认识以及运用色彩表现的能力，最后正确使用色彩，通过具象或形象的美术作品表达各自心中春天的景象。

本课为一课时教学计划。

【教学目标】

知识与能力：学习和了解色彩知识和概念，提高学生学习运用色彩表达情感的方能力。

过程与方法：通过课堂学习和调色体验，掌握色彩基础知识和提高色彩运用的能力。学生通过参与活动过程，提高对色彩的理解，掌握从不同角度分析、运用色彩的方法。能运用一定的色彩知识合理地安排画面。

情感态度和价值观：体会色彩的丰富变化，培养学生对色彩知识的兴趣，通过对生活中色彩的关注与鉴赏，提升审美修养，进而提升生活热情与品质。

【教学重点、难点】

（1）教学重点：根据色彩运用的规律，教会学生调色的方法。

（2）教学难点：提高学生运用色彩表达事物及情感的能力。

【教具】

多媒体课件、画笔、颜料、纸张、水。

本课采用讲述法、演示分析法、欣赏引导法，贯彻启发式和研讨式教学原则。

【教学过程】

我们研究色彩不单是认识色彩的客观规律，更重要的是反映人们的主观意识对色彩的影响。装饰色彩并非大自然色彩的展现，即不是写生色彩（不同于画家调色板上的色彩），而是结合生活、生产，经过提炼、夸张概括出来的，来源于生活而又高于生活，是人们心理作用的理想化色彩。

第一步，导入。

幻灯片播放几幅作品（黑白、色彩）。

师：对比一下，你觉得哪张更好看？

学会欣赏相关作品，思考之后发表看法。

安迪·沃霍尔《玛丽莲·梦露》

第二步，展开。

播放幻灯片：教师展示一些色彩优美的摄影作品，同时播放柔和的音乐，让学生在音乐中观看和欣赏作品，教师在这个过程中进行讲解和启发提问，用自然界美丽的色彩、实用性的美术色彩把学生带入一个绚丽多彩的领域中。

第三步，深入。

播放幻灯片：自然光的色彩。

色彩是光照射到物体上产生的一种视觉效应。当光照射到物体上时，物体本身的材质决定了其对光束中的某些色光吸收、反射的程度，反射回来的色光作用于人的视觉，便产生了某种色彩感觉。

自然光的色彩图

下面我们来看美术上色彩的分类：三原色、三间色和复色。

（1）原色：颜色中不能再分解的三个基本色，即红、黄、蓝，也称三原色。千千万万种色彩都可由三原色调配出来。

色光三原色：朱红光、翠绿光、蓝紫光。

色料三原色：红（品红或玫瑰红）、黄（柠檬黄）、蓝（湖蓝）。

（2）间色：由两个原色混合而成，即红＋黄＝橙色、红＋蓝＝紫色、黄＋蓝＝绿色。

（3）复色：由两个间色或三个原色混合而成的颜色称复色。

美术色彩的分类

接下来是色彩三要素：色彩的明度、纯度、色相。

（1）明度：指色彩的明暗程度，无彩色中，最高明度是白色，最低明度是黑色；有彩色中，最亮的颜色是黄色，最暗的颜色是紫色。总之，亮的颜色明度高，暗的颜色明度低。

（2）纯度（饱和度）：所谓纯度就是指色彩鲜艳的程度。同一种颜色，当加入其他的颜色调和后，其纯度就会较原来的颜色低。

（3）色相：是色彩的最大特征，所谓色相是指能够比较确切地表示某种颜色别的名称，是区别各种不同色彩的最准确的标准。

下面我们来看色彩的对比（结合图例讲解）：明度的对比；色相的对比；冷暖的对比；补色的对比。

莫奈《晨雾》

阿尔弗雷德·西斯莱《春天的果园》

然后是色彩的知觉与感觉（结合图例讲解）。

莫奈《干草垛》

学生理解体会，并根据教师的引导，回答教师提出的问题，进行调色实验，通过做连线题目的方式了解色彩的功能及色性。学生辨认平时最常用的颜料中的色彩，了解三要素、色彩三原色与三间色、对比色、相邻色、色彩的功能及色彩在生活和作品中的运用等知识。

最后布置作业：要求学生完成暖色调的色彩调色练习。

学生练习作品

【案例反思】

色彩是视觉艺术的一个重要因素，是我们进行绘画训练时不可缺少的重要的绘画语言，是美术的基本技能和知识。"色彩学"是美术理论知识的重要组成部分，学习色彩知识，能提高学生的审美创造能力，丰富美化他们的生活和世界。通过本课的学习，学生能认真细致地观察色彩的特点及调和方法，更多地了解色彩调和引起的效应及调和要素。本课的教学内容如下：第一，学习导入认识色彩，通过导入 PPT 了解自然光的颜色和颜料的颜色的区别，学习美术上对色彩的分类以及色彩的属相。第二，区分春、夏、秋、冬的色彩及感受色彩的感情。体会色彩带给我们的心理感受。课前分好小组，学习调和色彩的要点和步骤。教师指导，小组合作完成。第三，作品展示与评展。我在整个教学过程中因势利导，促进学生主动参与活动，培养学生基本的美术素养，使学生更深层次地体验成功感。

我觉得学生对于合作完成的作业都比较感兴趣，给他们感兴趣的设计主题，是对学生的一种肯定。在美术教学评价中，切记用"标准化"的形式，作品评价不做硬性统一，要因人而异。但是，在这节课中也有小小的遗憾：由于时间不足，讲评速度略快，如果能联系本课内容，语言更加诙谐幽默一些效果可能会更好。

📎 案例六十一：

我心中的冬奥吉祥物

【实例描述】

本课属于"设计·制作"学习领域，作为八年级下册第 6 课"变废为宝"而改编的校本课程的第一课时，第二课时让学生根据教材安排收集生活中合成的边角料来设计作品。本课时旨在传播奥林匹克精神，引导学生参与尝试设计符合中国特色、具有地域文化特点的奥运会吉祥物，让他们在轻松、愉悦的氛围中表达自己的想法，符合学生发展的特点，赋予他们表达自我和发挥想象力的空间。吉祥物的设计课程是一门具有创造性的课程。

【教学目标】

（1）知识与能力：通过学习了解部分著名的吉祥物，理解、把握吉祥物的基本征和设计原则。

（2）过程与方法：创设具有探究性的问题情景，组织学生以游戏抢答的方式开展课堂讨论，形成互动的课堂氛围；能够根据吉祥物的特点并结合主题设计自己喜爱的吉祥物。

（3）情感态度与价值观：通过吉祥物的设计知识和技能的学习，培养学生关心社会、热爱生活、健康向上的情感和态度，以及培养创造力和想象力。学生通过了解冬奥会、冬残奥会，感受冬季运动的独特魅力，学习和发扬奥运精神，培养爱国主义情怀。

【教学重点、难点】

（1）教学重点：了解吉祥物的形象和色彩特点，掌握吉祥物的设计方法。

（2）教学难点：引导学生根据标志特点和用途，设计单纯明快、有创意的标志。

【教具】

多媒体课件、范画。

【学具】

素描纸、铅笔、彩笔。

本课采用讲述法、情景创设法、演示分析法、欣赏引导法，贯彻启发式和研讨式教学原则。

【教学过程】

导入新课创设情景，发布任务。2022年北京冬奥会在2022年02月01日—2022年02月20日在中国北京市和张家口市联合举行。2017年12月15日，北京2022年冬奥会会徽"冬梦"和冬残奥会会徽"飞跃"正式亮相。2018年8月8日，北京冬奥组委启动北京冬奥会吉祥物全球征集活动。教师播放北京冬奥会征集吉祥物短片，介绍北京冬奥会，导语："看完短片，同学们是不是为我们举办冬奥会而感到自豪？让我们重温一下冬奥会的激情吧！"

（1）什么是吉祥物呢？（播放PPT，展示2008北京奥运会和其他主题活动吉祥物）

学生讨论：它们都有什么特点。

师：同学们，看一看片中的主角是谁？它有什么特点？

学生回答：（略）。

师：片中的主角是 2008 年北京奥运会吉祥物福娃。像这样可爱、美丽的吉祥物到底是怎样设计的？下面我们一起来学习本课内容——吉祥物的设计。

（2）下面请欣赏教师收集的作品，思考吉祥物的特点。（从造型、色彩方面分析）

这是 2008 年北京残奥会的吉祥物"福牛乐乐"，你知道它体现了什么精神吗？

A. 自强不息和顽强拼搏的精神

B. 更快、更高、更强的精神

"福牛乐乐"

介绍：牛的形象创作灵感来自古老的农耕文明，作为人类最古老的朋友，牛象征着扎扎实实、勤勤恳恳、坚韧不拔、永不言败。牛的良好形象蕴含着残疾人运动员自强不息和顽强拼搏的精神，与残奥会运动员奋发向上的品格以及北京残奥会"超越、融合、共享"的理念相契合。

教师展示第七届全国少数民族传统体育运动会吉祥物"慧慧"。

吉祥物"慧慧"

师：羊这个字，在我国古代又通"吉祥"的"祥"字，是中国传统文化中吉祥物的象征。同时，这个活动是在宁夏回族自治区举办的，羊与回族人民的经济生活和日常生活密切相关，所以选择了以羊为吉祥物。

下面请同学们看 1984 年洛杉矶奥运会吉祥物"山姆"。

吉祥物"山姆"

师总结：山姆的形象原型是一只白头雕，它是美国的国鸟。山姆是由迪士尼公司设计的。山姆的名字和服装来源于代表美国的传奇人物"山姆大叔"，看看它的帽子，大家觉得像美国的什吗？（国旗：星条旗）

师：看了这些吉祥物，大家有没有发现，虽然我们刚才反复说到原型是某个动物或者某个物体，但是吉祥物并不是简单的对原型的复制，它还加入了一些东西，让人感觉特别可爱。我们以吉祥物"盼盼"为例来看一看。

吉祥物"盼盼"

师：盼盼是1991年北京亚运会的吉祥物。原型是大熊猫，熊猫在艺术家的笔下慢慢转变了。哪位同学能告诉老师，"盼盼"和真实生活中的大熊猫到底有哪些地方不一样呢？（提示从表情、动作、道具三个方面阐述）

师总结：吉祥物运用了夸张和拟人的方法进行设计，看上去和真实生活中的不一样，更加可爱，符合活动主题。

最后，我们来感受一下2022年北京冬奥会开幕式带来的震撼吧（列出相关图片）。

2022 年北京冬奥会开幕场景（一）

2022 年北京冬奥会开幕场景（二）

师：开幕式热场节目中，"冰墩墩"成为舞狮队的"领队"之后又变身为闪闪发光的"冰灯灯"，一路蹦蹦跳跳，一亮相便得到全世界人民的喜爱，一"墩"难求是当时的常态。其憨态可掬的形象来源于熊猫，通过熊猫形象与冰晶外壳的结合，将文化要素和冰雪运动融合并赋予了新的文化属性和特征，突出了冬季冰雪运动的特点，体现了人与自然和谐共生的理念。

冰墩墩

师：同学们觉得 2022 年北京冬奥会吉祥物设计师对吉祥物的创作棒不棒？面对即将到来的第十七届湖北全运会，我们选择什么元素作为吉祥物的创作原型比较好呢？

（学生自由讨论 3 分钟，自行选择创作原型。）

接下来由教师示范引导吉祥物设计方法。

第一，确定主题。

第二，选定原型。

第三，对原型进行变形。

第四，设计色彩。

第五，取一个有寓意的名字。

下面请同学们充分发挥想象力为 2026 年第十七届湖北全运会设计一个吉祥物吧！作业要求如下：

第一，用绘画的手段将设计表现出来，注意形象要简练概括，可爱夸张；线条要清晰明了；色彩要鲜艳明亮。

第二，展现湖北优秀传统文化，选择具有地域特色和时代感的设计元素；符合 2026 年第十七届湖北全运会愿景；能体现卓越、尊重、友谊的奥林匹克价值观。

第三，吉祥物要与活动紧密结合，造型要求可爱有亲和力。

第四，设计完成后，写 60 字左右的设计说明。

学生设计完成后，鼓励他们进行自我展示。可采用学生互评与教师激励评价相结合的方式，选出最佳合作奖和最佳创意奖。

课堂小结：本节课学生通过学习知道了奥运精神以及北京冬奥会的相关知识；知道了什么是吉祥物；知道了设计吉祥物的四条标准；知道了吉祥物的设计方法与一般步骤。

【板书设计】

第一，请你为 2026 年第十七届湖北全运会设计吉祥物。

第二，什么是吉祥物？吉祥物是人们为各种主题活动设计的标志性形象，寓意欢乐、吉祥、好运、成功。

第三，吉祥物的特点如下：

（1）寓意正面深远。

（2）形象活泼可爱。

（3）造型新颖独特。

（4）色彩鲜明亮丽。

第四，进行设计的方法如下：

（1）选择原型。

（2）构思创意。

（3）对原型进行大胆的拟人化的夸张变形。

（4）处理色彩。

【案例反思】

整堂课我能够从学生的生活实际出发，让学生感觉到艺术源于生活。重点是让孩子们学会设计吉祥物，欣赏探讨吉祥物，有助于学生对吉祥物有更进一步的认识与理解。通过观察、构思、设计、讨论等教学手段，培养学生的设计意识和创新能力，鼓励学生充分发挥想象力，大胆创作。

参考文献

[1] 曹炳友 . "思考性课堂" 设计理念探析 [J]. 基础教育参考，2019(23): 64–65.

[2] 陈琦，刘儒德 . 当代教育心理学 [M]. 北京 : 北京师范大学出版社，2007.

[3] 陈自鹏 . 中国中小学英语课程教材教法百年变革研究 [M]. 北京 : 光明日报出版社，2012.

[4] 高茹 . 技术思想和方法及其教学策略研究 [D]. 南京 : 南京师范大学，2005.

[5] 古丁，克林格曼 . 政治科学新手册 [M]. 北京 : 三联书店，2006.

[6] 国务院 . 国家中长期教育改革和发展规划纲要 (2010—2020)[EB/OL]. (2010–07–08) [2021–03–05]. http://www.moe.gov.cn/jyb_xwfb/s6052/moe_838/201008/t20100802_93704.html.

[7] 江云 . 史证视角 : 对教科书中 "专制主义" 的教学思考 [J]. 中学历史教学参考，2018(11): 33–35.

[8] 教育部 . 教育部关于印发《普通高中课程方案和语文等学科课程标准 (2017 年版)》的通知 [EB/OL]. (2018–01–05)[2021–03–05]. http://www.moe.gov.cn/srcsite/A26/s8001/201801/t20180115_324647.html.

[9] 教育部 . 教育部关于印发《完善中华优秀传统文化教育指导纲要》的通知 [EB/OL]. (2014–03–26)[2021–04–03]. http://old.moe.gov.cn//publicfiles/business/htmlfiles/moe/s7061/201404/166543.html.

[10] 教育部 . 教育部关于印发义务教育语文等学科课程标准 (2011 年版) 的通知 [EB/OL]. (2011–12–28)[2021–05–07]. http://www.moe.gov.cn/srcsite/A26/s8001/201112/t20111228_167340.html.

[11] 教育部 . 教育部司法部全国普法办关于印发《青少年法制教育大纲》的通知 [EB/OL]. (2016–06–28)[2021–03–08]. http://www.moe.gov.cn/srcsite/A02/s5913/s5933/201607/t20160718_272115.html.

[12] 兰孝峰 . 我国历史学的当前发展趋势研究 [J]. 东方企业文化，2012(8): 91.

[13] 李昂，付雷，徐丁丁 . 中国生物学史近现代卷 [M]. 南宁 : 广西教育出版社，2018.

[14] 李实盼，林富凛 . 浅析体育游戏在体育教学中的运用 [J]. 和田师范专科学校学报，2008(1): 210–211.

[15] 李松林，杨静. 基于学科思想方法的整合性教学研究 [J]. 课程与教学，2011(1) : 43–46.

[16] 李永采，李岸冰. 论历史学的起源和早期历史记载的方式 [J]. 史学理论研究，2006(3): 20–30.

[17] 林妙勤. 语文学科思想与高中语文教学探究 [J]. 语文教学与研究（下半月），2018，(8): 16–17.

[18] 卢立丽. 高中历史教师应多关注历史学科思想方法 [J]. 中国校外教育，2017(S1): 14.

[19] 吕华，任芳. 我国中小学信息技术教育的发展历程 [J]. 教育史研究，2004(4): 58–61.

[20] 吕准能. 精选史料 学会实证 优化教学——金华抗战史料运用漫谈 [J]. 中学历史教学参考，2018(11): 30–32.

[21] 马克·布洛赫. 历史学家的技艺 [M]. 北京：北京师范大学出版社，2014.

[22] 马燕. 小组合作学习在化学实验教学中的应用 [J]. 宁夏教育，2013(5): 45–46.

[23] 牛道生. 英语对中国的历史性影响 [M]. 北京：北京大学出版社，2013.

[24] 皮明勇. 谈谈如何分析史料价值 [J]. 历史教学，1986(11): 45.

[25] 乔金锁，张爱华，赵欣婷. 用碳酸饮料验证二氧化碳性质的教学设计 [J]. 化学教育，2012(10): 42–44.

[26] 日知. 孔子的政治学——论语 [M]. 长春：东北师范大学出版社， 1990.

[27] 陶澜，殷海涛，王志平. 比赛法在学校体育教学中的运用 [J]. 大连教育学院学报，2004(2): 31–32.

[28] 田宝华. 学科思想是教学的灵魂 [J]. 中国教师报，2011，11(23): 5.

[29] 徐大同. 政治学学科发展史略 兼论中西传统政治学的差异 [J]. 政治学研究，2007(1): 1–6.

[30] 杨一鸣，王磊. 彰显国家意志 促进人的全面发展——新时代初中《道德与法治》教材编写思想刍议 [J]. 复印报刊资料：中学政治及其他学科教与学，2018(7): 6.

[31] 赵映荷. 激活演示实验教学 提高探究学习效率——以二氧化碳性质的实验教学为例 [J]. 化学教育，2012(3): 55–58.

[32] 赵占良. 人教版高中生物课标教材中的科学方法体系 [J]. 中学生物教学，2007(3): 4–7.

[33] 郑日昌，李占宏. 共情研究的历史与现状 [J]. 中国心理卫生杂志，2006，20(4): 3.

[34] 中共中央办公厅印发《关于培育和践行社会主义核心价值观的意见》[EB/OL].(2013–12–24)[2021–07–09].http://www.gov.cn/zhengce/2013–12/23/content_5407875.htm.

[35] 中华人民共和国教育部. 普通高中技术课程标准（实验）[S]. 北京：人民教育出版社，2003.

[36] 朱佩兰，刘菲. 英语教育与文化融合 [M]. 北京：北京工业大学出版社，2017.

[37] 邓小平. 邓小平文选（第二卷）[M]. 北京：人民出版社，1994.

后　记

　　为促进师范生教师职业能力的提升，推进师范专业建设与认证，推动教师教育学科的发展，提高教师育人的质量，湖北第二师范学院教育科学学院、教师教育学院联合组织相关专业教师精心编写了一套"教师职业能力训练系列丛书"。丛书由湖北第二师范学院教育科学学院院长张红梅教授担任主编，湖北第二师范学院教师教育学院院长刘永存教授、副院长张和平教授担任副主编。

　　本丛书依托湖北省高校人文社会科学重点研究基地——湖北教师教育研究中心开展相关理论研究，依托湖北高校重点实验教学示范中心——教师素质训练中心开展教学应用实践，对理论与实践进行了较好的融合和优化。本丛书可以作为师范专业本科生、研究生的参考教材，也可以作为教师职后培训和在职教师专业发展的参考书。

　　本丛书的出版得到了湖北教师教育研究中心的经费资助，得到了吉林大学出版社的专业支持，在此一并表示感谢！

丛书编写组

2022 年 5 月于中国光谷